rowohlt
BERLIN

Melvin J. Lasky

UND ALLES WAR STILL

Deutsches Tagebuch 1945

AUS DEM ENGLISCHEN VON
CHRISTA KRÜGER UND HENNING THIES

Rowohlt · Berlin

HERAUSGEGEBEN UND MIT
EINEM NACHWORT VERSEHEN VON
WOLFGANG SCHULLER

1. Auflage November 2014

Satz aus der Fleischmann PostScript bei
Dörlemann Satz, Lemförde
Druck und Bindung CPI books GmbH, Leck
Printed in Germany
ISBN 978 3 87134 708 5

UND ALLES WAR STILL

TAGEBUCH 1945

26. JANUAR 1945 Fort Totten, New York

In mancher Hinsicht ist es gut, wieder im Camp zu sein. Nicht, dass ich mich sicher oder nützlich fühlte, aber schließlich wird hier die Richtung vorgegeben, an die ich mich im Dienst halten muss. Mir ist nicht ganz klar, ob ich damit aus der Realität fliehe oder in sie eintauche. Doch «die Realität», das war immer eine schlichte und naive Formel. Das Leben bietet eine Vielfalt von Realitäten: Wir stellen uns nur solchen, für die wir mutig oder neugierig genug sind oder die uns aufgezwungen werden. Das hat leider zwangsläufig missliche Folgen. So könnte man versucht sein, die alte fahle Bücherwelt zugunsten der lebendigeren, wenn auch gröberen Gemeinschaft alltäglicher Männer abzulehnen. Das mag richtig, aber auch unfair sein. Nach Hause zu kommen, war für mich jedes Mal eine schlimme, verwirrende Erfahrung. Im Aussehen war ich wohl fast unverändert, und geredet habe ich auch ungefähr wie sonst. Doch ich habe nie das gesagt, was ich am dringendsten hätte sagen wollen und müssen, und mich nie so verhalten, wie mir wirklich zumute war. Das klingt vielleicht allzu theatralisch, aber womöglich will ich es so. Wir leben jeden Augenblick allein, und alle Versuche, private innere Erfahrungen mitzuteilen, haben etwas Melodramatisches. Wir verwandeln eine einsame Träumerei oder Verzweiflung in eine öffentliche anrührende Stimmung und ziehen arrogantes Selbstvertrauen aus der verhaltenen Kraft einer neuen Sicht. Glücklich sein kann möglicherweise nur ein ausdrucksstarker Schauspieler oder Poseur, der sich in seiner Rolle selbst darstellt. So bringt er sein persönliches Drama zum Ausdruck und ist erlöst von Sprachlosigkeit und triefendem Selbstmitleid. Mit der Rückkehr an diesen Ort fand ich mich jedenfalls auf jener Bühne wieder, die mir vertraut ist. Die Großstadt, die ich früher mit jugendlich romantischem Stolz geliebt hatte, kam mir jetzt schäbig und unwohnlich vor. Die elementaren Alltäglichkeiten des Straßenverkehrs und der Kommunikation waren sinnlos bis abstoßend. Meine Bücher verwirrten mich, und mein altes Traumbild vom Forschen und Schreiben in stillen Bibliotheken war schmerzhaft fremd und bedeutungslos geworden. Jetzt bin ich wieder in einem vertrauten Gebäude – nicht in einer dämmerigen Wohnung in einem beliebigen Mietshaus, wo man arbeitet und hofft und schläft, ohne den Ort zu verstehen oder auch nur zu sehen, sondern in einer Kaserne, die hier wie an jedem anderen Armeestützpunkt und in jedem anderen Camp dieser automatisierten Masse nach der gleichen Norm gebaut ist und ihrerseits jede Routine und alle menschlichen Regungen in der Institution Armee in eine Norm presst. Hier sieht die Latrine aus wie in allen Kasernen, mit ihren vier Sitzen an den Seiten und einem in der Ecke, ihren verschmierten Spiegeln über schmutzigen Waschbecken, dem kleinen kalten Raum mit den Duschen. Man kann nach Norden oder Süden fahren, aber die Latrine ist überall die gleiche, sie erinnert immer wieder heimelig und stark ans erste Mal: Man saß angespannt und verlegen (und verstopft) auf dem Sitz oder wurde zum Putzkommando eingeteilt und schrubbte morgens Schüsseln und Becken, hörte halb angewidert, halb fasziniert endlosem vulgärem und obszönem Gerede zu. In der Latrine begann das «neue Leben», symbolisch genug mitten unter Nackten (nicht zu vergessen, wie beklommen man beim ersten kollektiven Entkleiden war!) und animalischer Notdurft. Wenn man irgendetwas über «die Menschen» oder «das Leben» lernen will, muss man von Grund auf beginnen. Und wenn es mir ernst wäre mit der Weise, wie wir jetzt leben, müsste ich meinen *homo novus* hier platzieren, auf dem Holzsitz einer Toilette ohne Spülung. Mir fällt wieder der Mann ein, der beim Rasieren sang und jedes Mal, wenn er sich schnitt, leise fluchte, aber froh war, den Tag beim Rollkommando hinter sich zu haben. «O, ich treff dich im Garten», säuselte er, Vers für Vers sorgfältig rezitierend, «im Tale des Mondes.» Plötzlich hielt er inne, legte die Rasierklinge aus der Hand, drehte sich zu uns um und brüllte: «Also wirklich, verdammt noch mal, hört euch diesen Scheißdreck an. Diese beschissenen Worte!» Das habe ich mir genau gemerkt – offenbar hatten Soldaten ihre eigenen Erleuchtungen, vielleicht auf dem Schlachtfeld und mit Sicherheit in der Latrine. Ich stellte mir vor, immer mehr Menschen würden unser Vokabular zum ersten Mal hören und wären überrascht oder entrüstet. (Natürlich handelte es sich nicht nur um Worte, sondern um einen gründlichen Umsturz. Große, bequeme Mythen würden entlarvt werden müssen. Aber wer könnte ohne Maske oder Mythos ein dermaßen schäbiges, seelenloses Trauerspiel von einem Leben aushalten?) Ein Problem, eine schwierige Lage. Aber dies ist ein kleiner Einblick in die Welt, die ich inzwischen kennengelernt habe und deren Teil ich bin.

7. FEBRUAR 1945 Lunéville

Traf ein, machte Meldung und habe ein paar Tage, um mich zu «lokalisieren». Also: Lunéville ist ein kleiner französischer Ort, grau, kalt und auf den ersten Blick fast ausgestorben. Laut Reiseführer hatte er (einst) dreiundzwanzigtausend Einwohner und befand sich «mitten in einem weiten, schönen Tal». Kann ja sein. Jetzt scheint die Stadt nur noch wenige Einwohner und kaum etwas von allgemeinem Interesse zu haben. Selbst die hübsche Theorie, dass der Name des Ortes auf einen Dianakult deutet, einen Kult der Mondgöttin der gallo-römischen Zeit, überzeugt nicht mehr. Angeblich ist der Name eine Zusammensetzung aus keltischen Wörtern: «Llun» bedeute gesund, und «ville» Wohnort. (Ich dagegen bin nicht gesund, sondern erkältet und möchte nur wieder einen klaren Kopf bekommen, alles andere interessiert mich wenig.)

Zu meiner Überraschung lag ein Exemplar von Arthur Youngs «Reisen durch Frankreich» herum, und mehr noch erstaunte und amüsierte mich sein Tagebucheintrag vom Juli 1789: «Abends reiste ich nach Lunéville. Die Gegend um Nancy ist angenehm ... Lunéville hat keine Industrie und ist folglich sehr arm ... Ich befand mich ganz und gar nicht wohl. Auf die gestrige Hitze war nämlich nach einem Gewitter eine kalte Nacht gefolgt; ich hatte mich, ohne es zu wissen, bei offenen Fenstern niedergelegt und mich, wie ich in allen Knochen spürte, erkältet ...» Young blieb nur so lange in der Stadt, bis er bei seinem Gastgeber einer Miss Blake aus New York begegnete, «einer schönen, angenehmen Amerikanerin», die eine sonderbare Vergangenheit hatte (sie wurde von einem französischen Offizier auf Santa Domenica gefangen genommen, heiratete ihn, kehrte mit ihm nach Lothringen zurück und gründete dort eine Familie).

Ich habe die Thronfolgen nicht im Einzelnen im Kopf, aber soviel ich sehe, war Leopold König von Polen und Herzog von Lothringen, und er wählte als Erster Lunéville zur Residenz. 1703 bis 1706 begann Boffrand in seinem Auftrag mit dem Bau des großen Schlosses, das er unter König Stanislaus vollendete. Dieser starb dort am 23. Februar 1766. In der Kirche Saint-Jacques steht ein riesiges Grabmal mit seinem Namen, also lagern darunter wohl seine sterblichen Überreste. Auch die Kirche stammt aus dem achtzehnten Jahrhundert – ein skurriles Rokokoprodukt. Das Schloss ist riesig und jetzt auf schreckliche Weise eindrucksvoll. «Malgré sa transformation en caserne», heißt es in einer älteren Anmerkung, «il conserve une grande allure …». (Trotz seiner Umwandlung in eine Kaserne bewahrt es eine majestätische Aura.) Das war offenkundig vor der Herrschaft der GIs. Jetzt haben Panzer, Lastwagen, Artillerieteile die einst schöne Promenade des Bosquets in einen Parkplatz verwandelt. Fernmeldekabel wickeln sich um Hals und Glieder der seltsamen pseudorömischen fragmentarischen Statuen im Garten. In der Anmerkung heißt es weiter, das Schloss beherberge eine «schöne» französische Kavalleriedivision, «dont les 2500 cheveaux donnaient à la ville la plus pittoresque animation» (deren zweitausendfünfhundert Pferde der Stadt eine äußerst malerische Atmosphäre verleihen). Jetzt beherbergt es eine wenig schöne US-Kampfdivision, und für die malerische Atmosphäre sorgen Wäscheleinen mit Unterhosen, Küchen auf Rädern und klapperndes Kochgeschirr sowie Scharen von armseligen schmutzigen kleinen Kindern, die im Hof neben der Statue von General Lasalle stehen und lauthals um Schokolade und Kaugummi betteln.

Wir wohnen in einem düsteren Quartier, einem verfallenen alten Haus an den Bahngleisen, das mit minimalem Aufwand hergerichtet und vergeblich zum Verkauf angeboten wurde. An der Mauer hängt noch das verblichene, abblätternde Schild, auf dem es als «une belle maison» angepriesen wird. Ich wanderte durch ein paar Straßen im Stadtzentrum. Die Place Léopold ist der Hauptplatz, ungefähr zwei Häuserblöcke lang und halb so breit, bepflanzt mit Bäumen, deren obere Äste waagerecht wachsen und im Sommer sicher ein grünes Blätterdach über dem schönen Platz bilden. Straßennamen wie üblich, aber für mich immer noch zum Staunen: Rue Gambetta, Rue Carnot und besonders Rue René Basset: Welche amerikanische Kleinstadt hätte in ihm mehr als einen Spinner gesehen, der lange Listen in altem Chinesisch aufstellt? Professor Bassets Straße war kurz und fiel, genau wie die nach dem Dichter Charles Guérin benannte Avenue, vor allem wegen der vielen dezenten kleinen Aushänge neben den Türklingeln auf, die die Sprechstunden der «sage-femmes» anzeigten. Wahrsagerinnen! Und wieder dachte ich an zu Hause, wo solche Dienste auf dem Jahrmarkt oder in leerstehenden alten Läden mit grellbunten Vorhängen angeboten werden ... Hier scheint die Wahrsagerei eine respektable, sogar anspruchsvolle Mittelschichtsinstitution zu sein.

Plakate und Anschlagtafeln feiern noch immer die Befreiung Lunévilles im September 1944, als die 79. Division mit dem XV. Corps von Pattons 3. Armee die Stadt stürmte. Auch ältere Deklarationen hängen noch aus. Nazipropaganda über den «stalinistischen Terror», Warnungen der Wehrmacht: «Schweigen, nicht schwätzen (Churchill hört mit!)» und gelegentliche Bemerkungen über «Angloamerikaner» und die «Judendemokratie». Aktuell offizielle Plakate der Regierung in fröhlichen Farben, aber alles in allem ohne Bedeutung: «Wir werden siegen!», sagt de Gaulle. «Arbeit wird Frankreich wieder aufrichten!» etc. Sehr viele kommunistische Plakate: «Adhère aux Jeunesse Communiste», «Le Parti Communiste Français ... Le Parti des Fusilés ... Le Grand Parti de la Renaissance Française ...» (Tritt der Kommunistischen Jugend bei, Die Französische Kommunistische Partei ... Die Partei der Erschossenen ... Die große Partei der französischen Wiedergeburt ...) Büros in der Stadt haben nur der Front National und die CP. Am Haus des Roten Kreuzes – in und vor dem Gebäude wurden junge, auf ihren Einsatz wartende Franzosen gedrillt, «un, deux, trois, quatre» – hing ein noch älteres Plakat.

1942, eine schlichte Vichy-Zeichnung in Schwarz und Grautönen, in der Mitte offenbar ein Pétain-Anhänger mit Barett und kurzen Hosen (und kräftigen muskulösen Beinen), bewaffnet mit einer Maschinenpistole; und um ihn herum eine Schar von Ahnen im Geiste: rechts ein Frontkämpfer aus dem Ersten Weltkrieg, links eine napoleonische Schildwache in voller Uniform, und über ihm schwebte geheimnisvoll vage die ritterliche, heilige Jeanne. Der Text beschränkt sich auf: «Dans l'armée française de l'armistice» (In der französischen Armee des Waffenstillstands).

8. FEBRUAR 1945

Hielt mich heute Morgen nur ein paar Minuten in der Historischen Abteilung auf. Hamilton und ein paar andere suchten in den Berichten nach den amerikanischen Hauptquartieren und Befehlsständen zu einer bestimmten Zeit in einem bestimmten Gebiet – offenbar war letztes Jahr am 10. Dezember eine französische Kleinstadt ziemlich gründlich geplündert worden. Jetzt sollte der Historiker Detektiv spielen, um das «Geheimnis der verlorenen Madeleines» zu lüften. Später am Abend hörte ich in der Vogesen-Bar, dass von den vielen verdächtigen Divisionen eine (schuldige) dingfest gemacht worden war. Kein Verbrechen zahlt sich aus: Wissenschaft bringt es ans Licht ...

Unser Hauptquartier ist in einer historischen französischen Kaserne untergebracht (Clarenthal), die mehr als vier Jahre lang Sitz der Militärverwaltung der Nazibesatzung war. Deren Handschrift ist noch überall zu sehen. Auf den weiß gekalkten Wänden stehen zahllose deutsche Verse in säuberlichen deutschen Buchstaben; manche sind «taktisch», andere «strategisch».

Grundbedingung ist der Satz:
Wähle so dir deinen Platz,
dass du nicht zu sehen bist,
aber alles selber siehst.
So zum Beispiel, wenn man liegt
und sich an die Erde schmiegt,
wird man, das sieht jeder ein,
nicht so leicht zu finden sein.

Eine klingende militärische Lektion über Deckung und Versteck. Und dann eine allgemeinere Orientierungshilfe:

Was dem Bauern seine Felder
und dem Förster seine Wälder,
das bedeutet ungefähr
dem Soldaten sein Gewehr.

Mottos, Maximen, Sprichwörter überall. *«Mit dem Führer zum Sieg»*, *«Wer leben will, muss kämpfen»*, *«Dem Mutigen gehört die Welt»*, *«Wohl dem, der seiner Väter gern gedenkt»*, *«Ernst die Arbeit, froh die Stunden, immer Soldat»*, *«Siegen wird, wer den stärkeren Glauben besitzt»*, *«Und wenn die Welt voll Teufel wär, es wird uns doch gelingen»*. Und dann noch ein Spruch, der mich wirklich rührte: *«Wo der deutsche Soldat steht, kommt kein anderer hin»*, und da stand ich und schrieb mir den Spruch in mein Notizbuch!

In der Latrine waren die deutschen Kritzeleien verblasst, aber ein paar Namen waren noch leserlich und allerhand übliche Latrinensprüche, Lehren und Reime ebenfalls.

9. FEBRUAR 1945 Lunéville

Ein langer, bunter Tag in der Abteilung. Habe bislang noch nicht erlebt, wie Geschichte gemacht wird, auch nicht, wie Militärgeschichte geschrieben wird, aber ich mache mir keine Sorgen, weder um unser Tempo noch um Erfolg oder Kolorit einer solchen Bemühung – Hauptsache, sie hat Anteil am Übermaß an Phantasie, exzentrischem Humor, Übellaunigkeit und Zynismus da draußen im Büro.

Auftritt Dyer (als ich bei Dienstbeginn mein Gewehr reinigte) – er kam gerade von einem Ausflug nach Straßburg zurück, mit einem Riesenstapel Bücher in seinem Wäschesack, Bänden zur Geschichte der deutschen Literatur, Sammlungen von Kupferstichen und Skizzen, einem schönen Gemälde des Münsters, Studien zur elsässischen Volkskultur. Trotzdem war er sehr unglücklich. «Weißt du, das Münster wurde in der Gotik begonnen und in der byzantinischen Zeit beendet …» «Mein Gott, Dyer», kamen die Proteste, «du hast keine Seele, überhaupt keine Seele.» «Nein, Straßburg ist die reinste Wüste! Die Buchläden haben praktisch nichts. Das Münster ist eine hybride Schöpfung, und alle fünfzehn Minuten hat mich die Militärpolizei angehalten. Und ihr wisst ja, wie lange ein MP braucht, um einen Pass zu lesen!» Letztlich gab er jedoch zu, dass seine Büchersammlung ganz ansehnlich war und dass im Münster vielleicht doch der romanisch-byzantinische Stil zuerst kam und dann die Gotik – allerdings war da ja noch die Militärpolizei. Er blieb einfach sehr unglücklich. Dyer war mit einem Pionierbataillon über Nordafrika und Italien heraufgekommen. Die Soldaten waren ausgeschwärmt, und wenn sie zurückkamen, hatten sie stets Hunderte von Büchern für den «Professor» dabei; ganze Bibliotheken in Herrenhäusern und Schulen wurden geplündert. «Professor, wir haben sie gesehen und einfach gedacht, sie würden dir gefallen ...» Das meiste war Schund, auch das Illegale an der ganzen Sache machte Dyer etwas zu schaffen. Aber: «Was für ein Gespür für Kultur! Italien ist für mich das einzige Land! Da stößt man auf wahre Schönheit und große Geschichte!» Und er wollte auch dorthin zurück. Offenbar hat er keine festen Bindungen in den USA («die Familie ist völlig auseinander»); er spricht Italienisch – echtes Latein; und «nachdem ich mich fünf oder zehn Jahre in Rom und Florenz herumgetrieben habe, kann ich immer über die Runden kommen, wenn ich ein wenig arbeite – vielleicht sollte ich Immobilien an der Amalfiküste verkaufen.» Die Geschichte eines Harvard-Studenten: Nach einem Gespräch mit Arthur Meier Schlesinger brach er sein Graduiertenstudium plötzlich ab – er hatte Schlesinger erzählt, er werde sich kompromisslos der Wehrpflicht widersetzen und nicht in den Krieg ziehen. Doch dann kam dessen dringender Rat, auf keinen Fall den Wehrdienst zu verweigern, denn er (Schlesinger) habe damit im letzten Krieg schlechte Erfahrungen gemacht; er habe nach dem Ersten Weltkrieg überhaupt nicht mehr mitreden können. «Darauf läuft es also hinaus», sagte Dyer, «in den Krieg, um mitreden zu können.»

Hamilton: auch er unglücklich, aber auf andere Art und Weise. Er ist einfach einsam. Auch das stimmt nicht ganz, seine Einsamkeit ist durchaus nicht einfach; sie durchzieht einen ganzen Komplex von Einstellungen und Vorurteilen, die er meistens mit einer seltsamen Pseudoleichtigkeit vorträgt. Er sehnt sich heftig nach Amerika (womit Mississippi gemeint ist) – «weißt du, jenes Land im Westen, wo man Englisch spricht». Er ist jetzt schon einige Jahre im Ausland, hat einen Sohn, den er noch nie gesehen hat, und einen Fundus an vielseitig verwendbaren Ressentiments. Er hat was gegen Dear-Willy-Stay-at-Home (den Drückeberger, der aus Heimatliebe auf der sicheren Seite des Atlantiks bleibt), aber auch gegen das Kriegsministerium (dessen Ineffizienz er es zu verdanken habe, dass er beim Heimaturlaub bislang übersehen wurde); auch gegen Einwanderer (denn die waren es ja, die mit ihrer Rastlosigkeit und ihrem intellektuellen Verfall für Internationalismus und Weltkriege sorgten) und gegen Europa (dessen Tragödie ihn von seinem Zuhause, seiner Frau und seinem ungesehenen Sohn getrennt hatte). Es ist schon fast grotesk. Nordafrika bleibt ihm eine warme, euphorische Erinnerung: Dort war das Klima angenehm, Kultur und historische Traditionen reich, und die Art von Krieg, die dort stattfand, gehorchte noch den alten Regeln einer klassischen militärischen Auseinandersetzung. (Es war sein erster Einsatz, er war gerade aus der Heimat gekommen, und alles war noch frisch und neu.) Mit Italien begann der Abstieg – Rom war eine Kloake der Vergangenheit, die Italiener ein dekadentes Volk, dessen nutzlose Existenz wahrscheinlich nur von seinem komischen Talent gerettet wurde. (Seine Einsamkeit vertiefte sich …) Frankreich war hoffnungslos. «Als ich St. Dié sah, ausgebrannt nach den Kämpfen im ganzen Stadtzentrum, nichts mehr da außer Ruinen und Zerstörung, da war ich froh – froh, dass dies Frankreich widerfuhr! Die Franzosen haben's verdient! Ein skrupelloses, unansehnliches Volk. Irgendwo auf ihrem Weg haben die Franzosen ihre Seele verloren, heute haben sie keine Wärme mehr, keine Freundlichkeit. Die Italiener waren arm und hilflos, aber wenigstens war ihr Land interessant. Die Franzosen machen einen wohlhabenden Eindruck, aber es gibt nichts, rein gar nichts zu sehen. Eine charakterlose Nation!» Und so geht es immer weiter, historische und philosophische Variationen eines einzigen Themas: Heimweh. Zwar kommt die Bigotterie charmant und witzig daher, doch letztlich erscheint mir das alles recht geschmack- und gedankenlos, voll von unechten halbernsten Posen – zutiefst ärgerlich, weil hier mit wichtigen Themen und Begriffen nur herumgespielt wird.

(Nach endlosen Stunden wird die ganze Leier überwältigend eintönig. Der Militärkaplan beim Essen ist ein ganz besonderer Fall. Wenn die armen GIs ihn mit Tränen in den Augen um seine außermilitärische Hilfe anflehen, damit sie wieder nach Hause zu ihren Familien kommen, schafft er es schließlich sogar, mit sich selbst ins Reine zu kommen – sogar damit, dass ihn französische Bischöfe auf beide Wangen küssen. Doch dann verfällt er wieder in Depressionen, hin und her gerissen zwischen Sehnsucht und Nostalgie. «Wenn sie doch nur mit ihren Verzweiflungsgeschichten nicht immer zu mir kämen!»)

Und was ist mit dem Rest? Hier herrscht große Bitterkeit über die Etappenhasen. In Washington: über Zivilisten, die von der Wehrpflicht ausgenommen sind. In zivilen Fabriken: über die nicht dienstverpflichteten Arbeiter. In Paris: «Was machen die denn bloß da hinten? Die denken wohl, der Krieg wär' schon vorbei. Warum zum Teufel kriegen die ihren Arsch nicht hoch und handeln mal wirklich als Soldaten?» Im Gefechtsstand: «Wie ich höre, tragen sie da hinten bei ETOUSA Schlips und Ausgehuniform! Ich wette, die putzen ihre Halbschuhe jeden Tag blitzblank, bevor sie im Hotel Majestic in den Kampf ziehen.» In den Divisions-, Regiments- und Bataillonsgefechtsständen: «Tut denn hier außer uns niemand was, damit dieser verdammte Krieg mal zu Ende geht? Was, um Himmels willen, glauben die denn, was sie da hinten treiben? Die sollten mal hierher kommen und ein bisschen Frontdienst machen und sehen, wie's hier wirklich zugeht!» Und an der Front selbst zieht Joe in seinem Schützenloch ganz vorn gegen irgendjemanden vom Leder, der zehn Meter hinter ihm liegt: «Muss ich den Krieg denn ganz allein austragen? Los, krieg deinen Arsch hoch und komm her zu mir nach vorn!» Jeder denkt, die anderen hätten das große Los gezogen, und ebendas geht ihm total gegen den Strich. Und alle eint ein tiefsitzendes hässliches Schuldgefühl, doch niemand will vor seinem Gewissen die Verantwortung dafür übernehmen. Der Krieg und die Army sind zutiefst verhasst, doch die einzige Strategie, mit der Tragödie umzugehen, ist, die Schuld irgendwelchen Nebenfiguren zuzuweisen. Der Protagonist ist eifrig darauf bedacht, sich selbst von Verantwortung, Gewissenhaftigkeit, Schuld zu befreien – von allem, nur nicht von der eigenen unschuldigen, heldenhaften Opferrolle.

10. FEBRUAR 1945

Früh am Morgen Abfahrt zu einer anderen «Mission» mit Hamilton. Gestern Nachmittag die erste unserer geheimnisvollen Fahrten, sehr erfreulich: Wir hatten die barocke Kirche Saint-Jacques in Lunéville betrachtet und uns dann in eine Diskussion über die historischen Traditionen von Niederlagen im Krieg und über religiöse und politische Varianten des Märtyrertums gestürzt.

Wir traten aus der Kommandostelle auf den Hof in den Matsch des von schweren Fahrzeugen zerfurchten und zerwühlten Erdbodens, dem Wind und Nieselregen weiter zugesetzt hatten. Ein zerbeulter alter Jeep wartete, und wir machten uns auf den Weg «an die Front». Anfangs waren die Straßen noch in einigermaßen gutem Zustand und führten geradlinig durch die Landschaft, in der die Kämpfe gewütet hatten. Rechts und links am Feldrand Schützenlöcher in gleichmäßigen Abständen. Die ganze Kette der kleinen Dorfgemeinden auseinandergerissen. Nur Ruinen standen noch, aufgeschlitzte

Mauern aus roten Ziegelsteinen und hoffnungslos zersplitterte Balken. Bäche und Flüsse hatten sich befreit und wurden nicht mehr von Brücken und Fußwegen gehalten. In der Stadt erreichte die Zerstörung den Höhepunkt. Sie ging mir hier besonders nahe. Eine «Verschleierung» ist ausgeschlossen: Hier war keine unerklärliche «höhere Gewalt» am Werk.

Aus dem Schutt ragte ein rostzerfressenes Schild: «Librairie», eine Buchhandlung. An einer zertrümmerten Fassade immer noch lesbar die freundliche Einladung: «Aperitifs». Saint-Dié sah schlimmer aus als Lunéville, denn die Gegensätze sind viel dramatischer. Die gesamte Innenstadt lag in Schutt und Asche. Die Nazis hatten auf ihrem Rückzug zum Rhein gezielt Geschäftshäuser und Wohnviertel vermint und zerbombt. Nur das nackte Gerippe der Struktur war geblieben. Block für Block ein schauerliches quadratisches Trümmerfeld. Näherte man sich dem Stadtrand von Saint-Dié, sah man wieder die gewohnten Folgen des Kanonenbeschusses, der Bombeneinschläge, des Häuserkampfes – seltsam, es wirkte «menschlich» und normal: Nach andauernder Ruineninspektion kommt einem das Unangetastete ungewöhnlich und bemerkenswert vor. Und knapp außerhalb der Stadt, auf der Straße nach Sainte-Marie-aux-Mines, war sogar die Natur in ihrer Unnahbarkeit angeschlagen. An einem weit entfernten Gipfel klaffte in der Silhouette des Schwarzwalds vor dem grauen Himmel plötzlich ein Loch. Ein Waldstück war weggesprengt worden, und die kahle Stelle war über Kilometer hin sichtbar, ein Beweis am Himmel, dass nichts gegen menschliche Teufelei immun ist.

Die Fahrt war mühsam und zermürbend. Immer wieder blieb der Jeep stecken. Der Matsch wurde zu schwer und verklebte die Räder, oder das Rumpeln über hastig zugeschüttete Granatlöcher in der Straße machte der Maschinerie zu schaffen. Wahrscheinlicher noch war, dass der Kühler leckte, und nachdem wir ihn mit Wasser aus einem Bach in der Nähe aufgefüllt hatten, ging die holperige Fahrt weiter. Besonders überraschend und deprimierend: wie primitiv das Leben in diesen abgelegenen Landstrichen ist. Die Bauernhäuser sind alt und verfallen, die Menschen schlicht und einfach, existenzielle Substanz und Hoffnung sehr gering. Man kommt nicht gegen das Gefühl an, dass diese Gegend abgetrennt ist von der Welt, die wir kennen, geprägt von einer anderen, fremdartigen Geschichte. Und dann plötzlich taucht ein verwittertes, wohlbekanntes Schild auf: «SHELL», man sieht es und versteht: Auch dies, mit seinen kleinsten und größten Merkmalen, ist Teil unserer eigenen Geschichte und spiegelt die Tragödie der ganzen Welt.

Aus dem Tal heraus und in die Berge hinauf: Bilder von atemberaubender Schönheit, selbst an einem rauen trüben Wintertag. Die Farben waren kräftig, an vielen Wegbiegungen üppig – das ins Rötliche spielende, leicht violette Grau der blattlosen Bäume vor dem tiefen Grün der Tannen, die dunklen Schwarzwaldhügel in der Ferne, die verfärbten Streifen Ackerland, ab und zu weiße Schneeflecken. Dies war mein erster Wald, und vielleicht erschien er nur mir in meiner Naivität so geheimnisvoll. Die Vogesen hatten für mich etwas düster Romantisches, vielerorts strahlten sie eine bedrohliche Zauberkraft aus wie im Märchen von Hänsel und Gretel. Wieder im Tal, kam der Krieg zurück. Schützenlöcher und Schützengräben neben Aushebungen und Aufschüttungen am Straßenrand. Gewaltige Bäume, die noch einen Monat zuvor als gigantische Sperren den Militärverkehr blockiert hatten, waren zur Seite gefegt – endlose Mengen Holzleichen. Viele der noch stehenden Bäume hatten gespaltene Stämme, und darin steckten Sprengladungen, genug, um ein Stück vom Waldsaum quer über die Straße zu schleudern.

Eine kurze Besorgung in Ribeauville, dem Hauptquartier des Corps. Mittagessen im Hotel auf der Kuppe, mit einem weiten Blick über die Ebene zwischen Vogesen und Schwarzwald. Genau über uns die Überbleibsel mehrerer Burgen aus der Feudalzeit – ein kläglicher Versuch des Mittelalters, mit der neuzeitlichen Begabung für militärische Konstruktion und Destruktion zu konkurrieren. (Thema des Nachmittags: Wie war es möglich, die Burgen auf den nadelspitzen Gipfeln der Klippen zu bauen, wie haben die Feudalherren sie bemannt, und wie konnten sie je von den gegnerischen Fußsoldaten eingenommen werden?)

Wir sind jetzt im Elsass; die Architektur hat sich verändert, die Schilder am Weg sind mehrsprachig. Überall Plakate mit der Warnung: «Licht – dein Tod!» Aber der Tod kam trotzdem, das zeigen die Ruinen auch hier. In Schlettstadt, auf dem Weg nach Straßburg, bricht der Jeep wieder zusammen. Die Stadt war von den Alliierten eingenommen worden, dann während des Rundstedt-Gegenschlags wieder teilweise verlorengegangen und wurde jetzt zurückerobert. Hole Ausrüstung in einem Feldzeugdepot in der Nähe ab (an einem der Regale ein Schild: «Hände weg von diesem Scheiß»), und dann weiter nach Straßburg.

Kommunikationsleitungen in wirren Knäueln, alter schlaffer Stacheldraht auf den Weiden, Pferdeleichen am Rand der Fernstraße (die Tiere sind noch immer schön, schwarz und starr wie eine Skulptur des Todes). Ab und an sieht man einen Bauern auf den Feldern werkeln, Dünger streuen, ein Granaten- oder Schützenloch zuschütten (überall längs der Straße, die unter dem Dauerbeschuss der amerikanischen Luftwaffe lag, haben die Deutschen solche Schützenlöcher ausgehoben) oder langsam und mühselig die Erde umgraben. Hin und wieder ein Auto oder Lastwagen, vollgeladen mit persönlichen

Habseligkeiten und einer oder zwei umziehenden Familien. In der Ferne eine eindrucksvolle elsässische Burg auf einem Berggipfel im klaren Licht, das plötzlich durch Wolkenlöcher bricht. Braune Panzerwracks, verkohlt und rostig. Ein altes Rathaus: Liberté, Egalité, Fraternité – und neben der klassischen französischen Inschrift ein noch wie neu aussehender Wegweiser der Wehrmacht: *«Zum Luftschutzraum»*. Überall an Anschlagtafeln, Mauern, Baumstämmen die Parole: «On les aura! Vive la France!»

In den Außenbezirken von Straßburg Spuren von Verteidigungsversuchen und Barrikaden – ein paar umgekippte Straßenbahnen und Bretterverkleidungen. Aber das Stadtzentrum wirkte im Ganzen nicht wie vom Krieg verwüstet. Wir fuhren mit Tempo durch die Straßen – Hamiltons «Mission» war fast abgeschlossen – und parkten an der Krämergasse oder Rue Mercière. An einer Straßenseite türmte sich ein riesiger Trümmerhaufen, eindeutig eine Sammelstelle, keine Häuserruinen. In der Mitte des Platzes das wunderbare Münster. Als wir zum Eingang hinübergingen, hörten wir den Einschlag einer Granate – meine erste Granate. Die Stadt wurde noch beschossen. Das gotische Münster war beschädigt: In der Kuppel klaffte ein riesiges Bombenloch, durch das der Regen strömte. Aber der schöne Steinboden war freigeräumt, und wir konnten unsere Besichtigungstour ohne Mühe fortführen. Die meisten der berühmten Glasfenster waren verschwunden: Viele hatte man ausgebaut, die anderen waren durch den Bombeneinschlag aus den Rahmen gesprengt worden, sodass nur Scherben blieben. Die Orgel in Rot und Gold im Langhaus hatte kaum Schäden davongetragen: Nur ein paar Orgelpfeifen fehlten. Der Eindruck war seltsam ungotisch, vor allem das Licht war ungewohnt. Ohne die Glasfenster und weitgehend schmucklos, hatte das Münster nichts mehr von seinem klassischen Dämmerlicht, und die rotbraunen und grauen Steine kamen zu einer ganz neuen Wirkung. Um den Altar herum standen Trikoloren.

Wir verließen den Münsterplatz und machten uns auf den langen Heimweg. Die Fahrt aus der Stadt über den Quai Fustel de Coulanges! Eine andere Straße in einer anderen Stadt, Saarburg, hieß Richard-Wagner-Straße, daneben lag die Rue Jeanne d'Arc. Was für eine Geschichte, welche politischen Wechselfälle lassen sich allein daran ablesen! Der Himmel bezog sich, und wir quälten uns im Regen durch die aufgeweichten Wege der Zaberner Steige, über die sich im Dezember die große Gegenoffensive gewälzt hatte. Gelegentlich sieht man Überbleibsel aus dem Krieg: Panzerketten in einer Schmiede auf dem Land. Der Jeep brauchte wieder Wasser, wir hielten an einem Bach, und der Fahrer ging los. Plötzlich kam der Wagen ins Rollen und machte sich selbst auf den Weg zur Quelle, kam wohl nicht mehr gegen seinen Durst an. Wir sprangen in wilder Hast aus dem Jeep, und er hielt mit einem Ruck an. Wir

schlenderten ein wenig umher und untersuchten einen großen deutschen Panzergraben etwa fünfzig Meter weiter. Ein kleiner französischer Junge mit einem Spazierstock kam vorbei und fragte nonchalant: «Promenadez – gehen Sie spazieren?» «Oui», antwortete ich, «et regarde – sieh mal ...». «O», sagte er und warf einen kurzen Blick auf den wassergefüllten Panzergraben, «les boches ...», und lief weiter. Genau genommen waren wir dorthin gegangen, um uns zu erleichtern. Ich will zwar nicht behaupten, es sei eine symbolische Handlung gewesen – sie war nur bequem und irgendwie passend –, aber immerhin lieferten wir so einen kleinen Beitrag zum Fluten der Nazi-Verteidigungsanlagen.

Es war kalt, matschig und nass. Die letzten Kilometer bis nach Hause waren übel. Wir wussten nicht, ob wir zuerst unsere malträtierten Hinterteile gegen die heftige Rüttelei oder besser das Gesicht vor den Schlammspritzern schützen sollten. Aber trotzdem ging es uns noch vergleichsweise gut. Überall an der Fernstraße und den Abzweigungen arbeiteten GIs, ihre Kleidung durchweicht und schmutzig, die Gesichter von der Kälte wund und die Augen von Schlaflosigkeit rot. Die Straße musste in Ordnung gebracht werden.

Endlich angekommen. Ging in mein Quartier, machte schwache Anstalten, mich zu waschen. Froh, unsere «belle maison» wiederzusehen, schlüpfte ich in meinen verknäuelten Schlafsack und schlief die ganze Nacht durch. Am nächsten Tag erfuhr ich, dass die 10. Panzerdivision, die am frühen Morgen durchgezogen war, mit ihrem Rumpeln und Scheppern fast die ganze Stadt aufgeweckt hatte. Ich hatte nichts gehört ...

MONTAG, 12. FEBRUAR 1945

Nachts ist der Ort wie ausgestorben, schwarze Finsternis. Keine Straßen, keine Bewohner, kein Leben. Gelegentlich erwischt der Lichtkegel der Taschenlampe einen Streifen regennassen Boden und findet einen schlammigen Pfad. Plötzlich scheint ein grelles Leuchten irgendwo hinter einem Hügel hervorzubrechen und trifft die Straße vor mir. Ein Fahrzeug mit aufgeblendeten Scheinwerfern. Das helle Licht erfasst Fassaden, streift Bäume, die Umrisse eines Hauses, einen Laden, einen leeren Wagen und komponiert die Momentaufnahmen zu einem flüchtigen Phantasiebild. Das Auto fährt knirschend um eine Kurve, und wieder Schweigen und Dunkelheit. Noch eine Straße, noch eine Ecke, und du bist fast angekommen. Was für ein seltsamer Weg! Eine fremde Stadt, die weder bei Tag noch bei Nacht erkennbar ist, einsam, voller Angst und im Krieg isoliert. Ihre Einwohner versteckt, ihre Lebensgeister untergegangen. Wo kein Licht ist, ist kein Leben. Der Mensch lebt in Angst vor seinem eigenen Schatten – buchstäblich. Die Sonnen, die er als großspuriger Prometheus geschaffen hat, strahlen keine Wärme aus und keine Kraft. Das Leben besteht nur noch aus Kälte und Finsternis.

DIENSTAG, 13. FEBRUAR 1945

Wenn die Verworrenheit und Inkompetenz der Geschichtsschreiber widerspiegeln, wie Geschichte jetzt gemacht wird, dann erreicht das Chaos auf den Schlachtfeldern ganz neue Dimensionen. Es sieht so aus, als könne ich niemanden finden, der weiß, was er tut. Strategien werden nicht klar, Verfahren sind fehlerhaft und Methode und Theorie der Historischen

Abteilung absurd. Vor kurzem nahm sich der Colonel an einem Morgen Zeit, noch einmal Funktionen und Ziele unseres Tuns darzustellen. Nach einer Stunde ungefähr bat Mooney ums Wort: «Sir, das ist alles schön und gut, aber –», er zögerte nur kurz, «aber ehrlich gesagt, ich weiß nicht mehr, wo oben und unten ist, ich fühl mich verschaukelt.»

Damit ist ungefähr alles gesagt. Heute meinte jemand, der Chefhistoriker sei ein Versicherungsvertreter. Das Problem sei nur, dass wir keine Versicherungen verkaufen! Ein paar Minuten danach kam der Colonel vorbei und warf einen kurzen Blick auf die skurrilen Gestalten im Büro. «Ich schätze, der eine oder andere von euch sollte mal die Maßeinheit rausfinden, die hier gängig ist», sagte er. «Wir zählen Stunden, nicht Tage! Ihr braucht für jeden gottverdammten Kleinkram Tage. Tage!» Und ging wieder. Nicht lange danach: «Wie viele Seiten habt ihr heute geschafft?» Die Zahl war offenbar unzureichend, und er tobte: «Seht zu, dass ihr mehr schafft! Herrgott, wenn fünfundsiebzig Prozent eurer Zeit für Nachforschung draufgehen, dann lasst das Forschen sein! Schreibt einfach, dann kommt Tempo auf.» Mooney, Eggers und Gottlieb (in der Arbeitsgruppe die «Spürhunde» vom Dienst) erzählten mir übereinstimmend, wie sie ihren Einheiten vorgestellt wurden: «Ich weiß gar nichts über diesen Scheißkerl. Nicht, wer er ist, nicht, was er kann. Aber ich lasse ihn hier, und seht zu, dass ihr ihn beschäftigt. Dass er bloß nicht nur rumhängt oder abhaut!» Das jammervolle Schicksal eines Militärhistorikers. Da waren sie draußen im eisigen Winter, schliefen mit den Soldaten in Schützengräben, in großer Sorge wegen der Rundstedt-Offensive. Und dann kam ein Anruf durch. Der Colonel: «Eggers? Sind Sie das? Kommen Sie her. Ich habe Sie überall gesucht. Kommen Sie her, ich will Sie wieder rausschicken.» Die Notizen stapeln sich. Niemand hat

Zeit, irgendwelche Manuskripte vorzubereiten. Wahrhaftig ein Hundeleben!

«Hast du viel Literatur des achtzehnten Jahrhunderts gelesen?», fragte Dyer heute Nachmittag und legte seine Berichte und Landkarten beiseite. «Dann kennst du natürlich Gibbon. Weißt du, ich merke, dass ich immer mehr wie Gibbon schreibe, je weiter ich mit diesen Sachen hier komme. Ich lese mir meine Prosa durch, und was sehe ich? Satzkonstruktionen wie bei Cicero, seine fabelhafte lateinische Eloquenz. Da, diese Seite hier – ‹Der Angriff des VI. Corps auf Montélimar ...› – mutatis mutandis könnte das auch eine brillante vollmundige Passage über die Laster eines römischen Kaisers sein.» Er schüttelte den Kopf wie zur Bestätigung und vertiefte sich wieder in seine Berichte und Karten.

14. FEBRUAR 1945

Ein schöner sonniger Nachmittag. Die Matschpfützen sind getrocknet, und man geht auf weicher feuchter Erde. Auf den Straßen spielen kleine rotbackige französische Kinder, trampeln singend und krakeelend («un, deux, trois, quatre») mit ihren Holzpantinen über das Pflaster. Über ihnen in der Luft das unaufhörliche Dröhnen von Flugzeugen. Die Sonne hat sich gezeigt, und Land und Leute sehen wieder aufgeräumt aus, und irgendwo, nicht weit entfernt, zerreißen Bomben einen Feind.

NOTIZEN ZUR GESCHICHTE EINER SCHLACHT:

Neujahr 1945. Deckname der Offensive: «10. Mai 1940», zur Erinnerung an Hitlers Einmarsch in Frankreich. Speerspitze des Angriffs ist die 17. SS-Panzergrenadierdivision («Götz von Berlichingen»). Die Deutschen eröffnen ihren Angriff mit: «Frohes neues Jahr, ihr Yankee-Scheißer! Frohes neues Jahr, Drecksäue!» Helles Mondlicht. Der Schnee unter den Leuchtgeschossen ein widerliches Rosa. Schwarmangriffe, Durcheinander von Infiltrationen. «Bewegt euch, ihr seid zu weit weg», kam der deutsche Befehl an eine isolierte Gruppe von Amerikanern. Das Wasser im Kochgeschirr gefror, das Eis musste mit Grabenmessern aufgebrochen werden, damit man einen Schluck trinken konnte. Gewehre in der Kälte unbrauchbar, ein Urinstrahl macht sie gängig. Verzweifelte Rufe nach Verstärkung: «Ich brauche die Panzer! Bringt sie verdammt noch mal her! Nutzlos wie ein zweites Paar Eier sind sie da, wo sie jetzt sind.» Keine Schussfelder. Alles blockiert durch Berge von toten Deutschen, die Leichen aufgetürmt. Gefangene, benommen (und betrunken!), Flaschen Vat 69, leere Dreiviertelliter Flaschen White Horse Scotch (Sonderrationen Schnaps vor dem Absprung). «Heil Hitler, zur Hölle mit den Yankees!» «Frohes neues Jahr, Scheißyankee!» Die Antwort: «Arschlöcher, Scheißjerrys.» Darauf: «Das ist dein letztes Neujahr, GI Joe.» Hysterie. Läufer kommt zurück. «Sir», schrie der Junge, «da draußen an der linken Flanke sind sechzig Panzer.» – «Du meinst sechs, Jack, oder?» «Ja, stimmt.» Feuer in der Scheune. Leuchtgeschosse haben den Heuboden in Brand gesteckt. Aber die Betondecke hält den Flammen stand, und der Kampf tobt im Inferno. «Heiß hier, was?», fragte einer durchs Fenster. Jemand lachte. Brutalität. Stöhnende verwundete Deutsche erschossen. Später Plünderungen in Städten. Häuserkämpfe. Säubern Stockwerk für Stockwerk, ein paar Schüsse aufs Geratewohl durch Fenster. Schubladen und Schränke durchwühlen, dann weiter zur nächsten Wohnung, Straße oder Stadt. Manchmal, wenn Patrouillen aufeinanderprallen, Wortwechsel: «Komm mit, ich besorg dir was Warmes zu futtern.» «Nein», antwortet der Deutsche, «komm du mit, ich geb dir Schnaps.» Aus dem Handel wurde nichts, Feuer wieder aufgenommen. Wenige Deutsche fielen. Der Rest entschied sich für «was Warmes zu futtern». Seltsame Funken im Wald. Ein Deutscher wurde getroffen, das Geschoss explodierte in dem Funkgerät, das er auf dem Rücken trug. Wurde gefasst und ergab sich. SS-Oberst. Ein jüdischer Junge fing ein Verhör an. «Jetzt wirst du reden, und ob», schrie er und drückte den Nazi auf einen Stuhl. «Du wirst alles genau sagen, was ihr den Juden und den Polen und allen anderen angetan habt!» Nahm ihm die Luger ab und seinen fabelhaften Mantel. Dann stürmten G-2 und G-3 ins Haus. Der Ankläger wollte ihm gerade den Prozess machen, wurde aber gezwungen, das Verfahren aufzuschieben …

DONNERSTAG, 15. FEBRUAR 1945

Überstürzter Aufbruch am frühen Morgen. Colonel verärgert wegen Verzögerung: «Soll ich vielleicht erst nach Mitternacht zurück sein?» Niemand konnte sich denken, warum er überhaupt mitkam. Die wahrscheinlichste Theorie: schönes Wetter. Richtig. Die ersten Stunden in der Morgenkälte noch ungemütlich, aber der Vormittag war klar, die ganze Fahrt eine Kette von Postkartenmotiven. Wieder durch die Vogesen, in die Vororte von Colmar. (Immer noch Schilder mit aggressiven

Propagandasprüchen gegen die *Judendemokratie, Angloamerikaner und Bolschewisten.*) Nahmen ein Mädchen mit, das nach Barr wollte. Tochter des städtischen «Tribunal». Hübsche kleine Wohnung an einer Bergstraße. Auf dem Tisch Balzac. Der Vater hatte einen Schlüssel zur «bibliothèque» (Bibliothek), die ich, unbeholfen wie oft, eine «librairie» (Buchhandlung) nannte. Victor Hugo und solche Sachen, sagte sie stolz. Sie hatte in der Schule etwas Englisch gelernt (wir kamen mit meinem Deutsch ganz gut zurecht), sogar ein wenig Shakespeare gelesen – einzelne Passagen, aber in Übersetzungen. Von André Gide. Worauf wir in eine belanglose Diskussion über Gide gerieten. Sutton erklärte, kein Zweifel, Gide sei einer der großen «Literaten des Jahrhunderts, aber ein Kollaborateur». Ich war wütend. Aber nichts zu machen. Er habe es gerade erst auf einer Party in Paris von «einer sehr intelligenten gebildeten Person» erfahren, es sei also eine «Insider»-Information.

Östlich von Colmar lauter Kleinstädte in Schutt und Asche, Haus für Haus. Erreichten Kunheim. Machten im Gefechtsstand des 15. Infanterieregiments Pause. Ein kleiner Bücherstand mit etlichen Bänden Goethe und dazu religiösem Kleinkram. Hühner im Heuschober. Armeelatrinen im Hinterhof neben einem Holzstapel. Matsch, spärlich mit Stroh überstreut. Sammelten ein paar Informationen über die Operation Brückenkopf Elsass, auch die eine oder andere Klatschgeschichte. (Das Drama mit der Parole damals, als «George Patton» wochenlang Losungswort blieb; die müde Verachtung, mit der man im Stab von diesen glücklichen Tagen redete.)

Ging in den Hinterhof. Schwarze, undurchdringliche Finsternis. Stolperte über einen alten, gegen den Heuschober gelehnten Wagen. Dann kam das Licht von Mond und Sternen durch, und ich fand mich zurecht. In der Ferne flammten Leuchtraketen über dem Rhein, warfen Licht auf weite öde

Flächen, vor einer Woche noch blutige Schlachtfelder. Lautlos flogen die Leuchtgeschosse über das Wasser, flammten auf und brannten aus. Auf der Latrine hockend den Krieg betrachten, wie gemütlich. Später an diesem Abend wanderte ich langsam und allein die Straße entlang zum Gefechtsstand des 7. Bataillons. Plötzlich Gewehrfeuer. Schwache Erschütterungen, und ohne Vorwarnung ein Augenblick von Panik, prickelnde Handflächen und leichtes Zittern am ganzen Körper. Ich redete mir gut zu: nur ein Störfeuer von unseren Granatwerfern oder unserer Artillerie. Wie ich mich wohl fühlen werde, wenn wieder mal die Hölle losbricht?

SAMSTAG, 17. FEBRUAR 1945

Zog gestern Abend von Kunheim, dem Gefechtsstand des 15. Infanterieregiments, nach Jebsheim, dem Gefechtsstand des 3. Bataillons. Der Jeep tastete sich beinah blind durch den zähen kalten Nebel, der sich über die Landschaft gelegt hatte. Vermied nur knapp einen Zusammenstoß mit Lastwagen auf der Straße und einem an einer Kreuzung geparkten Panzer, holperte eine Weile am Flussbett entlang. Richtete mich in Jebsheim im oberen Schlafzimmer des alten Hauses ein. Eine Granate hatte riesige Löcher in die Mauern gerissen, und die Zeltbahnen hielten die durchdringende Kälte kaum ab. Schlief in allen Kleidern, mit Jacke, Schal, Mütze, und fror trotzdem.

Am Morgen fand ich in dem sorgsam zusammengekehrten Trümmerhaufen eine an die Familie Oberlin in Jebsheim adressierte Ansichtskarte: eine hübsche Luftaufnahme von Cannes, mit dem Datum «Nice, 12 août 1934». Etwas später kam Madame Oberlin vorbei, und wir unterhielten uns. Die Familie wohnte seit über hundert Jahren in dem Haus. Den letzten Krieg hatte es unbeschadet überstanden, 1940 wurde es schlimm getroffen, aber nicht zertrümmert. Jetzt wieder ein Treffer, das Haus stand aber immer noch. Wie nur wenige in Jebsheim. Beweis: Der Befehlsstand des Bataillons wurde hier eingerichtet. Madame Oberlin erzählt vom fanatischen *Bürgermeister*. Kinder sprechen nur «un peu» Französisch. In den letzten Jahren deutsche Schulen. Französisch war *verboten*, nicht einmal «merci», «bon jour», «au revoir» durfte man mehr sagen – und trotzdem grüßten die Leute im Ort nicht mit *«auf Wiedersehen»* und *«guten Morgen»*, und *«dankeschön»* sagten sie auch nicht. Die alte Frau erzählte: «Wenn wir den Bürgermeister sahen, grüßten wir mit ‹bon jour›, *‹Heil Hitler›* niemals. Es gab nur eine Handvoll Kollaborateure, einen Freiwilligen für die Armee. Achtzig wurden eingezogen. Fünf Familien waren «gute Deutsche», der Rest «im Herzen immer französisch», erzählte sie in ihrem elsässischen Dialekt. Jetzt sind der *Bürgermeister* und ein paar seiner Helfer über den Rhein. Haben sich früh aus dem Staub gemacht. Andere «deutsche» Familien sind immer noch hier. Die Tochter sah diese Leute gestern auf der Straße und wurde wütend bei dem Anblick. Die waren immer noch gut genährt, gut angezogen. Sah sich ihre eigenen Schuhe, ihr eigenes Kleid an. Seit vier Jahren kein einziges neues Teil – aber «die» kamen an alles, was sie brauchten. Tochter ungefähr achtzehn. Eltern hatten vergeblich versucht, sich gegen die Hitlerjugend zu wehren. Der Sohn (zehn Jahre) wurde vom Jugendleiter (siebzehn Jahre alt) grausam blutig geschlagen: aus Bosheit. Beschwerde beim *Bürgermeister* – ein Brief. Antwort: Sohn *lernt folgen*. Der Jugendleiter ist jetzt bei der Waffen-SS. Der Vater von Madame Oberlin war vierzig Jahre lang Bürgermeister von Jebsheim: Michel Buhart.

Fast den ganzen Tag an Interviews gearbeitet. In einem Eckhaus in der Stadt K-Company-Geschichten; Acht-Acht-Flak schlug Loch in die Mauer, zerriss vier Menschen. Blut spritzte an Wände und Dach, jetzt hart und trocken. Captain Stuart rief mich und ging vorsichtig die Treppen hinauf. «Wie könnt ihr bloß hier leben und fröhlich sein?», schrie er auf.

Fuhr zum Schlachtfeld bei Maison Rouge, machte ein paar Bilder.

Blieb noch eine Nacht hier. Gutes Essen, auch ein paar typisch elsässische Gerichte. Bier reichlich. Gesellschaft interessant, lehrreich, angenehm. Die «alten Soldaten» sind eine ergiebige Bande.

Wünschte, ich könnte die ganze Maison-Rouge-Geschichte aufschreiben. Eine große, schreckliche Geschichte von Panik und Flucht auf einem Schlachtfeld. Waffentechnik gegen Menschen. Am Freitagmorgen traf ich Sutton in Neu-Breisach, und der sagte: «Das würde mir überhaupt nicht gefallen. Grässlich fände ich das.» Ein Kerl, der es gut meint und das Beste will, aber leider wird man ein guter Mensch nicht allein mit Willen. Er hat keine Wärme und kein Herz, auch wenn er noch so viel auf seine christlichen Gefühle pocht. Immer ist eine Portion Kälte dabei, teils Verschrobenheit, teils eine altjüngferliche Besorgnis um alle Details; ein unangenehmer bitterer Ernst, der seinen Humor erschlägt.

SONNTAG, 18. FEBRUAR 1945

Bataillone, Regimenter, die ganze Division zieht weiter. Ich tauche ein, zwei Tage lang unter, im Straßburger «Rest Camp», einem angenehmen Offiziersclub für die Dritte. Die meisten dieser jungen Kerle müssen fast von Woche zu Woche auf ein gewaltsames Ende gefasst sein. Ein paar erkenne ich wieder. Dauernd in der Schusslinie, setzen sie auf ein Wunder und ein paar Monate Gnadenfrist. Natürlich kaum Gelegenheit zur «Erholung», da die Gäste sich mit Saufen und Unzucht austoben. Die Frauen sind stumpfe, unattraktive, schwunglose elsässische Dinger. Die Männer albern, wenn sie nicht gerade lüstern sind, und ganz und gar zu bedauern. Heute Nachmittag saß «Slim» sturzbetrunken auf dem Fußboden, leckte Pfützen verschütteter Drinks von dem niedrigen Tisch auf, hatte sich die Wangen rot geschminkt, die schwarzen Locken über die Augenbrauen geklebt und imitierte mit heiserem Lachen «Heil-Hitler»-Rufe. Und «Doc» war stark geschminkt, er hatte sich ein Tuch um die Brust (mit Tennisbällen als Busen) und einen schmalen Lendenschurz umgewickelt. Er führte mit dem wilden polnisch-russischen Mädchen einen erstaunlichen, halb orgiastischen, halb orgastischen Tanz auf – wüst, obszön, sehr komisch. Oben im ersten Stock: mit einem lustlosen jungen Ding im Bett. Plötzlich am Fluss entlang Schüsse. Durchs Fenster kann man gewaltige Leuchtraketen über den Rhein fliegen sehen, und das Rattern der Artillerie lässt die Scheiben klirren. Du wirfst einen Blick auf die halb ausgezogene Frau neben dir. Unten wird getanzt und gelacht, man hört die Musik. Seltsam, immer seltsam. In diesem Augenblick werden Menschen ermordet, Soldaten sterben. Das muss man lernen: Immer sterben Menschen …

Das Haus hier war vorher das Gestapohauptquartier der Stadt. Heute Morgen kam ein Zivilist herein, ein Stadtbeamter – er sei hier im Keller «zusammengeschlagen» worden, sagte er. Wenn ich richtig verstanden habe, was ein Zimmermädchen mir in gebrochenem Deutsch erzählte, ist das Haus früher das Heim der «Kirchenältesten», der *Padres mit großen Bärten*, gewesen. Und jetzt ist es ein nettes kleines Bordell für amerikanische Kampftruppen. Geschwätzt wird ohne Ende, aber keiner versteht den anderen. *«Nickts comprie»*, heißt es immer wieder.

«Okay, bebbie?» Und komische Fragen: «Qu'est-ce que c'est: ‹horny›? *Wie ‹süß?› Wie Honig?*» Brüllendes Gelächter am Tisch. Die Blonde erzählt mir die Geschichte von den Heil-Hitler-Grüßen. Wenn die Elsässer die Arme mit den Handflächen nach außen über die Köpfe hoben, sagten sie immer zu sich selbst: «Jusqu'à ici la merde! – Bis hierhin die Scheiße!»

Straßburg

Heute waren die Leute auf den Straßen, und der Weg entlang der dichtbevölkerten Straßen und Plätze erwies sich keineswegs als langweilig. Ein kleiner Junge auf dem Münsterplatz, der eine riesige amerikanische Flagge trug, lief neben uns her und bettelte um Schokolade. Ich gab ihm einen Riegel. Er zog eine kleine rote Hakenkreuzarmbinde hervor und schenkte mir zum Dank seine HJ-Urkunde. Eine Wache, die eine Gruppe schäbig gekleideter Zivilisten durch eine Nebenstraße trieb, rief zu uns herüber: «Wir kriegen sie, jawohl! Wir kriegen sie alle, jawohl!» Kollaborateure und zurückgebliebene deutsche Agenten.

Auch der Name von Straßburgs Parkallee wurde geändert, von «Straße des 6. Juni» zu «Rue du Vingt-Deux Novembre», jeweils nach den deutschen und französischen Befreiungstagen. Ein Mitarbeiter in einer der Zeitungsredaktionen gab mir einen Ordner mit alten Ausgaben: Wie seltsam sich die Schlagzeilen im Elsass doch lesen, «Wir sind frei» usw.*

* Das ist eine historische Kuriosität, denn in Arthur Youngs «Reisen» lese ich über die elsässische Loyalität zu Frankreich nach der Annexion der Provinz durch das Deutsche Reich, dass die Bauern, nicht einmal in der Lage, Treueschwüre auf Französisch auszudrücken, riefen: «Nimmer will ich deutsch sein …!»

Die Nazis verließen Straßburg Hals über Kopf, und ein riesiges Archiv mit Geheimdienstmaterial und Filmen fiel den alliierten Truppen in die Hände. Das Redaktionsbüro selbst war früher das Büro der Deutschen Arbeitsfront und ich beschlagnahmte zwei Bände – eine Biographie von Helmuth von Moltke und eine Anthologie deutscher Literatur zum Thema «Unsterblichkeit» (in typisch nationalsozialistischer Manier ging es los mit der Gefallenenrede des Perikles aus Thukydides … zweifellos große arische Redekunst).

Mit der Einnahme Straßburgs durch die Alliierten verbindet sich ein außergewöhnlich interessantes militärisches und politisches Drama, aber ich glaube, dass darüber niemals etwas Offizielles verlautbart werden wird. Ich setze den Ablauf und die handelnden Personen aus «ungenannten zuverlässigen Quellen» zusammen:

Kurze Zeit nach dem anfänglichen Durchbruch und der Einnahme der Stadt veröffentlichte General Leclerc, Kommandeur der 2. französischen Panzerdivision (der berühmten Division Blindée), eine Proklamation, die die Verwaltung und Kontrolle des militärischen Abschnitts regelte. Zu den Verfügungen gehörten verschiedene Todesurteile: die Erschießung von Geiseln als Rache für Grausamkeiten, die Deutsche an Franzosen begangen hatten. Zeitungsberichte über die Exekution von Heckenschützen gelangten ins Hauptquartier der Army. Berichte über in der ganzen Stadt aufgehängte Plakate – fünf deutsche Geiseln für jeden Franzosen, der ins Feuer von Heckenschützen geraten war – riefen Beunruhigung hervor. Scharfschützen würden erschossen, Freunde von Scharfschützen usw. Diese Proklamationen «verstießen eindeutig gegen das Völkerrecht». Kritische Rückmeldungen kamen von Eisenhower aus Paris. «Weiter verschärft» wurde die Situation noch durch O'Daniels klassische Kehrtwende –

«Iron Mike» von der 3. Infanteriedivision hatte Leclercs «law and order»-Erlass gebilligt, als seine Leute den Franzosen zu Hilfe kamen. General Patch handelte schnell: «General O'Daniel hatte natürlich nicht die Absicht, Aktionen gutzuheißen, die gegen das Völkerrecht verstoßen. Leclercs Proklamation wurde ohne Absprache mit den Vorgesetzten veröffentlicht ...» Von jetzt an würden Todesurteile nicht mehr vollstreckt. Amerikanische Befehle hätten «jederzeit den Bestimmungen der Genfer Konvention entsprochen». Nun musste in Straßburg eine neue Bekanntmachung her, nämlich dass «die Behandlung deutscher Geiseln oder Heckenschützen und der Personen, die Heckenschützen Unterschlupf gewährten oder sie unterstützten, strikt im Einklang mit der Genfer Konvention erfolgen wird. Alle Bekanntmachungen, die dazu im Widerspruch stehen, werden hiermit widerrufen ...» Dieser Text sollte in den Straßburger Zeitungen veröffentlicht werden. Doch General Schwartz als vorläufig amtierender Militärgouverneur der Stadt legte sein Veto ein. Das werfe eindeutig «ein schiefes Licht» auf General Leclerc. Überdies, mon Dieu, würde dann jeder Heckenschütze in der Stadt seine Handschrift zeigen! Da sagte das Hauptquartier, es falle auf niemanden ein «schiefes Licht», auch nicht auf General O'Daniel (der inzwischen zurück in den Vereinigten Staaten war). Überdies erinnerte man Schwartz daran, dass Straßburg unter amerikanischer Militärhoheit liege und dass alle französischen Offiziellen dem kommandierenden General unterstellt seien. Also könnte man auch «Druck ausüben». Schwartz insistierte, eine Zeitungsmeldung sei «politisch unklug». Er erhielt prompt zur Antwort, die 7. Armee interessiere sich allein für die amerikanische Politik, und die laute eben, dass man sich strikt «im Rahmen des Völkerrechts» bewege, da zähle auch keine französische Sichtweise. Major de Chizelle,

Schwartz' Vertreter, verkündete, die Franzosen hätten die Kontrolle über die Presse und die Bekanntmachung werde nicht veröffentlicht. Daraufhin erhielten Pioniere den Auftrag, Plakate zu vervielfältigen, die den Text der Bekanntmachung auf Französisch und Deutsch enthielten. Die Truppen sollten sie in der Stadt an alle Mauern und Plakatwände kleben. Doch plötzlich wurde der Druck gestoppt. Die Franzosen hatten einem Kompromissvorschlag zugestimmt, dergestalt, dass der Kommandeur der 3. Division ein beschwichtigendes Zeitungsinterview geben werde. Alle waren zufrieden. Um den 11. Dezember herum wurde die Affäre um die Straßburger Proklamation für beendet erklärt.

Verbrachte etliche Stunden mit der Suche nach den Professoren der Universität, doch die Fenster ihrer Häuser waren verrammelt. Niemand war in den frühen Tagen der deutschen Besatzung, nachdem die französische Universität nach Clermont-Ferrand umgezogen war, in der Stadt geblieben.

MONTAG, 19. FEBRUAR 1945

Auf einem Streifzug durch Straßburg die dramatischen weißen Pfeile ohne Beschriftung, an Mauern, Toren und Türen, stumm, aber deutlich Wegweiser zu Luftschutzkellern. Die Goethestraße entlang zur Universität. Das Denkmal des jungen Goethe in stolzer aristokratischer Haltung, eine Hand auf dem Stock, die andere im Rücken. Die Place de l'Université ist ziemlich beschädigt, aber das leere Gebäude selbst und die nackten Anschlagtafeln sind besonders bestürzend – die Juristische Fakultät, die Medizinische und Naturwissenschaftliche Fakultät, das Seminar für Ur- und Frühgeschichte und westeuropäische Archäologie, die Philosophische Fakultät – keine

Nachrichten, keine Ankündigungen, nichts. Im Büro des Hausmeisters einige Überbleibsel aus der Nazizeit. «Die Kunst im Dritten Reich», ein Buch, das er mir für ein paar Zigaretten überließ, eine Anthologie italienischer Lyrik mit der Widmung: «Hermann Göring, dem Freunde Italiens in Verehrung», und schließlich eine Tauchnitz-Ausgabe von George Moores «The Coming of Gabrielle», mit der er hinter mir herlief, um sie mir als «Souvenir» anzubieten. Auch die Bibliothek ist von Bomben getroffen worden, aber immer noch ein staunenswerter Bau, der ein wenig an die South Hall der Columbia University erinnert; auch dort sind Namen von Kulturgrößen in die Mauer eingraviert, nur dass sie hier mit Porträts versehen sind: Lessing, Goethe, Schiller, Gottfried von Straßburg, und auf der linken Seite Molière, Calderón, Dante, Shakespeare. (Außerdem Thomas von Aquin, Melanchthon, Erasmus ...) Ich konnte mich an den Wärtern vorbeimogeln und durch die Bibliotheksräume schlendern. Die Tische im Lesesaal sind aufgequollen, die Regale leer bis auf Steinbrocken und Reste von zerbrochenen Brettern. Durchweichte und wieder getrocknete Bücher aufgehäuft. Eine Sammlung mittelenglischer Texte aus den Jahren 1030 bis 1400, John Edwin Wells (Yale University Press). Stapelweise mit schwarzgrauem Staub bedeckte Bände. An einigen Wänden arbeiteten Maurer. Ein Kalender, der noch den September 1944 anzeigte. Der Bibliotheksdirektor kam und erzählte mir die Geschichte der berühmten Straßburger Bibliothek, einst eine der besten der Welt. 1939: Evakuierung der Bestände. 1941: Vichy holt sie auf Befehl der Nazis aus Clermont-Ferrand zurück. Eine gewaltige Sprengbombe zerstörte Tausende Bücher. Zehntausende wurden bei einem Brand des Magazins in Barr vernichtet, als der Krieg die Stadt mit Artilleriefeuer und Straßenkämpfen überzog. Was nicht verbrannte, wurde vom Löschwasser durchweicht. Das war die Erklärung für die zahllosen verkohlten, aufgequollenen Bände, die hinter dem Lesesaal aufgeschichtet waren. Auf den Tischen lagen Hunderte aufgeblättert, die einzelnen Seiten zum Trocknen ausgebreitet, ein kleiner Versuch, große Verluste rückgängig zu machen. Die Räume verströmten einen einzigartigen Geruch – in keiner Bücherei der Kulturgeschichte kann es so gerochen haben. Wo ist das alte Aroma von Staub und Moder, das Aroma der büchergefüllten Studierstuben? Die kalte Februarluft drang durch riesige Löcher in den Mauern. Im Raum hing der seltsame Dunst der verkohlten, durchnässten Bücher. Vielleicht werden die Studenten von nun an jahrzehntelang im Anblick und im Geruch des Krieges lesen. Als ich einzelne Bände in die Hand nahm, war der Krieg präsent. Wir gingen hinaus. Zum Abschied berührte der Bibliothekar traurig die Stapel und die zersplitterten Regale. Er lud mich ein, wiederzukommen – die Räume mit den Raritäten zu besuchen, die berühmten Manuskriptsammlungen, und alles, was ich wollte. «Kommen Sie bald wieder, wenn es hier besser geworden ist, wenn die Universität wieder Leben hat.» Ich versprach es, merkte aber an, dass ich wohl eher in den Universitäten von Tschungking oder Tokio vorsprechen würde. Er lächelte und seufzte. (Der Bibliotheksleiter hatte kurz nach dem letzten Krieg eine amerikanische Studentin in Paris geheiratet.)

Wieder auf den Straßen. Der Bismarckplatz heißt jetzt Place de la République. Die Ludendorffstraße ist die Rue de Général Gouraud. Die Rudolf-Heß-Straße trug ihren Namen nur kurz, sie wurde nach seinem Englandausflug in Hermann-Göring-Straße umbenannt – jetzt Avenue de la Liberté. Überquerte die Brücke, überrascht, dass der Fluss die Ill war. Erst gestern, als ich mit Soldaten über die Panik bei Maison Rouge sprach, war die Ill ein reißender Strom gewesen, eine grauenhafte Todesdrohung für die flüchtenden und angesichts des deutschen Panzerangriffs hilflosen Männer. Heute, an einem sonnigen, schläfrigen Montagnachmittag, floss sie harmlos unter einer friedlichen Brücke hindurch. Die kleinen Kinder im Park sprechen nur Deutsch, «un peu» Französisch.

DIENSTAG, 20. FEBRUAR 1945

Wieder einmal eine lange ereignislose Fahrt von Straßburg nach Westen. Die Landschaft blieb malerisch, aber welche grünen Wiesen sind an einem sonnigen schönen Tag nicht voller erfreulicher Effekte und Muster? Haben Menschen je etwas vollbracht, das den beständigen, ruhigen Wundern der Naturschönheit entspricht? Wieder durch kleine Städte und Dörfer, wieder Ruinen und Schmutz. Vor einem Bauernhaus winkten lachende Kinder unserem vorbeifahrenden Auto; manchmal warf uns jemand finstere Blicke zu, und heute Morgen warf einer mit Steinen (ohne Zweifel ein subtiles politisches Symbol). Auf dem Weg nach Zabern spielen Kinder in einer Seitenstraße mit einem Patronengurt voller 50-Kaliber-Munition. So gehört der Krieg schon zum alltäglichen Zeitvertreib.

Mooney spielt weiter verrückt. Als der Jeep über die Fernstraße rauschte, schrie er: «Sieh dir das an, ich fahre freihändig. Sieh doch mal!» Dann streichelte er das Steuer, ließ los und umfasste es wieder liebevoll. Jetzt hieß es «Zügel locker», wir nahmen nämlich Hürden. Und durch Saarburg rasten wir auf der «Zielgeraden». Er pfiff und schnalzte, hob sich leicht vom Sitz, wedelte wild mit den Armen, ließ die Peitsche knallen und philosophierte immer weiter in seinem penetranten lauten Akzent.

«Scheiße!», schrie er, als wir durch eine Dunstwolke von frischem Dung fuhren, «da hast du Frankreich! Scheiße, wo du gehst und stehst! Und je mehr davon sie haben, desto reicher sind sie!» Häufig französische Truppenkonzentrationen auf unserer Route, und ebenso häufig seine wütenden Kommentare. «Die gottverdammten Frogs! Gib ihnen eine Uniform und lass ein paar Fahnen wehen, schon sind sie froh und taumeln vor Glück. Sieh dir diese MPs an. Auf dem Helm noch die Naziembleme, und die Gürtelschnallen hat die Scheißfarbe nicht zugedeckt. Soldaten! Aber vielleicht sind es tatsächlich Soldaten. Sie leben diesen Krieg. Wir fechten ihn durch. Echte Soldaten denken wahrscheinlich, wir sind dämliche Spinner! Weil wir den Krieg zu Ende bringen wollen. Dann sind sie nämlich alle arbeitslos. Tolle Kerle, diese Frogs.» In den besetzten Städten sind die französischen Truppen nicht von den Amerikanern zu unterscheiden. Ihre Ausrüstung stammt von den US-Truppen, und sie stecken in US-Uniformen, die sie auf die gleiche Weise tragen wie die Amerikaner, bis hin zu den über den Gamaschen gebauschten Hosen und den gemalten Insignien auf dem Helmfutter. «Papa, warum haben denn all die Amerikaner Poilu-Uniformen an?», hat angeblich ein Kleinkind gefragt.

Wieder ein Zwischenhalt in Lunéville.

DONNERSTAG, 22. FEBRUAR 1945

Ganz krank vor Sorge: Nichts wurde mit dem Regiment verschickt, meine ganze Habe liegt noch in einem seltsamen beschädigten Haus im Elsass, mehrere hundert Kilometer von hier, und an die Straßen dorthin kann ich mich kaum noch erinnern. Machte mich früh auf den Weg nach Kunheim und kam gegen Mittag an. Offenbar waren die Franzosen in den alten amerikanischen Befehlsstand eingezogen, und ich war sehr überrascht und erleichtert, dort meine Sachen wiederzufinden. Ich suchte mir alles zusammen, erspähte erst eine Decke, dann noch eine und forderte den Sergeant auf, seinen Pullover auszuziehen (es war meiner). Peinlich, aber da war ich nun und kämpfte um mein Privateigentum. Die Kamera war unbeschädigt (abgesehen davon, dass jemand sich am Film zu schaffen gemacht hatte; was mit meinen Fotos vom Schlachtfeld passiert war, ist ein Rätsel), alles andere auch, nur ein Dutzend Päckchen Zigaretten und ein Paar Shorts fehlten. Als nicht kampfbedingte Verluste zu verbuchen.

Die Stadt wirkte jetzt einsam und verlassen. Zum ersten Mal fiel mir auf, dass die Männer fehlten. Alte Frauen mühten sich mit Lasten ab, die viel zu schwer waren, und Kinder halfen ihnen unermüdlich beim Tragen oder schoben Leiterwagen. Es gab keine Ehemänner, Söhne oder Brüder – sie waren alle deportiert oder zum Militär abkommandiert worden. Jetzt, da der Pulk der amerikanischen Jugend weitergezogen ist, fällt die Leere des Ortes zum ersten Mal auf.

Der französische Stil unterscheidet sich natürlich merkbar von jenem in unserem Hauptquartier. Er scheint lockerer zu sein, vertraulicher, ist mir aber weniger angenehm, das muss ich zugeben. Der Kommandeur lud mich zum Essen ein – es war kümmerlich, abgesehen vom Wein und Schnaps; hinzu kam das zweifelhafte Vergnügen, von französischen Kolonialsoldaten – erkennbar an der Beschaffenheit ihrer Haut, den schrägen Augen und den strähnigen Bärten – bedient zu werden. Versuchte, etwas über die Struktur des Heeres, politische Gefühle, die Einstellung zu den alten FFI-Elementen herauszufinden, kam aber damit nicht weit.

Kehrte sehr erleichtert heim, auf Nebenwegen, weil mich

die Fernstraßen langweilten. Wir nahmen eine Abkürzung über Schirmeck und fuhren dann zurück nach Natzweiler, wo ein *Konzentrationslager* gewesen war. (Mir fällt wieder ein, dass mir in Straßburg ein Mädchen auf der Straße erzählt hat, viele seiner Freunde seien wegen «politischer» Vergehen dorthin gebracht worden.) Wir bogen in ein sonnenloses Tal ab (es wirkte melodramatisch) und arbeiteten uns auf einer kurvenreichen Straße zum Berggipfel hoch. Dort war Struthof, früher ein gut gehendes Hotel, in den letzten Jahren aber ergänzt durch Baracken, eine Gaskammer, Folterzellen und ein Krematorium, alles mit Stacheldraht eingezäunt. Ich stöberte in verlassenen Büros, fand einige Reste von SS-Schriftstücken, Bestellungen für Chemikalien. Unterhielt mich mit einem der jungen Wächter: Er war nicht in der FFI gewesen, hatte aber in Straßburg zu den Partisanen gehört. Kannte den «Club» gut aus der Zeit, als die Gestapo dort ihre Zentrale hatte, und war viele Male da gewesen! Anscheinend war einer der Partisanen ein Gestapo-Mann, deshalb wusste die Gruppe, was vorging, und hatte Zugang zu Nazistellen. Die Partisanen beseitigten viele Leute in Schlüsselpositionen, das führte er uns mit der klassischen Geste des Halsabschneidens vor; er hatte an etlichen «Überfällen» teilgenommen … Jetzt war Struthof ein französisches Internierungslager. Die satanischen Zellen wurden natürlich abgerissen, aber das Gebäude bleibt ein trostloses düsteres Loch, auch wenn es von noch so viel Naturschönheit umgeben ist. Als könne die Natur selbst es nicht ertragen, mit dem Lager zu leben.

Kam spät in Nancy an und übernachtete in einem zugigen, verräucherten Hotel. Legte mich nicht gleich ins Bett, sondern ging noch ein wenig die Rue St. Jean entlang. Fand eine ansprechende Buchhandlung und las im Schein meiner Taschenlampe die Titel der Bücher im Schaufenster. Mehrere Bände der historischen Studien von Glotz und Sagnac, Ferdinand Lots Buch über das Römische Reich und anderes mehr.

FREITAG, 23. FEBRUAR 1945

Früh auf und nach Pagny-sur-Moselle. Der Morgen war kühl, der Tag jedoch klar und angenehm. Die Deutschen haben mit der Sprengung der gewaltigen steinernen Moselbrücke in Nancy ganze Arbeit geleistet. So viel von der Landschaft habe ich schon gesehen – und doch habe ich anscheinend immer noch nicht genug davon. Raureif hat die Felder überpudert und glitzert jetzt in der Sonne auf einem neuen unirdischen Grün. Als ich von der Avenue Jean Jaurès in die Rue Anatole France einbog, fand ich endlich mein Bataillon. Die Straßen, praktisch das ganze Viertel, wurden von amerikanischer Musik aus der Dose beschallt, die aus speziellen Verstärkern über die Hügel dröhnte. Die Jungs wollten Musik, und die Army lieferte. Es machte keinen Unterschied, dass alle Truppen im Feld standen und kaum jemand zurückgeblieben war, um den GI-Swing zu genießen, abgesehen von den armen verständnislosen lothringischen Bauern. Die Jam-Session ging weiter, von Pompey über Pont-à-Masson bis Vandières und Pagny. Ich hörte Fats Waller und Ada Brown mit «That Ain't Right».

An einer Erdgeschosswohnung in Nancy das Schild: «NO WOMEN. PLEASE DO NOT KNOCK – KEINE FRAUEN. BITTE NICHT KLOPFEN.» Daran lässt sich wohl die «Sozialgeschichte» der amerikanischen Soldaten in Frankreich ablesen.

Der neue Jargon: «beaucoup», z. B.: «beaucoup Panzer» und «beaucoup Kraut»; «Parti», z. B.: «also sind wir partiert». «C'est la jerrie» und «comme ci, comme ça» werden gern in die Unterhaltung eingeflochten, die schon mit Phrasen aus der Armysprache durchsetzt ist.

Ein unverkennbar französisches Bild: Leute mit langen unverpackten Broten unter dem Arm oder großen Brotringen und allen möglichen seltsam geformten Brotstücken, nur Brot, sonst nichts. Ausgeschickt nach Brot …

Fuhr früh am Samstagmorgen ab. Über Nancy nach Lunéville. Dusche und Rasur. (Mooney hat immerfort begeistert gebrüllt: «Was Besseres gibt's doch nicht! Rasieren, duschen und scheißen! Was für ein Privileg! Das reine Vergnügen! Das wahre Leben!») Brachte Sachen in Ordnung. Ging mit Freunden in einen Balzac-Film (einer erzählt mir, dass er jetzt Soldaten durch die Straßen schlendern sieht, aber vorher vier Jahre lang die Deutschen immer nur im Marschtritt erlebte, ohne Pause), dann früh zu Bett.

SONNTAG, 25. FEBRUAR 1945

Habe begonnen, Skizzen zu entwerfen und meine Notizen für die Maison-Rouge-Erzählung zu ordnen. Die muss notwendigerweise recht konventionell ausfallen, kann jedoch noch immer einen ganz eigenen Ton und eine ganz eigene Kraft entwickeln. Was ich will, ist einfach zu sagen, wenngleich es die schwierigste Schöpfung in Kunst oder Geschichte ist: eine wahrhaftige, subtile Vergegenwärtigung der Ereignisse und Erinnerung an eine tragische und phantastische Erfahrung. Hier die Schlacht und dort ihr Plan und ihre innere Bedeutung. Aber das ist natürlich mein eigener kleiner Mythos. Wann werde ich je das Handwerkszeug oder die Weisheit für ein solches Werk erlangen? Derzeit, unter dem Druck all der kleinen, gemeinen Zwänge, ist es bestimmt unmöglich.

Verbrachte den größten Teil des Abends im Gespräch mit Hamilton; fange ganz allmählich an, mich zum Stubenhocker zu entwickeln (James David Tillman Hamilton ist schon einer, aber sein Charme und Witz und seine Intelligenz sind unbestreitbar). Wir begannen unsere Abendunterhaltung mit dem Thema Uniformen. Es fing eigentlich als Scherz an, mit den verschiedenen Versuchen der örtlichen militärischen «Anziehpuppen», einen individuellen Stil zu kreieren, dem billigen Verlangen nach Mode: Halstuch im offenen Kragen, die Silberkettchen der «Hundemarken» auf den Epauletten, verwegene Lederpistolenhalfter an der Bar oder beim Dinner. Wir kamen dann auf die ersten Standardisierungen von Militäruniformen (Marlborough?) zu sprechen, und das hieß, wir mussten das Datum der Enteignung des Soldatenhelden bestimmen – von nun an konnte er sich nicht mehr selbst bewaffnen oder einkleiden. Der Staat schuf Quartiermeister und Waffendepots, und der vermögende Soldat wurde zur Legende. Eigenes Vermögen gab es nicht mehr, alles wurde festgelegt und vorgegeben. Kleines Streitgespräch über die Rüstung des Ritters. Da liegen die Dinge eindeutig anders.

Nach ein paar Gins mit Saft kamen wir speziell auf die Einstellung der Amerikaner zu Uniformen und zum Militär zu sprechen. Und ich fürchte, hier hat Hamilton von den Klischees unserer nationalen Ansichten etwas zu viel abbekommen. Man sagt, wir würden die Army geringschätzen, und doch verehrten wir den militärischen Helden. Wir sollen für den Uniformfetischismus der Alten Welt nur Verachtung übrighaben, und doch wimmelt es bei uns von Uniformen, vom Liftboy bis zum Tankwart in den Bergen. Und das geht nicht nur auf die Bemühungen der Firmen im Wirtschaftsleben zurück. Welcher

Junge in Amerika begeistert sich nicht für Feuerwehrmänner oder Polizisten und gründet dann später einen kleinen Club, der sich als Erstes daranmacht, irgendein Gemeinschaftsjackett anzuschaffen (oder Windjacken, deren grelle Farben im ganzen Viertel hervorstechen). Dann gelangten wir an den Punkt, wo es auf Unterscheidungen und Präzisierungen ankam. Ich sprach über Großstädte, urbanen Lebensstil. Und er dachte an Mississippi (oder den Süden), wo der alte zänkische Individualismus noch immer vorherrscht. Die Unterschiede wurden immer raumgreifender und tiefer.

Hamilton fuhr mit Berichten über seine Familie fort; über seine Geburt und Kindheit in einer Welt, die allein von Verwandten beherrscht war (Onkeln und Großtanten, einer ganzen Schar von Groß- und Urgroßeltern, einer Reihe von Cousins und Cousinen vom ersten bis zum vierten Grad); über seine

Jugend und das junge Mannesalter, das Generationen von Vorfahren für ihn vorgezeichnet hatten (die richtige Schule, eine klassische Erziehung und Bildung, Heirat in gleichen Kreisen). Er erlaubte sich allerdings einige Abweichungen vom althergebrachten Hamilton-Muster. Aber das Gespräch war sehr anregend und zugleich verstörend. Da war also ein Mann, der ganz aufrichtig die Gegenwärtigkeit seiner gesamten Vergangenheit spürte, einer, dem man seine Wurzeln in einer reichen Tradition nahegebracht hatte und der damit lebte. Sein Benehmen, seine Religion, fast der gesamte Lauf seines Lebens und Sterbens waren im Voraus festgelegt, und doch wurden sie gleichzeitig durch seine tief empfundene Erneuerung der Familie und der regionalen Werte mit neuem Leben erfüllt. Welch große Teile der modernen Literatur der «verlorenen Generation» waren doch der Suche nach ebendieser Art von Erbe gewidmet! Und wie naiv und hoffnungslos waren doch all diese krampfhaft verzweifelten Generationen! Denn es sind ja nicht wirklich die Wurzeln, auf die es ankommt, sondern das Wachstum! Für wahre Stärke, Gesundheit und Energie, die letztlich die eigentlichen Bedürfnisse eines Lebens befriedigen, benötigt man keine spezielle, sichere Quelle, aus welchem Nährboden auch immer sie herrühren mag. Ich spürte es unwillkürlich: Wenn es das war, worauf die von T. S. Eliot beschworene Tradition und Gegenwart und das Gefühl für die Vergangenheit hinausliefen, dann konnte nur Wurzellosigkeit der Anfang einer großen, tiefen Befreiung sein.

MONTAG, 26. FEBRUAR 1945

Habe etwas zu Papier gebracht, ein paar Briefe geschrieben (einen bösen nach Hause, einen ernsten an M.). Dann ein wenig gelesen: Henry James' wirklich exquisite Erzählung «The Madonna of the Future». Ich bin abermals überzeugt, dass seine Erzählungen von Schriftstellern und Künstlern (ja sogar jede Zeile, die er je über ein schöpferisches Leben schrieb) ein einzigartiger Beitrag zur Literatur sind. In vielerlei Hinsicht war sein ganzes Leben und Schaffen die Umsetzung eines künstlerischen Stils, übertragen auf Ehrgeiz und persönliches Schicksal. Er richtete all seine Hoffnungen und Energien auf den fundamentalen Schaffensdrang, die Kraft und das Verstehen in der Phantasie. Kein Wort, das er je geschrieben hat, berührt nicht sein leidenschaftliches Thema: einen Künstler, der mit seinem Handwerk und seiner Inspiration ringt.

Hörte Davis zu, als er sich in Reminiszenzen an den Krieg in Nordafrika erging. Anscheinend verlief die wahre Geschichte ziemlich genau so, wie wir es in den frühen Tagen Darlans vermutet hatten. Wie Davis den Verrat in Tunesien und anderswo erlebt hatte, das war herzzerreißend. Der Untergrund – «großartige Leute, die von der Gestapo und von den Vichy-Leuten unablässig gejagt wurden» – war bereit zuzuschlagen. Doch dann kam die Army, fraternisierte auf Dinnerpartys und Segelausflügen, zu denen man dem amerikanischen Militärpersonal freundlicherweise Zutritt gewährte, mit der alten Clique, und raus waren die Plebejer. Vichy behielt die Kontrolle; die Militanten fanden sich schließlich in den Konzentrationslagern wieder, gerade als die «Befreiung» dann wirklich stattfand. Der inoffizielle US-Kontaktmann zum Untergrund erlitt einen Nervenzusammenbruch. Er war laut Davis einer unserer Vizekonsuln und wurde als Geisteskranker aus dem Verkehr gezogen. Lebt noch heute in einer Nervenheilanstalt. Der Druck und die Tragödie waren einfach zu groß gewesen. Und der Fehler war schrecklich – in seinen Auswirkungen auf militärische Abläufe (Truppenbewegungen wurden gestört, der Nachschub sabotiert, man verlor Prestige, Respekt und Freunde).

Sehr verärgert und beunruhigt über die unpersönliche Distanz und lässige Objektivität, die einem diese Art von Arbeit abnötigt, wenn es um die Sicht des Krieges geht. «Eine nette kleine Aktion», sagte der Colonel ganz ungezwungen, als er auf die Karte mit den Frontbewegungen schaute. «Geh raus und sieh mal, ob da eine Story für uns bei rauskommt.» So weit ist es also gekommen mit dem Töten von Menschen, Stunden und Nächte des Grauens.

28. FEBRUAR 1945

Heute wurde geflaggt. Glänzende neue Trikoloren hingen überall aus Fenstern, an Bäumen und ausgesuchten öffentlichen Orten. An den vier Ecken des Marktplatzes waren Maschinengewehre in Stellung gebracht, die Feier konnte beginnen. Die Generäle wollten sich gegenseitig dekorieren.

Das stimmt allerdings nicht ganz. Letzte Woche hatte de Lattre Devers und Patch das Croix de Guerre verliehen, und sie revanchierten sich bei den Franzosen mit den passenden Orden und Medaillen. Jetzt waren die Fronthelden an der Reihe. Die Liste war lang, die Belobigungen wortreich. Trotz allem Zynismus in punkto Heldenehrungen und Ehrenurkunden waren alle ein bisschen froh über die schöne Darbietung. Sie gab den trüben Wintertagen etwas Farbe.

«Zynismus» ist vielleicht nicht das richtige Wort. Die soldatische Einstellung wird generell von einer tiefen Doppelbödigkeit geprägt, und diese Ambivalenz ist hier recht interessant. Zweifellos gibt es großen, aufrichtigen Respekt vor den Helden ... Männern, die mit Bronze und Silver Stars und anderen glanzvollen Orden dekoriert wurden. Doch allen gelingt es, sich ins Spiel zu bringen und sämtliche Konventionen zu akzeptieren, über die sie sich von vornherein keine Illusionen gemacht haben. Die Farce der Heldenfabrikation nach festen Ordensverteilungsregeln ist ihnen wohlvertraut, quer durch alle Ränge von oben nach unten. Im Hauptquartier klingelt das Telefon, und es kommt die Anfrage: «Wer in Ihrer Sektion kann für das Croix de Guerre vorgeschlagen werden?» Nun, niemand hat den unvermuteten Ruhm bisher abgelehnt, und so wird plötzlich ein glückloser junger Mann am Schreibtisch für hervorragende, begeisternde Tapferkeit vor dem Feind geehrt. An der Front behält man die Ordenslisten sorgfältig im Auge, und wenn ein Bataillon bei Anzahl und Wertigkeit der Auszeichnungen gegenüber den anderen zurückfällt, folgt prompter Ausgleich. Einige Kommandeure scheuen sich nicht, zu «ungünstigen Zeitpunkten» Nominierungen einzureichen. «Mein Gott», sagte mir kürzlich jemand im Elsass, «wir quellen über von Helden! Aber Potters Jungs sind sauer, weil sie am Tabellenende stehen. Darum müssen wir jetzt ein paar Monate kürzertreten. Aber vielleicht kommt auch irgendein Knabe auf Regiments-, Divisions- oder Army-Ebene und meint, dekoriert werden zu müssen. Mancher GI hier muss regelrecht mit Blei durchsiebt werden, ein Dutzend Krauts töten, drei Tage völlig allein im Schützenloch ausharren oder etliche Kilometer durch den Schlamm kriechen, um, wenn er Glück hat, anschließend den Bronze Star zu bekommen. Aber die hohen Tiere hier in der Etappe, die müssen nur auf einen alten Schuh pissen oder auf irgendwas, das Feuer gefangen hat, dann werden sie schon von Schulter zu Schulter mit Orden behängt!»

Am Ende ist die Farce aber subtiler und tragischer, als die meisten vermuten. Denn am Ende nehmen sie die Ehrungen immer an, spielen, unbeirrt durch Zweifel oder Unaufrichtigkeit, ihre Rollen und spüren alle umso größere Dankbarkeit für diese glänzende Parade der Täuschung.

Auf ähnliche Weise verhüllt der schöne freundschaftliche Schein den wahren Charakter der internationalen Beziehungen. Ich weiß, dass eine herzliche Abneigung herrscht zwischen GIs und den «gottverdammten Frogs», und ich vermute anhand der Unterlagen, dass diese Abneigung auch auf höchster Stabsebene durchaus auf Gegenseitigkeit beruht. Es ist absolut glaubhaft, dass de Gaulle Patch, als sie einander vorgestellt wurden, schelmisch fragte: «Wo liegt eigentlich dieses Guadalcanal? Und wie groß ist es?» Die GIs in ihren Schützenlöchern fragen ihrerseits in einem fort: «Wo zum Teufel sind diese verdammten Franzosen?» Ich kenne nicht alle Geschichten und weiß auch nicht, welche davon zutreffen, aber anscheinend hat es bei den französischen Operationen ständig Verzögerungen und Missgeschicke gegeben: Die Panzer kommen zu spät; die Infanterie nimmt die falsche Stadt ein; einer Kolonne geht die Munition aus, und sie sitzt fest, weil die Benzintanks aus ungeklärten Gründen leer sind. Dann wieder laufen französische Soldaten in Ausrüstung herum, die eigentlich US-Staatseigentum ist – und zwar auf höchst auffällige, peinliche Weise. Ich selbst sehe sie auf der Straße, wie sie in Gärten herumlungern, mit Mädchen durch die Straßen flanieren, an den Ecken herumstehen und große Stücke Baguette kauen, als ob es nichts anderes in der Welt zu tun gäbe. Kein französischer Militärlastwagen rollt vorbei, dessen Fahrer nicht den Arm um eine Frau auf dem Beifahrersitz gelegt hat oder gleich mit einer ganzen Reihe von Frauen schäkert, die er hinten auf der Ladefläche «eingelagert» hat. «Siehst du, was ich meine», kreischt mein kleiner Agitator, «sie machen sich in diesem Krieg ein schönes Leben! Und wir müssen kämpfen, nur *wir* wollen den Krieg gewinnen, und zwar schnell ...»

Die große Ausnahme ist die 2. Panzerdivision. Diese Leute stehen in dem Ruf, «verrückte Kämpfer» zu sein, und ihre Panzer werden von jeder US-Einheit angefordert, die effektive Unterstützung benötigt. Ähnlichen Respekt könnte die 3. algerische Division genießen – ihre Bilanz unter Monsabert ist eine erstaunliche Geschichte echten militärischen Wagemuts –, aber dem stehen ihre Hautfarbe, ihre Bärte, ihre seltsamen wehenden Gewänder, der Turban ihrer Obersten, die Krummsäbel und die barbarischen Haarschnitte im Wege, die ihnen irgendwie das Aussehen prähistorischer Lumpenkrieger verleihen statt das von «guten Soldaten».

Wie auch immer, es gibt weder Wärme noch wahre Freundschaft oder Liebe, auch kein Verständnis. Im Kampfgebiet herrscht nur eine Emotion vor: Bitterkeit und Widerwille. Die eine Kompanie hat etwas gegen die andere; das eine Bataillon oder Regiment verachtet das nächste. Wir tun das als «bedeutungslos» ab, weil der tatsächliche Ablauf signifikanter Ereignisse dieses Geschwür niemals berührt. Doch klar ist auch, dass der internationale Aspekt dieser Übellaunigkeit nicht ganz so glücklich und belanglos aussieht. Die Welt muss auch mit den verdammten Frogs rechnen ...

Ich stieß übrigens auf ein interessantes Dokument und bin mal gespannt, wie lange es dauern wird, bis die Geschichtswissenschaft es endlich zur Veröffentlichung bringt. Am Abend des 2. Juli 1944 im Bezirk Toledo im Stadtzentrum von Neapel: eine Reihe von Unruhen, kleineren Krawallen, Angriffen auf Zivilisten, Streitereien zwischen französischen, italienischen und amerikanischen Truppen. Es war die erste dokumentierte Massenaktion freifranzösischer gegen amerikanische Truppen, und der freifranzösische General Juin erhielt die Warnung, wenn die Sache nicht bereinigt würde, dann sei für Franzosen in Neapel kein Platz. Für die Polizei geriet die Affäre völlig außer Kontrolle. In dem Bericht ist die Rede von einer «verständlichen Bitterkeit der Franzosen über die nationale Einstellung der Italiener in der Vergangenheit», aber auch von «einer unzweifelhaften Reaktion auf das Verständnis der Italiener für die amerikanische Haltung gegenüber den Anhängern von General de Gaulle». Die französischen Offiziere wurden für «aufstachelnde Verunglimpfungen, Ins-Gesicht-Spucken und dergleichen mehr» verantwortlich gemacht. Man nahm sie auf offener Straße wegen «ungebührlichen, randalierenden und aufrührerischen Verhaltens» in Arrest.

Ich weiß immer noch kaum etwas über die französische Armee, ihre Organisation und ihre politischen oder geistigen Neigungen. Einige Dinge, die auf höchster Ebene verhandelt werden, sind aufschlussreich – de Gaulles Beharren gegenüber Wilson, die französischen Divisionen dürften «gegenwärtig nur in Frankreich» eingesetzt werden; die Weigerung, jegliche Verschiebung eines französischen Angriffs auf Marseille zu akzeptieren; Béthouarts seltsame Entschuldigung für Giraud und dessen schnellen Abgang (er werde weiterhin Uniform tragen, aber keine Kommandofunktionen ausüben; er werde, je nachdem, was die Lage gerade erfordere, gelegentlich bestimmte Aufgaben übernehmen, aber ohne ausdrückliche Erlaubnis nirgendwo mehr in offizieller Mission hinfahren). Wilson und Alexander waren mehr als nur etwas angesäuert, dass die Welt besser (und früher) über Veränderungen im französischen Staat und in der französischen Armee Bescheid wusste als das alliierte Oberkommando; der Kampf um Prestige und nationale Größe auf Seiten der Franzosen war offenbar ein Faktor, der weithin für Beunruhigung sorgte. Und was die

Politik betrifft, so hat mir letzte Woche der Kommandant am Rhein, als ich die Frage anschnitt und auf die FFI zu sprechen kam, nichts erzählt; ich nehme an, dass das immer noch ein heikles Thema ist. Seit die FFI entwaffnet wurde, nicht ohne erpresserisches Ultimatum des Staates, habe ich keine öffentlichen Informationen darüber entdecken können, wo die Grenzen gezogen wurden. Die «Humanité» rief jedoch kürzlich zur Bildung einer «echten nationalen Armee» auf. Der Leitartikel, von André Marty, soweit ich mich erinnere, verwies mit Stolz auf die Siege der ruhmreichen Roten Armee Stalins und deutete an, de Gaulle könnte sich sehr wohl daranmachen, die faulen Kompromisse zu bereinigen, die er in der Anfangsphase seiner Machtübernahme schließen musste.

DONNERSTAG, 1. MÄRZ 1945

Habe den größten Teil des gestrigen Nachmittags und den ganzen Morgen im Büro des Front National verbracht, durchaus nicht ohne Ertrag. Der junge Mann – komisch, dass ich seinen Namen noch nicht weiß! – hat viel herumgekramt und versucht, alte Zeitungsausgaben und Flugblätter für mich herauszusuchen. Bislang war der Erfolg nicht allzu groß, aber spannend war es dennoch. Eine Reihe von Vichy-Flugschriften zu Krieg und Résistance: eine devote Verteidigung der Vereinigung Europas durch die Nazis von Dmitri Petchorine (der 22. Juni 1941 als großer Wendepunkt der Geschichte); ein Appell an den Kontinent, bezüglich der Gefahren eines amerikanischen Angriffs endlich «aufzuwachen» (in Afrika beginne «ton espace vital» – dein Lebensraum); eine gründliche Studie zum Gaullismus von Marcel Déat und André Chaumet. Eine Reihe von Nazi-Propagandaveröffentlichungen – die Reden des guten Dr. Friedrich. Actualités Allemandes, Aktuelles aus Deutschland – wunderbare Sonnenscheinfotos von Leben und Arbeit in Deutschland; Fotokopien aus neuen, großen Goethe-Ausgaben; Darstellungen über die großen französischen Historiker, Michelet, Thierry, Guizot, und ihre aus der deutschen Romantik gespeisten Triumphe, ihr mangelndes Verständnis für die rassischen Grundlagen der neuzeitlichen historischen Entwicklung; Weihnachtsszenen in Berlin; beispiellose Errungenschaften der Nazi-Ingenieure, etc. etc. Am interessantesten war der Band eines K. J. Albrecht, «Le Socialisme trahi». Offenbar handelt es sich um einen liberal-sozialistischen, kompromisslos antistalinistischen Bericht über das Leben in Sowjetrussland. Es war jedoch eine durch Vichy autorisierte Veröffentlichung aus dem Jahre 1943. Aber sie trägt keine Nazi- oder Vichy-Züge, und es sieht einfach nur so aus, als hätte sich Albrecht kaum darum geschert, welchen Stempel man seiner Botschaft verpasste. Gewidmet ist der Band, eine «Warnung», «den Opfern des Bolschewismus, dem Andenken des unglücklichen russischen Volkes und allen wahren Sozialisten auf der ganzen Welt»; energisch wird die These von der absoluten Dringlichkeit des Kampfes gegen den Kreml vertreten. Der Text enthält eine bemerkenswerte Reihe meisterlicher Illustrationen und viele Momentaufnahmen sowjetischer Szenen und Personen, die (soweit ich weiß) bislang in Amerika unbekannt oder unzugänglich sind. Bilder von alten und neuen Bolschewiken (darunter auch der junge Stalin und Trotzki, Kamenew, Bucharin und Wilhelm Pieck, der jetzt im Zusammenhang mit dem Nationalkomitee Freies Deutschland von sich reden macht), Aufnahmen aus Gefangenenlagern der Geheimpolizei GPU, verschiedene Fotokopien, darunter Briefe von Clara Zetkin, und vieles andere mehr. An vielen Stellen hatte ich den Eindruck, dass das Buch eine seriöse persönliche Studie des

gesellschaftlichen Lebens ist, aber ich kann mich auch irren. Muss mich noch genauer erkundigen.

Der Mann vom Front National ist selbst durchaus kein politisch gebildeter Militanter, sondern ein sehr warmherziger Mensch, während der Besatzungszeit hat er einiges durchmachen müssen. Wie viele andere aus dieser Gegend war er einer der geheimen Schleuser für den Untergrundtransport flüchtiger Nazigegner; Dutzende Male überquerte er die deutsche Grenze, manchmal war ihm die Gestapo auf den Fersen. Er verbrachte «vierzehn» Tage in einem bestimmten KZ, ein oder zwei Monate in einigen anderen. Er spricht (inzwischen) recht gut Deutsch (obwohl er dauernd die Zahlen verdreht, sodass er angeblich zuletzt «34» vor der SS floh) und ist, was seine eigenen Taten betrifft, bescheiden und zurückhaltend.

Gestern Nachmittag kam eine ausgezehrte graue Frau ins Büro, um ihm überschwänglich für einen Beitrag zu danken, den er vor einigen Tagen in der Lokalzeitung veröffentlicht hatte. Ihr Mann war einer der führenden Partisanen in Lothringen und ist Bürgermeister in einer kleinen Stadt nördlich von hier. Letztes Jahr wurde er nach Deutschland deportiert, und kürzlich brachen mehrere angeheuerte Schläger (darunter auch ein Jugendlicher der FFI, was mir, während sie die Ereignisse schilderte, endloses Kopfzerbrechen bereitete) in ihr Haus ein (das einst Hunderten von Flüchtlingen als Unterschlupf gedient hatte), schlugen die alte Frau zusammen, griffen die beiden Töchter an und schnitten ihnen die Haare ab. Das «Warum» blieb noch im Dunkeln, wobei «mein junger Mann» von den FFI zu den unguten Gefühlen des Übergriffs beitrug. Doch handelte es sich eindeutig um irgendein politisches Revanchespiel.

DONNERSTAGABEND

Heute Morgen hat uns ein stämmiger, aber sensibel wirkender Mann besucht. Wie sich herausstellte, war er der Schulmeister – natürlich – aus einem der Bauerndörfer ein paar Kilometer von hier. Ein echter Typ. Er trug eine Art Ranzen auf dem Rücken, den er im Lauf des Tages mit Lesestoff füllte. Er kommt selten in die Stadt. Zurzeit findet sich in den Buchhandlungen für ihn (und alle anderen) selbstverständlich nur wenig. Immerhin hatte er ein paar neue naturwissenschaftliche Arbeiten über Insekten und neue Tendenzen in der Biologie ausfindig gemacht, worüber er ganz glücklich war. Er entschuldigte sich liebenswürdig, weil ihm klar war, dass diese Texte mich kaum interessierten, aber er spürte, dass seine Notlage mir nahegehen würde. Seine gegenwärtige Lektüre waren Ausgaben der «Lorraine» von 1936, einer alten literarischen Wochenzeitung mit Artikeln von Maurois und vielen anderen bekannten Autoren. Das fand ich in der Tat rührend, ein schönes, wohltuendes Zwischenspiel.

Aber offenbar wird die ganze Stadt langsam wieder lebendig. Vorher wirkte die Gemeinschaft, wenn sie überhaupt vorhanden war, als ob ihr jede Menschlichkeit fehle. Eines Nachts sah ich vor dem französischen Kino nur lauter schattenhafte Gestalten und an einem anderen Abend einen Schwarm farbloser junger Mädchen im örtlichen Club. Aber jetzt ist die Place Léopold freigeräumt, so hat das Zentrum des Ortes wieder Würde, und auch die Geschäfte auf dem Platz sind geöffnet. Morgens reihenweise Kinder auf dem Schulweg. Heute früh ein kleines Mädchen mit einer dicken vollgepackten Schultasche unter dem Arm. Es wartete ungeduldig, ich ging die Straße hinab und warf ab und zu einen Blick zurück. Bald kam seine Freundin angelaufen, sie hatte sich etwas verspätet und entschuldigte sich offenbar, wie es sich gehörte, denn die beiden gingen Hand in Hand weiter. Mittags standen Mütter plaudernd in einer Gruppe auf dem Platz. Die kleinen Kinder liefen zur Seite, lärmten, schubsten sich gegenseitig, kreischten und lachten, hell begeistert von ihrem Unfug. Beim Anblick dieser Kinderwelt wurde mir warm ums Herz. Endlich kommt wieder «Humanität» zum Vorschein. Wenigstens bin ich nicht allein! Irgendwo um uns herum leben Menschen wieder ihr eigenes Leben.

Sutton und Mooney sind zurück mit Bündeln von Notizen über den Brückenkopf Elsass. Während sie ihre Feldbetten und Schlafsäcke müde ins Hauptquartier schleppten, gaben sie einen vorläufigen Bericht, der charakteristisch war und für mich ungefähr das Beste, was sie wohl von ihrer «Spürhund»-Expedition zu melden hatten. Sagte Sutton: «War alles sehr inneressant, wirklich sehr inneressant für mich ...» Sagte Mooney: «Immer die gleichen alten Fnnattibus und Fnnattibi ...» Solange Sutton noch Dinge findet, die er in allem Ernst für «inneressant» hält, und solange Mooney bei seinen Doppeldeutigkeiten bleibt, muss die Muse der Geschichte nicht befürchten, verraten zu werden.

Der alte Colonel Ganoe ist offenbar nicht zu erschöpfen. Seine durchaus ernstgemeinten (und, wie ich fürchte, sehr verführerischen) salbungsvollen Sprüche nehmen kein Ende. Als wir heute beim Abendessen im geschlossenen Kreis rund um den Tisch saßen, sagte er: «Was hätte da Vinci wohl gemacht, wenn die Jünger beim letzten Abendmahl nicht auf die Idee gekommen wären, sich alle auf eine Seite zu setzen?» Oder: «Mich hat mal jemand gefragt, was ich für die größte Barbarei der Welt halte … die Zivilisation, habe ich ihm gesagt.»

Klio bleibt im Dienst. Heute kam von irgendeiner Stelle der Army die Anfrage, ob die Passionsspiele in Oberammergau noch stattfinden. Unsere Dokumente gaben keinen Aufschluss, aber aus einem neuen G-2-Bericht über deutsche Kriegsgefangene ging hervor, dass der Apostel Johannes inhaftiert worden war. Ob man diese seltsame Information zweckdienlich fand, weiß ich nicht recht.

3. MÄRZ 1945

Habe heute «La Maison Rouge: The Story of an Engagement» abgeschlossen und fühle mich wenigstens ein bisschen erleichtert, dass jetzt endlich mal etwas geschafft ist. In der umfassenden Darstellung und Untersuchung der Militäroperationen wird der Bericht über eine eintägige Schlacht natürlich nur eine kleine historische Fußnote bleiben. Er erzählt nicht die Geschichte der Zerstörung von Hitlers letztem Landzipfel an der Westfront, nein, der Bericht liefert nicht einmal ein vollständiges Bild dessen, was an dieser schrecklichen Brücke und ihrer Straßenkreuzung geschehen ist (durch den Angriff der 3. Division, den deutschen Gegenangriff und schließlich das Halten der Front an Fluss und Straße durch isolierte Kompanieteile). Aber es ist letztlich doch mein erster Versuch im Felde der Kriegsdokumentation. Und er skizziert in groben Zügen und einigen Details, wie die «Operation Grandslam» allmählich in den Kessel von Colmar eindrang.

Für sich genommen ist es die historische Rekonstruktion einer militärischen Operation. Keine billigen fiktionalen Tricks, keine vulgäre Jubelpropaganda. Habe Divisions-, Regiments- und Bataillonsunterlagen durchgearbeitet, alle beteiligten Offiziere und Mannschaftsdienstgrade interviewt; beging mit den Kommandeuren, die an der Schlacht beteiligt waren, das Gelände.

Der Gang über das eigentliche Schlachtfeld war seltsam aufregend: Ich kannte jedes tragische Geländedetail, die Bäume und Büsche entlang des Flussufers, wo die Männer in ihrer Angst Deckung gesucht hatten; den Fluss, gefährlich und mit starker Strömung, in den so viele der in Panik geratenen, erschöpften Männer gefallen waren und fast ertrunken wären; die Brücke, die unter der Last der Panzer zusammenbrach, wodurch die Infanterie hilflos zurückblieb; die flachen Felder, über die deutsche *Jagdpanther* hinwegrollten, während sie die fliehenden Amerikaner mit Maschinengewehr- und Granatfeuer verfolgten und andere im Schnee zerquetschten, die das Pech hatten, in ihren flachen Schützenlöchern zurückgeblieben zu sein. Stuart, Vayssie und ich inspizierten fast jeden Zentimeter Boden. Einmal hielt Vayssie an und zeigte auf einen schmalen Graben, der von der Brücke hinab neben dem Fluss verlief. «Und hier», sagte er ruhig und nachdenklich, während er sich große Mühe gab, sich genau zu erinnern, «hier habe ich einen GI gesehen ... nein, es war ein Offizier, und er war tot ... Ja, das stimmt, er lag genau hier. Ich erinnere mich jetzt ganz genau, weil – weißt du, Stu, er sah genau aus wie du. Ich dachte, das wärst du!» Zum ersten Mal in all den Wochen, seit ich ihn kenne, verlor Stuart seine gute Laune, jene seltsame Unbekümmertheit, die allein einen Soldaten Angst, Mord und Albträume überstehen lässt. Er war blass und wurde plötzlich ernst und grimmig. «Hör auf mit dem Scheiß», schrie er, «lass den Scheiß doch einfach ruhen!» Vayssie war etwas verlegen. Maison Rouge war seine erste Schlacht gewesen, und jetzt hatte er für Misstöne gesorgt. Er sah schuldbewusst aus, und wir gingen weiter. Kein weiteres Wort darüber. Weiter nördlich, in der Nähe des Colmarer Waldes, habe ich ein «Souvenir» gefunden, eine Weihnachtskarte an «Sonny» von «Mutter». In einem mit Wasser gefüllten Schützenloch schwamm der Schutzumschlag der Armeeausgabe von Ernie Pyles «Here Is Your War». (Ich berichte nur, was ich gefunden habe: Bin ich für die offenkundige Sentimentalität verantwortlich?)

Und so lege ich die Geschichte von Maison Rouge als historische Erzählung vor, verfasst im Lichte dessen, was Fachleute «kritische Analyse» und «wissenschaftliche Forschung» nennen. Ich weiß nur zu gut, dass der Versuch, die Mittelmäßigen zu überzeugen, absolut nicht leicht sein wird. Zweifellos werde ich auf beträchtliche Skepsis stoßen, was die Dramatik von Ton und Einzelheiten betrifft. («Meine Güte», sagte die Sekretärin beim Abtippen, «das liest sich ja wie ein Roman …») Doch die Dramatik, lautet mein Argument, war «unvermeidlich». «Auf den Feldern östlich des Flusses Ill herrschte Panik, die Truppen, die sich ohne Unterstützung deutschen Panzern gegenübersahen, flohen Hals über Kopf. Jede Minute der Schlacht, die einen Tag und eine Nacht dauerte, war nach Aussagen der Männer an der Front lebendig und unvergesslich, und viele, die normalerweise vor Angst kaum hätten laufen können, empfanden, so gestanden sie, keine Furcht, weil alles ‹so aufregend› war. Natürlich gehört es zu den Aufgaben des Historikers, zusätzlich zu Ablauf und Tempo taktischer Ereignisse etwas von dieser Dramatik und Aufregung zu vermitteln, ohne die die Erzählung leblos und unwirklich wäre. Das ist seine Pflicht, selbst wenn er dadurch den Vorwurf riskiert, das von ihm Geschriebene sei nicht, «wie es eigentlich gewesen», sondern nur eine selbst zurechtgezimmerte fiktionale Version.

Der ganze Ton meiner «Geschichte» ist so unorthodox, und ihr Format weicht so drastisch von den langweiligen, bleischweren Darstellungen früherer «Spürhund»-Forschungen ab, dass ich einen heftigen Wirbelsturm der Kritik erwarte. Dem Text ist keine Punkt-für-Punkt-Dokumentation beigegeben, und das wird Colonel Ganoe sicher überraschen, erst recht aber wird es den alten Dr. Wright schockieren. Doch Quellen für die endlosen Einzelheiten eines rekonstruierten Gefechts zu zitieren, würde erstens heißen, dass das Manuskript derartig mit Fußnoten zugepflastert wäre, dass jede Seite aussähe, als hätte man für ihre Entstehung fünf Tage gebraucht. Zweitens hätte, bei eingehenderer Betrachtung, der formelle gelehrte Apparat in historischen Darstellungen dieser Art keine andere Funktion als die eines Beruhigungsrituals für die Seele. Eine Halbwahrheit, Übertreibung oder Lüge im Text kann jederzeit durch Verfälschtes im Kleingedruckten «untermauert» werden. Wahrscheinlich würde dadurch kein Leser jemals klüger werden!

Ich war verpflichtet, in der Einleitung eine Art Credo zu formulieren, vielleicht ist es etwas zu platt und redselig geraten: «In diesem Manuskript ist nichts erfunden worden. Es erscheint kein Faktum und kein Detail, das mir nicht in gutem Glauben mitgeteilt worden wäre und das so genau, wie es unter den gegenwärtigen Umständen möglich war, überprüft wurde. Den Dokumenten und Zeugnissen, die man mir übergab, habe ich – außer dort, wo es aus darstellungstechnischen Gründen unabweisbar war, und außer kurzen interpretierenden Zusammenfassungen – nichts hinzugefügt. Wenn ich Größe, Gestalt, Farbe oder Qualität erwähne (‹eine kleine knarrende Treppe›, ‹verängstigte und benommene Männer› oder ‹eine schwerfällige Fahrt durch die Schneeverwehungen›), so sind solche Beschreibungen stets aus den Quellen entlehnt. Wenn ich Befehle oder Unterhaltungen wörtlich zitiere, so handelt es sich in jedem Fall um wortgetreue Transkriptionen mündlicher Aussagen darüber, was tatsächlich gesagt oder empfunden wurde. An keiner Stelle habe ich mir literarische oder journalistische Freiheiten erlaubt. Alles, was in die Darstellung aufgenommen wurde, beruht auf kritisch untersuchten Belegen, und von den vielen Einzelheiten und Begebenheiten, die üblicherweise entfallen, wenn ein Historiker seine Daten ‹auswählt›, würde keine das gezeichnete Gesamtbild substanziell verändern.»

Mutatis mutandis würde dies auch für meine Einstellung zur Geschichtsschreibung unter anderen Entstehungsbedingungen gelten.

Das Schreiben und Lesen historischer Darstellungen erfordert gleichzeitig einen Akt des Vertrauens und einen Akt tiefen Verstehens. Letztlich steht immer die reflektierte Integrität des Historikers auf dem Prüfstand. Diese aber lässt sich am besten beurteilen, wenn man die inneren Qualitäten seines Werkes heranzieht und dabei seine Methode, seine Annahmen und sein Temperament kritisch berücksichtigt.

SONNTAG, 4. MÄRZ 1945

Wieder stellt sich Routine ein, dieser Fluch des sesshaften Lebens. Jeden Tag das Gleiche, Morgen für Morgen und Nacht für Nacht. Das ist zuerst verwirrend – «Ach Gott, ist heute wirklich Sonntag?», geht der Refrain – und dann deprimierend. Aber heute war wirklich Sonntag! Der Colonel stand abrupt vom Schreibtisch auf, Papier flatterte, er griff sich seinen Helm und marschierte zur Tür. «Muss mich erlösen lassen, glaub ich», erklärte er. Nach zwanzig Minuten stürmte er wieder herein, knallte seinen Helm aufs Fensterbrett und explodierte: «Der verfluchte Gottesdienst fängt erst um halb zwölf an!» Er hätte noch ein halbe Stunde «draußen in der Kälte» warten müssen. «So sehr brauche ich die Religion nun auch wieder nicht!», sagte er und setzte sich wieder an den Berg Notizen und Memoranden auf seinem Schreibtisch. Das dringende Bedürfnis nach Erlösung überkam ihn nicht noch einmal.

Damit war die Geschichte von diesem Sonntag aber noch nicht zu Ende. Mooney bekam ein Paket aus den Staaten. Viele Süßigkeiten und Bonbons, die wir alle genüsslich und schleunigst vertilgten. Im Paket war auch eine hübsche Taschenausgabe des Neuen Testaments. Er befühlte das feine Leder und sah sich flüchtig – Hunderte Seiten auf einmal umblätternd – den schönen Druck an. «Was zum Teufel soll denn das Ganze?», fragte er in seiner typischen milden Art. Er musterte den hinteren Buchdeckel und warf neugierige und besorgte Blicke auf die letzten Seiten. «Nicht mal ein Kalender», schimpfte er dann, beinahe im Ernst. Ein paar Stunden später verfasste er seinen zuckersüßen Dankesbrief. «Ich halte sie hoch in Ehren», schrieb er in feinen abschließenden Sätzen über die Bibel, «und ich trage sie bei mir, wenn mein Marschbefehl mich an die Front ruft, wo es auch sein mag. Ich habe darin gelesen, und sie hat mir schon jetzt viel Trost gespendet. Wunderbar, dass Du so an mich gedacht hast.»

Am Abend war ich eine Weile mit den «Propagandisten» der psychologischen Kriegsführung zusammen. Sie sind natürlich unablässig damit beschäftigt, Flugblätter zu schreiben und die Nazitruppen mit Botschaften, Broschüren, Zeitungen und einer Flut von raffinierten Appellen buchstäblich zu bombardieren. Sie hätten nur «taktische» Arbeit zu leisten, gaben sie etwas traurig zu. Verständlich, dass sie enttäuscht sind. Propaganda, die nicht in einem hochgradig strategischen Rahmen arbeitet, muss dem Fachmann unvermeidlich wie Sabotage vorkommen, wie das pflichtbewusste Verzichten auf Durchschlagskraft. Aber sie sind natürlich mehr als nur Fachleute. Wallenberg (der, erstaunlich genug, bis 1937 als Redakteur in Deutschland blieb) kannte die politischen Implikationen rein taktischer Propaganda. Die Army hatte dem deutschen Soldaten nichts mitzuteilen, die Alliierten hatten keine wirklich substanzielle Botschaft für ihn. Auch wenn seine politische Vertrauensseligkeit überstrapaziert war (nachdem Hitler-Himmler-Goebbels ihm eine ganze Serie von Enttäuschungen und Betrug zugemutet hatten), war an seiner *Weltanschauung* nicht zu rütteln; die Alliierten konnten nichts unternehmen, um sie zu erschüttern, umzupolen, neu auszurichten. Die Abteilung Psychologische Kriegführung ist fast ausschließlich dafür da, Kriegsgefangene zu machen. *«ZWEI WORTE»*, verheißt das Flugblatt in riesigen roten Buchstaben, würden eine Million Leben retten. Diese zwei Worte sind «EI SÖRRENDER».

Die Wochenzeitungen enthalten überwiegend nüchterne Tatsachenberichte über die Entwicklungen des Krieges. Soweit ich feststellen konnte, gab es keine Abweichungen von der Wahrheit. Dafür bestand auch kaum Grund: Die Alliierten siegten nahezu ununterbrochen. Kleinere Probleme tauchten nur auf, als von Rundstedt im letzten Dezember seinen Durchbruch schaffte. Aber man entschied richtig, auch davon wahrheitsgemäß zu berichten, sonst hätte man die ganze Propagandakampagne aufgeben können. Die Deutschen fassten zunehmend «Vertrauen» – sonderbar, aber so nannten sie es –

und meinten: Die Amerikaner haben für Lügen nichts übrig. Ein Teil der Propaganda setzt auf Angst: *«Wo ist meine Familie?»* Die schlichte und natürliche Sorge um die Heimatfront wird ständig ausgenutzt. *«Was wird aus deiner Familie, Landser, wenn der Sturm im Westen losbricht?»* Und nach allerhand großen Worten über die «Heimat» und «die Liebsten» der Appell: *«Darum Schluss mit dem sinnlosen Widerstand! Schluss mit dem Krieg! Fasst Mut und handelt!»* Mit welchen Worten man sich ergibt, können die Deutschen aus einem mitgelieferten Heftchen (mit dem mysteriösen Kennzeichen ZG 77 K) lernen: «Fünf Minuten Englisch», dieser «Blitzkurs für deutsche GIs» (das Äquivalent der Wehrmacht für GI wüsste ich gern) bietet: «Ei ssörenda» und anschließend eine ganze Reihe nett ausgedachter Bitten und Fragen: «Wen ken ai tek a bahs? Wer is ser hot wota? E letta blenk, plies. Wen das se mehl liew? Get änising to ried? Som mor koffi, plies.» Und schließlich: «Senks for se ssiggarets.» Das sollte die Soldaten überzeugen, behauptet die Propagandatheorie.

Wie wirkungsvoll diese Appelle sind, kann ich nicht beurteilen. Immer wieder einmal fangen die deutschen Truppen an, sich «scharenweise zu ergeben» – so heißt es jedes Mal. Aktuell wird berichtet, dass in den Lagern der Alliierten inzwischen weit über eine Million Menschen gefangen sind. (Die Zahl nähert sich der zweiten Million.) Natürlich sind das fast alles Kriegsgefangene, die im Laufe eines Gefechts gemacht wurden – eher selten «Moralgefangene», die sich, zermürbt von Pessimismus, Sorgen und Kummer, ergeben haben. Wie auch immer, ich kann mich nur an die Erklärung der Abteilung halten, dass ihre «wirksamste Aktion» die «US/GB/F-ZG 87–1944» sei, die einfallsreich als gedruckter *«PASSIERSCHEIN»* gestaltet ist. Der deutsche Text ist in Fraktur gesetzt, und das Ganze sieht vertrauenerweckend aus, wie eine riesige Banknote oder ein hochoffizielles Dokument. *«Der deutsche Soldat, der diesen Passierschein vorzeigt, benutzt ihn als Zeichen seines ehrlichen Willens, sich zu ergeben. Er ist zu entwaffnen. Er muß gut behandelt werden. Er hat Anspruch auf Verpflegung und, wenn nötig, ärztliche Behandlung. Er wird so bald wie möglich aus der Gefahrenzone entfernt.»* Ein Zusatz lautet: *«Gültig für einen oder mehrere Überbringer.»* Das Dokument trägt alle möglichen offiziellen Embleme (amerikanische Adler, französische Flaggen und Wappen, britische Löwen), enthält Übersetzungen ins Englische und Französische und ist unterzeichnet von Dwight D. Eisenhower, dem *«Oberbefehlshaber der Alliierten Streitkräfte»*. Falls das noch nicht beruhigend genug wirkte, waren auf der Rückseite die in der Haager Konvention von 1907 festgelegten hehren Grundsätze des Kriegsgefangenenrechts aufgeführt, die so wunderbar ermutigend klangen, dass womöglich ganze Bataillone auf den Propagandaschwindel hereinfallen würden. Noch habe ich den Verdacht, dass die «Deserteure» durchweg die schlecht ausgebildeten, schlecht ernährten Rekruten sind, die in der militärischen Notlage der letzten Zeit zum Militär gepresst wurden …

Fußnote: Gestern hat man mir von Gefangenen bei der Operation Brückenkopf Elsass erzählt. In Hausen forderten die Amerikaner energisch zum Desertieren auf: «Hindy ho! Hindy ho!», die Infanteristen-Version von *«Hände hoch!»*. Erstaunlich genug, es wurde verstanden, und etliche Feinde folgten dem Befehl. Um ihre Friedfertigkeit noch deutlicher zu machen – die Hände hatten sie schon über dem Kopf –, brüllten die Deutschen, manche in perfektem Englisch: «Fuck Hitler!» Das überzeugte die GIs. «Da waren wir uns ganz einig», sagte einer von unseren Jungs ironisch.

FREITAG, 9. MÄRZ 1945

Letzte Nacht ging – aber man kann in solchen Dingen niemals allzu sicher sein – die Affäre Paulette zu Ende, und in meinem Fall die Affäre Sonia.

Wir rasten vor einigen Wochen durch Nancy, Mooney und ich, als plötzlich am Straßenrand das blonde Haar und die reizende Figur von einem süßen jungen Ding zu sehen waren. Wild wendeten wir den Jeep, schlingerten über den Bordstein und kamen direkt vor ihr mit quietschenden Bremsen zum Stehen. «Auf ein Neues», brüllte Mooney. «Frag sie, wo das Stadtzentrum ist!» Eigentlich waren wir ja auf dem Weg nach Pagny-sur-Moselle, aber das war jetzt egal: die Formel mit dem Stadtzentrum war immer möglich, und so stellte ich in stockendem Französisch und Deutsch die entsprechenden Fragen. «Okay, okay, Baby», unterbrach Mooney sie. «Wir haben's schon beim ersten Mal kapiert, Baby ... Jetzt frag sie, ob sie heute Abend mit mir tanzen geht. Cloob Offitzeer. Dinnehr too.» Ich versuchte es erneut, aber diesmal war ich es, der unterbrochen

wurde. So viel Englisch hatte sie schon selbst verstanden. Na gut. Wir waren also verabredet. Paulette für Mooney. Sonia, die Schwester, für mich.

So kam es. Ich hatte kaum Zeit für Sonia, aber Mooney erlebte eine große und inzwischen berühmte Romanze. Er spricht kein Wort Französisch oder Deutsch – außer «beaucoup», «wee», «toodjourz» und «nickts compree» – und sie kein Wort Englisch außer «me no like» und «hawkay, bootch». Sie war ein hübsches kleines Geschöpf, und mit ihrer Zwillingsschwester waren wir zu viert. Ich brachte ein wenig Konversation zustande und sprang für die beiden als Dolmetscher ein. Aber dieses Arrangement war unbefriedigend. Mooney zog es vor, sein eigenes Tempo vorzulegen und dabei Missverständnisse und Fehldeutungen anzuhäufen, bis sie wütend wurde und aus weiß Gott nichtigem Anlass zu zetern begann («Was du meinen ich bin, Hure?»), woraufhin sie ein paar Schläge bekam, ein wenig weinte und dann zurück in seine Arme kroch. «Ich verstehe das einfach nicht!», rief Mooney inmitten seiner fast ununterbrochenen Lachsalven. «Hilf mir doch, ich versteh's nicht! … Aber es klappt!» Und er schnappte sie und verschwand in einem Schlafzimmer.

Die Mädchen waren im letzten Herbst interniert gewesen, wegen politischer Unzuverlässigkeit, und es hatte gar nicht gut ausgesehen. Offenbar war ein Cousin von ihnen im Elsass vom Arbeitsdienst weggelaufen, hatte einen Gestapo-Mann getötet und war, wie man herausgefunden hatte, auf der Flucht durch Nancy gekommen. Daraufhin landeten Paulette und Sonia in einem Konzentrationslager. Im September, als die 7. Armee durch Lothringen marschierte, wurden sie buchstäblich «befreit». Und jetzt waren sie scharf auf amerikanische Soldaten, auch wenn das unmoralischer klingt, als es war. Die Mädchen waren eher schlichte Gemüter und auf recht engstirnige Art voll von ländlicher Rechtschaffenheit. Die deutschen Offiziere seien unverschämt *stolz* gewesen. Sie blieben immer formell, sogar beim Trinken. Die beiden konnten sich an keinen einzigen Fall aus der Besatzungszeit erinnern, bei dem ein Wehrmachtsoffizier in ein öffentliches Spektakel verwickelt gewesen wäre. An der Bar sahen sie uns jetzt warmherzig an, ebenso die fröhlichen, lachenden, lärmenden und staksigen Amerikaner, und an ihren unternehmungslustigen Blicken konnten wir erkennen, was sie meinten.

Gestern Abend kamen wir alle nach Lunéville. Nach stundenlangem Gezerre darüber, wo wir hingehen sollten, hier gab es einfach nichts, blieb ich hinten im Auto sitzen, während Mooney sich auf den Weg in die Wohnung machte. Stunden später fragte Sonia, zitternd vor Kälte und ziemlich empört, wo ihre Schwester denn geblieben sei. Ich gestand schließlich, dass sie sich zu einem «Stelldichein» abgesetzt hätten (oder zu etwas Ähnlichem wie einem Rendezvous). Jetzt wurde sie regelrecht wütend, und ich versuchte mich mit erstaunlich wenig Erfolg in einigen Mooney-Techniken, beschloss dann aber, sie in ihrem Ärger schmoren zu lassen. Ich ging nach Hause, wo ich Mooney und Paulette schon wieder angekleidet antraf, bereits auf dem Weg zurück zu uns. Sie waren – das arme Schlafzimmer sah wirklich übel aus – «glücklich wie die Schweine im Dreck» gewesen, erklärte Mooney. «Es war einfach toll, einfach wunderbar!», fuhr er fort, während jetzt Paulette schmollte.

SAMSTAG, 10. MÄRZ 1945

Eine fast elektrisierende Nachricht – die 1. Armee hat definitiv den Rhein überschritten. Bei genauerer Prüfung scheint die Geschichte nur um Haaresbreite gut ausgegangen zu sein. Die Deutschen planten, die Ludendorff-Brücke bei Remagen nachmittags um vier zu sprengen. Um zehn vor vier traf die A-Company des 27. Panzergrenadierbataillons am Brückenzugang ein. Die Zündkabel lagen zur Sprengung bereit, aber ein Lieutenant stürmte über die Brücke, und die Infanteristen folgten ihm. Wie lange sie sich halten können, ist nicht klar. Es wird zu heftigen Gegenangriffen kommen ... Köln haben wir gesichert, oder das, was davon übrig geblieben ist. Einen Reiseführer für Köln würden die GI-Touristen nicht brauchen, schrieb der Korrespondent der «Stars and Stripes» – sehr witzig!

Auf den Fernstraßen und in der Stadt schwerer, andauernder Transportverkehr. Als wir heute Mittag aus dem Haus kamen, parkten gegenüber mehrere riesige Lastwagen mit gigantischen Pontons. Mooney, der es wieder nicht lassen konnte, die Geschichte zu entschlüsseln, sagte: «Das macht Eindruck! Pontons, schweres Zeug zur Rheinüberquerung ... Und da ist ein junger Kerl mit Infanterieabzeichen, bleibt stehen, sieht sich die Sachen an, beobachtet den Mann, der die Eisenträger fester zurrt. Für uns sind es nur die dicken Brocken einer großen Operation. Für ihn sind es die Planken, über die seine Füße laufen. Vielleicht marschiert er nächste Woche über diese Notbrücke an die Front. Sieh dir an, wie er beobachtet, prüft. Tja, der weiß, was es bedeutet. Irgendeiner wird kommandieren: Auf geht's! Dann der Angriff. Und hier steht Joe und bekommt einen Vorgeschmack auf seinen großen Auftritt morgen.»

Ich bezweifle allerdings, ob wir hier jetzt schon über den Rhein kommen. Die «dicken Brocken» und das Melodram, das dazugehört, sind vielleicht nur ein Täuschungsmanöver.

Sah ein paar ältere Berichte durch und stellte verblüfft fest, dass die Deutschen Marckolsheim an dem Nachmittag mit zwei Einheiten angegriffen hatten, als ich durch die Stadt gefahren war! Auf dem Weg nach Norden sah ich auf den Feldern östlich der Stadt Kaninchen und war in Versuchung, ein paar Schüsse aus meinem Karabiner abzugeben. Ich musste lachen und stellte mir vor, dass die Patronen wahrscheinlich wild über den Rhein fliegen und im ruhigen Abschnitt eine unnötige Schießerei in Gang setzen würden. Wer weiß? Meine miserable Treffsicherheit hätte womöglich ein, zwei Trupps blindlings außer Gefecht gesetzt, und dann, wäre ich dann ein Held?

Churchills erster Deutschlandbesuch war das Thema des Tages. (Heute war er in Hodges' erstem Sektor; gefragt, was er von Aachen halte, antwortete er: «Das war Aachen?») Vor den Ruinen einer deutschen Stadt an der Westfront sagte Churchill zu Montgomery: «In dieser Stadt wird es nach dem Krieg keine Arbeitslosigkeit geben.» Tacitus, prodeutsch oder nicht, hatte wieder mal recht: Sie schaffen eine Wüste und nennen es Frieden; heute könnte man auch sagen: Sie nennen es die Lösung unserer sozialen Probleme.

MONTAG, 12. MÄRZ 1945

Entdeckte heute Abend in einer Cervantes-Ausgabe die «heitere Unterhaltung zwischen Don Quijote, Sancho Pansa und dem Baccalaureus Samson Carrasco» wieder, und die feinen Reden erinnerten mich daran, wie gedankenlos wir vorgehen, wenn wir unsere Militärgeschichte rekonstruieren, mit welcher Unbedarftheit hinsichtlich Methoden und Traditionen und mit welchem Unwissen! Worauf laufen all diese eifrig genauen Seiten denn hinaus? Sicher, die Divisionen und Armeen bewegten sich genau so wie festgehalten; die Gefechte ereigneten sich an den genau bezeichneten Orten; Vorstöße und Gegenangriffe fanden genau so statt, wie sie beschrieben sind; Probleme erwiesen sich als so beschwerlich wie dargestellt. Und doch ist nichts jemals so geschehen, wie es hier festgehalten wird! Der lebendige Kontext, das Kolorit, die Aufregung und Leidenschaft und Nervosität, das Vokabular – kurz gesagt, alles, was für mich Wahrheit bedeutet – sind bei der Destillation dessen verlorengegangen, was als signifikanter geschichtlicher Ablauf gilt. Doch es war ja schon immer so, dass von allen Problemen der Zivilisation die Tragödie des Krieges die am wenigsten bekannte oder verstandene war. Seit undenklichen Zeiten, immer und überall, hat man daran teilgehabt, aber wegen politischer oder moralischer Unzulänglichkeiten ist ihre wahre Gestalt und Substanz für die Literatur in all ihren Formen verborgen geblieben. Wer Phantasie hat, macht daraus eine gekünstelte Romanze oder eine drastische Horrorgeschichte. Ein Mann nüchterner Fakten ist nur selten in der Lage, vor lauter Archivstaub die dokumentarische Wahrheit zu erkennen.

«Diese Dinge hätte man übrigens auch aus Billigkeitsrücksichten verschweigen können», sagte Don Quijote, «denn wenn Vorgänge die Wahrheit der Geschichte weder verändern noch zerstören, so braucht man sie gewiss nicht niederzuschreiben, sobald sie den Helden der Geschichte an seinem Ansehen schädigen können. Wahrlich, Äneas war nicht so fromm, wie Vergil ihn schildert, und Odysseus nicht so klug, wie Homer ihn darstellt.»

«Ganz richtig», entgegnete Carrasco, der seine eigene grundlegend abweichende Meinung verbarg, «aber ein anderes ist es, als Dichter zu schreiben, und ein anderes, als Historiker. Der Dichter kann die Ereignisse uns sagen oder singen, nicht wie sie waren, sondern wie sie sein sollten; und der Geschichtsschreiber muss sie darstellen, nicht wie sie sein sollten, sondern wie sie waren, ohne der Wahrheit irgendetwas abzubrechen oder beizufügen.»

Wie elementar, und doch sind es gerade diese elementaren Annahmen, die ins Bewusstsein gerückt werden müssen, damit Methoden und Gewohnheiten und das Denken selbst geübt und verfeinert werden können.

Meine Arbeit hier ist mir in ihrem umfassendsten Sinn leider nicht klar, und Gleiches gilt auch für die Historiker, die meine Beiträge ordnen und herausgeben sollen. Das ist inzwischen natürlich eine altbekannte Situation in der Army. Die Historische Abteilung selbst scheint ja die hybride Schöpfung eines unternehmungslustigen militärischen Geistes zu sein, mit einer Hand auf dem Thukydides, einem Auge in Richtung Zukunft und Urteil der Nachwelt und einem Bein im nächsten Krieg. Die Tendenzen, die ich bislang gespürt habe, reflektieren allesamt diesen Drang in drei verschiedene Richtungen.

Bei vielen der Historiker (Davis, Hamilton, Ellis) herrscht beträchtlicher Enthusiasmus, dass ihre Arbeiten einen ernsthaften oder gar monumentalen Beitrag zur Literatur liefern werden (oder dies wenigstens könnten). Nie zuvor hat es derartig viele Gelegenheiten gegeben, gründliche Originalrecherche zu betreiben, in Geheimdokumenten zu forschen sowie auf die betreffenden Realitäten direkt zuzugreifen. Steig in einen Jeep, wühl dich eine Stunde durch die Landschaft, und du kannst direkt an der Front überprüfen, was du in einer Fußnote zu Papier bringen willst! (Erst kürzlich entdeckte Hamilton den alten Bürgermeister, der die amerikanischen Truppen durch den wilden Wald zu einem Abschnitt an der Mosel geführt hatte, wo ein effektiver Brückenkopf etabliert werden konnte.) Leg einfach einen Stopp beim Hauptquartier ein, und du kannst persönlich mit dem Stab und den Männern an der Front reden: Die Akteure des Feldzugs stehen noch auf der Bühne. (Am Ende weiß seltsamerweise nur der Historiker genau, was wirklich geschah: Kommandeure lasen Mooneys Darstellungen und erfuhren daraus zum ersten Mal, was insgesamt auf ihren Feldzügen tatsächlich geschehen war …) Man träumt von hundert Bänden, komplett, erschöpfend, endgültig, und sieht sie schon vor sich im Regal stehen. Manche können sogar schon die dicke Staubschicht sehen, die sich darauf abgelagert hat. Doch das hat auch in der Vergangenheit die Gelehrten kaum aus dem Konzept gebracht. Der Wert einer bewahrten, aufgezeichneten Vergangenheit ist unbestreitbar. Welchem größeren Thema als dem Krieg kann man sich denn widmen? So verläuft das Fortschreiten der Geschichte. Die Schreibstuben in den hiesigen Kasernen sind vollgestopft mit Holzkisten des Quartiermeisters, alle randvoll mit Berichten, Skizzen, Tagebüchern, Interviews, Plänen und Befehlen. Ich kann mich des Gefühls nicht erwehren, dass trotzdem – auch wenn die Aussicht hoffnungslos erscheinen mag, dass irgendjemand eines Tages Tausende von Kisten der Armeen dieser Welt durchsehen könnte – etwas Substanzielles geleistet wird. In Zukunft wird es für die Menschen wenigstens möglich sein, die Wahrheit in Erfahrung zu bringen. Die Geschichtsdarstellung selbst mag orthodox und offiziell sein. Dennoch wird man als Militärhistoriker hier zu einer Art Spion, der die Interessen der zivilen Zivilisation vertritt.

Natürlich wird die Militärbürokratie nichts herauslassen, was den strahlenden Waffenglanz beeinträchtigen könnte. Leider reicht es wahrscheinlich schon aus, energisch zu atmen, um die empfindlichen Metallplatten stumpf zu machen. In den letzten Wochen habe ich das Manuskript über die 7. Armee «redigiert». Ruhig, langweilig, leblos. All die wahren Fragen und Probleme der Planung (für den Einzelfall) sind sanft aneinandergenäht, sodass all die Windungen und Wendungen der Invasion und der anschließenden Offensive so aussehen, als wären sie mit kunstvollen Strichen meisterhaft zusammengefügt worden. Die internationalen Intrigen, bedingt durch amerikanische, britische und französische Prestigesucht; die erstaunlichen Konflikte vernagelter Militärbürokratien an verschiedenen Fronten und Zentren; der wahre Charakter und die Folgen der sogenannten militärischen Wissenschaft – kurz, alles, worauf sich ein Historiker, der über Vorstellungskraft und Einsichten verfügt, stürzen würde, wurde unschädlich gemacht ... oder ganz, ganz unten in einer unserer alten Kisten belassen. Es gibt keine Entschuldigung für diesbezügliche Entrüstung. Denn das ist schließlich genau das, was offizielle Geschichte ausmacht. Ganz egal, ob man eine blanke oder eine abgegriffene Münze in den Schlitz steckt, die Jukebox wird immer dieselbe Melodie spielen. Ich stutze die Sätze zurecht und versuche, etwas von den großen Themen – Verwirrung, Heuchelei und Massenproduktion des Todes – subtil einfließen zu lassen. Aber das geht an der Sache vorbei. Das Manuskript ist nun sauber und bereit für das Siegel des Generals. Die Gliederung ist übersichtlich, Anmerkungen und Bibliographie komplett, die Seiten sind sauber abgetippt und haben ausreichend Zeilenabstand. Da liegt es, das Manuskript, aber die wahre Geschichte steht zwischen den Zeilen.

Schließlich gibt es aber noch die neue praktisch-utilitaristische Schule geschichtsbewusster Militärs. Viele von ihnen sind intelligent und kultiviert, in der Art der Herausgeber des «Infantry Journal». Man muss die ganze Wahrheit einer Gefechtssituation kennen, weil sich nur so effektive Lehren ziehen lassen und die Kriegskunst vervollkommnet werden kann. So ist an jenem Historiker, der sich in der Literatur von Herodot bis Clausewitz und auch mit den neusten Feldhandbüchern auskennt, durchaus ein taktischer Beobachter verlorengegangen. Im engen Fokus der Erzählungen kleinerer Einheiten geraten all die Frustrationen, Idiotien und ausgewählten Skandale in den Blick, die sich im Umfeld einer Schlacht ereignen. Angst und Schrecken von Angriffen und Rückzügen werden erfasst. Selbst verrückte Phantasien von Vergeltungsschlägen kommen zur Sprache. Marshalls «Island Victory» ist bei weitem kein gutes Buch, aber es enthält genau diese Dinge, und es ist gewiss, so meine ich, eine einzigartige Leistung im Bereich der Kriegsdokumentation.

Nebenbei gesagt, fällt mir in diesem Zusammenhang eine Sache auf, die vielleicht irrelevant, aber trotzdem interessant ist. Die Militärgeschichte, die jetzt als altmodisch abgetan werden kann, hat sich niemals von ihrem zentralen Thema gelöst – dem Oberbefehlshaber, seiner Strategie, seiner Taktik, seinem Genie: Auf diese und jene Weise schlug Napoleon zu, und sein Angriff war erfolgreich. Der Generalstab heckte einen großen Plan aus, und der Vernichtungsschlag wurde von der Geschichtsschreibung zur Kenntnis genommen. Die offiziellen Führer von Armee und Staat blieben die zentralen Gestalten. Doch jetzt wurde die Militärgeschichte vom Kopf auf die Füße gestellt. Und was könnte besser in die heutige Zeit passen, in der dem Durchschnittsmenschen alles geopfert und im Namen des kleinen Mannes Geschichte gemacht wird? Der Held der Geschichte ist nicht Marschall Foch, sondern der Poilu, nicht Pershing, sondern der Doughboy. Solche Darstellungen werden jetzt gleich dutzendweise ausgestoßen. Sie halten große Siege fest, unerwartete und raffinierte Improvisationen auf dem Schlachtfeld, kühne Taten und militärischen Wagemut.

Und zwar nicht von Eisenhower, Patton, Clark oder Patch. Es geht vielmehr um das Genie von Joe in seinem Schützenloch. Ein Sergeant schreit: «Zur Hölle mit diesen Hurensöhnen! Wir werden ihnen kräftig Feuer unterm Hintern machen! Auf und mir nach!» Solchen einfachen Soldaten, weit von allen Befehlsständen und Kommandozentralen entfernt, hat sich der Historiker jetzt zugewandt und sie zu seinen Helden gemacht. Der Sieg gehört den Generalsfähigkeiten des Gefreiten und des Unteroffiziers. Die hohen Tiere werden in Ruhe gelassen. GI Joe hat seine Philosophen, seine Künstler, seine Politiker. Und jetzt, während seiner größten Leistung, hat er auch seinen Historiker gefunden. Das konnte, da bin ich ganz sicher, ihm nur in unserer Zeit geschehen. Die Gründe dafür sind kompliziert, doch zunächst einmal musste er sich selbst finden. Dass Joe als solcher schon in den Schützengräben des Ersten Weltkriegs existiert hätte, kann man wohl kaum behaupten. Erst als er sein eigenes Schützenloch beanspruchte, erhielt er auch ein Anrecht auf Hagiographie.

Mein eigenes Werk ist, wie gesagt, hin und her gerissen, und so habe ich ein wenig von allem getan, versucht, Briefe, Gespräche, Tagebücher und Kuriositäten zu sammeln, die, historisch gesprochen, von unschätzbarem Wert sind. Ich habe mich bemüht, die Geschichtserzählung aus ihrer offiziellen Zwangsjacke zu befreien, und ich hatte auch eine kurze Karriere als «Spürhund» – so lautet hier der Jargon für die Feldrecherche eines Militärhistorikers, der vom Hauptquartier zu den Kommandoposten flitzt und an die Front und wieder zurück (sofern ihn nicht ein Querschläger oder ein Minenfeld zum Schweigen bringt). Wenn es nur nach mir ginge, würde ich morgen früh wieder Richtung Front aufbrechen.

DONNERSTAG, 15. MÄRZ 1945

In diesen Tagen kündigt sich der Frühling mit Sonnenschein und wundersamer Wärme an. Ich brach früh auf und fuhr über Land. Die Szenerie in den Hügeln war ein wahres Mirakel aus Licht und Schatten. Kinder liefen spielend die Dorfstraße auf und ab. Die Bauernhäuser, das Heu und die Tiere strömten einen starken und guten Geruch aus. Als es dunkel wurde, bot der Himmel einen unglaublichen Anblick. Man konnte nur dastehen und starren. Und dann fragte man sich wieder wie damals als Kind, als man die Sterne zum ersten Mal wahrnahm: Ist das alles wirklich? Und wie ist es entstanden? Was im Leben könnte bedeutsamer und zauberhafter sein als die Entdeckung der unendlichen Geheimnisse unseres Himmels? Nach dem Abendessen ging ich ins Freie und saß ruhig auf einer kleinen Erhebung auf dem Acker nicht weit von unserem Standort. Nicht lange, denn wenig später – ich kann den Zeitpunkt bis auf den Bruchteil einer Sekunde genau angeben – brach der Himmel in tosenden Lärm aus. Die Jäger und Bomber stiegen auf und rauschten nach Deutschland, die ganze Nacht lang. Im Haus arbeitete Hans an einem Flugblatt: *Schluss machen*. Darin sollte stehen, dass in Jahrzehnten angesammelte Schätze innerhalb von drei Minuten zerstört würden. In kürzester Zeit würden zehntausend Flugzeuge dafür sorgen, dass die Menschen noch viele Jahre mehr an den Lasten des Wiederaufbaus zu tragen hätten. Kapituliert! … Am nächsten Morgen um zehn vor acht setzten die Jagdflieger lärmend zur Landung auf dem örtlichen Flugplatz an. Ruhige Formationen von «Liberators», «Befreiern», flogen hoch am Himmel vorbei.

In der Unterhaltung beim Abendessen fand ich endlich heraus, warum das Frühstück neuerdings so üppig ist. Offenbar gibt es auf dem sizilianischen Lebensmittelmarkt einen großen

Überschuss an Eiern. Also hat jemand das Flugzeug des Generals «ausgeliehen» und ist heimlich nach Palermo geflogen. Der Flieger wurde mit Kisten vollgeladen, und jetzt gibt es jede Woche mysteriöse Lieferungen frischer Eier. Die armen Hühner wären bestimmt ganz verwirrt, wenn sie wüssten, dass ihre in Messina oder Agrigent gelegten Eier im fernen Lothringen verzehrt werden.

Der Brückenkopf hält noch immer stand. «Ludendorff» wirft offenbar weiter seinen schwarzen Schatten über Deutschland. Heute sagte ein Nazikommentator: «Der Brückenkopf liegt an einem für den Feind taktisch ungünstigen Punkt, und deshalb ist er jetzt gezwungen, ständig neue Truppen in das Gebiet zu werfen, um die Front zu halten ... Trotzdem ist der Brückenkopf eine Gefahr für unsere Verteidigung, und unsere Kommandeure widmen ihm alle Aufmerksamkeit, die er verdient.» Die Propagandasendungen im Rundfunk leierten weiter ihren Sermon herunter: «Bestialität, Horror, Sadismus, Vernichtung, Brutalität, Zynismus, Terror.» Hans Fritzsches interessante Vokabel für die angelsächsische imperialistische Neue Welt lautet: maschinell produzierter Terror.

In diesem Zusammenhang muss ich noch ergänzen, dass Hans mir erklärte, unter den deutschen Kriegsberichterstattern und Leitartiklern gebe es definitiv Saboteure. Die Nazipropaganda über das «drohende Morden» klingt primitiv bis lächerlich und absurd – selbst für unsere Ohren. An ihren oppositionellen Tendenzen besteht kein Zweifel. Zukunftsbilder werden in abschreckend grellen Farben gemalt, denn sie sind alles, was die gegenwärtige Führung dem Volk zu bieten hat! Ich glaube, das ist mindestens eine Teilerklärung für die jetzt herrschende schrille Hysterie der Deutschen.

Heute Mittag wurde das Büro zum Postamt, und während ich einen Karton mit Dokumenten für den Versand herrichtete, verschickten die anderen ihre Andenken. Mooney sagte: «Mein Gott, so was macht mir richtig Spaß! Es ist wie Weihnachtsgeschenke einpacken.» Sorgsam glättete und faltete er Ecken und bekannte: «Das ist mein Leben! Die einfachen Sachen! Im Winter die Einfahrt freischippen, während mein Hund herumspringt und den Schnee aufwirbelt. All meine Geschenke einpacken und mit Schleifen verzieren … Der Krieg ist ein Schande, eine gottverdammte unnütze Schande!»

SAMSTAG, 17. MÄRZ 1945

Verbrachte heute Morgen ein paar Minuten mit Jean Casali im Büro des Front National. Er hatte weitergesucht und übergab mir ein neues Bündel mit Flugblättern der Nazis und eine Sammlung von allerlei Broschüren, darunter eine Anthologie mit Hitler-Reden auf Französisch und ein paar Sachen von Jacques Doriot. Er gab mir außerdem noch einige Fotos, verblüffende Aufnahmen aus «der alten Zeit», wie er sich ausdrückte. Ein großartiges Bild von Rommel und Kesselring, die über eine öde Straße in Tunesien schreiten, sich vor Lachen ausschütten und doch steif und stolz militärische Haltung bewahren. Ein Foto von lässigen, sorglosen GIs, die am Kolosseum entlang die «Via dell'Impero» runtermarschieren, umgeben von einer formidablen Wache unergründlicher deutscher Feldgendarmen. Eine schöne Nahaufnahme des außergewöhnlichen Innenraums der Kirche von Monte Cassino. Dieses Bild enthält wie die anderen eine kleine Propagandabotschaft der Nazis: «détruite par les Anglo-Americaines – von den Angloamerikanern zerstört».

Jean erzählte mir erneut, dass er sich, leider vergeblich, bemüht habe, zurück an die Front zu kommen. Das letzte Mal war es ein naiver Versuch, sich den amerikanischen Truppen anzuschließen. Ich musste lächeln. Er war Leutnant der FFI und davor einer der wichtigsten lothringischen Agenten der Fluchthilfe. Als die Untergrundbewegung des Maquis entwaffnet wurde, bemühte er sich erfolglos, in die reguläre französische Nationalarmee übernommen zu werden. Nach einigem Feilschen erhielt er seinen Leutnantsrang zurück – aber nur für einen Büroposten in Nancy, Metz oder anderswo. Er lehnte ab. Er will, wie er sagt, an die Front, *«zu Deutschland … kaputt machen»*. Das ist bei einem Mann mit FFI-Partisanenerfahrung für die alte Militärbürokratie offenbar zu «gefährlich». Also bleibt er an Ort und Stelle, schlägt sich mit Propaganda rum und tut, was er kann.

In meinem Zimmer stapelt sich inzwischen die Literatur. Die Nachrichten sind jeden Tag aufs Neue aufregend, und ich kann mich kaum zurückhalten, alle Zeitungen aufzukaufen. Die Leitartikel, die spezielle Polemik, die gelegentlichen Chroniken, das alles zeigt eine schöne Leidenschaft, und manche sind sogar von besonderem Format. François Mauriac schreibt regelmäßig für den Figaro, ebenso Paul Claudel. Paul Éluard veröffentlicht politische Gedichte in «Carrefour», wo auch André Chamsons erster Beitrag seit vier Jahren erschien. Doch ich habe so wenig Zeit zum Lesen.

Heute Abend habe ich mich etwas mit Madame Wernert unterhalten, und danach konnte ich nichts mehr tun, nur noch ins Bett gehen und schlafen. Zu sehen, wie Menschen ihr Leben weiterführen, das seit Generationen durch Kriegstragödien zerrissen wurde, das erschüttert mich immer wieder. Ihr erster Mann fiel im Ersten Weltkrieg. Fünf Söhne sind über die europäischen Kriegsschauplätze verstreut, zwei davon sind Soldaten, zwei Kriegsgefangene, einer vermisst. Seit vier Jahren hat sie nicht mehr von ihnen gehört. Jetzt ist ihr nur noch ihre

Tochter Jeanne geblieben. Deren Mann ist 1940 vor dem deutschen Arbeitsdienst geflohen, und seitdem hat man ihn nicht mehr gesehen. Er hat in der Nähe, in Clermont-Ferrand, gearbeitet und gewohnt, wagte aber nicht, zu Besuch nach Hause zu kommen, und bat seine Frau nie, ihn zu besuchen. Die Ehe scheint gründlich zerrüttet zu sein. Jeanne oder Jeannedarme – auf diesen Namen haben wir uns geeinigt, weil sie ihre Privatsphäre und Isolation so fanatisch entschlossen schützt – lebt jetzt allein und arbeitet fast nur. Sie ist hübsch und lebhaft, aber durch die letzten Jahre auf besondere Weise stark und kühl geworden. Madame Wernert hatte immer noch Sorgen wegen ihrer Fleischzuteilung. Die kleine Wochenration, nur ein Näpfchen voll, hält sich offenbar nicht sieben Tage lang, und dass sie die ganze Portion schon zu Anfang der Woche aufessen und ungeduldig auf die nächste Zuteilung warten müssen, gefällt ihr gar nicht. Aber dann kam die gute Nachricht, dass im nächsten Monat ein Ei zur Lebensmittelzuteilung gehören wird! Das verbesserte ihre Stimmung erheblich. Sie hatte außerdem gehört, dass Liberty-Frachter aus Amerika mit Lebensmitteln und guten Dingen unterwegs seien. Na also, sagte ich. Aber, ach nein, die seien nur für die «*Großköpfe*, les grandes têtes» und überhaupt nicht für die armen Leute. Vielleicht wusste sie Bescheid … Sie schenkte mir für meine Sammlung ein Exemplar der «Annales» des Jahres 1901 – Maurice Maeterlinck über den «Triomphe d'Automobilisme» und Camille Saint-Saëns über die wundersamen Schönheiten von Richard Wagners neuen Werken (ein Blatt «Siegfried»-Noten war mit abgedruckt).

SONNTAG, 18. MÄRZ 1945

Jeanne und ich haben gestern Abend lange zusammengesessen; endlich konnte ich sie dazu bewegen, mich einzuladen. Sie hat eine wirklich schöne Wohnung, die sie in den schlimmen Jahren während des Krieges und der Besatzung sorgsam gehütet und gepflegt hat, so liebevoll, als gebe es sonst nichts in der Welt zu behüten ... Sie machte Feuer, und ich fischte die Reste eines Romans aus dem Papierstapel zum Anzünden: «L'Amour Refleurit» – Die Liebe erblüht. Ich las mit betonter Nachdenklichkeit und Neugier, und das lockte sie aus der Reserve. Sie gab ein paar unmissverständliche Zeichen von Zynismus und Verachtung. *«Schwindel!»* war ihr Wort dafür. Ich bohrte ein wenig weiter. «Na ja», konzedierte sie, «vielleicht stimmt das nicht ganz. Aber mir ist es damit eine Zeitlang ziemlich schlecht ergangen. Kein Glück, keine Liebe ...» Sie wollte nicht darüber reden, das war klar. Worüber dann? Ach, was Sie wollen ... So redeten wir eine Weile hin und her, und bald erzählte sie mir eine wirklich aufregende Geschichte aus den Jahren unter den Deutschen.

Die zehn Monate, die sie in Deutschland zubrachte, begannen im November 1943. Sie wurde wie so viele Französinnen zwangsverpflichtet, für die Büros der Wehrmacht zu arbeiten, die zum Hauptquartier am Rhein gehörten. Als Elsässerin sprach sie fließend Französisch und Deutsch und wurde deshalb Chefdolmetscherin des Büros. Sie arbeitete zuverlässig und effizient. Ihr blieb gar nichts anderes übrig. Aber von «Kollaboration» war das meilenweit entfernt! Alle Augenblicke gab es einen kleinen Zusammenstoß, eine neue Kriegserklärung. Eines Tages trug sie eine gepunktete Bluse, weiß mit roten und blauen Tupfen. «So!», brüllte der Bürovorsteher (und sie spielte mir in einer wunderbaren, halbkomischen Imitation seine Grimasse und Redeweise vor), «Sie müssen also immer Flagge zeigen. Können ja keinen Moment hier sitzen, ohne sich in Ihre Fahne zu wickeln.» Unschuldig musterte sie ihre Kleidung. «Wo? Was? Ich habe ein paar Sachen zum Anziehen, und was ich trage, das geht nur mich etwas an.» Täglich stritten sie, und aus allen Geschichtchen, die Jeanne erzählte, sprach deutlich ihr schlichtes, von Herzen kommendes Entsetzen und ihre Verachtung angesichts solcher Schäbigkeit und Dienstbeflissenheit. Morgens durfte sie sich nicht die Hände am Ofen wärmen. «Arbeiten», brüllte er dann, «hier wird nicht getrödelt!» Als die Bomber kamen, räumte sie ihren Schreibtisch leer und machte sich auf den Weg zum Luftschutzraum. «Was ist los?», rief er erbost. «Wo wollen Sie denn hin?» «Was los ist? Wo ich hinwill? Sind Sie verrückt? Die Bomber sind da! Sie müssen den Verstand verloren haben, wenn Sie nicht wissen, wie gefährlich das ist. *Auf Wiedersehen!*» Am Ende war es nicht mehr auszuhalten. Als er sie auszeichnen, nämlich zu seiner Mätresse machen wollte, hatte sie natürlich vehement abgelehnt. Und damit noch Öl ins Feuer gegossen ... Nun blieb ihr nur, sich an den Kommandeur zu wenden, einen General. Nach dem, was sie von diesem Mann erzählte, muss er sehr sympathisch gewesen sein, und abgesehen von der persönlichen Färbung (er half ihr tatsächlich), berichtete sie ziemlich objektiv. Offenbar hatten Jeanne und der General mehrere Unterredungen. Und jedes Mal war sie beeindruckt: Er sei ein «großartiger Mann». Anscheinend rief er den Bürovorsteher zur Ordnung, danach gab es wenigstens keine heftigen Angriffe mehr. Der General war wohl unglücklich über diese Geschichte und viele andere kleine und große Begleiterscheinungen der Besatzung und des Krieges. Aber – so erklärte er ihr einmal: «Ich bin Soldat. Ein Soldat bleibt auf seinem Posten und tut seine Pflicht bis zum Letzten.» Das tat er auch. Im September wurden Beschuss und Bombardierung zum Massaker. Die Bürowände bebten Tag und Nacht. Die Fenster waren kaputt, die kümmerlichen Luftschutzräume in Trümmern. In ihrer letzten Nacht in Deutschland saß Jeanne am Schreibtisch, stellte Pässe und offizielle Entlassungsscheine aus und machte die letzten Lohnabrechnungen für die französischen und deutschen Arbeiter. Der General hatte die Evakuierung der Zivilisten bewilligt. Jeanne und andere Französinnen würden vor Tagesanbruch aufbrechen. Die deutschen Mädchen weinten, und viele baten darum, mitkommen zu dürfen. Niemand war so unglücklich und verzweifelt wie diese Mädchen, die auch zur Arbeit in den Wehrmachtsbüros abkommandiert waren und *«wie Soldaten»* behandelt wurden. Sie brachen ständig in Tränen aus und schütteten Jeanne wieder und wieder ihr Herz aus (denn nur Jeanne hatte den Mut, den Bürokraten und der Gestapo die Stirn zu bieten), klagten, wie schrecklich ihre Lage und ihr Schicksal seien und wie viel sie darum geben würden, *«Französin»* zu sein. Merkwürdig, aber viele Soldaten der Besatzungstruppen sagten das Gleiche. Sogar der eine oder andere ältere Offizier. (Natürlich gab es Unterschiede unter den Frauen. Die Horde der Mätressen, die die Wehrmacht in den besten Hotels unterbrachte, war eine ganz andere Sorte. Interessant ist ein Detail: Die Nazis hielten den hübschen Französinnen immer vor, dass sie mit ihren geschminkten Lippen und Wangen und Augenbrauen dekadent und verdorben seien, während wahre Schönheit nach deutscher Art im Schlichten und Gesunden liege. Jedoch waren Lippenstifte, Rouge und Parfum nirgendwo mehr zu haben, in keinem einzigen Laden. Die Besatzer hatten den gesamten Vorrat aufgekauft und schickten ihre Beute entweder heim oder statteten damit ihre Schönen im Ort aus. Die schminkten sich denkbar unvorteilhaft und scheußlich, sagte Jeanne. Sie hätten einfach kein Geschick dafür.)

Jedenfalls kämen nach den Deutschen «die Amerikaner». Daran erinnerten die Nazis täglich und mit entsprechender Bitterkeit. Und dann würden die *«Schwarzen»* einmarschieren, und alles wäre *«kaputt»*! Das Gerede wurde nicht weiter beachtet. Die französischen Kollaborateure bliesen in dasselbe Horn, aber das kümmerte niemanden. Die Luftangriffe wurden schlimmer; und dann begann die panische Evakuierung. Die Kollaborateure wurden im Stich gelassen; die Nazis hatten ihnen nie getraut und verweigerten ihnen die Genehmigung, sich mit ihnen zurückzuziehen. (Die gesamte Vichy-Miliz, die korrupteste und übelste von allen, wurde von Partisanen erschossen.) Jeanne ging vor Tagesanbruch und lief stundenlang über Land. Es fielen immer mehr Bomben, und sie suchte in Gräben Deckung, und dann kamen die Tiefflieger mit Maschinengewehren zum Einsatz. Bei Avricourt wurden zwei Frauen aus Jeannes Gruppe getroffen. Eine von einem Granatsplitter in der Schulter, die andere, nur ein paar Meter hinter ihr, wurde von einer Maschinengewehrsalve durchlöchert. Schließlich schlug sich Jeanne zum Haus ihrer Mutter in Lunéville durch. Madame Wernert wusste, dass der entscheidende Schlag unmittelbar bevorstand, und war auf das Schlimmste gefasst gewesen. Aber Jeanne – eigentlich nicht überraschend, denn wenn überhaupt jemand den Krieg besiegen konnte, dann dieser wunderbare kleine Hitzkopf – war nach Hause gekommen. Wochenlang lag sie mit einem Nervenschock und Fieber im Bett. Immer wenn sie ein Geräusch hörte, weinte sie, ihre Mutter konnte das zuerst nicht verstehen. Wenn ein Flugzeugmotor dröhnte, brach sie vollkommen zusammen … Aber nach einem Monat etwa hatte sie sich wieder erholt. Sie fand Arbeit und versuchte, eine gewisse Normalität zurückzugewinnen. (Sie hatte ein paar Zusammenstöße mit den FFI, die nach ihrer Darstellung ein Sammelbecken für die übelsten Elemente am

Ort geworden waren, sobald die Amerikaner Fuß gefasst hatten; die Partisanen und die Maquisards hätten den langen Kampf der Résistance tapfer und heroisch geführt, aber die Opportunisten, die sich mit den Nazis gutgestellt hatten, solange sie an der Macht waren, wechselten jetzt die Pferde; sie, Jeanne, habe der SS und der Gestapo die Meinung gesagt und werde nun die einheimische Variante der übereifrigen Beflissenheit nicht dulden …)

DIENSTAG, 20. MÄRZ 1945

Heute, vor der Fahrt an den Rhein, früh aufgewacht, noch bei Dunkelheit. Etwas angeschlagen, weil mir plötzlich wieder einfiel, was ich in der Nacht geträumt hatte: Gefahr drohte, und wir rückten schleunigst eng zusammen, um uns zu schützen. Aber seltsam war, dass die Gefahr in einer Lawine bestand – und der tosende Lärm war das Poltern herabstürzender Steine und Felsbrocken. Dann griff ein *deus ex machina* ein, ich fand mich hoch oben in der Luft in einer dunklen Kammer wieder und sah auf einer Filmleinwand, wie meine Kameraden untergingen. Ich war in Sicherheit, ein Zuschauer der Tragödie. Wie unentrinnbar das Kino ist! Nicht einmal in unseren Träumen können wir ihm entkommen. Mit seinen billigen (und belanglosen) Melodramen beherrscht es unsere Phantasie, es liefert uns einen Ersatz für Sicherheit oder Abenteuer oder Freude und wird zum Hauptinstrument unserer Lebenserfahrung.

Die Fahrt über Straßen, die ich allmählich so gut kenne wie irgendeine Route auf dem Planeten, war lang und kalt. Baccarat, Saint-Dié, Sainte-Marie-aux-Mines in den Vogesen, durch Ribeauville, dann die Gegend um Colmar (Ostheim,

Guémar, Marckolsheim, Kunheim, Houssen, Fortschwihr, Illhäusern, La Maison Rouge). Fast den ganzen Tag lang bewegten wir uns durch das Gelände, machten ein paar Notizen, korrigierten Vorstellungen und schossen Fotos. Ein ruhiger, ereignisloser Tag. Der Niederwald von Colmar war ganz anders, als ich erwartet hatte, aber allzu überraschend war nichts. Die Schlachtfelder sahen aus wie Kampfgebiete überall am Brückenkopf. Ein verlassenes Schlachtfeld ist ein riesiger Müllhaufen. (Manchmal leisten die Müllsammler der Army, die Bergungsteams der Quartiermeister, ganze Arbeit, aber «Restaurierung» ist unmöglich. Ruinen, Schutt und Müll bleiben.) Von den drei Bauernhäusern mitten im Niederwald stand noch eines; die beiden anderen waren übel beschädigt. Überall auf der Lichtung, in den Hauseingängen und in allen Zimmern lagen haufenweise leere Konservendosen, Papier, Kartons, Patronenhülsen. An einer Seite der Straßenkreuzung waren fünf deutsche Gräber, markiert mit schwarzer Schrift auf einfachen, mittlerweile aufgequollenen Holzbrettern. Ein kenntlich gemachtes amerikanisches Grab an der anderen Seite war nur fünfundvierzig Zentimeter lang – den «Leichnam» müssen sie auf einer Schaufel in das Grabloch geschoben haben. In der «Maison» des Bauern ein paar alte Bücher. Sie waren durchnässt, und die Seiten klebten aneinander und zerrissen, als ich versuchte, sie umzublättern. Mit zwei alten Bänden hatte ich es leichter: eine ziemlich außergewöhnliche Ausgabe von Augustinus' «Gottesstaat», schön gedruckt und gebunden, mit feinen Illustrationen; und eine Studie über Colmar mit großartigen Bildern von der Lehensherrschaft im Feudalismus, dem Adel und der Landbevölkerung vergangener Jahrhunderte, der heiteren friedlichen elsässischen Landschaft, den historischen Sehenswürdigkeiten, die von der reichen religiösen, handwerklichen, politischen und kulturellen Tradition der Elsässer zeugen. Ich schob allerhand leere Büchsen und Müll beiseite – wieder aus einem schamlos sentimentalen Grund – und ließ nur das Buch liegen. Wenn der Krieg seine Teufeleien schon selbst mit so offensichtlichem Pathos dramatisierte, dann war es vielleicht meine Pflicht, das Bild nur zu erhalten und ihm für alle Zeiten Mitleid zu bewahren.

Im Übrigen gab es nur «Treffer», wie wir Fotografen uns unermüdlich versicherten. Ein Kind, das sich hinten auf einem riesigen Heuwagen festklammerte und mit den Beinen baumelte, während Panzer und Lastwagen überholten. Ein Kirchturm, der fast ohne Fundament aus den Ruinen einer vollkommen zerstörten Kleinstadt in den Himmel ragte. Das Zifferblatt der Kirchturmuhr blickte auf die Landschaft; die Zeiger waren intakt und zeigten die Stunde an, da ihr «gottloses» Schicksal sie getroffen hatte: halb sieben. Überall im Schutt spielten Kinder, aber nie so vertieft, dass sie uns nicht mit ihrem überall gleichen «Schokalahd?» entgegengelaufen wären. Ich frage mich, wie die Kinder sich später an diese Zeiten erinnern werden, wenn sie an das Erwachsenwerden und

ihre ersten Freunde und Feinde zurückdenken. (Was passiert mit einem elsässischen Tom Sawyer, der in dieser gedemütigten Welt aufwächst?)

DONNERSTAG, 22. MÄRZ 1945

Die Ludendorff-Brücke ist eingestürzt, ihre großen Spannbogen liegen verkeilt und verdreht im Rhein, aber nur Goebbels kann sich vielleicht an der göttlichen Mystik des plötzlichen Schlags ausreichend wärmen, um das düstere kalte Bild Deutschlands ein wenig aufzuhellen. Der Rückzug nimmt inzwischen die Dimensionen einer großen Katastrophe an. Ausrüstung wird zurückgelassen und zerstört; Tausende Soldaten kapitulieren, freiwillig und sogar einigermaßen enthusiastisch; in einer Stadt nach der nächsten werden die Invasionstruppen mit weißen Fahnen begrüßt. Und jetzt, da das Frühlingswetter eingesetzt hat, dröhnen die Bomber jeden Tag am Himmel. Heute sagte Hans Fritzsche in seiner Rundfunkansprache: «Wir besitzen den Schlüssel zur wahren europäischen Ordnung. Wir haben das Geheimnis gefunden, wie man den Frieden in Europa erhalten kann.» Vielleicht sind die Ruinen von Worms, Mainz, Bonn und Köln ja nur der Ort, wo sich ihre großen Schlüssel und Geheimnisse verstecken …

Die Linie der Nazipropaganda ist jedenfalls erstaunlich. Der Krieg oder wenigstens die Geschichte – zu der schließlich auch viele Zwischenspiele von Krieg und Frieden gehören – wird den Sieg der «gesunden Weltanschauung» noch erleben! Goebbels' Tagesration an Befriedigung resultiert heute aus dem Kontrast zwischen den eigenen «klaren Kriegszielen» und den «schwankenden und opportunistischen» Motiven der Alliierten sowie aus seiner ausgefeilten Logik und dem Pathos des

Märtyrertums. «Wer bis zum Ende auf dem Schlachtfeld ausharrt – und mag er auch aus tausend Wunden bluten – und sich dem Willen des Feindes nicht beugt, der wird zu allen Zeiten und unter allen Umständen als Sieger gelten. Ihm gehört nicht nur der Lorbeerkranz, sondern die Zukunft.» In seinem Artikel in «Das Reich» kommt er zu dem Schluss: «In der Geschichte gibt es kein Beispiel dafür, dass brutale Gewalt jemals ein Volk langfristig besiegt hat, das seinen Mut bis zum Ende behalten hat. Alles, was wir tun müssen, ist durchhalten, dann wird der Sieg unser sein ...» Das hat einen positiv transzendenten Anflug, und kurioserweise erinnert es mich an die ähnliche Thematik bei Shelley: Hier ist sie natürlich hohl, während der Dichter auf großartige Weise naiv war. Der Gedanke des tragischen Sieges begegnet uns häufig, im «Prometheus» wie im «Triumph of Life» und in vielen Gedichten.

Immer noch damit beschäftigt, am Manuskript zu arbeiten und die Akten zu prüfen. Meine oberflächliche Durchsicht der Dokumente des letzten Jahres ist die bei weitem lohnendste Aufgabe, auch wenn das, was ich daraus entnehmen kann, nur ein Flickwerk aus Anregungen und unbeantworteten Fragen ist. Was geschah mit dem *Sicherheitsdienst*, den verschiedenen deutschen Guerilla-Widerstandsgruppen, die zurückblieben, um Sabotage und Mordanschläge zu organisieren? Was hatte es in Wirklichkeit mit all den sogenannten Entführungen von Benzinkonvois der Army durch bewaffnete französische Zivilisten auf sich? Warum stieß der General auf Ablehnung, als er sich in einer öffentlichen Ansprache an das französische Volk wendete? (Die offizielle Erklärung lautete: «Jede Rede wird unweigerlich von allen Parteien genau studiert. Und irgendwer findet dann mit Sicherheit irgendeinen Hinweis dafür, dass eine Organisation über Gebühr gelobt wurde, während man selbst nicht das verdiente Maß an Anerkennung gefunden habe.»

Vielleicht nicht von der Hand zu weisen, aber dennoch eine alte trickreiche Formel für unpolitische Politik!) War das französische Militärsystem so korrupt und schludrig, wie es amerikanische Beobachter berichteten? (Habe selbst im September nach einem Besuch bei der französischen B-Armee einen Bericht geschrieben: «Die Kommandozentrale bestand aus einem halb möblierten Raum, drei Schreibtischen für Offiziere und einer Landkarte des Operationsraums. Die Einrichtung wirkte unprofessionell. Der G-3 war nicht anwesend, und in seiner Abwesenheit war keine klare Organisation erkennbar. Im Alliierten Verbindungsstab sagte man mir, G-2, G-3 und G-4 seien gerade nicht zugegen, und im Hauptquartier seien sie auch nur selten, ebenso General de Lattre. Meiner Meinung nach war das Hauptquartier zur Zeit meines Besuchs desorganisiert.») Was geschah mit der 2. polnischen Infanteriedivision, die seit 1940 in der Schweiz interniert war? («Ihre Evakuierung aus der Schweiz nach Frankreich wird vom britischen Verteidigungsministerium ernsthaft erwogen. Derzeit ereignen sich wahrscheinlich individuelle Fälle unkontrollierter Evakuierung und könnten sich für diesen Verband zum ernsthaften administrativen Problem ausweiten.») Was spielte sich in Nizza unter der Oberfläche ab, als General Frederick auf die sofortige Genehmigung zur Einnahme der Stadt bestand? («Wenn die Alliierten jetzt nicht in irgendeiner Form organisierte militärische Stärke zeigen, steht zu befürchten, dass Aufruhr und andere Störungen ein solches Ausmaß erreichen werden, dass das amerikanische Prestige in dieser Gegend ernsthaft Schaden nimmt.»)

Aber nicht jede ungelöste Frage verlangt so unerbittlich eine Antwort. Ich weiß zum Beispiel, dass rund vier Tonnen Propagandaflugblätter der Alliierten, abgeworfen von der Mediterranean Air Force, direkt auf einer deutschen Schute in der Bucht aufschlugen. Ob dieses Schiff daraufhin sank, ist meiner Meinung nach allein für Antiquare und Akademiker interessant. Doch wer wird sich einen Reim auf den klassischen Befehl des Generals an die französischen Partisanen machen können? Alle FFI-Gruppierungen, heißt es in der Anordnung, «werden an der Front oder in der Nähe der Frontlinien die Abzeichen des weißen Sterns von ihren Fahrzeugen entfernen. Die Fliegertruppen wurden dadurch verunsichert, denn sie halten sich mit Angriffen auf alle Fahrzeuge zurück, die den weißen Stern tragen». Das sieht ganz nach einer unglücklichen Einschränkung aus. Muss sich die Wirksamkeit der Bombereinsätze so doch um die Hälfte verringern! Schließlich wird ein Gutteil der möglichen Ziele immun, wenn man gezwungen ist, zwischen Freund und Feind zu unterscheiden ... Schon richtig, die Untergrundbewegung übernahm Fahrzeuge aus deutscher Produktion und malte den Stern darauf. Und ebenso gilt, dass einige Deutsche den Stern zur Tarnung nutzten. Aber – gleichwohl? Ach, wie undurchschaubar Geschichte doch sein kann!

FREITAG, 23. MÄRZ 1945

In dieser Woche haben mich einige Briefe der Familie erreicht, und obwohl ich natürlich froh darüber bin, mache ich mir doch Sorgen, dass ich sie mit meiner rüden, verärgerten Aufforderung, mir zu schreiben, sehr verletzt habe. Das lange Schweigen hat mich beunruhigt, und die Trennung und Einsamkeit sind schon ohne zusätzliche Ärgernisse schwer genug auszuhalten. Ich war nur aus Liebe und Sorge barsch, denn es vergeht kein Tag, an dem ich nicht an «zu Hause» denke – daran, dass die Monate und Jahre verstreichen und so vieles sich ändert, dass die Mädchen erwachsen und die Eltern alt werden, ich frage mich, was sie denken und tun und hoffen. Ich konnte ihnen nur schreiben, mir gehe es «gut» und ich sei ganz «glücklich», aber ich glaube, sie verstehen ein wenig mehr, als das nette Klischee behauptet. Dass ich viel sehe und viel lerne, ist nur ein Teil der Geschichte. Jeder Moment brachte mir Einblicke und Lektionen. Aber jetzt fühle ich mich allmählich gestärkt und unabhängig, und in der einen oder anderen Hinsicht bin ich hoffentlich auch etwas klüger und selbstbeherrschter geworden. Es kann lange dauern, bis ich wieder nach Hause komme, aber ich denke immer an die alten Zeiten, und die Erinnerung an die Zuneigung und Treue meiner Familie wärmt mich.

Wollte eigentlich am Nachmittag in der Sonne spazieren gehen, aber eine Buchhandlung war zu verlockend, und so bin ich wieder um ein Dutzend Bücher reicher. Dem Halévy im Schaufenster konnte ich nicht widerstehen – eine wirklich interessante Kritik der Geschichten der Französischen Revolution. Dann eine Ausgabe des Rolandsliedes mit einer Einführung, die Boissanale, Ferdinand Lot und andere kritisch kommentierte; eine Pierre-Duhem-Biographie; eine Ausgabe der Briefe von Degas; Rilkes «Lettres à un Jeune Poète» (warum vergesse ich immer, dass er deutsch schrieb und alle französischen Titel Übersetzungen sind?), einen schönen Band mit Montesquieus «Cahiers» und eine Untersuchung über machiavellistische Traditionen, die wohl nicht besonders subtil ist (alle Quellenhinweise waren erwartbar), aber bestimmt nicht langweilig.

G. heute sehr verstimmt. Sein Bericht über eine der Winterschlachten war vom Divisionsgefechtsstand zurückgekommen und in Bausch und Bogen abgelehnt worden. Alles wurde bestritten. Offensichtlich konnten sie nicht ein Wort der schrecklichen Geschichte hinnehmen: Was? So viel Dummheit und

Stumpfsinn soll es auf unserer Seite gegeben haben? Nein, das sind nur schwere Missverständnisse und Fehlinterpretationen des Historikers. Natürlich fühlte sich G. vor allem in seinem Stolz als Autor verletzt. Aber es ging nicht nur um redaktionelle Feinheiten. Hier stand geschrieben, wie all die Grünschnäbel, die schlichten Niemande von überall her, die gestern noch auf dem Dorfplatz gestanden und die kleinen französischen Mädchen beäugt hatten oder im Kino, wenn der Projektor ausgefallen war, Kondome aufgeblasen und in die Luft geworfen hatten, wie diese armen unglücklichen Kerle in Wäldern und auf Feldern starben, die sie nie auch nur dem Namen nach kennen würden. Hier wurde nicht ein Schreibstil abgelehnt. Es war nicht so, dass jemand meinte, einzelne Kapitel müssten überarbeitet werden oder bestimmte Themen seien zu ausführlich oder zu knapp behandelt worden. Vielmehr gerät das Schreiben im Ganzen in die Falle technischer Konventionen und Probleme. Ein Wort oder ein Satz hat auf einmal für sich genommen Substanz oder Gehalt. Wir denken nur daran und sehen selten sein Gesicht. Hier war das Gesicht die simple, schreckliche Grimasse des «Mordes», das wahre Gesicht des Krieges. Und – offiziell jedenfalls – erkennt es niemand. Neulich war am Nachmittag einer der S-3-Leute aus dem Bataillonsstab der 3. Division hier, und wir rissen die üblichen grimmigen Witze, lachten über «Iron Mike», für dessen Abberufung die Kommandeure beten – «vielleicht schicken sie uns dann einen, der mehr für den Frieden übrig hat». Und wir lachten über das ganze Gemetzel. Einer fragte: «Hattet ihr je ein schlechtes Gewissen wegen all der Männer, die ihr in die Schlacht geschickt habt – nette, saubere junge Kerle, die oft genug ohne jede Chance in den Krieg gingen? Klar, die Division ist fabelhaft, aber man muss ja nur genug Männer an die Front werfen, dann wird man schon Boden gewinnen; nur reichlich

Risiko eingehen, das ist der ganze Trick.» Mooney und mir war nicht danach zumute, aber wir lachten alle. Wenn sie sich nicht mit Zynismus und Selbstsucht schützen würden, könnten sie nie fertigbringen, was sie tun müssen, nie den Albtraum überstehen. Wgtmn. ging es nur um sein eigenes Schicksal: Er war noch am Leben, nur das zählte, sonst nichts. Der Rest, das waren die «Unglücksraben, die nicht für sich selbst sorgen konnten», was soll's, «es ist eben Pech, verdammtes Pech». Kopfschütteln, abgewandte Augen voller Traurigkeit, einen Moment lang, und dann geht der Krieg weiter.

SAMSTAG, 24. MÄRZ 1945

Heute Morgen ein Anruf vom Allgemeinen Krankenhaus in Nancy. Schock und Überraschung: Es war Wgtmn. Die Division sei am Westwall übel zusammengeschossen worden; minutenlang verfluchte er die G-2 dermaßen, dass die Telefonkabel glühten. Anscheinend hatte man der Division erzählt, höchstens einer von fünf oder zehn Ringständen sei bemannt. «Na ja», witzelte er, als er sich wieder beruhigt hatte, «die Krauts müssen mit Fernsteuerung geschossen haben.» Granatsplitter erwischten ihn an sechs verschiedenen Stellen, und er wusste immer noch nicht, ob er sein Auge behalten würde. Aber: «C'est la guerre», die Floskel, die immer zur Hand ist und jede persönliche oder eigenständige Reaktion ersetzt. C'est la guerre. Fast sein ganzes Bataillon vernichtet. Pechvögel. Pechvögel wie er! «Das habe ich davon, dass ich mich in der Etappe rumgetrieben habe!» (Er hatte sich im Bataillonsstab aufgehalten.) «Draußen in einem gottverdammten Schützenloch hätte ich sein sollen. In Sicherheit wie die Jungfrau Maria wäre ich da gewesen ...» Jeden Morgen bei der Lagebesprechung hatte sich der General knapp, aber deutlich ausgedrückt. «Vorrücken, weiter vorrücken», hieß der Tagesbefehl, «zwischen euch und dem Rhein steht kein einziger funktionierender Trupp mehr. Rückt vor!» Das war alles. «Aufregende Zeiten sind das!», schob er manchmal nach, wegen der historischen Dimension, «aufregende Zeiten, meine Herren!», und die Division rückte vor.

Der Druck auf die deutschen Streitkräfte muss inzwischen fast unerträglich sein. Nachrichten von heute: Feldmarschall Kesselring löst von Rundstedt als Oberbefehlshaber West ab. Und Generalleutnant Dittmar schlug in seinem Radiokommentar zur militärischen Lage der Nazis neue Töne an. Er gab tatsächlich zu, dass die feindliche (amerikanische) Heeresleitung ihren Überfluss an Kampfmitteln gut zum Einsatz brachte. Und er fügte hinzu (verblüffend!), das erinnere in mehr als einer Hinsicht «an die Überlegenheit der deutschen Wehrmacht in den ersten Jahren des Großen Krieges». Aber er kam zurück zur Gegenwart: Nach fünfeinhalb Jahren beweise der zähe Widerstand der Wehrmacht (mindestens) die «große moralische Stärke» von Hitlers Führung. Er warnte vor der «Ruhe eines Kirchhofs».

Wie hier über Literatur geredet wird, langweilt mich schon lange, aber jetzt könnte ich vor Wut explodieren. Dass die Kommerzialisierung und Vulgarisierung des intellektuellen Lebens vollständig und erschreckend sein könnte, wird mit keinem Wort, keiner Andeutung erwähnt. Der Schriftsteller ist der Mann, der etwas verkauft (an Hochglanzmagazine oder Hollywood), über den man klatscht, der Erfolg hat … Mir wird schlecht, wenn ich höre, mit wie viel naiver Ehrfurcht ein «Name» bedacht wird, wie viel sehnsüchtige, neidische Hochachtung für seinen Ruhm und seine Preise mitschwingt. Gab es nicht irgendwann einmal in Amerika eine Zeit, da Literatur mit Geist zu tun hatte, da ein Schriftsteller, bestärkt wie inspiriert von der Kenntnis einer Tradition und angetrieben von der Hoffnung auf seine prophetische Kraft, ein großes persönliches Ideal verfolgte? So vieles ist vorbei. Werden uns endlich die Augen für die große Verarmung unserer Welt geöffnet, dann wird die Trauer um den Tod des Fühlens und den Tod des Denkens kein Ende nehmen. Man hat uns unsere wichtigsten Leistungen genommen und nicht einmal so viel gelassen, dass wir uns noch erinnern oder wahrnehmen könnten, was wir verloren haben.

Auch lebendige Gespräche sind unmöglich geworden. Die Unterhaltung ist schwammig, lahm, leblos. Keine Bemerkung, die nicht trivial und zugleich falsch wäre (weil sie immer arrogant, unkritisch oder klischeehaft ist). Als ich nur nebenbei zu bedenken gab, dass eine «Generation» nicht mehr so wie früher mit Zahlen zu erfassen ist (drei, fünf oder acht Jahre), sondern jetzt vielleicht allein durch die Altersgrenze der weltweiten Wehrpflicht bestimmt wird, fanden die anderen das verwirrend und albern. Ich wollte damit sagen, dass eine «Generationserfahrung» jetzt vollständig vom Ton des Krieges beherrscht wird, der jüngere und ältere Männer in gleicher Weise trifft. Ob einer zehn Jahre früher oder später auf dem College gewesen war oder dass die Wirtschaftskrise für so viele «zu früh» gekommen war, spielte kaum eine Rolle. Der Krieg war es, der die Lebensläufe aller Menschen vereinnahmte. Die Tragödie trifft eine vielköpfige internationale Generation. Aber offenbar machte ich mich mit dem Ganzen zum Clown. Und noch ärgerlicher war für mich in meinem Gedankenspiel – wir hatten über Schlager geredet –, dass einem Menschen, der die Spanne zwischen Langeweile und Qual ausnutzen konnte, ein Vermögen zufiele. Wenn ein Song zum ersten Mal gespielt wird, hat niemand Interesse daran. Wenn er zum tausendsten

Mal wiederholt wird (die Musikindustrie funktioniert jetzt wie geschmiert), ist er nichts Zufälliges, Unbemerktes in unserem Leben mehr, denn er erzeugt entschieden Langeweile. Im Radio läuft der Song ständig, keine Band kommt daran vorbei, jeder summt, singt oder pfeift ihn. Der Text wird uns im Mund zu Brei, und die Melodie übertönt alle Erinnerung an musikalische Motive in unserem Kopf. Bald wird die Langeweile quälend, und der Schlager verschwindet allmählich. Aber bis dahin: was für eine glänzende Karriere! Ich insistierte: Wer einen Standort zwischen Langeweile und Qual findet, kann die Welt bewegen! Quatsch, sagten die anderen. Was zum Teufel mein Gerede eigentlich solle? Ich bin nicht übermäßig gekränkt, aber es ist deprimierend, und ich werde immer einsamer, hätte so gern einen Freund. Wenn ich nicht bald eine Gelegenheit finde, die alten Fragen nach dem Denken oder dem Geistigen wieder aufzunehmen, dann breche ich zusammen, fürchte ich, oder verliere mich zumindest in einem ruinösen gewohnheitsmäßigen Stumpfsinn.

SONNTAG/MONTAG, 25./26. MÄRZ 1945

Neue Nachrichten und Erwartungen haben die Atmosphäre elektrisch geladen. Das örtliche Geheimnis hat sich aufgeklärt: Die Plünderung geht auf das Konto der 12. Panzerdivision; die war vor kurzem hier eingefallen, hatte am Rheinübergang durchgedreht, Scharen von Gefangenen gemacht, unter denen angeblich auch SS-Elemente sind, woraufhin hier alle die Brauen hochziehen. Aber dem Vormarsch scheint nichts im Wege zu stehen, und die Straßen werden von einer vorwärtsdrängenden Armee zerwühlt. Männer, die schwarz vor Dreck und Staub von der Front zurückkommen, erzählen Geschichten von den unglaublichen Fahrzeugkolonnen, die sich in Richtung Rhein bewegen. Die Dritte sammelte sich laut Sutton ein paar tausend Meter westlich vom Rhein, und niemand zweifelte, dass es jetzt so weit war. Während er hier saß, platzte jemand herein. «Wir haben ein paar DUKW-Kompanien für euch», sagte er dem Bataillonskommandeur. «Scheißkerl …», sagte der. Es war so weit. Und als Wgtmn. am Nachmittag wieder aus dem Krankenhaus anrief, munkelte er: «Ihr wisst ja, dass wir heute Nacht rübergehen …» «Sch, sch!», wurde er wütend gemahnt. «Ach du lieber Gott, das weiß doch jeder!» Seit den Stellungen am Westwall hatten die Deutschen nichts mehr zu bieten. Sie ergeben sich zu Hunderten und marschieren praktisch ohne Bewachung zu den Sammelplätzen. Division, Corps, Regimentsgefechtsstände packen schon für die nächste Truppenbewegung, bevor sie sich irgendwo niederlassen. Einer der Funker, die letzte Nacht «Zuflucht» im Dorf gesucht hatten, erzählte, dass er am Abend noch wie der Blitz um Häuser und Straßenecken gefegt sei, um vor den Augen von Heckenschützen Leitungen zu legen. Und am nächsten Morgen habe er sich bei der Etappe wiedergefunden. Geschütze wurden in Stellung gebracht, feuerten ein paar Schüsse und rückten wieder ab. Doch das Land war immer noch verödet und übersät mit den Trümmern zerstörter Städte. Und was noch stand, wurde am Ende auch in Schutt und Asche gelegt. In einem Ort voller Ruinen war nur die Kirche stehengeblieben, und ein Long Tom machte sie dem Erdboden gleich. «Komisch», sagte der Leutnant, «wie wir immer über die Nazis geredet haben, die Kirchen zerbombten … Na ja, im Krieg muss man wohl tun, was nötig ist, und manchmal nach allen Regeln der Kunst. Aber dass das gut und sauber ist, können wir nicht immer sagen …» Die Kirche habe für sich und isoliert gestanden und keine militärische Funktion gehabt, keine Artilleriebeobachter, keine Scharfschützen beherbergt. Aber zerbombt wurde sie trotzdem, zerbröselt über den anderen Trümmern. Ich weiß, dass dies eines Tages viele «überraschen» wird. Aber selbst Schock, Bestürzung, Verwirrung sind zu milde. Wgtmn. springt wieder in Nancy herum, ist aus dem Krankenhaus geflüchtet, weil er unbedingt «ein paar Sachen, von denen ich gehört habe», klären wollte. Ich versuchte, ihn nach einigen Dingen zu fragen, vor allem, ob sie verwundete Kriegsgefangene erschossen hatten. «Klar», sagte er, «natürlich haben wir die erschossen. Verdammt, wir waren nur zwanzig Mann im Zug. Konnten keine Umstände wegen Scheißkrauts machen. Überhaupt, was wir immer über die Indianer gesagt haben, passt auch auf diese Hurensöhne: Nur ein toter Deutscher ist ein guter Deutscher.» Und das sei nicht nur nötig und richtig gewesen, sondern auch ein großer Spaß. «Scheiße», redete er weiter, «wenn so ein Kerl nicht auf unsere Fragen antwortete, haben wir ihn umgelegt. Du hast ihm deine Scheißpistole auf die Brust gesetzt, musst nur noch abdrücken. Und dann kannst du zusehen, wie er zerplatzt, hustet und torkelt, die Hände hochwirft. Nicht übel!» Nota bene: Der Hauptmann ist ein netter Kerl, sympathisch, direkt, unkompliziert. Das Porträt des Barbaren als großartiger junger Amerikaner. Und im Krieg hält er sich an alle Spielregeln, fragt nicht, widerspricht nie. Er bedauert nur eins: «Mist! Als die Krauts mich am Westwall erwischten, wollte ich gerade abspringen und eine ganze Stadt im Alleingang nehmen. Dafür wäre vielleicht ein Silver Star fällig gewesen, weißt du. Aber die müssen gewusst haben, dass ich komme …» Das Sperrfeuer setzte ein, und Wgtmn. suchte in einem Hauseingang Deckung. Die oberen Stockwerke und das Dach fingen das Granatfeuer ab, und ihn trafen nur Splitter. Trotzdem, ein paar Zentimeter nach links oder rechts, und er hätte als toter Mann in dem zertrümmerten Hauseingang gelegen, gestorben in einem fremden Haus in einer namenlosen Stadt. Aber das ist nicht die wahre Gestalt der Tragödie. Das Geheimnis des Todes im Krieg interessiert niemanden, so stupide oder grauenvoll es auch sein mag. Zu sterben ist einfach «Pech», eine unpraktische, unbequeme Angelegenheit, denn wie jeder weiß, ist danach Schluss mit Orden und Mädchen, man hat nicht mal mehr Gelegenheit, das Haus nach Andenken zu durchstöbern. Wenn das Leben, die Liebe, die Geschichte und die Menschheit gedanken- und seelenlos hingenommen werden, kann auch der Tod ohne Neugier und Pathos akzeptiert werden. Nur ein Unfall, kein Grund für Kopfzerbrechen …

Reiter, schau kalt,
auf Leben, auf Tod,
mach hier nicht halt.

DIENSTAG, 27. MÄRZ 1945

Gestern Abend war Jeanne sehr hübsch und sehr lustig; ein wenig sanfter Druck, leise romantische Zwischentöne, und sie erzählte weiter von der «Bürde des Krieges». Wieder saßen wir lange zusammen, weit über die Stunden hinaus, die sie sonst streng begrenzt, weil es sich so gehöre.

Was ich kürzlich vom ersten Abend mit Jeanne erzählt habe, war in einigen Details etwas irreführend. Als Jeanne endlich zu Hause eintraf, hatte Lunéville seinen «Tag der Befreiung» schon erlebt. Die Geschichte sei damit zu Ende, nahm ich an, und vielleicht verstand ich deshalb nicht recht, warum Jeanne so voller Bitterkeit und Verachtung war. Aber sie war erst ein paar Stunden zu Hause gewesen, und schon kam die Polizei und führte sie ab. Die FFI ließ «Kollaborateure» verhaften, und die Gefängniszellen waren überfüllt. Sie blieb ungefähr eine

Woche eingesperrt. Sie schwieg und weigerte sich zu essen. Tag für Tag wurde sie geschlagen – von «stumpfsinnigen, brutalen Sechzehn- oder Siebzehnjährigen» –, und dann schnitt man ihr die Haare ab. Plötzlich ging es mir auf: Natürlich. Man hatte sie kahl geschoren! Deshalb hatte sie ihre alten Fotos verbrannt, und ihre schönen goldenen Locken gab es nur noch als Erinnerung. Die Scham quälte sie immer noch. Vor lauter Rührung und Verwirrung fing ich an zu lachen. Sie war gekränkt: Das sei nicht komisch, und ich dürfe mich nicht über sie lustig machen. Ich entschuldigte mich, unglücklich, weil dieses Lachen aus purer Hilflosigkeit meine Gefühle so falsch wiedergab. Ich strich ihr leicht, tastend, liebevoll über das gestutzte Haar, das mir im Kerzenlicht ihres Zimmers so schön und reizend erschien. Sie lächelte, ich küsste sie, und alles war gut, kein Missverständnis mehr. Die Kerle waren immer wiedergekommen, stießen sie herum, schlugen sie, und da sie weder weinte noch vor Schmerz aufschrie, schlugen sie heftiger zu. «Ich wollte auf keinen Fall weinen. Die waren keine Tränen wert, das sagte ich ihnen auch ...» Sie war Französin, und es wäre eine Ironie des Schicksals, wenn sie jetzt, nach all den Jahren unter der Gestapo, von Franzosen umgebracht würde. In ihrer Gefängniszelle saß auch eine alte Freundin, die in der Besatzungszeit vier Jahre lang wichtigste Verbindungsagentin der Alliierten zum Geheimdienst im Untergrund gewesen war. Auch sie war wegen «Kollaboration» verhaftet worden. Man wusste, dass Jeanne in einem Hauptquartier der Wehrmacht gearbeitet hatte, also lag die Anschuldigung nahe. Die alte Frau (die im Gefängnis blieb, bis die Bestätigung ihrer Agentenarbeit aus Londoner geheimen Quellen eintraf) hatte ein großes Haus in einem Vorort und lud die deutschen Besatzer regelmäßig ein. Das war Grund genug für die Anklage. Sie wurde nach fast zwei Monaten freigelassen, das war alles, was Jeanne mir von ihrer Geschichte erzählen konnte. Jeanne wurde nach drei Tagen in «Einzelhaft» verlegt. «Wenn Sie unschuldig sind, wer sind dann die Verräter?», wurde sie gefragt. Sie legten ihr Namen vor, von denen sie viele kannte; sie wusste, dass es deutsche Spione oder wenigstens Freunde des Reichs gewesen waren. Aber sie sagte nichts. «Wer waren diese Leute, dass sie sich selbst als Rechtshüter und Polizei einsetzten? Dass sie Massenverhaftungen vornahmen und ihre eigenen Nazi-Folterkammern einrichteten? Mit den Feinden Frankreichs werden wir abrechnen, sobald die Gerichte wieder arbeiten und richtige Verhandlungen stattfinden können. Diesen selbsternannten Tribunen hatte ich nichts mitzuteilen! Mein Gott, was wird aus uns, wenn ich das Leben anderer Menschen mit ein, zwei Worten verramsche, nur um mein eigenes zu retten?» Am Ende der Woche kam es zu internen Kontrollmaßnahmen in der Résistance. Die FFI fing an, ihre eigenen Leute zu disziplinieren, und als ein alter Partisanenführer, ein Hauptmann, aus der Region auftauchte, wurde Jeanne «identifiziert» und freigelassen.

Das arme Mädchen zerbrach fast an dieser Erfahrung, und wochen- oder monatelang konnte nichts es aus seiner trostlosen Verbitterung befreien. Die Mutter weinte, wenn sie den kahl geschorenen Kopf sah, und der Vater brüllte, rasend vor Zorn: «Was haben sie meiner Kleinen angetan!» Jeanne erholte sich und mied noch mehr als sonst jeden Kontakt. Auf der Straße sieht sie noch immer die selbsternannten Polizisten, die sie misshandelt haben, die Männer und Frauen, deren böswillige Worte sie zur Verräterin gestempelt hatten, und so viele andere «brave Bürger der Gemeinde», die mit der deutschen Besatzung zusammengearbeitet und von ihr profitiert hatten und deren Töchter mit den Nazis geschlafen und gefeiert hatten. «Noch kann ich nichts sagen oder tun. Ich fürchte, wenn ein

Teil der Truppen zurückkehrt und die Armee der Kriegsgefangenen heimkommt, gibt es eine blutige Abrechnung. Das werden wieder furchtbare Tage. Aber dann werde ich meinen Namen reinwaschen. Dann erzähle ich meine Geschichte, und danach gehe ich weg aus diesem *bösen* Ort. Nein, ich bin Französin, aber dies hier sind nicht meine Landsleute. Die haben kein Herz und keinen Geist. Die verstehen es nicht, glücklich oder stark zu sein. Nicht einmal dankbar können sie sein.» Sie blickte traurig auf. Man hatte ihr sogar schon gedroht, sie wieder kahl zu scheren, weil sie sich den Amerikanern anschloss! Ein verbitterter, verkrampfter Patriotismus, aber ein Anzeichen dafür, dass der gequälte Nationalgeist bis zur Explosionsgefahr verunsichert und aufgewühlt war. «Und was kann ich jetzt tun, wo soll ich denn hin? Nach Amerika? So weit weg und so fremd. Nach Paris? Ohne Freunde und ganz allein? Allein werde ich ohnehin bald sein. Meine Mutter und mein Vater leben nicht mehr lange. Sie sind in diesen letzten Jahren so gealtert! Sie waren ja praktisch auch geächtet. Wir waren Elsässer, also Ausländer. Und wir gingen keine Kompromisse ein, das machte uns noch fremder. Die kleinen Dinge, auf die wir verzichteten, weil wir das, was die Leute für ‹lebensnotwendig› hielten, *falsch* fanden. Die Deutschen verteilten Bier, so viel man trinken konnte, und verlangten dafür Kupfer. Also fanden Kerzenleuchter, Aschenbecher, alle möglichen Gefäße den Weg zu den Materialvorräten der Nazis, und das Elsass hatte wieder was zu trinken. Alle außer meiner Mutter. Mein Vater hatte großen Durst, musst du wissen. Aber sie hätte keinen Splitter Metall abgeliefert, auch wenn ihm die Zunge vor Trockenheit aus dem Mund gehangen hätte. Ach, was gewesen ist, ist vorbei. Ich kann mich nicht wieder in Depression fallen lassen, das kann ich mir nicht leisten. Ich hatte immer Pech, und vielleicht ist meine eigene Dummheit mit schuld. Man hat so seine Vorstellung von Würde und davon, wie man leben muss, was richtig ist. Und dann komme, was da mag, das ist dein Schicksal. Ich musste sein, wie ich war, und tun, was ich tat. Und so ging meine Ehe in die Brüche, und der Krieg, mit dem so viele zu leben lernten, wurde für mich eine *ewige Hölle* … Von jetzt an werde ich wahrscheinlich allein sein. Und so will ich es auch, denn nichts sonst kann mich vor der Gemeinheit und Bösartigkeit bewahren. Der Hauptmann hat mir regelmäßig Arbeit angeboten. Aber nein. Er wundert sich, dass ich als Wäscherin ‹glücklich› oder ‹zufrieden› sein kann. Das bin ich nicht! Aber es macht mich unabhängig und frei. Ich kann mit Stolz durch die Straßen gehen. Sollen sie doch sagen, was sie wollen. Die sind nicht meine Leute …»

Die lange Geschichte dieser Nacht brachte mich oft zum Weinen. Ich glaube, sie verstand, warum. Ich kam nicht gegen meine Tränen an. Was sie erzählte, mit subtilen Untertönen und großem Nachdruck, war schrecklich und schön. Sie war eine feine, eine außergewöhnliche Frau. Ich betrachtete die kurzen Haarbüschel, in denen sich wieder die ersten blonden Locken zeigten, die blauen Augen, deren Ausdruck so quecksilbrig von Heiterkeit zu Trauer und Zorn wechseln konnte, ihren zierlichen schlanken Körper, der keinen Augenblick ohne Bewegung war. Bei all ihrer nervösen Intensität und Energie hatte sie es doch zu einer gewissen geistigen Gelassenheit gebracht. Ich kenne Frankreich nicht, und ich kenne den Krieg nicht. «Die Leute» sind mir noch fremd, und Tod und Leid bleiben für mich nur intellektuelle, wenn auch bewegende Abstraktionen. Aber hier war eine Seele, die den gesellschaftlichen oder kulturellen Verfall überstanden hatte. Und die wirkliche Tragödie war, dass diese Frau mit ihrer Liebe und Würde und ihrem Verständnis, für die unsere Welt keine Verwendung hat, allein und verloren blieb. So viel konnte ich mit meinen tränenblinden Augen immerhin sehen, und so viel habe ich gelernt, das kann ich am Ende sagen.

DIENSTAGABEND, 27. MÄRZ 1945

Als ich heute am Abend nach Hause kam, saß die Familie beim Essen. Wieder ein kümmerliches Mahl, leicht aufgebessert mit meinen kleinen Mengen Bier, Zigaretten und Süßigkeiten aus der C-Ration. Wie gewöhnlich tauschten wir Neuigkeiten vom Tage aus, ich erzählte meine Geschichten vom Papierkram in der Kaserne, die ihnen inzwischen vertraut waren, und sie gaben alltägliche Details der «Befreiung» zum Besten. An diesem Morgen war der Vorratsspeicher der Stadt abgebrannt, und der arme alte Mann bewacht jetzt nur noch Asche. Aber er ging pünktlich um acht Uhr zur ersten Runde seiner Nachtwache, und wir scherzten zum Abschied. Wenn auch sein Bett und seine Kleider und sein kleiner Aufenthaltsraum verbrannt seien, habe doch auch die Rattenplage ein Ende, und seine gute *«amerikanische Schokolade»* würde nicht mehr hinter seinem Rücken geplündert. Madame Wernert teilte ihm noch ein Stück Hershey-Schokolade zu und ermahnte ihn wie immer streng, unbedingt sparsam damit umzugehen, sie sei unbezahlbar! Er lachte mich an, zuckte die Achseln (Ach, diese Frauen!) und ging ...

Ich kündigte an: Dies ist mein letzter Abend, morgen früh zieht die ganze Armee weiter. Wir waren alle ein wenig traurig, aber dann musste eifrig gepackt werden. Ich durfte keinen Finger rühren. Zuerst wurden alle meine Hosen gebügelt und fein säuberlich zusammengelegt. Dann meine Schlafanzüge gewaschen; am Morgen wären sie trocken und sauber, wurde mir versprochen. Dann Socken und Unterwäsche eingesammelt und in der Segeltuchtasche verstaut. So machten sie aus der traurigen Abschiedsstimmung etwas Warmherziges, Freundliches. Schließlich war alles geschafft, und nun blieb nur noch das Bett. Wir saßen am Tisch, zündeten die Kerzen an, weil der Strom kam und ging. Ich fluchte vor mich hin, als das Radio mitten in einem Satz von Beethovens sechster Sinfonie den Geist aufgab. Was für ein Luxus sogar die schlichte Wiedergabe einer Sinfonie im Radio geworden war! Wie immer um die gleiche Zeit machte Jeanne Anstalten zu gehen. Neun Uhr, und sie sei müde. Sie machte sich an ihrem Mantel zu schaffen, und ich griff beiläufig nach meiner Jacke. Sie stand auf und setzte sich wieder. Ich nahm meine Pfeife und steckte die Streichhölzer in die Tasche. Sie murmelte ein paarmal: «Ach ja, na ja», und ich sagte: «Warte eine Minute», und griff nach meiner Taschenlampe. Ich würde sie nach Hause bringen. Wir gingen die dunkle Straße entlang, überquerten sie an der Ecke (wo meine Rue Castara zu ihrer Rue de la République wird) und kamen zum Haus. Sie schloss schnell auf, und wir gingen durch die Diele. Ich hatte mich letzte Woche ungeschickt und verlegen von ihr verabschiedet, hatte sie geküsst, war aber unsicher gewesen, ob ich mit ihr schlafen sollte, hatte gezaudert und gestottert, ihr dann die Hand geschüttelt und gute Nacht gesagt. Heute würde sie mir vielleicht oben in ihrer Wohnung noch einen Kaffee kochen, und wir könnten uns weiter unterhalten. Aber nichts lief nach Plan. Sie schaltete den Herd an, und ich schaltete ihn wieder aus. Sie wollte Tassen holen und drehte sich weg, ich zog sie wieder zu mir heran, küsste sie und ließ sie los. Sie küsste mich, und wir lagen auf dem Sofa. Wir hatten nicht einmal ein Dutzend Worte gewechselt. Jetzt sagte ich, mit Hilflosigkeit und Schüchternheit in der Stimme, die Knöpfe an ihrer Bluse seien «très compliquée», sie sah mich süß und schmollend und leicht ungläubig an, half mir dann aber. Darauf sagte ich, wieder in einem hilflosen und leicht verzweifelten Ton, das Sofa sei schmal, unbequem, unmöglich! Wir löschten die Lampen und gingen ins Schlafzimmer. Wir zogen uns aus, küssten einander in den heikelsten Momenten. Das Bett war groß und weich und die Laken sehr weiß und frisch. Jeanne hielt mich im Arm und küsste mich und berührte mich und begann zu flüstern.

Ich wusste, was passiert war. Wir hatten uns lieb gewonnen, aber beide Skrupel gehabt, aus Achtung füreinander. Ich wollte nicht ganz lässig und selbstverständlich etwas mit ihr anfangen, so wie ein Amerikaner sich eben in einem kleinen französischen Ort eine nette Affäre gönnt. Und sie würde sich nie ein sinnloses Intermezzo erlauben, das nur ein Bedürfnis befriedigte, sonst nichts. Wir hatten uns beide geirrt, und jetzt war es fast zu spät. Dies würde unsere erste und letzte Nacht sein. Sie umschloss mein Gesicht mit ihren Händen und weinte ein wenig. Sie sei dumm und immer schon dumm gewesen. Ihr ganzes Leben sei aus Dummheit geschneidert. Immer habe sie die richtige Gelegenheit verpasst, immer zu spät versucht, sich ein wenig Glück zu sichern. Es tue ihr so leid, sie sei unglücklich, sie würde sich nie verzeihen. Ich streichelte sie und verstrubbelte ihr die Haare und küsste sie, damit sie mit den Selbstanklagen aufhörte. Sie hielt mich umklammert, wir liebten uns und schliefen ein, einander sanft haltend, wachten auf, lächelten einander an und brachten uns wieder gegenseitig aus der Fassung. Bevor ich in der Frühe gehen musste, küsste ich sie hundertmal. Als ich ihr zum Abschied winkte, lag sie noch hingegossen unter der Bettdecke. Ja, ich würde ihr schreiben, ich würde es nicht vergessen, ja, vielleicht, ganz bestimmt, könnten wir uns in Nancy oder Paris treffen oder nach dem Krieg. Nein, ich würde sie nicht vergessen, nein, ich dachte nicht schlecht von ihr, du dummes kleines wunderbares kleines Ding. Ich ging noch einmal zurück und küsste sie auf Nase, Augen, Lippen und Haar. Sie strich sich mit der Hand über die Stirn, wie um Locken zu bändigen, die ihr übers Gesicht fallen wollten, aber da waren nur kurze Kringel. Ich winkte ihr noch einmal von der Tür aus, mein Arm fühlte sich schwer und ungeschlacht an, und ich ging. Das Frühstück hatte ich schon verpasst und kam zu spät zum Konvoi. Ich sagte mir immer wieder ihren Namen vor, Jeanne, Jeanne, Jeanne, und dachte daran, wie schön es hätte sein können, wie schön es gewesen war. Ich war glücklich, aber irgendwie auch ein wenig krank vor Traurigkeit und aufsteigender Sehnsucht.

DONNERSTAG, 29. MÄRZ 1945

Die gesamte Armee ist jetzt in Deutschland. Die «Vorhut» marschierte Anfang der Woche nach Sarreguemines, setzte sich dann noch einmal in Bewegung, um zu den Divisionen aufzuschließen, die im Eilmarsch über den Rhein gingen. Die «Nachhut» ist jetzt in Kaiserslautern, stationiert in einer deutschen Kaserne, das Gepäck griffbereit am Ausgang für die nächste Verlagerung.

«Germany Straight Ahead», lasen wir auf dem Weg nach Sarreguemines und zum Saarbecken auf den improvisierten Wegweisern, die GIs an der Straße aufgestellt haben. Die Offensive hatte schwere Verwüstungen angerichtet, als sie dieses Gebiet vor kaum zwei Wochen überrollte. Trotzdem kamen die Einwohner schon zurück und versuchten, in den Trümmern ihre Gemeinden wieder aufzubauen. Rund um die aufgehäuften Munitionsreste und auf den tief eingeschnittenen Spuren der schweren Panzer, die den Erdboden aufgerissen hatten, arbeiteten Bauern mit Hacken in ihren Feldern. Kleine Relikte erzählten vielsagende Geschichten. *«Gasthaus zur*

Post» an der zertrümmerten Fassade eines Cafés. An Mauerresten *«Feind hört mit»*, einst eine Mahnung, in der Öffentlichkeit die Zunge zu hüten. Und dann im Zentrum der gerade befreiten französischen Städte nicht mehr die schlichten Spruchbänder mit «On Les Aura», die wir in Lothringen und im Elsass gesehen hatten. Jetzt wurde der alte Schlachtruf auf großen, aufwendig und professionell gestalteten Plakaten in leuchtenden Farben kunstvoll orchestriert. Die Lastwagen rauschten im Eiltempo durch die Orte. Immer noch kamen Kinder und winkten dem vorbeifahrenden Konvoi zu, aber wir gingen nicht auf sie ein. Waren wir noch in Frankreich? War dies nicht schon deutsches Territorium? Niemand wollte eine Geste wagen, die als Fraternisierung ausgelegt werden konnte, und die neue Kälte war etwas verwirrend. Vor Fenstern und Haustüren waren Sandsäcke aufgestapelt, ein paar Fragmente der Stadt dadurch erhalten geblieben. In den Vororten waren zwischen zersplitterten Hausbalken gleich neben Unterständen und Schützengräben Leinen mit sauberer Wäsche gespannt. Eine Stadt nach der anderen nur Schutt und Asche! Und am meisten fürchtete ich, dass der Anblick für uns «monoton» würde. Was, wenn wir stumpf und gleichgültig würden und uns an dieses «wüste Land» gewöhnten? Ich malte mir aus, dass keine zwei Häuser genau den gleichen Schaden genommen hätten und dass jedes auf seine ganz eigene Art in Trümmern lag. Vielleicht hatte jeder Herd seinen eigenen Tod. Auf diese Weise blieb womöglich die Sensibilität für die Tragödie erhalten, auch wenn das Bild der Zerstörung, der über das ganze verwüstete Land verstreuten Trümmer von Mauern, der zerbrochenen Fenster, geborstenen Fundamente, der Bruchstücke aus Holz und Stein und der zertrampelten Felder kein Ende nahm. Jede Scheune war eine Ruine, jedes Geschäft zerstört, nur ab und an stand noch eine Kirche. Nach jedem

Dorf hoffte man: Vielleicht ist der Widerstand jetzt aufgegeben worden und wenigstens etwas erhalten geblieben. Aber nein! Der nächste Ort war noch schlimmer zugerichtet. In Wittersheim brach die Sonne durch die graue Wolkendecke und hob die Erbarmungslosigkeit der Kriegswut scharf hervor: Hier war noch mehr davon! «Nach Homburg» stand auf den Wegweisern. Wir verließen die Hügel, und in einem Tal in der Ferne schien ein ganzes Dorf heil geblieben zu sein. Im Licht der Sonnenstrahlen (und ein Tal ruft leicht ungezügelte Sentimentalität hervor) sah Blieskastel schön aus. Als wir durch den Ort fuhren, stellten wir jedoch fest, dass nichts verschont geblieben war. Das Gefecht hatte nur in verworrenen Schießereien aus dem Hinterhalt von Haus zu Haus bestanden, Artillerie und Granatwerfer konnten kaum eingesetzt werden. So wirkten die roten Dächer aus der Ferne unbeschädigt, aber kein einziges Fenster und keine Mauer war wirklich intakt. Der Krieg gestattete nicht einmal der Natur, über die Wirklichkeit all der Horrorszenen hinwegzutäuschen. Zwei Straßen in Blieskastel waren verschwunden: der Platz der Deutschen Front und die Bismarckstraße, beide *kaputt*. Deutsche Schilder mit Warnungen vor Luftangriffen waren noch überall. Auch viele *«Strengstens verboten»*. Es geht immer weiter. Ein Fluss, und die Brücke gesprengt. Eine Stadt, und überall zerbombte Plätze. Wieder auf dem Land, und aufgewühlte Felder, plattgewalzte Scheunen und Bauernhäuser, starre tote Pferde. Ein kleines Dorf, und – Wunder über Wunder – es ist unzerstört. Wir fahren durch die einzige Straße: Schillerstraße! Vielleicht ein subtiles, geheimnisvolles Lob der Kultur. Der Westwall lag hinter uns, aber den genauen Grenzverlauf habe ich mir nie einprägen können. Offene Lastwagen mit Gefangenen in ihren grünen Wehrmachtsuniformen rollten vorbei, und vielleicht würden sie die Grenze finden: Für sie hatte sie wohl mehr Bedeutung. Menschen säumten die Straßenkreuzungen, um einen Blick auf die ankommenden amerikanischen und abfahrenden deutschen Konvois zu werfen. In einem Dorf winkte eine Frau zum Abschied einem vollbeladenen Wagen mit Deutschen auf dem hastigen Rückweg nach Frankreich.

Hetzerische Schilder und Botschaften auf Steinmauern: «*Volk steht auf!*» Und Gekritzel in weißer Tünche: «Vorwärts, Sklaven Moskaus!» Auf dem Weg nach Kaiserslautern treffen wir auf die erste deutsche Stadt. In allen Straßen hängen weiße Fahnen – Laken und Kopfkissen flattern gespenstisch und unglaublich weiß aus Fenstern und an Fahnenmasten! Der Bahnbetriebshof in Trümmern und dahinter eine kilometerlange Ansammlung von Güterwagen und Lokomotiven. Das war offenbar der Bahnfriedhof. Am Ende ein riesiger Berg Kohlen. Und längs der Straße fünf Minuten lang nur Männer, Frauen und Kinder, die eilig ihre Leiterwagen zur Fundstelle zerrten, um Brennstoff zu holen. Vorgartenszene: Vor einem Haus sitzt ein deutscher Soldat, Kopf und Arme dick mit weißen Verbänden umwickelt, friedlich auf einem Stuhl und betrachtet den Verkehr. Merkwürdig. Noch mehr weiße Laken, sie hängen von «Forts» herab, die wie Unterstände auf Stelzen aussehen. Kaiserslautern: zerbombte Industrieanlagen, moderne Wohnblöcke in der Ludendorffstraße dem Erdboden gleichgemacht. Endlich die Caserne, oder jetzt vielmehr *Kaserne*. Wir ziehen in eine ehemalige Dreizimmerwohnung, holen das Kinderbett aus dem Schlafzimmer und werfen ihn aus dem Fenster. Fegen den Dreck weg, samt Bündeln von Ansichtskarten aus Italien und Jugoslawien. Im Hauptquartier räume ich meine Sachen in ein kleines Büro und stöbere ein wenig im Papiermüll, finde drei Bände von Goethes Gesammelten Werken (5, 7 und 10 oder *Dichtung und Wahrheit, Die Leiden des jungen Werthers* und *Gedichte und Theaterstücke*). Wir gehen zum Schlafen in die «Wohnung» zurück. Auf der anderen Straßenseite sind deutsche Familien, eine Gruppe Mütter unterhält sich, aus den Fenstern gelehnt, die Kinder laufen vor den Stufen herum. Wir schauen nur flüchtig zu ihnen hinüber, achten darauf, dass jedes Lächeln und Lachen eindeutig nur an die Unseren gerichtet ist. Erst kürzlich fand man eine Tafel Hershey-Schokolade in der Hand eines kleinen Jungen und drohte mit dem Militärgericht. Wir sind etwas achtsamer mit der Verdunkelung. Ich krieche in meinen Schlafsack auf der Pritsche, und mir steht die kalte Nacht bevor und die alte Unbequemlichkeit nach so vielen wunderbaren Wochen in einem warmen, weichen französischen Bett. Aber dies ist Deutschland, die «heilige Erde», wie heute gewitzelt wurde, oder, laut Mooney: «Was für ein verflucht beschissenes Land!»

Morgens – wieder ein sonnenloser trüber Tag. Die Kuppen der südlich gelegenen Sickinger Höhe sind nebelverhangen. Landstuhl, zwischen Kaiserslautern und Homburg gelegen, wird übrigens «beherrscht» (sagt man mir) von den Ruinen der mittelalterlichen Burg Nanstein. Der Burgherr Franz von Sickingen (ein Freund Luthers und eine Figur in Goethes *Götz von Berlichingen*), wurde dort 1523 getötet, als er die Burg gegen seine «Todfeinde, den Erzbischof von Trier und den Kurfürsten von Hessen», verteidigte. Seine sterblichen Überreste befinden sich in der katholischen Kirche; seine Nachfahren errichteten ihm ein Denkmal. Die große Durchgangsstraße hier wurde unter Napoleon I. gebaut. Kaiserslautern ist eine Industriestadt mit fünfundsechzigtausend Einwohnern. Nach Ludwigshafen die zweitwichtigste Stadt der Pfalz. Sie liegt an der Lauter, daher ihr Name. 1153 ließ Friedrich Barbarossa dort eine «herrliche Burg» als Kaiserpfalz erbauen. 1276 unter Rudolf von Habsburg Reichsstadt. Im Dreißigjährigen Krieg von den Schweden belagert. 1793 wurde Hoche, der Oberkommandierende der französischen Armee an Rhein und Mosel, bei Kaiserslautern von den Preußen und Österreichern unter Führung des Herzogs von Braunschweig besiegt. Drei Wochen später in der Schlacht bei Weißenburg schlug er die Koalitionstruppen vernichtend und drängte sie über den Rhein zurück. 1798 bis 1815 war Kaiserslautern eine französische Stadt, danach Teil Bayerns.

DONNERSTAGABEND, 29. MÄRZ 1945

Nominell sind wir in Deutschland angekommen, aber den ganzen Tag lang behielt die Neugier die Oberhand, und so gut wie keine Arbeit wurde erledigt. Ich kramte weiter im Papiermüll der Kaiserslauterner Kaserne und fand noch zwei Bände Goethe (Gedichte und Dramen), zwei hübsche Porträts, die ich zum allgemeinen Entsetzen in meinem Büro an die Wand nagelte (Bismarck und Friedrich der Große) und ein paar Kleinigkeiten. Jordan traf gestern Abend in einem neuen, in Deutschland gebauten Cabrio ein, das er in einem Nazi-Fuhrpark tiefer im Rheinsektor «beschlagnahmt» hatte. (Er war in die Garage geschlendert, entdeckte ein schnittiges «Auto-Union»-Modell, fingerte an seinem Revolver herum und kommandierte: «Her mit dem Autoschlüssel!» Jemand lief los und kam zurück, das Auto wurde gestartet, und Jordan hatte ein Fahrzeug.) Mooney ging heute Morgen mit ihm, und nach dieser ebenfalls erfolgreichen Expedition hat die Abteilung jetzt auch noch eine Limousine mit Schiebedach. Mooney ist glücklich und schon ganz angetan von diesen großartigen Deutschen. «Mann», erklärte er, «das Dach gleitet zurück wie geschmiert, und wenn die Sonne scheint, gönne ich mir eine Fahrt nur zum Vergnügen … beinah wie zu Hause!» Dann machte er aber einen feinen Unterschied deutlich. «Zu Hause kannst du das Dach natürlich mit einem Knopfdruck versenken, musst nur den Motor anlassen, und auf geht's.» (Aber die Unbequemlichkeit ist nur gering.) Das Fahrzeug war zusammengestoppelt, man hatte auf den Feldern herumliegende Autowracks ausgeschlachtet. Räder von einem zerstörten Auto, die Batterie von einem anderen. Das Chassis dieses Wagens trug einen roten Stern und die Buchstaben USSR; offensichtlich hatten ihn befreite russische Kriegsgefangene benutzt, die in der letzten Woche hier herumgelaufen waren (und sich eine offene Schlacht mit deutschen Gefangenen geliefert hatten, die die ganze Nacht wütete, bis ein paar Kompanien amerikanischer Panzerjäger für Ruhe sorgten).

Ich machte einen kurzen Abstecher in die Stadt und hielt mich ein paar Minuten in der Hindenburgstraße auf, um die Anschläge zu lesen. Gesetz Nr. 1 setzte das Nazirecht außer Kraft. Gesetz Nr. 2 schaffte die Nazigerichte ab. Die Erklärung General Eisenhowers betonte: *«Wir kommen als Eroberer, jedoch nicht als Unterdrücker.»* Gesetz Nr. 5 löste die Nazipartei und etwa zweiundfünfzig militärähnliche Ämter, Organisationen und Verbände des Hitler-Regimes auf – «um der Herrschaft von Gesetzlosigkeit, Terror und Unmenschlichkeit … ein Ende zu bereiten». Andere Verordnungen betrafen Einzelheiten bei der Zuteilung von Milch für Babys, den Wert der Währung (Gesetz Nr. 51), drohten Strafen für Spionage, Überfälle, Plünderung, Raub, Totschlag und alle anderen Sabotageakte gegen die alliierte Besatzung an. Gesetze regelten die Verdunkelung und legten Ausgangssperren in der Stadt fest (erlaubt sieben bis neun Uhr und fünfzehn bis achtzehn Uhr); Bürger, die sich zu anderen Zeiten außerhalb ihrer Wohnungen aufhalten und irgendeinen Versuch machen, sich zu verstecken oder zu fliehen, werden auf der Stelle erschossen. Ich kritzelte ein paar Notizen auf die Rückseite meiner französischen Landkarte, und langsam sammelte sich hinter mir eine Menge von Leuten, als würden sie einem Schaufelbagger bei der Arbeit zuschauen. Mir war ein klein wenig unbehaglich, und in meiner Phantasie spielten sich billige Melodramen aller Arten ab. Halb im Ernst sah ich nach, was hinter mir war (eine riesige Hitlerjugendzentrale, an deren Fenstern GIs lümmelten) und was auf der Straße vor sich ging. Ich entschied, dass es weniger nervenaufreibend wäre, mir all die Einzelheiten über die Regelung der zivilen Angelegenheiten von G-5 direkt zu holen, und zog mich in die Kaserne zurück.

Die wahren Entdeckungen des Tages machten wir jedoch zu Hause. Das Kinderbett interessierte mich wirklich. Hier muss ein Baby gewohnt haben. Aber der Name am Briefkasten und an der Türklingel lautete eindeutig *Fräulein Emma Susanne Sauer*. Wir warfen das Kinderbett hinaus, es war uns im Weg und außerdem besonders hässlich, es bestand aus feinem Maschendraht, als würde die Gefängnissklaverei des Deutschen schon in seinen ersten Lebenstagen anfangen. Heute nahm die Geschichte allmählich Form an, und ich konnte die losen Enden nicht hängen lassen. Einfach in die Wohnung einzuziehen, ohne einen Gedanken auf das zu verwenden, was sich vorher darin abgespielt hatte, das hielt ich für eine Barbarei besonderer Art oder jedenfalls für eine Entfremdung und Kälte, die leicht in Abgestumpftheit und Langeweile umschlagen konnten. Meine romantische Annahme war, dass «unsichtbare Wesen» mit uns hier wohnten und dass wir sie unbedingt identifizieren müssten, um diese Bleibe wirklich in Besitz zu nehmen. Die Kameraden machten sich an die Arbeit. Alle Schubladen, Schränke und Ecken wurden systematisch durchsucht. Und nach und nach tauchten Schriftstücke auf, aus denen die Geschichte des *Fräuleins* deutlich wurde. Dokument A war ein verblüffender Formbrief mit der dringenden Anfrage nach dem Vater des am 5. September 1944 geborenen Harald Sauer. «Child Harald» war ein *uneheliches Kind* (Anmerkung: Die Nazis zogen das stigmatisierende Wort «unehelich» nicht aus dem Verkehr! Milde ausgedrückt, ein ziemliches Armutszeugnis ihrer semantischen Strategie und ein kulturelles Nachhinken des nationalsozialistischen Vokabulars, das Bestand hat), und das *Reichsgesetz für Jugendwohlfahrt* verlangte Angaben über seinen *Erzeuger* und bestimmte Details der Lebensumstände des Säuglings. Das Schriftstück war ein Fragebogen, der offenbar regelmäßig zwecks Aufstellung von Statistiken über die illegitimen Kinder der Neuen Ordnung versandt wurde. Dokument B war eine Bescheinigung, dass der *Mechaniker Otto Theobald* bestätigt hatte, der Vater der am 13. Juli 1938 geborenen Rosemarie Sauer zu sein. Jetzt hatten wir schon zwei Treffer. Was Emma in den langen kalten Jahren zwischen 1938 und 1944 getrieben hatte, war nicht ganz klar. Aber heute am Abend wurde das Dossier noch um mehrere Beweisstücke erweitert. Ein Kaiserslauterner *Gutschein* bescheinigte die Geburt von Friedrich Sauer am 23. Juni 1943, und damit war wieder ein Jahr belegt. Dass Otto noch vorhanden war und vielleicht weiterhin am Illegitimitätsprogramm mitwirkte, ging aus einem Feldpostbrief des Unteroffiziers Theobald an *Emmchen* hervor. Offenkundig war seine wackere stetige Arbeit für das Deutsche Reich nicht ohne Belohnung geblieben. Schließlich erfuhren wir dann auch etwas mehr über unsere Gastgeberin selbst: Ausgerechnet im Eisschrank fanden wir ein altes Abschlusszeugnis. Emma Sauer, geboren am 21. April 1921 in Kaiserslautern, hatte die *Volkshauptschule* acht Jahre lang besucht – mit *lobenswertem Fleiß* und *hervorragendem Betragen* (allerdings!).

AMERICAN RED CROSS

Sonntag,
1 April 1945

Meine teure schone kleine liebe Jeanne:

Es ist nur wenige Tage als ich fortgegangen bin, doch habe ich eine "traurige Alleinheit". Ich möchte dich zu sehen, and zu sprechen, und halten. Glaube mir, ich kann nicht arbeiten -- ich denke an dich der ganzer Tag (und, ich fürchte, die Nacht auch!)

Wir sind nicht sehr weit ins Deutschland. Eine kurze Reise (vier oder fünf Stunde) holt mich zuruck zu Luneville. Es is nicht viel 'kaput' hier, aber es gibt kein lustigheit. Freunde oder Bekannte sind streng verboten -- wir dürfen uns nicht mit dem Einwohnen unterhalten. Niemand darf sich nach Einbruck der Dunkelheit auf der Strassen blicke lassen. Und so weiter. So -- ich wohne allein, und lebe allein. Das ist nicht 'schon', aber so muss es sein.

Vielleicht ich könne bald zurruckkommen -- fur einer Abend, oder eine Nacht, oder ein ganzes Tag (wahrscheinlich zwei)... ...Vielleicht in diese Monat! Ich sitze hier jetzt und spiele mich mit dem Plan and der Hoffnung...und traume weiter... Hast du das gern--mich wiederzusehen? Warst du zufrieden, fröhlich, glucklich die letzte Tage und Nachte?

Nein, liebshen, ich vergesse sie -- nein, dich -- nicht! Due musst mir schreiben, (schreibe langsam und deutlich)... Ich warte in Einsamheit, und mit Lust. Viele Küsse Und Grüssen zu Papa and Mama.....

Motty
Motty.

FORM 539 A

Ihre Leistungen in *Religion, Zeichnen* und *Handarbeit* waren befriedigend, in der *Deutschen Sprache*, in *Geschichte, Naturkunde, Hauswirtschaft, Rechnen* hatte sie die Note *lobenswert.* Aber auffallend war, dass sie im *Singen ungenügend* war – «seit Beethoven hat es in der teutonischen Seele keine rechte Musik mehr gegeben», kommentierte einer der Kameraden – und im *Turnen mangelhaft.* Da ihr der Antrieb für Gesang und Sport fehlte, konnte sie nur mit unaufhörlicher Prostitution Karriere machen, und die faschistische Gesellschaft sorgte dafür, dass ihr Beruf legal und gewinnträchtig wurde. Ganz fasziniert von der Energie unserer «unsichtbaren Mitbewohnerin» konnten wir jetzt unsere Wohnung in Besitz nehmen und mit Leben füllen. Wir verstanden, was es mit dem Kinderbett auf sich hatte. Wir wussten ein wenig über die Wände der Hellingerstraße 110 und das Leben, das sich darin abgespielt hatte. Jetzt starrten wir die Zimmer wundersam aufgeklärt an. Gestern waren wir als müde Soldaten auf unsere Pritschen gesackt. Als wir heute unsere Dokumente zusammenhefteten, konnten wir uns als Invasoren mit Einblick in das Leben historischer Persönlichkeiten zur Ruhe legen. So schaffen wir uns in wilder Phantasie eine Tradition und fabrizieren aus dramatisierten, gefühlsbeladenen Souvenirs «brauchbare Vergangenheiten».

1. APRIL 1945

Mir ist es in diesen Monaten ganz gut ergangen, und wenn ich mich nicht täusche, habe ich wohl ein wenig gelernt und bin auf besondere Weise stärker geworden (war «schwach» zu sein für mich doch schrecklich). Was ich in diesen letzten Wochen habe sehen können, übertrifft die meisten meiner alten albernen romantischen Erwartungen. In ein Feuergefecht bin ich noch nicht geraten (um Haaresbreite), aber all das Beschwerliche, der Dreck, der Durchfall, die Langeweile, Müdigkeit, Frust, Verzweiflung; aber auch: Eitelkeiten, Dummheiten und Grauen (moralisch) – das alles ist es wert gewesen, denn es macht immun gegen den monströsen Schwachsinn über den Krieg, der bald auf der Bühne erscheinen wird …

MONTAG, 2. APRIL 1945

Beim Essen kam die unangenehme Nachricht, dass General Patch sehr verärgert war. Anscheinend hatte er während einer Erkundungsfahrt einen riesigen Konvoi beobachtet, der den Rheinbrückenkopf passieren wollte, aber aufgehalten wurde, weil ein Fahrzeug liegenblieb und der gesamte Verkehr zum Stillstand kam. Der General regte sich auf, wurde wütend und fand heraus, dass das Wrack ein kleines erbeutetes deutsches Auto war. «Schafft das verdammte Ding über die Brücke, und ich will nichts von diesem Zeug mehr in meiner Armee sehen», brüllte er.

Das gefiel uns gar nicht, denn nachdem wir drei Tage lang gebastelt, nach Ersatzteilen gesucht und jedes Vehikel in unserer Reichweite ausgeweidet hatten, verfügten wir endlich über zwei einigermaßen fahrtüchtige DKW-Modelle. Weiter vorne an der Front hatte man natürlich deutsche Autos in viel besserem Zustand requiriert, und ganze Bataillone und Regimenter bewegen sich in Luxuskarossen voran. Das war nicht gerade die beste Kampfformation und ließ auch die Benzinvorräte auf eine Weise schrumpfen, über die G-4 nicht glücklich war. So mussten wir fürchten, dass damit etwas Gutes zu Ende ging, und beschlossen, noch eine letzte Runde mit dem kleinen Duck zu drehen. («Letzte Runde» – das hätte sich fast buchstäblicher bewahrheitet, als wir mit unserem sentimentalen Abschied von der ehemaligen Nazilimousine im Sinn hatten.)

Wir rauschten Richtung Kaiserslautern und kurvten durch die verlassenen Straßen. Die Militärpolizei musterte uns – wir hatten noch keine militärischen Erkennungszeichen auf Dach oder Chassis gemalt –, aber wir fuhren einfach weiter. Hier lagen Fabriken in Schutt und Asche, und herrliche Burgen auf den Hügeln unmittelbar dahinter waren von Druckwellen und Einschlägen auseinandergerissen worden. Eine große Fußgängerbrücke über die städtische *Autobahn* war so verbogen, als hätte ein zerstörungswütiger Riese aus Ärger sein Spielzeug demoliert. Hier lag ein verkohlter rostender Panzerkampfwagen, ein Panther, dessen Kanone noch auf die Straße in Richtung Frankreich zielte – und das sollte dann unser Verderben sein. Wir hielten an und kletterten zwischen den Panzeraufbauten und Ketten herum, fanden aber nichts. Nach ein paar Minuten kehrten wir zum Duck zurück. Aber er war kalt. Wollte nicht starten. Wir schüttelten und schoben und bedrohten ihn. Er rollte die Seitenstraße bergab, aber der Motor war *kaputt*. Gottlieb hatte die Theorie, das sei einfach Fraternisierung: «Sogar die verdammten Nazivehikel halten zusammen, ein *kaputter* Panzer und jetzt ein *kaputtes Auto*.» Das konnten wir nicht so ganz glauben, aber immerhin war es substanzieller als Mooneys Klagen: «Da stimmt was nicht, Leute, ich glaube, da ist was schiefgegangen.» Wir schoben die Karre mit fieberhafter Energie bergauf und bergab, bis wir aus der Stadt heraus waren. Es wurde dunkel, und in den Vororten wanderten ein paar Deutsche von Haus zu Haus. Keiner von uns hatte eine Pistole oder ein Gewehr, und wir wussten, dass es im Ort von SS-Terroristen und Heckenschützen wimmelte. Wir wollten diese Gegend schleunigst hinter uns lassen, ein Mann beobachtete uns, und wir behielten ihn im Auge. In der

Ferne hörten wir gelegentliche Schusswechsel. Ab und zu spuckte unser kleiner Motor, der Auspuff knallte, und wir alle sprangen ein paar Meter. Wir schoben weiter. Rechts von uns plötzlich eine heftige Explosion. Zeitzünder. Wir grinsten uns an und lachten über unsere Nervosität. An einer Kreuzung in der Nähe einer Unterführung machten wir eine kurze Pause. Plötzlich gingen mehrere Rollläden hoch, und Köpfe reckten sich aus den Fenstern. Wir wirbelten herum und schnitten Grimassen. Die Köpfe verschwanden, die Rollläden wurden heruntergelassen. Jetzt bewegten sich die Räder etwas schneller durch die Unterführung. Endlich kam ein Lastwagen vorbei und bot an, uns abzuschleppen. Vollkommen egal, wohin er fuhr, Hauptsache, er verließ die Stadt. So nahmen wir eine schmale kurvenreiche Straße, und nach zwanzig oder dreißig Minuten hielt er an einer Abzweigung. Er biege nun links ab Richtung Mainz, und wir könnten rechts nach Worms. Du lieber Gott! Wie sollten wir von hier wegkommen? Mehrere MPs kamen mit Taschenlampen aus der Dunkelheit, und jetzt ging es uns schon viel besser. Sie hatten M-1-Karabiner und gefüllte Patronengürtel. «Die Schüsse da drüben, das sind die nächtlichen Probleme der Infanterie», erklärten sie. Wir sahen, wie die Leuchtspurraketen in die Finsternis aufstiegen und waren nicht sehr beruhigt. Einer von uns blockierte die Straße, in der Hoffnung, jemanden anzuhalten, der uns anschieben, abschleppen oder mitnehmen würde; die beiden anderen schliefen abwechselnd auf den Sitzen im Duck. Geweckt wurden wir von den knirschenden Bremsen eines Lastwagens, der neben uns hielt. Ob er zum amerikanischen Hauptquartier unterwegs sei? So genau wisse er das nicht, er suche ein Nachrichtenbüro, den Namen habe er sich aber nicht merken können. Aber oho, wir wüssten genau, wo das sei, wir würden ihm einfach den Weg zeigen, er müsse sich gar nicht um Richtung und Route kümmern, das könne er uns überlassen, denn auch wir wollten genau dorthin. Also schleppte er uns wieder bergab, vorbei an denselben zerstörten Bahnbetriebshöfen, beiseitegeräumten Straßensperren und endlich durch Kaiserslautern und in die Hauptstraße. Wir parkten vor dem Hauptquartier, verstauten unser kleines Vehikel im Hof und dankten unserem Lastwagenfahrer überschwänglich. «Und wo wollten Sie nun hin?» (Immer noch in ein besonderes Nachrichtenzentrum.) Mooney sagte: «Na ja, wo genau das ist, wissen wir auch nicht, aber wenn Sie ungefähr in dieser Richtung zurückfahren, finden Sie einen MP. Halten Sie an und fragen Sie ihn. Der hilft Ihnen. Der müsste sich auskennen.» Der Fahrer machte sich ziemlich verdutzt auf den Weg. Wir schalteten den Motor des Duck aus, schlossen die Türen ab und warfen den Schlüssel in die Dunkelheit ungefähr in die Richtung der Sickinger Höhe. Unsere letzte sentimentale Reise war vorbei.

DIENSTAG, 3. APRIL 1945

Angesichts persönlicher Tragödien bin ich immer hilflos! Sah zufällig in der «Paris Tribune» die kurze Anzeige von Sam Sloans Tod. Ich war entsetzt und getroffen und musste weinen. Wann und wie soll ich über diesen großen bitteren Verlust hinwegkommen? Ich habe ihn natürlich nicht lange und nicht wirklich gut gekannt, aber ich erinnere mich an all unsere Begegnungen, an Warmherzigkeit und Zuneigung. Eine Bekanntschaft, die so herzlich ist, kommt selten vor. Er war wirklich ein liebenswürdiger, zugewandter Mensch, und wie Cap hat er mir auf eine ganz besondere Weise sehr viel bedeutet. Er erwartete einiges von mir, setzte Hoffnung auf meine Arbeit, und seine Freundschaft (schon seine Stimme und wie er mich begrüßte) milderte das unsichere, beängstigende Alleinsein, das zu hochfliegenden Träumen führt. Jetzt ist er mit fünfundvierzig Jahren tot. Und ich werde mich wohl noch lange traurig (und in Furcht vor der willkürlichen Endgültigkeit des Schicksals) fragen, was aus mir geworden wäre und was ich hätte schaffen können, wenn –

Heute hat mich alles deprimiert. Mittags wanderte ich durch die Straßen und zwang mich hin und wieder, spielende Kinder und vorbeigehende Männer und Frauen mit abweisenden Blicken zu betrachten. Ich las ein wenig über die Anfangszeit des *Führers* und war mutlos – wie konnten diese vulgären (wenn auch vielleicht brillanten) Gangster an die Macht kommen, sich an der Macht halten und eine so gewaltige, effiziente Maschinerie konstruieren? Und als ich jetzt an dieses verwüstete, verheerte Land dachte, konnte ich kaum fassen, dass der Hitlerismus gescheitert, seine Sache irrsinnig und hoffnungslos ist, dass die gesamte, einst mächtige Naziclique in Vergessenheit geraten wird …

Wenn doch ein neues Deutschland entstehen könnte! Ein wieder von Kultur und Bildung geprägtes Land … Aber das ist eine reichlich schlichte, naive Hoffnung. Heute Abend hörte ich eine Unterhaltung mit an: «Das hättest du sehen sollen, ein hübscher Anblick, diese gottverdammten *Heinis* alle, die Leichen überall verstreut … Dann müssen wir wiederkommen und feststellen, dass immer noch zu viele von ihnen frei rumlaufen.» Mit der Zeit verliert sich die Sensibilität für Fragen der Moral. Die Barbarei geht tief und ist überall, und niemand kann sie mehr wahrnehmen. Was für ein furchtbares, wüstes Land dieser neue Krieg offenbart hat, deutlicher als je zuvor. Und wie wörtlich zu nehmen sind Eliots Verse:

Was sind das für Wurzeln, die krallen,
Was für Äste wachsen aus diesem steinernen Schutt?
Menschensohn, du ahnst es nicht und kannst es nicht wissen,
Du siehst doch nur einen Haufen zerbrochener Bilder,
Wo die Sonne sticht und der tote Baum kein Obdach bietet,
Die Grille keine Hilfe und der trockene Stein kein Wassergeräusch …

Wird jemals wieder eine Zeit für große, aus dem Herzen kommende Hoffnungen anbrechen? Wirkliche Hoffnungen, nicht die starren formalen Konstruktionen, die ein kühl abwägender Verstand aus politischem oder ideologischem Optimismus herleiten kann. Vielmehr eine große Hoffnung, die sich aus freier Leidenschaft speist, aus Tradition und sensibler Intelligenz, aus einer weitgefächerten, ernsthaften, feinfühligen Geistigkeit.

Wir stehen auch nicht mehr auf einer Stufe mit den Märtyrern einer großen revolutionären Sache («Ich konnte mir nicht vorstellen, wie ich euch hätte glücklich machen können», schrieb Babeuf im letzten Brief an seine Familie, «wenn nicht durch das Glück der Gesellschaft. Und so sterbe ich auch für euch …»), sondern mit dem schlichten geradlinigen Sozialreformer, der sein Leben einer bescheidenen kleinen Verbesserung widmet.

Die geistige Verheerung in unserer Zeit des wüsten Landes mag nur eine «Umwertung aller Werte» sein. Simplizität ist zum Tod des Guten geworden, Naivität hoffnungslos. Unsere Subtilität ist jetzt unsere Wunde und unsere Waffe: Unser Leiden kann das rettende Mittel sein. Denn was wir brauchen, ist eine neue, tiefer durchdachte Subtilität. Weder Verzweiflung noch Nostalgie – sondern ein mit Freude diszipliniertes Herz, einen gebildeten, befreiten Geist.

DONNERSTAG, 5. APRIL 1945

Die Lastwagen hatten schon seit dem frühen Morgen auf dem Feld gestanden, aber erst am Nachmittag kam von dem Gelände hinter den Kasernengebäuden ein dumpfes vielstimmiges Brausen, und Männer und Frauen in Massen (eine «bunt zusammengewürfelte Mannschaft», wie es in der offiziellen Klassifikation der Army heißt) strömten zu den Ladeflächen und kletterten hinauf. Selbstgebastelte Trikoloren flatterten und wurden schnell als Standarten an Heckklappen, in der Fahrerkabine oder am Kühler befestigt oder einfach vor aller Augen wild geschwenkt. Manche der Mädchen waren sehr jung, die meisten Männer kaum erwachsen, alle offenbar ehemalige Soldaten. Ihre Kleider hätte man früher als alt und schäbig bezeichnet, aber jetzt sind sie für uns die normale europäische Tracht, die Uniform der Armen. Diese Leute waren Displaced Persons, und jetzt fuhren sie nach Hause. Die Kriegsgefangenen waren vier oder fünf Jahre hier gewesen, die Zwangsarbeiterinnen seit zwei oder drei Jahren. Einer der Männer trug eine große weiße, spitzenbesetzte Frühlingshaube, ein anderer tanzte komisch über die Ladefläche, probierte alle vorhandenen Brillen aus und versuchte verzweifelt, mit seiner Freiheit auch seine Sehfähigkeit wiederzugewinnen. Ich ging aufs Feld hinaus, beobachtete, wie die Letzten verfrachtet wurden, und machte ein paar Fotos. Sie posierten für mich, winkten mir und riefen laut hurra, als die Lastwagen sich endlich in Bewegung setzten – Richtung Frankreich. Wir standen herum, winkten zurück und kamen uns in unserer Zuschauerrolle ziemlich fehl am Platz vor, freuten uns aber mit ihnen und schämten uns nicht. Ein Franzose blieb zurück, und zum Abschied riefen seine Kameraden, erst einzeln und dann im Chor, seinen Namen. Er schien verlegen, wegen der Tränen in seinen Augen und auch weil er solches Aufsehen erregte. Amerikanische Soldaten liefen durcheinander, wir starrten unsicher der Wagenkolonne nach, die jetzt in die Straße nach Kaiserslautern einbog. Wir lächelten halbherzig, als seien wir nicht fähig zu einer angemessenen Empfindung. «Da gehen sie, die armen Schweine», sagt einer. «Tja, nach Hause», antwortete ein anderer mit unvermeidlicher Nostalgie, und dann, als Nachtrag: «Dafür haben wir ja schließlich gekämpft ...» Ein GI winkte immer noch einer Gruppe Mädchen im letzten Lastwagen nach. «Man weiß nie, ob man sie vielleicht in einem Bordell in Marseille oder sonst wo wiedersieht», erklärte er. Ich steckte die Kamera weg und ging über das leere Feld zurück.

APRIL 1945

Freiwilliger Bericht eines deutschen Kriegsgefangenen von einem Heimaturlaub im Dezember 1944:

«Das Haus meiner Mutter war völlig ausgebrannt. Ich fand heraus, dass sie und meine Schwester die Stadt vor drei Tagen verlassen hatten, nachdem sie eine Zeitlang im Keller des bombardierten Hauses gewohnt hatten. Nachbarn erzählten mir, niemand habe sich evakuieren lassen wollen, die Luftangriffe hätten sie in Kauf genommen, aber das Artilleriesperrfeuer sei unerträglich gewesen. Die Leute können ihre Toten nicht begraben. Ich sah ein paar Hände aus einem Kellerfenster herausragen. Darüber hing ein Kranz mit einer Schleife, auf der ‹Zum Andenken an unsere geliebten Eltern› stand ... Mit dem Fahrrad durch Ruinen und über zertrümmerte Straßen. Züge fahren nicht mehr. Meine liebe Frau, die seit sieben Jahren an einer Herzschwäche leidet, ist zu ihrem Bruder nach Neustadt geflüchtet. Ich bin am 5. Dezember abends angekommen und bis zum 11. Dezember geblieben. Dann mit dem Fahrrad über Worms nach Nieder-Modau (bei Darmstadt), um meine Schwester zu besuchen und nachzuforschen, wo meine liebe Mutter war. In Saarbrücken hatte mir niemand, weder Stadt- noch Parteibehörden, Auskunft geben können. Am nächsten Morgen musste ich nach Darmstadt, um beim Ortskommandanten eine Verlängerung meines Urlaubs zu beantragen. Man bewilligte mir zwei Tage zusätzlich. Darmstadt war ein Trümmerhaufen. Ich holte meine Lebensmittelkarten, und gerade, als ich wieder gehen wollte, heulten die Sirenen: Fliegeralarm. Die Bomber waren im Nu über uns und zertrümmerten den Norden der Stadt, der bis jetzt einigermaßen verschont geblieben war. Der Angriff dauerte fünfundvierzig Minuten. Danach war die Stadt ein Flammen- und Rauchmeer …

Später kam ich, auf dem Weg nach Frankfurt, wieder durch Darmstadt. Die große Chemiefabrik Merck war beim Angriff am Morgen völlig zerstört worden. Ungefähr fünfzehn Feuerwehrwagen kämpften gegen die Flammen an. In der Frankfurter Straße waren so viele Bombenkrater, dass ich mein Fahrrad noch dreihundert Meter hinter der Fabrik tragen musste. Viele Häuser in der Umgebung waren zerbombt. ‹Unsere Mauern können brechen, unsere Herzen nicht›, hatte jemand an eine Mauer geschmiert. Eine Frau schob einen Kinderwagen mit ein paar Habseligkeiten und sagte: ‹Das muss einer in der Nacht hingeschmiert haben. Am Tag hätten wir ihn dafür aufgehängt.›

Die Hauptstraßen von Frankfurt, vor allem in der Nachbarschaft des Polizeipräsidiums, waren fast unpassierbar, zu viele Krater und Trümmer. Auch auf der *Reichsautobahn* waren die Bombenkrater nicht zugeschüttet worden. Bahnhöfe mit

Flüchtlingen überfüllt, Kassel war ein Sammelplatz für ausgebombte Familien. Als ich meine Kompanie fand, erfuhr ich, dass nur der Tross und ein paar Verwundete und Kranke zurückgeblieben waren und dass die Einheit sich auf den Transport nach … vorbereitete. Der Wahlspruch des neuen Soldaten nach der letzten Offensive war: ‹Führer befiehl, wir tragen die Folgen› – statt des ursprünglichen Mottos: ‹Führer befiehl. Wir folgen›.»

SAMSTAG, 7. APRIL 1945

Gestern Abend endlich der Ausflug mit dem Jeep nach Landstuhl. Es dämmerte gerade, als wir das Städtchen erreichten und versuchten, einen Blick auf die Burg Nanstein und das Grabmal von Franz von Sickingen zu erhaschen. Ich hielt einen stämmigen, wohlbeleibten Deutschen mittleren Alters an, der gerade auf der Straße war. Er lächelte und sagte, «natürlich» wisse er, wo sie zu finden seien. «Die Burg selbst», fuhr er redselig fort, liege «ganz in der Nähe auf dem Berg», und wir rollten bis zur nächsten Ecke weiter, von wo aus wir den Gipfel sehen konnten. Die roten Steinmauern der Burg standen noch, obwohl sie, wie er erklärte, «nur noch eine Ruine ist. Zerstört in den Kriegen gegen Ludwig XIV., 1689.» Sie blieb die historische Gedenkstätte des «letzten Ritters in Europa», aber die Gemeinde war niemals reich genug, um irgendetwas zu restaurieren oder ein Museum einzurichten: eine interessante Fußnote zum sogenannten deutschen Traditionsbewusstsein. Das Pfarrhaus der katholischen Kirche war geschlossen, aber das *Grabdenkmal* im «auffälligen Renaissancestil» sei «wirklich sehenswert». Der alte Mann redete in einem fort, mit immer freundlicherem Enthusiasmus. Nein, Lehrer sei er nicht, aber er habe die Heimattradition genau studiert und besitze in seiner eigenen Bibliothek eine Sammlung von Büchern zum Thema. «Leider alles auf Deutsch, nichts Englisches dabei.» Das mache nichts, sagte ich und lehnte (ich fürchte, allzu strikt und unfreundlich) sein Angebot ab, mich herumzuführen. Wir fuhren die engen Nebenstraßen bergauf, vorbei an der alten Kirche, entschlossen uns dann aber zur Umkehr. Der Weg hinauf erschien nicht allzu schwer, doch wir wollten ihn lieber ein andermal riskieren. Wir hatten kaum etwas dazugelernt (aber immerhin den kurzen Abschnitt aus Carpenters Reiseführer visuell ergänzt). Und doch war es das Ereignis des Tages – wir hatten eine nationale Sehenswürdigkeit besichtigt und uns mit einem Einheimischen unterhalten (wohlgemerkt, ohne zu fraternisieren!).

Diese Gegend hat anscheinend weniger Kriegsschäden abbekommen als die Frontregionen. Dort war nur ein kleiner Teil der Bevölkerung zurückgeblieben; die Militärregierung beschränkte sich darauf, in den leeren Städten Verordnungen an den wenigen verbliebenen Zivilgebäuden auszuhängen. Probleme gab es kaum. Lebensmittel und Viehfutter wurden ausfindig gemacht; man suchte ein paar Säcke Mehl. Nach etwa einem Tag kamen die Zivilisten aus ihren Kellern und erstecken hervor. In Städten, wo Tausende gelebt hatten, wurden jetzt nur noch rund hundert Menschen entdeckt. In keiner dieser Gegenden des Hinterlandes gibt es offenbar irgendwelche Tendenzen oder Aktivitäten unter den Einheimischen. Einige Agenten der «Unterwelt» (nicht des Untergrunds) sind noch da, und Tag für Tag gibt es kleinere Schießereien. Auch wird weiterhin geplündert. Doch im Großen und Ganzen herrscht Frieden – erst wurde alles verwüstet, und jetzt herrscht Frieden.

Die Straßen selbst sind in passablem Zustand, der Verkehr ist außerordentlich spärlich. Jede Bewegung ist eingefroren, aus naheliegenden Gründen: Verkehrskontrollen und Sicherheitschecks der Geheimdienste. In den Städten wurden Bürgermeister und Sekretärinnen ernannt, auch wurden einige Regierungsfunktionen wiederhergestellt. Soldaten werden einquartiert, Passierscheine kontrolliert (in Frankreich), Kommunikationswege eingerichtet (für offizielle Nachrichten), und man kümmert sich auch um Landwirtschaft, Lebensmittel, Finanzen, Stadtwerke und die öffentliche Gesundheitsfürsorge. Die Moral der französischen Bevölkerung war laut G-5 hoch – und «es gibt keine Anzeichen dafür, dass die Deutschen nicht mit der Militärregierung kooperieren». Das ist der Stand von Mitte März.

Natürlich rücken auch einige Sonderfälle in den Blickpunkt: meistens Jugendkriminalität, Minderjährige verstecken Waffen, machen Falschaussagen, versorgen fliehende Soldaten mit Zivilkleidung. Doch der größte Teil der Verwaltungstätigkeit wird zur Routine. Reichsmark-Bestände werden deklariert, Wechselkurse festgelegt (jetzt fünfzehn Francs für eine Mark, obgleich seltsamerweise der Kurs für die Armee bei nur fünf Francs liegt). Es werden Vorräte von Brot und Konserven angelegt, um kritische Engpässe zu überbrücken. In einigen der entleerten Städte waren die Keller mit Lebensmitteln vollgestopft, Vieh lief frei umher. Das Bild der Industrie ist düster und hoffnungslos. Die wichtigsten Fabriken sind allesamt zerstört; Bergwerke sind ohne Strom, und es wird ein halbes Jahr dauern, ehe der Betrieb wieder aufgenommen werden kann.

Auf der deutschen Seite der Grenzregion gibt es die wenigen Aussichten, die sich den französischen Gemeinden jetzt eröffnen, natürlich noch nicht. Dort erwartet man von allen, dass sie «für sich selbst sorgen», und wie viel Hunger und Chaos jetzt bevorstehen, bleibt abzuwarten. Jenseits der Grenze zeigen sich gleichwohl erste Anzeichen von Normalität. Die Bauern haben mit dem Pflügen und Pflanzen begonnen; Saatgut wird zur Verfügung gestellt, auch Benzin, Pferde und Dünger werden verteilt. Die Schulen sind wieder geöffnet, und obgleich es mich interessieren würde, wie mit Lehrplänen und Schulbüchern umgegangen wird, scheint niemand zu wissen, ob es schon eine organisierte Bildungspolitik gibt. Auf die Volksgesundheit wird genau und gewissenhaft geachtet, aus offensichtlich militärischen Motiven. Letzten Monat wurde in verschiedenen Städten eine Diphtherie-Epidemie durch örtliche Ärzte unter Kontrolle gehalten, denen die Armee Impfstoffe und Medikamente zur Verfügung gestellt hatte. Als ein Fall nach dem anderen bekannt wurde, wurden Hunderte von Kindern umgehend evakuiert, die Schulen wieder geschlossen. Der körperliche Zustand der Zivilbevölkerung ist, wie nicht eigens betont werden muss, schlecht. In einer Kleinstadt wie Bitsch, die so viele Monate belagert war, gibt es überall Kranke und Verwundete. Man sieht Gruppen von Displaced Persons, darunter Polen, Russen, Franzosen und Holländer. Ab und zu kommen «Geschichten» ans Licht – vor ein paar Wochen hat man in Forbach ein geheimes Lager entdeckt. Die Monuments and Fine Arts Section war begeistert: Nach den vielen Schäden an Gebäuden und Kirchen, allesamt von großem künstlerischem und historischem Wert, wurde nun wenigstens eine Höhle voll mit alten Rüstungen und Waffen und vielen bekannten Gemälden zufällig gesichert.

Was gibt es sonst noch zu berichten in dieser trostlosen Begräbnischronik des «Wiederaufbaus»? Ja, etwas Insulin für Diabetiker. Eine Reserveeinheit der Polizei für die Sicherheit der Stadt. Ein Reservoir von Arbeitskräften für alle möglichen Reparaturen an Straßen, Gebäuden und Friedhöfen. (Der Krieg ist vorbei, die Toten werden wieder ordentlich begraben;

Leichenbestatter haben einen Luxusberuf aus fast vergessenen Friedenszeiten. Jetzt bedeckt wieder richtige Erde die Toten, und mit einem Grabstein beginnt Europas schöne neue Welt.)

MONTAG, 9. APRIL 1945

Gestern wurde das Hauptquartier wieder verlegt, von Kaiserslautern über den Rhein nach Darmstadt. Alle Aufzeichnungen wurden umgepackt, die Lastwagen beladen, und auf ging's. Die Fahrt war zum größten Teil langweilig, sie führte über eine der großen Autobahnen Deutschlands, und Fußgängerbrücken sehen überall ziemlich gleich aus. Die Straßen waren eben, und wir nahmen Tempo auf. Endlich kam die Sonne heraus, es wurde warm, und die Ebenen und Hügel der Landschaft lagen die ganze Zeit in hellem Licht, schön anzusehen. Aber das war auch alles. Nachdem der Fahrer zum zehnten Mal erklärt hatte, es sei «genau wie zu Hause» und er fühle sich wie auf der US 1 oder 2 oder dem Pulaski-Highway, schlief ich ein … Am Rhein weckte er mich, und ich spähte aus dem Fenster und sah, wie die schnelle Strömung die zertrümmerten Steine, Reste der großen Wormser Brücke, überspülte. Am Flussufer gegenüber standen reihenweise Panzersperren, wie einzelne Kuriositäten über das weite Feld verstreut. Auf der anderen Straßenseite spielte ein kleiner Junge mit einem riesigen Modellflugzeug aus Balsaholz. Seitlich hatte er dem Spielzeug das deutsche Kreuz aufgemalt, und das war nun das letzte Zeichen der Schlagkraft von Wehrmacht und Luftwaffe: ein Kind, das mit einer Miniatur Steil- und Sturzflüge vollführte und mit seinem Spielzeug endlose Siege gewann … Die Straßen waren jetzt holpriger und der Lärm störend. Laster um

Laster dröhnte vorbei, unter dem Protest der deutschen Kriegsgefangenen halsbrecherisch über die Schlaglöcher schwankend. Wir fuhren langsamer, denn die Bomben- und Granatenkrater waren sehr schlecht aufgefüllt. Die Lastwagen überholten uns, die Insassen hatten es auf den letzten Kilometern sehr ungemütlich. Zur Linken verknotete Drähte, gesplitterte Äste, Fernmeldemasten und Bäume, wie ohnmächtig quer über die Bahngleise gefallen …

Am Abend: Unfassbar, wie Darmstadt zugerichtet ist. Jeden Tag hört man von einer Stadt, die «es weiß Gott erwischt hat», und ruft sich die Kriegsschäden vor Augen, oder wir betrachten Fotostrecken und sind – als gelehrige Schüler der Illustrierten – ganz überzeugt, dass sie die Realität einigermaßen zuverlässig wiedergeben. Aber die Wahrheit der Fotos erfasst nur einen Bruchteil des Gesamtbildes. Mooney und ich fuhren mit dem Jeep durch Alleen, Straßen und Gassen, bogen links ab, dann rechts und wieder links und fuhren weiter, fanden aber kein einziges intaktes Haus! Alle Gebäude zerbombt, ganze Häuserblocks dem Erdboden gleichgemacht. Wir sind viele Kilometer gefahren und trauten unseren Augen nicht. Eine ganze Stadt war verschwunden. Wir hungerten nach dem Anblick einer Wand, an der vielleicht noch ein Stück Tapete klebte oder ein Bild hing. Aber da war nichts, nur Trümmer, Schutt und Steinhaufen. Jedes Haus war bis auf die Grundmauern zerstört – nicht der Splitter eines Möbelstücks, kein einziger Gegenstand, der darauf hingedeutet hätte, dass hier einmal menschliche Wesen wohnten. Lehm und Gestein waren der Erde zurückgegeben, und sonst war nichts mehr da.

Das nur zu sehen, reichte nicht. Die Nacht kam, und wir fuhren mit erschrockenem Staunen und wachsendem Entsetzen weiter. War irgendwer in der Geschichte unserer Welt freizusprechen von der Schuld der Grausamkeit? Am Stadtrand war hier und da ein Häuschen unversehrt geblieben. Aus einem Fenster starrte eine alte Frau. Wir sahen ihr Gesicht und fuhren vorbei. Hatte sie das Auto gehört und war gekommen, um nachzusehen? Oder hatte sie die ganze Zeit dort gesessen und als ungläubige Zuschauerin Tag für Tag die Verwüstung einer ganzen Stadt verfolgt?

Ein paar Bekanntmachungen der Militärregierung hingen aus, gewöhnlich über alte Volkssturm-Plakate geklebt. *«Darmstadt bleibt treu»* konnte man noch auf Zäunen lesen, an ein paar Stellen hatte jemand die Worte mit weißer Farbe übertüncht. (Wahrscheinlich ein deutscher Dissident, denn wir machen Propaganda dieser Art so gut wie nie unkenntlich.)

Auf den Stufen zum Bürgermeisteramt saßen zwei Männer, und von ihnen erfuhr ich ein wenig über das Ende Darmstadts. (Einst, als der Gang der Geschichte gemächlich war, konnte man Katastrophen als «Verfall» und «Untergang» beschreiben. Heute sind sie plötzlich, unmittelbar und vollständig. Für die Tragödie dieser Stadt gibt es kein Wort. Sie war da und dann innerhalb einer einzigen Stunde in einer Spätsommernacht ausgelöscht ...) Früher eine Stadt mit hundertzehntausend Einwohnern; ein Industriezentrum (Maschinenbau, Gießereien); Wohnsitz einer bekannten Künstlerkolonie. Die Bombenschäden im Jahr zuvor seien gering gewesen, erzählten die beiden. Ein paar Gebäude getroffen, ein paar hundert Tote. In der Nacht zum 12. September 1944 seien die Bomber zu Tausenden gekommen. Der Luftangriff habe fünfundvierzig Minuten gedauert. Danach sei die Stadt Vergangenheit gewesen. Feuersbrünste in allen Bezirken, und im Feuersturm wurden die von fliehenden Menschen überfüllten Straßen zur Falle. An Straßenecken und auf Bürgersteigen lagen verkohlte, geschrumpfte Leichen. Über fünfzehntausend Menschen starben. Ich war überrascht, als man mir sagte, dass noch dreißigtausend Zivilisten in Darmstadt seien. Wo sie wohnten und wovon sie lebten, war mir ein Rätsel, aber für die beiden Bürger war diese Zahl eine Tatsache, und ich will sie nicht bestreiten. Sie räumten ein, dass es nicht genug Wohnraum auch nur für einen Teil dieser Leute gibt, und vermuteten, dass die meisten in Kellern hausten. Sie werden diese letzte Nacht natürlich nie vergessen, aber alles, was ich von diesen beiden hörte, wurde ohne jede Bitterkeit vorgebracht. «Die Amerikaner haben in jener Nacht effizient gearbeitet», bemerkte der eine. Wenn man bedenkt, dass Tausende Menschen in Darmstadt, Worms, Kaiserslautern sind und dass niemand weiß, was sie denken, was sie fühlen, könnte man fast wahnsinnig werden! Ich wagte versuchsweise ein paar Fragen. Einer der beiden Männer sagte: «Nicht alle hatten Schuld an Hitler, aber nun müssen alle ohne Unterschied leiden.» «Aber was kommt dann?» Der andere sagte nur: *«Hunger …»*

Jordan war heute spätabends wieder da und fuhr mit seinem von Säcken und Kisten überquellenden Jeep am weißen Ernst-Ludwig-Denkmal vorbei in den Kasernenhof. «Informationen sollten Sie sammeln, nicht Bergungsgut, verdammt noch mal, dazu hab ich Sie losgeschickt!», brüllte der Colonel wütend. «Meine Güte, Cuhnel», erklärte Jordan in seinem schleppenden Tonfall, «so isses eben im Krieg!» Er war fast zwei Wochen mit der 3. Division unterwegs gewesen, «und die Scheißkerle sind die wüstesten Plünderer in der ganzen Army», und obwohl er fast immer zu spät kam, wenn sie Häuser, Schlösser, Büros, Lagerhäuser filzten, hatte er doch eine ansehnliche private Sammlung für sich beiseitegeschafft. Um Mitternacht ergab mein kurzer Überblick: Erbeutet hatte er einen deutschen Polizeihund, vier Lugerpistolen, ein Jagdgewehr, fünf Nazifahnen, eine bayrische Fellweste und Lederhosen, zwei Seitengewehre, einen großen Werkzeugkasten, zwei verchromte Wecker («irgendein Mist stimmt mit denen nicht, aber so was krieg ich wieder hin, wär das erste Mal, dass ich es nicht schaffe!»), elf Messer und Bajonette, allerhand Talmigold und Schmuck, darunter Ringe, Armbänder und Rosenkränze («ach, war dieser Konvent schön ...»), außerdem einen seidig glänzenden Klappzylinder («so 'n Ding wollte ich immer schon haben», erklärte er fröhlich und schlug sich mit dem Hut aufs Handgelenk, klappte ihn zusammen und öffnete ihn wieder). Für mich hatte er eine Extrabeute Bücher mitgebracht. «Ich hab versucht, so *Duhtsche-Geschickteh*-Kram zu finden, aber ob ich 'n guten Griff getan hab, weiß ich nicht. Ich kann scheißgute nich von scheißschlechten Büchern unterscheiden, weißt du ja ...» Den einen oder anderen Glückstreffer hatte er trotzdem gelandet. Drei Gesamtwerke zur deutschen Geschichte, alle in den ersten Jahren des Naziregimes verfasst (als es theoretisch und intellektuell besonders unterstützt wurde) und einen Stapel schöner, großformatiger Kunstdrucke, unter anderem von Werken Michelangelos. Der Rest war Müll. Inzwischen war es spät geworden, und wir hatten endlich alles ausgeladen und Jordan auf ein Feldbett gepackt. Aber er musste noch etwas loswerden. «Ich muss was gestehen, nämlich, ich hab fraternisiert ... Na ja, da war ich, kam stockbesoffen aus dem Weinkeller von jemandem, und der französische Verbindungsoffizier und ich, wir stehen auf einmal vor diesem Bau, interessant sieht der aus. Das muss ein Schloss sein, sage ich. Und er sagt: Klar. Und ich sage: Gucken wir doch mal rein. Also gehen wir rauf und durch lauter leere Flure und landen in einer Wohnung mit zwei Frauen. Mutter und Tochter. Hier hab ich ein Foto von ihr [sehr hübsch]. Wir haben alle irgendwas erklärt, und als am Ende niemand nix verstand, sagten wir: Ach, Mist, trinken wir doch was zusammen. Haben wir auch gemacht und dann noch weitergeredet. Klar, Deutsch kann ich nicht, aber die Sprache der Liebe geht immer! Aber ich habe den beiden nicht getraut. Als die alte Dame sich aus dem Bett rollen will, hab ich nix riskieren wollen. ‹*Commen sie hear!*›, kommandierte ich, und sie blieb, wo sie war. Als der französische Verbindungsoffizier gehen und sich im Befehlsstand melden musste, wurde mir flau. Da war ich nun, ganz allein! Also hole ich meine Pistole raus, leg sie auf den Tisch neben dem Bett und lass sie da liegen, entsichert und schnell zu greifen! Aber dann musste ich pinkeln. Also bin ich rausgerannt, hab ihnen eingeschärft, sie sollen den Raum nicht verlassen, auch nicht das Bett! Auf der Treppe läuft mir ein GI über den Weg, den greife ich mir und packe ihn ins Bett zu der alten Dame. Danach ging's mir etwas besser. Am Morgen hätte es beinahe Ärger gegeben. Ich hab mich von dem Mädel verabschiedet, verstehst du, und ihre Fotos durchgesehen, ich wollte eins zur Erinnerung. Sie ist Fotomodell und so schön, wirklich, und da war ein Schnappschuss, auf dem hat sie nur etwas Dünnes, halb Durchsichtiges um die Schultern und Hüften oder so, jedenfalls war es ein Bild von ihren Titten mit den Nippeln und allem, und ich wollte es gerade nehmen, da hörte ich jemanden die Treppe raufkommen … Mist, ich war gerade wieder so nüchtern, dass ich stiften gehen konnte. Also sauste ich die Treppen runter, und in allen Stockwerken waren Truppen. Komisch, die müssen in der Nacht reingekommen sein, und ich hab keinen Mucks gehört!»

Ich sah mir das Foto noch einmal an, gab ihm recht, sie war wirklich schön, und alle gingen schlafen. Er redete im Dunkeln weiter von ihren Brüsten: «Die hättet ihr sehen sollen! So groß und weich. Du legst die Hände drauf, und sie quellen dir zwischen den Fingern durch!» Er seufzte, wälzte sich hin und her und schlang die Arme um Brust und Schultern. Ein paar Minuten lang murmelte er noch vor sich hin, dann schlief er ein.

MITTWOCH, 11. APRIL 1945

Frankfurt am Main fiel schon vor fast zwei Wochen, am Nachmittag des 29. März. Es gab einige Häuserkämpfe, und dann rollten die Truppen durch die Stadt nach Osten. Aber die Zerstörung ist älter. Die verbogenen Eisenträger und Pfeiler der großen Mainbrücken, die den Vorort Sachsenhausen mit der Stadt verbinden, waren von hässlichem Rost verfärbt, und auf den staublosen Schutt- und Geröllhaufen wuchs Moos. Frankfurt war schon vor langer Zeit gefallen und gestorben. Der Fluss war still, fast bewegungslos. Auch in der Stadt rührte sich nichts (ab und zu schleppte ein Sattelzug einen Panzer ab, und dann und wann salutierte einer aus General Pattons schneidiger Leibgarde). Wir hielten an und lauschten. Die Stille war überwältigend. Kein Laut. In Darmstadt hatten Vögel gezwitschert und gesungen, und über der Fernstraße hing ein seltsamer angenehmer Duft von Frühlingsblüten. In Frankfurt nur tiefe, andauernde, widerhallende Stille. Wir sahen den verkohlten, geschrumpften Leichnam einer Großstadt.

Die weißen Parolen variierten, am häufigsten tauchte die Losung *«Lieber tot als Sklave!»* auf. Auch das bekannte *«Führer befiehl! Wir folgen!»*, auf die gotischen Fassaden am Römerberg geschmiert, war oft zu sehen.

Wir suchten nach Goethes Geburtshaus, gaben aber auf, als wir zum dritten Mal die ganze Runde bis zum Lessingdenkmal vor der unirdisch weißen Ruine der klassizistischen Stadtbibliothek gefahren waren. Ich sah einen Arzt (weiße Armbinde mit rotem Kreuz) die Straße entlangradeln und rief ihn. Er bot an, uns zum Goethehaus zu führen, und wir folgten ihm. Zum Schluss mussten wir alle zu Fuß weitergehen: Kein Weg war frei geräumt, auf dem er oder wir hätten weiterfahren können. Wir kletterten über Steine und Schutt. Die Straße lag voller Trümmer, und wir lehnten uns an eine einsame, stehengebliebene Mauer. Der Arzt zeigte auf einen Pfeiler. Das sei Hirschgraben 23, Goethes Geburtshaus. Das Fragment eines Ecksteins war noch da, dahinter ragte ein rostiges Stück Rohr heraus. Der Rest des historischen Hauses lag in Ruinen vor uns. Ein Teil der dort aufbewahrten Museumsstücke sei schon früher an einen anderen Ort gebracht worden, erklärte uns der Arzt. Aber die meisten im Haus gelagerten Manuskripte seien zerstört und fast alles andere auch. «Ja, dahin hat uns unser Führer gebracht …»

Er wollte wieder zu seinem Fahrrad, aber meine Suggestivfragen hinderten ihn daran. «Nein», sagte er nachdrücklich, «nicht alle Deutschen, glauben Sie mir, nur ein kleiner Teil des deutschen Volkes. Uns wurden schwere Lügen erzählt, und die Täuschung und der Betrug waren noch schlimmer. Aber von Anfang an gab es viele, sehr viele, die nicht daran glaubten und nicht darauf hereinfielen. Wir waren machtlos. Sagte man nur ein Wort, lief man Gefahr, an die Wand gestellt und erschossen zu werden. Der kleinste Widerspruch, und man war einer der

Vermissten. Aber uns brach das Herz, glauben Sie mir, wir waren nicht blind für das Böse und für die schlimmste Unmenschlichkeit der Nazis, *‹ach, so schlimm und unmenschlich›*, die Ermordung der Juden … Aber Hitler war allmächtig. Die Jugend war ihm ergeben, und er indoktrinierte sie, gab ihnen einen Glauben, machte sie zu Fanatikern. Wie hätten sie, die nie zu denken oder zu zweifeln gelernt hatten, es besser wissen können? Und die große Masse – Menschen, die immer geleitet oder fehlgeleitet worden waren – hatte die schlimme Zeit der frühen dreißiger Jahre hinter sich und war bereit, alles zu akzeptieren. Aber jetzt haben auch sie die bittere Lektion gelernt. *Wir alle sind belogen und betrogen worden.*»

Ich stand neben ihm auf dem Schutthaufen und widersprach ihm ruhig, bestritt, fragte nach. Er antwortete ernst, voll Würde und mit einer Eindringlichkeit, die mich sehr bewegte. Er sagte eigentlich nichts Neues – und doch tauchten all unsere alten Hoffnungen wieder auf! Hier war ein Deutscher aus dem *Dritten Reich*, der die Tragödie verstand, der den Betrug und den Verrat erkannte, der gegen die Verdorbenheit kämpfen würde. «Nein, Sie irren sich, wenn Sie glauben, dass die vernünftig denkenden Menschen aus unserem Leben verschwunden sind. Sie sind noch da, und viele von ihnen werden zur neuen Führung gehören. In der Politik wird es wohl einen scharfen Linksruck geben, aber ich hoffe, dass wieder ein freies Deutschland entsteht.» Er fragte nach Russland und nach meiner «inneren» Einstellung. Dass ich mit meinem gebrochenen Deutsch klar darlegen könne, wie ich zur «russischen Frage» stand, war nicht zu erwarten. Ich murmelte etwas vermutlich Unverständliches, aber er fuhr fort: «Auch ohne *Herrn Goebbels Propaganda* sind viele von uns besorgt wegen des sowjetischen Einflusses und fürchten, dass die Tscheka kommt. Jetzt, da wir die Gestapo los sind, wollen wir keine neue Geheimpolizei! Wenn sich Amerika und England doch mit den kleinen, aber wachsenden demokratischen Gruppen anfreunden könnten! Wir müssen uns zeigen, und wir müssen uns zeigen dürfen! Wenn nicht, dann fürchte ich, wird auch das, was von Deutschland noch übrig ist, zerstört und dem Erdboden gleichgemacht! Vor uns liegen Wege. Viele Alternativen haben wir nicht – seit langem schon hatten wir fast keine Wahl! Aber wir können es uns nicht leisten, in die Irre zu gehen. Unser Land und unser Volk hat sich mit allen verfeindet. Jetzt haben wir die Gelegenheit, Freunde zu gewinnen. Freunde eines neu erstehenden freien Deutschland.» Er klang aufrichtig und ernst und streckte mir seine Hand etwas unsicher und versuchsweise entgegen. Ich ergriff sie und verabschiedete mich. Er trug sein Fahrrad über den Schutt zu dem provisorischen Weg und fuhr davon. Ich stolperte über die Steinbrocken zum Jeep. Die anderen hatten schon ungeduldig gehupt und wollten endlich weiter. «Du glaubst das ganze Gerede doch nicht etwa?» «Ich habe den Eindruck, es tut ihm leid. Ihnen allen tut es jetzt leid!» «Hör mal, das sind doch Nazibefehle – fraternisieren und Propaganda machen!» Ich wollte mich nicht auf einen Streit einlassen. Vielleicht. Städte sind gestorben, Menschen umgekommen, unsere ganze Welt ist untergegangen. Wann kann man wieder anfangen zu glauben? Wer ist so stark, dass er alle Hoffnung abweisen kann, und so kühl und allwissend, dass er niemandem trauen muss? Werden Betrug und Misstrauen je ein Ende nehmen? Wie sollen Menschen einander je finden? Glauben oder zweifeln, das konnte ich entscheiden. Ich würde ihm glauben: Er meinte es ernst. Hoffen wir, dass dies ein Anfang ist.

Gegenspionage: japanische Agenten in Frankreich und Deutschland; wechselnde Staatsangehörigkeit, tragen chinesische Pässe, operieren als Geheimagenten der Nazis. Es gibt viele Chinesen in Deutschland, von denen die meisten niemals irgendwie belästigt wurden; doch kürzlich nahm man ihnen die Papiere ab, um Japaner für die Reise nach Frankreich und Spionagetätigkeiten damit auszustatten. Der deutsche Hintergedanke ist, dass Franzosen, Amerikaner und Engländer nicht zwischen Japanern und Chinesen unterscheiden können; keine der beiden Sprachen wird in Frankreich gesprochen.

Ein Kriegsgefangener war vom Leutnant zum Gefreiten degradiert worden, weil er seine Meinung über die Nazipartei ausgesprochen hatte. Er sagte, wenn das alle Offiziere der Wehrmacht täten, dann gäbe es genug einfache Soldaten, um eine ganze Division damit zu füllen.

Moral und Regime – die Leute haben vom Krieg genug, der jetzt (Oktober 1944) sinnlos und verloren zu sein scheint; mehr und mehr Überdruss gegenüber den fanatischen Machthabern; die hektischen Propagandakampagnen ermutigen das Volk nicht, sondern überzeugen es, dass der Krieg verloren ist; schon seit etlichen Wochen versuchen nun viele Deutsche, ihren Freunden zu beweisen, dass sie nie und nimmer Nazis gewesen sind. Zeitungsartikel sind so vage und rätselhaft, dass niemand den Ablauf von militärischen Operationen nachverfolgen kann. Strenge der Gestapo, Unverschämtheit der SS, zurechtgeschusterte Communiqués – das alles schafft nach und nach «eine Haltung der Apathie, die für die Nazis vielleicht schwerer zu handhaben ist als eine offene Revolte».

12. APRIL 1945 Ernst-Ludwig-Kaserne, Darmstadt

Eine Fußnote zur Affäre Jordan: Ich kam aus Frankfurt ziemlich spät zurück, sah alle Lampen brennen und Chaos im Raum. Auf Jordans Bett lagen Messer und Gewehre, Seidenhüte und Kognakflaschen. Ich fragte mich einen Augenblick lang, welches Abenteuer es heute Nacht wohl geben würde, löschte die Lichter und kroch in meinen Schlafsack. Wenige Minuten später hörte ich einen Tumult auf dem Flur. Der schleppende Tonfall der Südstaaten klang tiefer und langsamer als je zuvor. Jordan kam herein, eskortiert von zwei Militärpolizisten, die alle Hände voll damit zu tun hatten, ihn auf den Beinen zu halten. Er torkelte und stützte sich in der Türöffnung ab. «Nein», schrie er, «ich geh da nich rein! Chwill meine gottverdammte Pistole ham! Wer hat meine Scheißluger?» Ich sprang aus dem Bett, als die Wachen auch schon abrückten. Der Rest wurde mir überlassen. «Alles in Ordnung, Jordie, ich bin's, dein Freund, ich bin's, Lasky.» Meine Stimme klang hoffnungsvoll und zuckersüß. «Ich kenn dich, Lasky, ich erkenne dich!», dröhnte er. «Abba wer zu Teufel hat meine Pistole? Die war hiah, und hiah isse nich mehr.» Sein Halfter war leer. «Ich weiß, wo sie ist, Jordie. Bitte komm rein und sei still. Ich weiß, wo sie ist, Junge, und ich werd sie dir holen.» «Nein, Lasky, die sind hinner mir her, und ich geh nich ohne meine Pistole!» Ich bekniete ihn weiter und redete auf ihn ein, aber vergeblich. Schließlich ging ich zu seinem Bett, wühlte den gesammelten Krimskrams durch und fand die Luger. Sie war, wie bei Jordan üblich, durchgeladen, mit voller Trommel, und ich ließ, mit dem Rücken zu ihm, schnell alle Patronen herausfallen. Ich war mir nicht sicher, ob noch eine in der Kammer war, aber bevor ich dazu kam, nachzusehen, begann er schon wieder zu grölen und stolperte auf mich zu. Mit der Pistole in der

Hand drehte ich mich um. Ich fing ihn auf, half ihm wieder auf die Füße und begann erneut in beschwichtigendem Ton: «Also, Jordie, ist doch alles in Ordnung, hier ist deine Pistole» – er hatte die Mündung bereits ergriffen, und ich wollte sie ihm jetzt nicht wieder entwinden – «und nun können alle schlafen gehen …» «Da also is das Scheißding! Ich wusste, dass sie's gestohlen hatten, ich wusste, dass sie hinter mir her waren, alle versuchen sie nur, mich zu kriegen …» «Ach komm, Junge, ich bin dein Freund, also lass gut sein und geh zu Bett.» Ich setzte ihn ans Fußende meiner eigenen Pritsche und räumte die Messer, Flaggen, Schwerter und was nicht alles von seiner Decke weg. Mit lautem Gepolter rutschte er zu Boden, die Pistole weiterhin in der Hand und auf die Decke gerichtet. Ich hievte ihn auf sein Bett und konnte ihn schließlich sogar zudecken. Schwer atmend döste er ein, und ich nahm gedankenlos seine Pistole, die inzwischen wieder im Halfter steckte. Seltsamerweise dachte ich gar nicht an eine «Gefahr», sondern meinte nur, die Pistole sei ihm unbequem. Er erwachte mit Gebrüll. Jetzt war er wirklich wütend in seinem Rausch. Wild entriss er mir die Pistole und stieß mich zu Boden. «So, du biss also auch gegen mich! Alle sind gegen mich! Das ganze gottverdammte Regiment!» Ich begann in einem neuen, sanfteren, freundlicheren Tonfall, aber er hörte überhaupt nicht zu, sondern wütete weiter. «Ich krieg euch alle! Alle, bis zum letzten Scheißkerl! Mir ne Falle stellen, dassis alles, wasse wollen! Alle! … Zurück mit dir!» Ich versuchte, mich aufzurichten, aber das Wedeln mit der Luger brachte mich wieder in die Waagerechte. Ich wusste jetzt, dass er unkontrollierbar war und genauso gut abdrücken konnte wie nicht – einfach um zu sehen, ob das Ding funktionierte. Und es konnte ja noch eine Patrone in einer Kammer sein … Ich war mehr als nur ein wenig nervös. Doch in Panik war ich noch nicht, obwohl auch das verständlich gewesen wäre. Meine Stimme begann leicht zu zittern, und ich fragte mich, ob irgendjemand durch den Lärm wach geworden war. (Tatsächlich war die Hälfte des Schlafsaals wach und hörte zu, aber man hatte «vernünftigerweise» beschlossen, dass dies mein Problem sei und dass man sich nicht aus dem Schutz der Dunkelheit wagen würde.) Ich konnte kaum etwas erkennen, es gab nur das Licht der Taschenlampe, die ich ganz am Anfang auf meinen Seesack gelegt hatte, damit wir uns in der Dunkelheit zurechtfinden konnten. Ich griff langsam nach der Taschenlampe, obwohl – welchen Unterschied hätte es gemacht? Doch alles war besser als stillzusitzen und als Jordans lebensgroße Zielscheibe zu dienen. «Verdammt noch mal, keine Bewegung! Ich krieg euch alle, so wahr mir der gute große Gott helfe, ich krieg euch alle …» Die Pistole wurde wild durch die Luft geschwenkt, von links nach rechts. Ich wich zurück, stieß dabei jedoch an die Taschenlampe und den Seesack. Die Lampe rollte ein wenig zur Seite, sodass der Lichtstrahl nun genau in sein Gesicht fiel. Er begann, sich zu winden, Grimassen zu ziehen, und schrie: «Nimm das Scheißlicht von meinen Augen weg! Weg damit, weg damit, hörst du mich!» Ich sprang zum Seesack und knipste das Licht aus. Jetzt lag alles im Dunkeln. Einen Augenblick herrschte Stille. «Jetzt wirste vernünftig!», sagte er mit etwas gedämpfter Stimme. «Licht is aus mein' Augen weg, Licht is aus den Augen weg …» Er fiel hin. Messer, Schwerter und Wecker polterten durcheinander. Die Pistole rutschte ein Stück auf dem Steinboden entlang. Jordan murmelte unzusammenhängendes Zeug, kroch umher und suchte nach seiner Waffe. Dann war es wieder still. Kein Laut, keine Bewegung. Ich saß wie gelähmt auf meiner Pritsche. Wann immer ich versuchte, unter meine Decke zu schlüpfen, fing das Feldbett an zu quietschen, und ich erstarrte. Warum nur regte sich sonst niemand in seinem Bett? Plötzlich war

Jordan wieder aufgestanden und stolperte erneut in meine Richtung. Er fiel halb über mein Zeug und blieb ganz ruhig liegen. Ich schlüpfte in meinen Schlafsack und stellte mich einige Stunden schlafend. Von Zeit zu Zeit drehte er sich um. Gegen drei Uhr rutschte er zu Boden, griff nach dem Bein seiner Pritsche und zog sie zu sich heran. Gegen fünf lag er dann auf seinem eigenen Bett, und ich schlief ein …

Kurz vor Mittag des nächsten Tages ging ich zu ihm, um ihn zu wecken. Er konnte sich an nichts erinnern. Ich erzählte ihm in Kurzform, was vergangene Nacht geschehen war. Alles Tabula rasa. Jetzt fühlte ich mich noch schlechter als in dem Moment, da die Pistolenmündung auf mich gerichtet war: Hier war jemand mit einem schlimmen Finger am Abzug, der sich in keinerlei Hinsicht unter Kontrolle hatte. Seufzend und stöhnend wälzte er sich aus dem Bett, und ich griff unter die Decke und fand die Luger. Sie war leer. Keine Patrone in der Kammer. Jordans Hosen waren nass und dreckig, und auf dem Boden standen noch immer kleine Lachen. Ich half ihm erneut auf die Füße, bestand darauf, dass er seine Kleider auszog, und führte ihn zur Dusche. Jetzt war er neugierig. «Sag's mir, Lasky! Keine Geheimnisse vor mir! Was hab ich gemacht? Wo hat mich die MP aufgegabelt? War's ne schlimme Schweinerei? Ich hab mich bestimmt zum Idioten gemacht …» Ich erzählte ihm so viel ich konnte, ohne das ganze Drama noch einmal aufzuführen. «Ich kann mich an rein gar nichts erinnern, ich kann mich an absolut nichts erinnern!» Er riss sich die nassen Klamotten vom Leib und schluckte drei Aspirintabletten. «Ich weiß das ganz bestimmt zu schätzen, Junge, lass mich einfach sagen, dass ich dir von Herzen dankbar bin.»

Ich verließ ihn gegen Mittag, aber es dauerte noch ein paar Stunden, bis er erschien. Mit einem verschämten Grinsen, frischen grünen Sachen und blutunterlaufenen Augen.

Jetzt verstehe ich auch, was kürzlich in Bad Kissingen geschehen war. Jordan muss in ein deutsches Haus gestürmt sein und unter vorgehaltener Pistole mit einer Frau geschlafen haben. Was für eine Schreckensnacht!

FREITAG, 13. APRIL 1945 Darmstadt

Heute Abend fand ich im alten Schulhaus an der Lagerhausstraße meine beiden Darmstädter wieder. Sie begannen gerade ihre Runde als Nachtwächter, und wir standen eine Weile zusammen vor dem Amtssitz des Oberbürgermeisters und unterhielten uns. Sie waren einfache Leute, zwei ganz gewöhnliche Deutsche, nicht besonders differenziert und nicht besonders gebildet; die harten Zeiten hatten sie überlebt, ohne sich auf extremen Fanatismus oder extreme Verzweiflung einzulassen. Welch himmelweiter Unterschied in Verhalten, Sprache und Intelligenz zu dem Arzt in Frankfurt! Aber ihre Erzählungen – eigentlich nur eine flüchtige Skizze, die sich gelegentlich zu Klatsch, Erinnerungen, Gefühl und Geschichte verdichtete – hatten eine schlichte, mittelmäßige Direktheit, die wirkungsvoll, sogar rührend war.

Für diese beiden war der Nazismus tot und vorbei. «Der letzte Nazi hier ist an dem Tag gestorben, als unsere Stadt fiel. Als die Truppen in der Heidelberger Straße ankamen, hat er sich die Pulsadern aufgeschnitten. Das war der alte Dr. Schilling, Hitlers Kreisleiter, und der wusste, es war das Ende. Andere sind natürlich geflohen, so wie Jakob Sprenger aus Frankfurt – der hessische Gauleiter. Und die sind immer noch so fanatisch, dass sie weiterkämpfen. Der totale Krieg, das war ihrer, und die totale Vernichtung wird jetzt auch ihre sein. Glauben Sie bloß nicht das ganze Gerede von den *Werwölfen*. Das ist Bluff! Goebbelspropaganda, soll nur die Amerikaner verunsichern und ihnen Angst einjagen. Der will, dass wir hinter der Front weiterkämpfen, einen Partisanenkrieg führen. Als ob wir noch nicht genug Tote und Ruinen hätten. Die Nazis hätten gern, dass wir alle tot wären, nur verbrannte Erde. Mit denen ist es aus, und sie möchten alles mit ins Grab zerren! Meinen Sie, hier wäre jemand dämlich genug, *Werwolf* zu werden und mit dem ganzen Elend von vorn anzufangen? Die Fanatiker können mit ihrem Wahnsinn allein weitermachen, die wollen nur Gesellschaft in der Hölle ...»

Diese beiden waren keineswegs Anti-Nazis oder auch nur irgendwie politisch orientiert. Sie waren einfach Nichtnazis. Vom Faschismus hatten sie nicht viel begriffen – nur, dass er etwas mit der wirtschaftlichen Lage in Deutschland zu tun hatte. («Deutschland ist eine Industrienation, die zum Leben immer den internationalen Handel brauchte», erklärten sie mir geduldig.) Einen Überblick über europäische Ereignisse hatten sie nicht und neue tiefgehende Hoffnungen für ihre Nation auch nicht. Vielleicht könnten sie in den Jahren des Friedens und des Wiederaufbaus ein Plätzchen für sich finden, vielleicht etwas von ihrer Habe zurückerwerben, ein Geschäft gründen, versuchen, friedlich zu leben. Sie waren «kleine Leute», und ihre Verteidigung von verschiedenen Institutionen und Entwicklungen in der deutschen Geschichte zeigte eine gewisse verschwommene Klassenloyalität der Kleinbürger. An der Vorstellung von Deutschlands Platz an der Sonne hielten sie fest. Und die Wehrmacht müsse man von der SS und der Gestapo unterscheiden, erklärten sie nachdrücklich. Ich hatte ziemlich scharf und entschieden auf den Terror des Militärs hingewiesen, und sie protestierten prompt. «Die Partei, ja! Und die Gestapo, noch mal ja! Das waren die Nazis, die Fanatiker, die willigen Hitleranhänger ... Aber die Wehrmacht? Die Wehrmacht, das waren die kleinen Leute, *und was kann der kleine Mann tun*? Ich werde eingezogen, und Sie sind mein Offizier, und wenn Sie befehlen, kann ich nur gehorchen. Und wenn die Partei befahl, konnten wir auch nur folgen. Wir haben nicht gewagt, etwas zu sagen, außer *Heil Hitler*. Wir haben nur an der Straße gestanden, die Hände hochgerissen und hurra geschrien, wenn der Führer vorbeifuhr. Dreizehn Jahre lang war ich Vorsitzender eines Turnvereins hier in der Stadt. Als Hitler an die Macht kam, wurde die *Turnerschaft* verboten. Wenn wir spielten, dann Nazispiele mit Naziarmbinden. Wenn wir eine Versammlung hatten, dann kamen wir als Hitleristen mit Parteifahnen. Das war das Ende unseres Turnvereins. Dann haben sie mich aus meiner Firma genommen und zur Polizei eingezogen, und da bin ich noch. So war's eben …»

Zuerst redete der eine, dann der andere. Wenn ich sie unterbrach, verbündeten sie sich gegen mich. Vielen Fragen wichen sie aus, vielleicht begriffen sie auch nicht, worauf ich hinauswollte. Wie kann es ein neues Deutschland geben, wenn die Tragödie des alten nicht vollständig und gründlich verstanden worden ist? Wie kann es ohne eine alles überwindende Freiheitsliebe, ohne hingebungsvollen Einsatz für dieses Ideal und ohne einen tiefen Hass auf den Krieg, der nicht auf bloßer Kriegsmüdigkeit beruht, je ein freies, friedvolles Land geben? War hier genug Vertrauen, Hoffnung und Kraft vorhanden, auf den Ruinen etwas aufzubauen? Für ein neues Leben würde Deutschland eine neue, eine revolutionäre Politik, eine neue beflügelnde Vitalität, eine neue befreiende Kultur brauchen. Nur das, nichts Geringeres könnte ein Volk aus seinen trümmerverschütteten Kellern retten. Diese Menschen würden ihren Weg zu neuen Grundsätzen finden oder in ihren eigenen Ruinen zugrunde gehen.

Ich hielt eine Predigt – ganz gegen meine Absicht, aber im

Gegenzug hörte ich mir eine lange Rede an, die eloquent und anrührend war, auch wenn sie nur die billige, leicht verfügbare Würde des Selbstmitleids besaß. Eloquent, weil sie traurig und ernsthaft war, und anrührend für mich, weil hier schließlich der schlichteste, elementare Aspekt der nationalen Tragödie deutlich wurde …

«Hören Sie mir *bitte* einmal zu, nur einen Moment», begann der Zweite. «Sie sind ein junger Mann, vielleicht fünfundzwanzig, ein Amerikaner. Sie sind seit drei, vier Jahren Soldat, und bestimmt haben Sie viel durchgemacht. Aber eines müssen Sie wissen: Auf der ganzen Welt gibt es keine Seele, die unglücklicher wäre, kein Menschenwesen, das hoffnungsloser und geplagter wäre als der Deutsche … Als 1914 der Krieg ausbrach, war ich ein Junge. Mein Leben fing gerade an. In den vier Kriegsjahren verlor ich meinen Vater und einen Bruder. Danach fraß die Inflation auf, was meiner Familie noch geblieben war. Wir verloren unser Geld und unser Haus. Ich wuchs im Krieg auf und versuchte, mich in den harten Zeiten der Depression durchzuschlagen. Dann kamen politische Krisen, man lebte in Unsicherheit und Anspannung und irgendwann mehr und mehr in Angst. In der ersten Zeit unter Hitler besserte sich die materielle Lage etwas. Aber wir waren in einer Diktatur gefangen. Unsere Hände und Füße in Ketten, der Mund versiegelt. Und dann kam wieder ein Krieg. Meine kleine Firma war dahin. Meine Frau starb bei einem Bombenangriff – vor Angst und an zerrütteten Nerven. Und jetzt wohne und arbeite ich in dieser Geisterstadt und hoffe wieder auf ein paar Friedensjahre … Was ist aus meinem Leben geworden? Ich bin fast fünfzig Jahre alt, beinahe ein alter Mann! All meine Tage sind verflogen, und wann hatte ich auch nur eine einzige ruhige und glückliche Stunde? Jetzt ist es für alles so gut wie zu spät, man kann nur noch Schluss machen … Das ist nun aus unserem Leben geworden. Und das ist auch die Geschichte unseres Landes.»

Die Fremdheit lässt sich nicht genau fassen, doch der Ton von Ironie oder Paradoxie wird stärker: Henry James selbst war von der Vulgarität und Routiniertheit des Lebens, wie es von der Masse der Menschen gelebt wird, so weit entfernt – wie seltsam ist es da, dass ausgerechnet ein Satz von ihm mein eigenes Dilemma in der «heulenden Wüste» beleuchtet (und abmildert)! Meine Überzeugung von «Trost und Ermutigung» durch die Kunst, die James' Leidenschaft und Credo war, ist mir mehr und mehr abhandengekommen. Seine Idee, Kunst sei die einzige Form «intensiven Lebens», eine Idee, die in der einen oder anderen Form unsere intellektuellen Traditionen beherrscht hat, kommt mir allmählich vor wie der berufliche Fetisch eines ichbezogenen, talentierten Mannes. Und doch, ein großer Satz von James ist mir geblieben, für den ich dankbar bin: «Es gibt einfach keine Grenze für das Unglück, geschmacklos zu sein.»

Mit Geschmacklosigkeit meinte er nicht die unkritische Abweichung von preziösen Maßstäben, sondern das Fehlen von Geschmack am Leben, eine Abgestumpftheit gegenüber der Vielfalt und dem Abenteuer des Lebens, eine Blindheit gegenüber dessen subtilen Formen und Bedeutungen. Und auf ähnliche Weise war das Unglück auch kein rein privates schwarzes Etikett für persönliche Versäumnisse. Nein, das Unglück ist Teil der tiefen Verödung unserer Zeit. James spürte die «Dunkelheit» des Geistes, die die Vorstellungskraft abgetötet und die moralische Willenskraft unserer Welt gelähmt hat. Sei großzügig und feinsinnig, hat er einst geraten. Aber wo gibt es noch Großzügigkeit und Feinsinnigkeit? Und wer ist da, mit genug Phantasie und Ehrgeiz, um einen Preis oder ein Ideal verfolgen zu können?

(Denke jetzt an M. All sein Enthusiasmus, seine feine Rastlosigkeit, sein phantastisches Gefühl für «die Farbigkeit des Lebens an sich», all sein besessenes Drama, mit dem er seine Jahre inszeniert hat, worauf läuft das alles hinaus? Getreu seinem amerikanischen Typus ist es der kommerzielle Imperativ, der ihn vorantreibt. Er musste an die europäischen Fronten kommen, um den «Krieg zu sehen», um «mit Joe in seinem Schützenloch zu leben», und jetzt ist er dabei, zum Pazifik loszudüsen, um «zu entdecken, was Joe im Dschungel denkt, fühlt, wie er kämpft und flucht und träumt». Er weiß etwas von James' «Unermesslichkeit», die man lernen muss, und er ist mit Energie und Frische ausgestattet. Und schon bricht er auf – um einen Vorrat an Geschichten, Einsichten, Manierismen anzuhäufen, ... um später Joe die Nachkriegswelt zu verkaufen! Das Schlachtfeld der Gesellschaft ist das Manövergelände der Werbemenschen, eine einzigartige Gelegenheit, die Masse zu erforschen. Der Krieg ist nur ein riesiges Schaufenster, die Truppe eine Vielzahl potenzieller Kunden. Der Krieg wird zu einem reichen, unentbehrlichen Vorspiel für größere und bessere Werbekampagnen im ganzen Land, von Küste zu Küste! Was für eine kolossale, schreckliche Verschwendung! Und wie «geschmacklos» ...)

Und so war der Tag heute besonders deprimierend. Am Morgen kam die Nachricht von Roosevelts Tod. Beim Frühstück wurde oberflächliches Bedauern ausgedrückt; in den Büros beim Ordnen von Papieren und Akten eine belanglose Unterhaltung über Trumans Vorzüge; dann wurde die «Stars and Stripes» gebracht, und jeder las jedem daraus vor: Einzelheiten über Roosevelts Schlaganfall und das Begräbnis und dies und das über das verfassungsrechtliche Verfahren. «Das Leben (Leben: öde, langweilig, tot) geht weiter», sagte schließlich jemand.

Am Nachmittag assistierte ich bei der Untersuchung eines «Kriegsverbrechens» und war entsetzt. Der Inspector General saß kalt und desinteressiert mit mir am Tisch und befragte Zeugen mit so viel intelligenter Wissbegier wie ein Leichnam im Mausoleum – und wenigstens ein wenig Wissbegier kann man doch verlangen. Am Abend ein Treffen mit den Verwaltungsoffizieren von Darmstadt kaum anregender. Stimmt mit mir etwas nicht? Verlange ich vom Alltag etwas Unmögliches, etwas an Theatralik oder Hysterie Grenzendes? (Was auch immer, wenn es nur die vollkommene Langeweile mildert!) Verstehen die Leute einfach nicht, oder kümmert es sie nicht? Hier noch eine Formel für die «wahre», die «tiefgreifende» Revolution unserer Zeit – eine Revolution des Geschmacks.

Die Verhandlung von Kriegsverbrechen ist manchmal zum Verzweifeln, manchmal lehrreich. Im Lazarett in Heppenheim hatte ein Korrespondent der «Stars and Stripes» «zu grotesken Skeletten abgemagerte amerikanische Soldaten» gefunden, deren «infizierte Wunden das Bettzeug nässten». In grellen Farben schilderte er den Sadismus des deutschen Arztes und die Brutalität des «Horror-Hospitals». Amerikanische Zeitungen übernahmen die Geschichte. Am nächsten Morgen nach dem Frühstück las man die verschiedenen Berichte im Kongress und verlangte Untersuchungen. Die Army begann mit Nachforschungen. Um der Sache auf den Grund zu gehen, wurde ich vom Inspector General (der sich eigentlich nie um solche Dinge kümmert) bestellt, bei der Befragung der deutschen Zeugen zu assistieren. Nun, wir saßen fast den ganzen Tag in der Bürgermeisterei, stellten Fragen und gingen die Dokumente durch. Wie war die Ernährungslage in Hessen? Welche rechtliche Grundlage hatte die Lebensmittelrationierung für die Zivilbevölkerung im Bezirk Heppenheim? Wer ist zuständig für die Versorgung der Kriegsgefangenen? Der kranken Kriegsgefangenen? Wurden Ihnen vom Amt Heppenheim irgendwelche Beschwerden über Lebensmittelknappheit zugestellt? Stunde um Stunde versuchten wir, uns ein Bild zusammenzustückeln. Aber was dabei herauskam, verwirrte den armen alten Inspekteur – und verschaffte mir nur die kümmerliche Befriedigung, dass ich «wieder eine Lektion gelernt» hatte. Im modernen Krieg gibt es Verbrechen, aber keine Verbrecher. In der modernen Gesellschaft gibt es Übel, aber keinen Teufel. Mord wird mechanisch und unpersönlich ausgeführt. Die Schandtaten blutiger Hände gehören einer vergangenen Zeit an, als Menschen noch ihre eigenen Sünden begehen konnten. Jetzt sind Schuld und Unschuld Probleme außerhalb der Reichweite von Gerichten und Rechtsentscheidungen. Hier im Heppenheimer Fall lag die Schuld bei der Maschinerie. Irgendwo im bürokratischen Apparat der Memoranden und Anweisungen war ein Verbrechen begangen worden. In einem Lazarett verhungerten Menschen, starben, weil sie nicht medizinisch versorgt wurden. Aber die Zeugenaussagen waren unzureichend – *wer* verantwortlich war, würde der Inspekteur nie herausfinden. *Was* verantwortlich war, könnte durchaus festgestellt und abgeurteilt werden, denke ich, fürchte aber, der alte Mann sucht nach einem «Verdächtigen», den er auf den Zeugenstuhl setzen und im Kreuzverhör auf bewährte Weise bezwingen kann. Der Stuhl wird leer bleiben, und die Verbrechen hören nicht auf.

G-5 in Darmstadt: «Wir haben nur dafür zu sorgen, dass die Zivilisten nicht der Army auf die Nerven gehen. Um Kriegsverbrecher müssen wir uns nicht kümmern, auch nicht gegen den Nazismus oder sonst einen Scheißdreck kämpfen, dazu sind wir nicht da. Wir haben hier einen Bürgermeister, einen netten Alten, einen Nichtnazi, sagt man wohl. Der hat bei uns so einen Professor als Verbindungsmann. Wir sagen dem Professor, was wir wollen, und das wird gemacht. Der Bürgermeister hat keine Zeit, über die großen Probleme nachzudenken, über Krieg und Frieden und so. Ein einziger Mann in unserer Abteilung ist zuständig für hundertzweiundneunzig Städte und Dörfer, wie der das schaffen soll, weiß ich ums Verrecken nicht! Nein, Darmstadt hat keinen Ärger gemacht, eigentlich war fast alles Routine. Wir sind hergekommen, kurz nachdem die Truppen durch waren. In der Stadt waren noch ungefähr vierzigtausend Leute, und insgesamt fünf oder sechs MPs sollten für Ordnung sorgen. Natürlich herrschte ‹Chaos›. Wir haben unsere Verordnungen angeschlagen, einen Bürgermeister eingesetzt und versucht, den Plünderungen den Riegel vorzuschieben. Ich bin im Jeep Streife gefahren, und wenn Unruhen aufkamen, habe ich sie mit Drohungen und gezogener Pistole zerstreut. Ein paar Tage lang hat es hier gebrodelt, aber dann war wieder Ruhe. Richtigen Aufruhr gab es nicht, und wirklich geplündert wurde auch nicht, nur hier und da geklaut. Hausfrauen, die in Kellern stöberten, auf Güterbahnhöfen ‹einholten› und solche Sachen. Anfangs gab es ein paar Kämpfe. Die Russen hatten ab und an Ärger, und es gab Reibereien mit Deutschen. Aber als wir die DPs unter Kontrolle hatten, war Ruhe. Ich halte Gericht, aber da geht es nur um harmlose Sachen, Kleinkram fürs Polizeigericht, immer wieder Bußgeld für Leute, die nach der Sperrstunde auf der Straße erwischt wurden. Nichts Dramatisches. Ich würde sagen, die Leute sind ganz in Ordnung. Angriffe von Heckenschützen, Trotz, Verachtung hat es nicht gegeben. Alle waren freundlich und in ihrer Einstellung sogar antinazistisch. Aber die meisten sind natürlich noch ganz benommen und verängstigt. Wir hatten Partisanenaktionen erwartet, dass zum Beispiel Telefonleitungen gekappt würden und dergleichen, aber bis jetzt ist nichts vorgekommen. Wir arbeiten an den Problemen mit den Nahrungsmitteln und zerbrechen uns den Kopf über die üblichen Schwierigkeiten mit der Strom- und Wasserversorgung und den öffentlichen Verkehrsmitteln. So geht es eben. Die Leute leben noch, aber die Stadt ist tot. Darmstadt hat's schlimm erwischt. Aber so wird es wohl überall sein …»

MONTAG, 16. APRIL 1945 Darmstadt

Heute ein Paket mit Büchern und Zeitschriften: Byron-Briefe; Erzählungen von James; Gedichtsammlungen; Dwight Macdonalds «Politics», eine Broschüre für die «Partisan Review»; Willa Cathers «My Antonia» (unendlich öde), ein Krimi (Dorothy Hughes' «Fallen Sparrow», in den ich mich eine Stunde lang wie verrückt versenkte), ein paar nüchterne Werke über Wiederaufbau und Europapolitik … Aber ich habe nichts gründlich angesehen und nichts ganz durchgelesen. Das könnte ich zwar mit fehlender Zeit und zu vielen Ablenkungen entschuldigen, aber ich habe den Verdacht, dahinter steckt etwas Ernsteres. Irgendwie hoffe ich, dass man es nicht für Schwäche halten muss. Lesen widerstrebt mir und macht mir Angst, das gebe ich zu. Angst, nachzudenken, wirklich und gründlich verstehen zu wollen, was geschehen ist. Schon seit Monaten habe ich kein Buch, nicht einmal mehr einen Artikel zu Ende gelesen. Ein paar Seiten Keats (in einem Band, den jemand aus dem Keats-Shelley-Haus in Italien gestohlen hatte); eine Erzählung von Mann («Unordnung und frühes Leid», die ich immer noch interessant, aber inzwischen merkwürdig verkehrt fand); Pazifikgeschichten von Melville (hübsch, aber so leer) … Ich fürchte mich davor, mir all die Bände und Gelegenheiten in Erinnerung zu rufen, die ich absichtlich nicht wahrgenommen habe. Anfangs hatte ich, in meiner romantischen, aber wenigstens willensstarken Art, von den Kraftquellen geschwärmt, die mir die Kriegserfahrung erschließen würde. Was für eine Illusion! Wer immer als Erster der abgenutzten Wendung der «stellvertretenden Erfahrung» einen Beigeschmack von Betrug – oder eine gewisse Bitterkeit – gegeben hat, erzeugte einen der großen Mythen, nach denen wir leben: den Mythos der wirklichen eigenen Erfahrung, der davon zehrt, dass die Tugend der gemeinsam erlebten, irdischen Realitäten hochgehalten wird. So viel ich auch gesehen und gehört habe, so voll davon diese Notizen sind, kann es doch sein, dass ich wirklich nichts gelernt habe; daran denke ich mit Entsetzen. Immer wieder habe ich versucht, einen Tag lang an einer bestimmten Einstellung, einem Thema oder einer Stimmung festzuhalten, aber vergeblich. Irgendwas ist schiefgegangen, falsch gelaufen. Offenbar kann ich mich meinen eigenen Gedanken nicht stellen. Dinge geschehen mir, aber ich setze mich nicht mit ihnen auseinander. An irgendeinem Punkt hat Abstumpfung eingesetzt, und wie kann ich mein Elend vermitteln? In den Monaten hier haben mich so viele beiläufige Details der großen Tragödie, die man nur in ihrem öden alltäglichen Horror erleben kann, auf viele unscheinbare, furchtbare Weisen getroffen, und es macht mich krank zu denken, dass die wirkliche Wunde meine eigene Unfähigkeit ist, erwachsen zu werden. Es verwirrt mich – ich weigere mich zu lesen oder zu schreiben –, ich habe jede persönliche Hoffnung und Ambition in mir abgetötet. Und weiß Gott habe ich mit meiner Seele und meinem Gewissen praktisch Ringkämpfe veranstaltet, um diese Seite hier zu Ende zu bringen. Ich kann mich nur auf eine seltsame innere Schwäche berufen, die mich dermaßen blockiert, dass ich meine eigenen Eindrücke nicht ordnen kann. Ich komme mir verloren und isoliert vor, sogar mir selbst entfremdet. Der erste Schock hält an – «Schauplätze der großen Weltereignisse waren über so lange Zeit im Wesentlichen der Intellekt und die Vorstellungskraft, sie waren so weitgehend Dramen und Fabeln des Geistes, dass es nicht leichtfällt, sie plötzlich der Richtung des individuellen eigenen Sehens und Hörens anzupassen» –, so habe ich mir das Problem vor etlichen Monaten in diesem Tagebuch säuberlich zurechtgelegt. Aber ich fürchte allen Ernstes, dass ich meine Tage weiterhin vergeuden werde. Wo auf der Welt kann ich einen festen Standpunkt finden, wenn ich nicht einmal die Kraft aufbringe, mich meinem eigenen Selbst zu stellen?

MITTWOCH, 18. APRIL 1945 Darmstadt/Heidelberg

Die Zeitspanne, in der ich Begeisterung oder wenigstens einfache Neugier aufbringen kann, wird immer kürzer. Heute ein Tag mit faden, abgestandenen, ohne Sinn zusammengestoppelten Dokumenten, die über die letzten Runden des Krieges nur in Gestalt der verspäteten, immer törichten und vulgären Berichte in der «Stars and Stripes» Auskunft gaben – und ich bin gelangweilt bis zur Verzweiflung. Verzweifelt war auch der Versuch, es vorgestern Abend bis nach Heidelberg zu schaffen, aber wir erreichten immerhin die Außenbezirke der Stadt, Neuenheim auf der Nordseite des Flusses, und das, obwohl zwei Reifen platt waren und der Tank leer.

Nach acht Uhr, vielleicht eine Stunde vor Einbruch der Nacht, verließen wir die Autobahn, die in südlicher Richtung nach Karlsruhe führt, und bogen ins Neckartal ab. Die Hügel und Hänge nahmen im Dämmerlicht eine fast unheimliche Schönheit an, so als hätten wir uns plötzlich in der unergründlichen Stimmung eines geisterhaften Gemäldes der Romantik verloren. Im Tal vor dem Heiligenberg und an den Hängen verliehen die Furchen der frisch gepflügten Felder sowie das ferne Grauweiß der blühenden Bäume der Landschaft eine seltsame altersweise Würde. Wir fuhren auf einer kurvenreichen Straße durch die Hügel, und die leeren Augen alter Festungen blinzelten uns in jeder Kurve an.

Am nächsten Tag (an dem ich leider sehr lange mit den Berichten der 6. Heeresgruppe beschäftigt war) fuhr ich die Strecke noch einmal. Diesmal kamen wir gegen Mittag an, und die Leute waren draußen auf den Straßen. Männer zogen mit Bündeln und Handwagen umher, und Frauen kauften ein. Überall in den Dörfern spielten Kinder auf den Wegen und Durchgangsstraßen, aber wir rasten vorbei, und ich konnte nichts von ihrem schrillen Geschrei verstehen. Auf den Äckern arbeiteten hier und da kleine Gruppen mit Pflügen, und fast überall sah man alte Frauen (die Gesichter wettergegerbt und zerfurcht, Tücher um die Köpfe geknotet und so gebückt, als würden sie sich nie mehr aufrichten).

Unterwegs traf ich nur auf freundliche Menschen. Die alten Leute lächelten uns an und waren gern und eifrig zu Auskünften bereit. An Kreuzungen wurden Wegbeschreibungen in endloser Ausführlichkeit gegeben. Die Jungen winkten uns zu, und ein paar fragten nach «chocolate». (So schwindet die letzte Würde des Nazifanatismus – die hochgepriesene Loyalität der Hitlerjugend weicht der Gier nach Süßigkeiten.) In Lützelsachsen hielt ich am Zaun längs eines Feldes und fragte die dort arbeitende Familie nach den Pflanzen, die hier wuchsen. (Meine Neugier richtete sich besonders auf das «Heer von Goldnarzissen», die «golden daffodils» aus dem Gedicht. *«Löwenzahn»,* sagte der Vater. *«Ach ja»,* riefen die Kinder, *«die gelbe Blume, Löwenzahn!»* (Nein, den Löwenzahn hatten wir nicht gemeint, aber nun mussten wir uns mit dieser Auskunft zufriedengeben.) Ich fuhr ab und war ein wenig beschämt, als ich den Vater mit einer Handvoll «gelber Blumen» zum Zaun zurückkommen sah. Wir waren zu früh weitergezogen.

Neuenheim war seltsam anrührend. Die Straßen sauber, die Häuser und Fenster intakt. An der Brückenstraße glänzten hübsche Schaufenster in der Mittagssonne, in den Gärten blühten Blumen. Wir warteten auf das Zeichen, dass wir die Pontonbrücke überqueren konnten, in diesen wenigen Minuten erholte ich mich ein wenig. Hier war eine Stadt, die überlebt hatte, und es war befremdlich und verstörend. Zum ersten Mal hatte ich das Gefühl, nicht hierher zu gehören. Was wollte ich hier? Wie und warum war ich gekommen? Ein paar Augenblicke lang erschien mir der Kontinent wie im Frieden. Dies war das alte Europa. Ich war vielleicht ein Tourist wie in früheren Zeiten. (Ein Tourist in Heidelberg, der die Universität besuchte, bei einer Familie wohnte …) Aber gleich danach waren wir am Neckar. Die gesprengten Brücken, die Hindenburgbrücke, die Friedrichsbrücke, die Karl-Theodor-Brücke, waren hinabgestürzt, das Wasser brach sich an den Trümmern und rauschte vorbei. Der Fluss strömte wieder ungehemmt und wild, und die Erde war keine zusammenhängende Welt mehr: Sie bestand nur noch aus abscheulichen Inseln. Wir überquerten den Neckar, und der Geruch seines tiefen grünen Wassers war stark und so überraschend, als hätte es aus der Zerstörung des Landes seine geheime Kraft zurückgewonnen …

Heidelberg selbst war unversehrt, sodass wieder ein Anklang an Bildungsreisen aufkam, aber wir Touristen würden Eroberer sein, daran erinnerten uns beharrlich die Verfügungen auf allen Anschlagbrettern. Obwohl Heidelberg schon vor fast einem Monat «gefallen» war, versammelten sich noch immer kleine Gruppen vor den Plakaten, um Gesetz Nr. 1 zu lesen, die Erklärung, die das Ende des Naziregimes verkündete. (Nach der Zerstörung Mannheims, «nur einen Panzerschuss von Heidelberg entfernt», rief der Bürgermeister im Hauptquartier der Army an und kapitulierte per Telefon.) Ich vermute, dass nicht wenige Heidelberger Bürger sich aus dem zweisprachigen Text der Verordnungen englische Grundkenntnisse verschafften. Die Hauptstraße war sehr belebt, aber wieder verlangte das Gebot: «keine Fraternisierung» – abweisende Kälte. Wir gingen mit abgewandtem Blick an den Passanten vorbei. Die Polizei ist natürlich nicht besonders beliebt, dass sie politisch und militärisch notwendig ist, wird nur in wenigen Fällen anerkannt. Interessant und amüsant fand ich, dass vor dem Hauptquartier der Heeresgruppe (in den Universitätsgebäuden) ein riesiger Wegweiser stand: «Pro Station hier entlang.» Einen Häuserblock weiter in der Seminarstraße stand ein Militärpolizist Wache. Durch den verknäuelten Stacheldraht der Straßensperre konnte man die Passanten

sehen. Ein hübsches Mädchen ging vorbei. Der MP lachte mich verlegen an und murmelte: «Mann, von dieser Fraternisierung könnte ich gut was brauchen!» Jetzt, da die Verfügbarkeit von Prophylaxe so öffentlich bekanntgemacht wurde, wird wohl jeder wissen, dass nicht nur einige wenige Verstöße vorgekommen sind. Die Isolation – in den meisten Fällen eine physische Isolation (niemand darf außerhalb der Kasernenmauern herumwandern!) – war nicht allzu schwer aufrechtzuerhalten; und gravierende Übertretungen gab es nur selten. (Als Waters und Blumenson vor ein paar Wochen durch die Stadt fuhren, kamen sie nicht bis zur Universität, weil sie den Weg nicht wussten und sich scheuten, Deutsche danach zu fragen!) Richtige Unfreundlichkeit oder Feindseligkeit findet man kaum oder gar nicht, aber kühle Distanz wird gewahrt.

Amerikanische Töne in Heidelberg: Aus dem Flak-Radio auf der großen Schlossterrasse dröhnt «Ramona». Im Garten der Peterskirche (sie ist ein gotischer Bau aus dem fünfzehnten Jahrhundert) eine brüllend laute Orchesterversion von «And Her Tears Flowed Like Wine».

Die Stadt selbst ist ein wenig fade und enttäuschend. Ja, richtig, die Universität wurde 1386 nach dem Vorbild der großartigen mittelalterlichen Universität Paris gegründet – und die Römer hatten eine Siedlung errichtet, ein Mithras-Heiligtum, und auf dem Heiligenberg einen Merkurtempel gebaut. Große historische Feldzüge der abendländischen Geschichte, die Bekehrung Chlodwigs, Barbarossa, die Reformation und ihre Religionskriege (1622 belagerte Tilly, Generalfeldmarschall der Katholischen Liga, die Stadt Heidelberg), Ludwig XIV. und der Friedensvertrag von Lunéville, der den Grenzverlauf änderte und den Keim zu nationalistischen Feindschaften legte, all das war noch irgendwo hier. Aber Heidelberg und seine berühmte Tradition müssen wirklich ein Geist, ein Ton, eine *Gemütlichkeit* sein, die man mit anderen teilt und lebt. Sie nur anzusehen, auf einer Besichtigungstour nach ihr Ausschau zu halten, wäre falsch und unsensibel. Ich warf einen letzten Blick auf die jahrhundertealten Grabsteine im Kirchgarten der Peterskirche (kam der Swing etwa aus dem Innenraum der Kirche?) und beschloss zu gehen.

Unterwegs blieb ich zweimal stehen: An der großen Schaufensterfront einer Buchhandlung, in der Werke von Goethe, Hutten und Fichte auslagen. Auf einem Schild stand: *Sie haben Zeit zum Lesen!* Ein Schaufenster war offenbar der englischen Literatur vorbehalten. An der Wand hingen Drucke und Kupferstiche aus dem achtzehnten Jahrhundert, und darunter waren Bände ausgestellt, die entweder etwas über den Geschmack oder die Bildung des Buchhändlers oder über die Verfügbarkeit von Büchern verrieten. Ich notierte mir: ein halbes Dutzend Shakespeare-Dramen; Milton, *«Das verlorene Paradies»;* MacDuff, «Sunsets on the Hebrew Mountains»; Erinnerungen an Paul Vinogradoff von H. A. L. Fisher; Gedichte von N. P. Willis (das Titelbild war eine Skizze der Stadt Concord!); Owen Wister, «The Virginian»; Frank Moore, «The Civil War in Song and Story» und schließlich ein theologisches Werk von Henry Churchill King. Zwei Deutsche, junge Männer, standen vor dem Schaufenster. Der eine stieß den anderen an und zeigte auf das Buch: «Schau mal, Churchill ...», flüsterte er. Sonst hörte ich nichts.

Und auf der anderen Straßenseite eine Buchhandlung und Leihbücherei, die im Schaufenster Bücher mit leuchtend bunten Schutzumschlägen ausgestellt hatte. Ich ging hinein, und mein Erscheinen scheuchte die Nachmittagskundinnen auf. In den Regalen: Philip Gibbs; Louis Bromfield, *«Der große Regen»;* Max Brand; Zane Grey; A. J. Cronin; Pearl S. Buck, *«Die Mutter»* und *«Das geteilte Haus»* (eine Nonne griff über meine

Schulter und zog das Buch heraus) und Margaret Mitchell, *«Vom Winde verweht»*. Dieser Roman sei «sehr gefragt, sehr beliebt, jetzt mehr denn je», versicherte mir der Inhaber. Während des Krieges sei amerikanische, englische und russische Literatur natürlich verboten gewesen. *«Ach, das war sehr schlimm!* Immer war die Polizei, die Gestapo hier, um zu kontrollieren und zu zensieren. Ja, ein paar von euren Büchern waren erlaubt. Hier ist eins.» Er zog einen Band aus dem Regal und zeigte ihn mir – «Babbit», «bei Sinclair Louis». Ich lachte. Auch Cronins *«Die Sterne blicken herab»* war vom Verbot ausgenommen. Wieder schmunzelte ich. Der Mann hatte die alten Bände im Keller versteckt und letzten Monat («endlich!») wieder hervorgeholt. Er war glücklich, dass er sie wieder zirkulieren lassen konnte: Die Regale füllten sich. Das wirkliche Verbrechen sei gewesen, dass die Polizei die «missliebigen» Bücher beschlagnahmt, aber nie durch andere ersetzt habe, so erklärte er mir. «Ach, alles wäre nicht so schlimm gewesen, wenn sie mir einen Ersatz gegeben hätten! Nach kurzer Zeit war mein ganzer Laden leer!» Er huschte hin und her und zeigte mir stolz die neuen Bestände. *Ach ja,* dachte ich, die Kultur ist nun wieder frei. Ein befreiter Buchhändler löst sein eingefrorenes Kapital aus. Privateigentum in Bücherborden wurde zurückgegeben und ist unantastbar wie in den guten alten gewinnbringenden Zeiten. Aber mein Unbehagen ist töricht. Die Rettung der Welt geschieht nicht durch großartige Handstreiche jener Heroen, die ihr Leben für die Freiheit einsetzen. Wir haben schon Glück, wenn wir unseren Weg finden, so gut wir eben können.

FREITAG, 20. APRIL 1945

Ein paar fragmentarische Details des Vorstoßes über den Rhein bei Ludwigshafen schienen mir besonders interessant zu sein oder wenigstens gut genug für eine kurze Flucht aus den politischen Vorurteilen und routinierten Phantastereien der militärischen Gerüchteküche. Mannheim lag in Schutt und Asche, und die Straßen nach Heidelberg sowie südlich von Karlsruhe waren von Flüchtlingsströmen überschwemmt. Die Stadt Heidelberg quoll über. In Friedenszeiten hatte sie sechsundachtzigtausend Einwohner, jetzt über einhundertundzehntausend. Heidelberg war zur Arche des Rheins geworden. (Nur etwa zweitausend Displaced Persons, meist Franzosen, waren in der Stadt.) Frühe Beobachter berichteten, dass die Leute gut genährt wirkten und die Stadt in jeder Hinsicht normal. Geschäfte und Banken waren geöffnet, die Universität unversehrt (jetzt zum Schutz vor Plünderungen bewacht). Der Neckar war ruhig, und kleine Ruderboote sorgten für den Transport von einem Ufer zum anderen. Mehrere hundert Tote, Soldaten und Zivilisten, die etliche Tage zuvor bei den Straßenkämpfen umgekommen waren, lagen noch auf den Straßen. Der Bürgermeister – und das war mir bei meiner ersten, ziemlich flüchtigen «reconnaissance» entgangen – war seit 1929 im Amt und Parteimitglied. Er erklärte – natürlich –, er habe in die Partei eintreten müssen, um im Amt bleiben zu können. Und die Army ließ das durchgehen. Nach dem neuen, inzwischen schrecklich vertrauten Muster war es zwar prinzipiell beabsichtigt, ihn zu entlassen, aber vorübergehend konnte man ihn noch brauchen, und «seine sofortige Absetzung wäre nicht gerechtfertigt, dazu war er in der Nazihierarchie nicht prominent genug». Freilich hatte er sich geweigert, Listen mit den Namen prominenter Nazis zu liefern und Angaben über

Nazigrundbesitz zu machen. Aber vorläufig konnte er noch mithelfen, für Ordnung und eine funktionierende Verwaltung zu sorgen. Über solch leeren, faulen Phrasen geht jede Absicht verloren. Die bedingungslose Amtsenthebung aller Nazis hätte ein stimmiges Symbol für das Ende der alten Ordnung sein können. In jeder Stadt, jedem Dorf, jedem Bezirk hätte alles außer der Erinnerung an die Macht der Partei ausgerottet werden können. Stattdessen diktieren fadenscheinige Gründe, angebliche militärische und administrative Zweckmäßigkeit, immer wieder Kompromisse, sodass der klare Bruch, der konstruktiv und belebend gewesen wäre, verwischt und verzerrt wird. Wieder einmal sind Sieger und Besiegte gleichermaßen gefangen in der Maschinerie des Bösen. Dass wir zutiefst hilflos sind, zeigt sich, mir jedenfalls, bis in alle Einzelheiten unserer Eroberung und Besatzung. Jeder Bericht ist so auffällig wie unwissentlich geprägt von der tragischen Ironie und Paradoxie des Krieges. «Unter der Naziherrschaft waren alle Kirchen verpflichtet, den Text der Sonntagspredigten, bevor sie gehalten wurden, zur Prüfung einzureichen. Pastoren und Priester bleiben bei diesem Verfahren.» «Das städtische Gefängnis wurde fast ganz zerstört. Ein Zellenblock mit ungefähr achtzig Zellen wurde jedoch von Schutt und Trümmern gesäubert. Er ist ziemlich beschädigt und ohne Fensterscheiben, kann aber etwa hundertfünfzig Personen aufnehmen.» «Über die Situation in den Konzentrationslagern wurden Berichte geschrieben, und an die einzelnen Insassen wurden Fragebogen verteilt, die sie ausfüllen sollten. Nachdem das Lager in die Hände der Alliierten gefallen war, hatten drei Insassen die deutschen Wächter gefangen gesetzt und die Lagerleitung übernommen. Es waren ein Engländer, ein Franzose und ein Belgier … Im Lager lief alles glatt, sodass man entschied, nichts daran zu ändern.» Dass das Leben die Kunst nachahmt, ist nicht aus der Luft gegriffen, sondern buchstäblich wahr und entsetzlich. Der ganze Krieg wird mehr und mehr zu einer einfallsreichen Adaptation von Kafkas Dichtung.

Diskussionen am Abend. Carter über die Teilung Deutschlands: «Das Land teilen? Nicht doch, wir vermieten es! Dieses Land wird ein einziges großes Zu-vermieten-Angebot! Oder wenn alle Bomben abgeworfen sind, ist es vielleicht ein einziger Bombenkrater, so tief, dass das Meer reinrauschen kann. Dann nehmen wir alle Urlaub und gehen angeln. Dann und wann wird was anbeißen, und wir ziehen einen Heidelberger heraus, einen netten fetten Arier, oder einen Frankfurter. Wie es aussieht, haben wir gute Zeiten vor uns. Nichts zu tun, nur angeln und im Mare Nostrum schwimmen ...» Und Mooney redete wieder mal über die Bettwäsche von Bates, Schlafzimmerausstattungen und Damenkonfektion.

21. APRIL 1945 Darmstadt

Nominell befasse ich mich mit der Herbstphase der Kriegsgeschichte – der Verlangsamung der Operation Dragoon, den Vorbereitungen für die Winteroffensive gegen Straßburg, Maginot-Linie und Westwall. Die Berichte sind unmöglich: flüchtig, öde und nur als formale Quellenangaben brauchbar; folglich wird jedes Manöver langweilig. Das mag ja eine Erzählung von Militärgeschichte sein, Geschichtsschreibung ist es sicher nicht. Eine kleine Weile fesselte mich die Schilderung der Kämpfe im Wald von Parroy: ein übles Gewirr von Gebüsch und Gehölz, von dem die Army wochenlang aufgehalten wurde.

Anmerkung: Keine Rückkehr zu Versteckspiel und Indianerkämpfen! Vorgeschickte Beobachter hüpften von Baum zu

Schützenloch (viele alte Gräben aus dem Ersten Weltkrieg) und lösten mörderische Artillerieladungen aus, die Bäume zum Bersten brachten, während in neuen Manövern Panzer durch Lichtungen und Brandschneisen geschickt wurden. Die Mechanisierung des Krieges ist unvermeidlich! Sogar im Wald, der Heimat der klassischen Jäger und Krieger, ist der Geist des Wettkampfs verlorengegangen.

Wenig Neues über den Tod Roosevelts zu berichten, abgesehen davon, dass Briefe und Zeitungsausschnitte mit ausführlichen Beschreibungen der landesweiten Trauer in den Staaten zu uns durchgedrungen sind und nur Überraschung ausgelöst haben. Hier wurde keine Träne vergossen, niemand war berührt oder bewegt. Die langen Verlustlisten haben den Tod so alltäglich werden lassen, dass das Hinscheiden nur noch eine nebensächliche emotionale Erfahrung ist. Das Bedauern ist oberflächlich und das Verlustgefühl flüchtig. So viele Freunde sind gefallen, so viele vertraute Namen vergessen, dass sich nur wenige Besonderheiten nicht verwischen: Nichts ist historisch, alles alltäglich. Es gab ein paar Berichte über «Gedenkveranstaltungen», aber soviel ich weiß, wurde die Routine der Army nicht unterbrochen. Die Unterhaltungen kreisen wieder um die alten Themen, und innerhalb einer Woche wurden Roosevelt oder Truman im Ganzen dreimal erwähnt. (1. Eine müßige Spekulation über die Rolle des Großen Weißen Vaters im Jenseits: Wird er einen New Deal für Sünder und Heilige gleichermaßen vorschlagen? Die Auferstehung ankurbeln? 2. Ein Witz über Trumans Ahnungslosigkeit: «Also am 4. Juli ist dann alles vorbei? Rechtzeitig, um Hitler Knallfrösche unter den Bart zu setzen?» 3. Der Spruch, dass die internationale Machtpolitik jetzt von den Großen Zweieinhalb bestimmt wird.)

Ich glaube nicht, dass der tiefe, allgegenwärtige Zynismus nur Ausdruck einer geistigen und emotionalen Abstumpfung ist. In unserer Kälte versteckt sich das Gefühl sozialer Machtlosigkeit und Vergeblichkeit, ein politischer Nihilismus. Es stimmt, dass unser Leben Tag und Nacht aus Routine besteht, die von Menschen dominiert wird. Nie zuvor standen Persönlichkeit, Kompetenz und Individualität so alles beherrschend im Vordergrund. Und doch, egal, ob «guter Mann» oder «Pechvogel», am Ende reagieren alle nur mit Gleichgültigkeit und Fühllosigkeit.

Das «Schicksal» hat in der Army und im Krieg ein erdrückendes unpersönliches Gewicht angenommen. Von Anfang an, gleich als die effizienten Stahlkurbeln von IBM GI-Werdegänge auswählten und verteilten, wurde der Lauf der Ereignisse zum mechanischen Vorgang. Kontinente mögen wanken und Giganten fallen, aber der historische Prozess bleibt etwas Endgültiges außerhalb unserer Reichweite. Für uns kommt es nur auf den nächsten, unausweichlichen Moment an. Nur den müssen wir meistern. Daran liegt es, dass der Tod Franklin Roosevelts – FDR –, des Mannes, der das Leben in Amerika dominierte, der die Nation berührte und erschütterte, wenn er nur seine Stimme erhob, dass dieser Tod hier niemanden zu einer angemessenen Bemerkung, Reaktion oder Geste bewegen konnte.

Was mich selbst betrifft, so muss ich gestehen, dass ich niemals Liebe, Loyalität oder Bewunderung für ihn empfunden habe, überhaupt nichts außer großer Achtung, wie es sich für einen kritischen Beobachter gehört. Jetzt, da er tot ist, glaube ich, dass sich das gesamte Antlitz Amerikas verändert hat, die Art und Weise, wie sich die Staaten zusammenfügen. Roosevelts Ehrgeiz, seine politische Macht und seine Ideale verliehen der Nation ihre Einheit. Jetzt sind die Dinge plötzlich blasser und unzusammenhängender geworden. Die Schlagzeile der «Stars and Stripes» hängt vor mir an der Kasernenwand: «ROOSE-

VELT DEAD». Roosevelt ist tot, und obwohl das bei mir kein schmerzhaftes Verlustgefühl hinterlässt, kann ich es nicht recht glauben. Wie selbstverständlich hat er unser Leben überschattet. Er beherrschte (und beengte) die politische Entwicklung (und auf ganz reale Weise auch den intellektuellen und moralischen Fortschritt) meiner gesamten Generation. Seine «Begeisterung» für Liberalismus und Demokratie und sein «Mitgefühl» für das Volk – so der abgestumpfte Jargon – betörten die Köpfe und Herzen so vieler junger Menschen! Roosevelt war ein Idol für Millionen und für viele ernstzunehmende Intellektuelle ein starkes Symbol. Ich kann nur sagen, dass er für mich nichts Herausragendes hatte, seiner Hingabe fehlte die Kraft der Liebe, und seine Macht wurde durch paternalistisches Gehabe entwertet. Gewiss, er war die Verkörperung von Geschichte, aber für weltgeschichtlich bedeutsam kann ich ihn nicht halten. Bei umfassender Betrachtung war seine Rolle während der schrecklichen Zeiten des massenhaften Elends und des Mordens auch von einer Niedrigkeit gekennzeichnet, die mir unausweichlich erscheint.

Mir liegt nichts daran, rein politische Meinungsverschiedenheiten zu übertreiben. Aber Franklin D. Roosevelt fehlte es an persönlicher Kultur (ich weiß, dass das Gemeinte sich so nur unzureichend ausdrücken lässt, aber der Vorwurf geht tiefer und ist ernster zu nehmen als die Oberflächlichkeit dieser Phrase). Er besaß Charme und eine geradezu magnetische Anziehungskraft, aber beides wurde wahl- und unterschiedslos eingesetzt. Der große weiße Vater des New Deal konnte sich niemals über das Niveau des Pokertisches erheben. Er war ein großartiger Kartenmischer und ein erstaunlich konstanter Gewinner. Unter den Jungs in den Hinterzimmern war er ein Gigant. Dort wurde vieles entschieden, vieles gewonnen und verloren, was unser Leben und Schicksal veränderte. Doch große Stapel blauer Chips sind trotz der Sicherheit und der Annehmlichkeiten, die sie bieten, alles andere als die angemessene Währung, wenn es um die ganze große Tragödie unserer Zeit geht.

SONNTAG, 22. APRIL 1945 Darmstadt

Von Papen wurde an der Ruhr gefangen genommen, Nürnberg ist gefallen (befreit zur Melodie von «Der Führer's Face», die anscheinend zur offiziellen Hymne der Befreiung geworden ist); Leipzig wurde eingenommen (Truppen umzingelten die Stadt, und als die Nazis trotz des Protestes des Oberbürgermeisters, des Polizeichefs und des Militärkommandeurs nicht aufgaben, schlugen sie sich den Weg ins Stadtzentrum und zur befestigten Universität frei); Goebbels klang in seiner Geburtstagsansprache für Hitler nüchtern, aber hilflos (er hatte nichts zu bieten außer vagen Phrasen der Hoffnung auf den Sieg). Mich ekelt die Unwirklichkeit des Ganzen weiterhin an, und niemand, ich muss es so sagen, scheint mehr als nominell erregt oder auch nur neugierig auf diese letzten historischen Tage des Hitlerismus zu sein. Das Fraternisierungsverbot hat uns alle ein wenig kalt werden lassen, und es war nicht leicht, es zu befolgen. Für die meisten Soldaten heißt das: 1) keine Souvenirs, kein Straßenleben, denn alles Deutsche (eine ganze Nation!) ist verboten; 2) keine Frauen, und überall, außer bei den Kampftruppen an der Front, ist der größte Teil des Tages der Hurerei gewidmet, in Form von Träumen, Erinnerungen, Witzen, Plänen, Versen, Kunstwerken und ausgewählter Folklore; 3) das unangenehme Gefühl, an Passanten vorbeizustarren, das gelegentliche Lächeln der alten Leute und das zutrauliche Grüßen der Kinder zu ignorieren, die den vorüberziehenden Kolonnen zuwinken. Einigen mag das vielleicht als angemessen abweisende, kompromisslose Haltung gegenüber den Barbaren erscheinen (sie benutzten Wasserschläuche und pressten so lange heißes Wasser hinein, bis die Eingeweide platzten!). Für verschwindend wenig andere ist das Fraternisierungsverbot politisch sinnlos und abwegig, der neu eingesetzte Bürgermeister ist machtlos und hat kein Ansehen, und so überleben die Deutschen (etwa jene, die mich angehalten und eifrig nach Zeitungen gefragt haben: ganz gleich, ob von der Army oder zivil, englisch oder deutsch, Hauptsache irgendwas!) in einem nationalen Vakuum – und moralisch ist es Teil der tiefen, nervenden Leere des ganzen Krieges.

Ebenfalls unerträglich – nicht ganz so, aber viel unmittelbarer – ist die schreckliche Farce, an der unsere sogenannte Historische Abteilung beteiligt ist. Die Einzelheiten sind so ärmlich und trivial, dass mich der Gedanke schmerzt, was ein zukünftiger Historiker wohl mit dem «historischen Programm des Zweiten Weltkriegs» überhaupt anstellen kann. Er oder sie wird zweifellos mit großer Geduld alle Befehle und alle Manuskripte untersuchen und dann einen Mythos abstrakter Ereignisse fabrizieren und präsentieren: genau so, wie wir es bei unseren eigenen militärischen Forschungen machen. Leopold von Ranke ist bei den immensen Recherchearbeiten jederzeit bei uns, aber die Erzählungen, die letztlich dabei herauskommen, beschreiben stets, «wie die Dinge niemals wirklich geschahen». Geschichte hat unsere Zeit aus den Fugen gebracht, und sie wird weder «gemacht» noch «geschrieben», wie es sich gehört.

Ein Hauptquartier voller Historiker, und wer kann sich vorstellen, wie es da zugeht? Der Colonel und sein Großwesir sind nach Paris gefahren. Goddard ist natürlich ein Narr, ein ehrlicher, fleißiger, überforderter Ignorant. (Neulich redigierte er die Manuskripte der letzten Zeit und bestand dabei auf ein halbes Dutzend Änderungen: «Dieses Bataillon kann unmöglich auf dieser Route vormarschiert sein, wir schicken es einfach durch die Wälder.» – «Sie können doch nicht beide Kompanien gleichzeitig angreifen lassen, und es ist mir ganz egal, ob es wirklich so war – der Stabschef wird noch denken, wir wären blöd! Also lassen Sie eine Pause von zwanzig Minuten!» Es war absurd und unglaublich.) Duncan ist weder ein Narr noch ehrlich; er hat es geschafft, sich zur Autorität hochzuarbeiten. Die meiste Zeit der Woche beschäftigt er sich mit seinen Romanzen und Besichtigungstouren und sitzt zwischendrin gerade lang genug am Schreibtisch, um eine unglaubliche Anzahl pompöser Memoranden zu verfassen, die alle nur dazu dienen, die Effizienz eines jeden anderen zu halbieren. (Und das mit beträchtlichem Erfolg.) Davis wirkt als Chefhistoriker weiterhin eindrucksvoll und unentbehrlich. Um seine Phasen- und Ablaufskizzen zu verfassen, sieht er einen mit den «Beachhead News» gefüllten Aktenordner durch und verschwindet dann zu einer «Geländeinspektion» – was normalerweise Stadt und Fraternisierung bedeutet. Buchstäblich im Chaos und Durcheinander warten seine Rechercheure auf seine Rückkehr, aber auch dann erhalten sie keine Klarheit, sondern nur die Anordnung, die Abgabetermine für alle Kapitel einzuhalten. (Denn wenn die Erzählung nicht fertig ist, muss man wissen, wird ihn der General nicht in die Heimat «rotieren»!) Sutton verschwendete ein paar Wochen mit Recherchearbeiten, die Dyer längst erledigt hatte; alle wollen gleichzeitig dieselben Dokumente von G-2 und G-3 haben, denn jedes Kapitel geht ins andere über. Dyer, trotz all seiner Macken ein fähiger und intelligenter Mann, hat seine Bemühungen schon lange aufgegeben. («Als der Major seine Analyse der Paralleloperationen im Rhone-Tal total kastriert hat», erklärt Carter, «war Dyer drauf und dran, die Militärgeschichte komplett an den Nagel zu hängen!

Old Charlie tauscht mal ein Verb aus, setzt ein Komma und zwei Anführungszeichen, und dann ist er mit seiner Arbeit fertig.») Heute Morgen mühte sich Davis ein wenig mit der Bedeutung des Wortes «subsequent» ab: «Dyer, das heißt doch ‹vor›, oder?» Dyer scharf: «Herrgott, nein! Es heißt ‹nach›!» (Der Sergeant geht sowieso bald und kehrt an seine «Wasserstelle» zurück, wahrscheinlich wird er wieder in Italien landen.) Gottlieb mogelt bei seinen Aufzeichnungen, kaut wild auf seinem Kaugummi herum und braucht für jeden zweiten Satz ein Lexikon. Eggers und Jordan sind im Feld, tummeln sich an der Front und haben nicht die geringste Ahnung, was sie da sollen. Waters ist gerade zurückgekehrt, Mission erfüllt: Er brachte ein Radio mit. Weinstein gibt offen zu, dass sein Arbeitspensum diese Woche aus vierzehn Luftpostbriefen, sechzehn Feldpostbriefen und zwei Telegrammen bestand. Mooney hätschelt seine neueste «Spürhund»-Geschichte, liest sie immer wieder durch, stolz wie ein kleines Kind auf ihren Umfang, die saubere Typographie und die wunderbare Vollständigkeit. Er liest mir immer wieder Sätze vor (die ich ihm geschrieben habe) und fragt mich, was ich davon halte. Dann will er über sein Inhaltsverzeichnis und die Überschriften reden und wischt meine Kritik (Kommentare zu meiner eigenen Arbeit!) mit den Worten vom Tisch: «Du vergisst, was ich hier versuche, ist …» Aber das sind nur Kleinigkeiten. Was mich mehr trifft, ist die Tatsache, dass er weiterhin seine eigenen Ziele verfehlt – er spürt so viel, aber versteht nichts, und umfasst so viel Leben, ohne auch nur eine einzige Erfahrung wirklich zu verdauen.

Gestern Abend verließ er unsere vergnüglichen Themen und steigerte sich mal wieder in die Leier von «Joe im Schützenloch» hinein. «Was wissen wir denn schon vom Krieg? Nur er ist es, der kämpft, der leidet, nur ihm geht es elend und dreckig! Wir sitzen hier in der Etappe und bringen für nichts von dem, was er durchmacht, echte Wertschätzung auf ...» Und so weiter. Ich habe genug von dieser Denkweise, und ich glaube, ich muss ihm mal das Maul stopfen. Aus all den albernen, trivialen, großmäuligen, heuchlerischen und seelenlosen Pietäten des Krieges haben wir einen großen Witz, eine routinierte Varieténummer gemacht. Doch ab und zu bricht diese Disziplin zusammen, und jemand lässt sich auf das ein, wofür es nur den herrlichen amerikanischen Ausdruck gibt: «Bullshit reden». Dieser Bullshit ist so weit entfernt von einer echten und aufrichtigen Rückkehr zu Ernsthaftigkeit, Werten, Demut und einem erschütternden, tragischen Gespür für den Krieg, dass ich darauf nur niedergeschlagen und wütend reagieren kann. Der Krieg, oder besser gesagt dieser elende Feldzug mit seinen endlosen Gefechten und seinem endlosen Voranstürmen, dem ewigen Versammeln bei Tag und bei Nacht, dem Rausspringen und Eingraben, Angreifen und Patrouillieren, hat in der Tat viel Leid gebracht. Und daran haben wir wirklich kaum Anteil gehabt. Doch all diese quälerische Sympathie, all die kaputten Ausbrüche von Selbstvorwürfen dienen allein dazu, die Schwächen und Ängste unseres überarbeiteten Gewissens zu verschleiern. Das große Problem der persönlichen Schuld, das alle Aspekte des Charakters und der Persönlichkeit prägt, wird weder gelöst noch überhaupt zur Kenntnis genommen. In diesen Selbstbezichtigungen steckt nichts anderes als formelhafter Masochismus. Der Mechanismus ist alles andere als subtil: Mit den Wunden dieser Selbstkasteiung haben wir Teil an der Blutsbrüderschaft der Schlacht. Ja, auch wir erlitten und überstanden die dunklen Tage! Wir legen uns ein bequemes verbales Unglück zurecht und legitimieren es mit Hilfe nervöser Rhetorik als echtes Leid. Abermals wurde das Mitleid vulgarisiert und zum Selbstbetrug korrumpiert, alles nur Eigennutz ...

Der Abend ging in hektischem Tempo schnell dahin. Hamilton war aus Worms mit mehreren Kisten guten Weins zurückgekommen, *Liebfrauenmilch*, und die Flaschen wurden fröhlich geleert. (Hamilton tut, nebenbei gesagt, in diesen Tagen gar nichts und wartet nur auf die Stunde, da uns die ganze Geschichte um die Ohren fliegt. Ich sehe ihn Froude, Livius, Readers' Digest und H. G. Wells lesen, und gelegentlich macht er Vorschläge wie: «An dieser Stelle der Erzählung sollten wir ein halbes Dutzend leere Seiten einfügen, mit der Legende: ‹In diesem Zeitraum waren die Operationen so schrecklich langweilig, dass nichts Interessantes zu notieren ist.›»)

Streitgespräche aller Arten gibt es jederzeit in allen Büros, und wenn ich auch nicht immer verstehe, worum es im Einzelnen geht, so ist es doch recht einfach, die Themen auszumachen. Wie immer werden die Gespräche von Zynismus und Langeweile beherrscht. Man hat eine Art Spezialvokabular entwickelt, um die ganze Bandbreite der Gefühle und Vorurteile in Worte zu fassen. Seit Monaten leben wir nun schon zusammen, arbeiten an denselben Problemen und beklagen uns über dieselben Dinge. Wir können es wirklich nicht mehr ertragen, einander reden zu hören; was gibt es denn auch zu sagen? Und so wird jede Bemerkung mit einer reichen Sammlung von stilisierten Umschreibungen befrachtet, die wir auf dem Weg von Marseille oder Cherbourg zum Rhein aufgeschnappt haben. Wenigstens die Phrasen waren also relativ frisch und originell – etwa «beaucoup» (meistens «bo-koo», manchmal auch «bo-koops»), «tray beans» (très bien), «trayz interessant» und «ah wee» (ah, oui). Keiner geht fort, sondern man «parteet», und am Ende läuft alles auf «C'est la guerre» hinaus (manchmal zu «Say lah jerry» verballhornt). Linguistische Stilmittel werden hektisch improvisiert, um dem Alltagsgerede neue Farbe zu verleihen. Wettergeschwätz dreht sich meistens um einen «bony day», Weibergeschichten um «cooshay aveck» (coucher avec, schlafen mit), «combien» (Was kostet's?) und «sharee» (chérie). Dieser Jargon ist mehr als nur eine neue Form des Slangs, denn hier, unter uns, wird er mit wissender Verzweiflung gebraucht. Es ist, als wäre sogar die Struktur der Sprache fieberhaft hysterisch geworden! Nichts ist gegen die Krankheit des Krieges gefeit. Man hat uns Leben, Willen, Ehrgeiz, Würde und sogar die Tragik genommen. Wir wurden beraubt, man hat uns Herz und Seele herausgeschnitten, uns verloren und hilflos zurückgelassen. Und am Ende gibt es nicht einmal mehr Worte.

Ich war selbst in die Kontroverse im Fall Carpenter verwickelt, und wie üblich argumentierte Carter nachdrücklich im Sinne Freuds, während Dyer sich auf den heiligen Thomas von Aquin und Immanuel Kant berief. Carter war eloquent: «Also, sieh doch mal, es ist wirklich ganz einfach. Carpenter hatte von Anfang an alle Auspizien gegen sich. Sein persönlicher, sein psychologischer Kriegsschauplatz war die Homosexualität, dafür spricht alles. Und sein ganzes Leben lang hat er diesen großen Kampf geführt! Er hat sich stets geweigert nachzugeben. Er hätte den Rückzug antreten oder kapitulieren und sich einen netten Jungen suchen können oder einen sauberen alten Herrn ... Aber nein! Die Repressionen der Gesellschaft und seine eigene unterbewusste Disziplin haben ihn auf Linie gehalten. Während er also niemals mit einer Frau geschlafen hat, ja, nicht mal eine geküsst hat – er hat es mir selbst gesagt! –, haben ihn seine sexuellen Defizite weder gebrochen noch vom Weg der Normalität abgebracht. Er hat seine Schlacht gewonnen, aber um welchen Preis! Er hat Zuckungen, wedelt mit den Händen und kiekst, er pusselt und fummelt herum und vertrödelt seine Zeit mit einer Briefmarkensammlung von Gustav Adolf oder einem barocken Trumm von Friedrich Barbarossa, vielleicht auch einer Ruine, die ihn, diesen überempfindlichen antiquarischen Geist, zu glauben veranlasst, dass die Moscheebauten die römische Architektur beeinflusst haben, und zwar über die levantinischen Handelsbeziehungen der Kaufleute aus Pistoia. Oder irgend so was … Carpenter ist das Bild des frustrierten Homosexuellen als Historiker. Wohlgemerkt, er ist sich all dessen gar nicht richtig bewusst! Denn wie viele Leute haben letztlich die Intelligenz – sagen wir besser Übung – oder den Mut, ihr psychisches Innenleben zu kennen oder sich ihm zu stellen? Aber los ging alles mit der Homosexualität!»

«Herr im Himmel», erwiderte Dyer, «meine Güte! Nec scire fas est omnia – es ist unmöglich, alles zu wissen –, und doch verkündest du deine Wahrheiten, als ob du die göttliche Weisheit gepachtet hättest. Ab initio – als Erstes – würde ich sagen, dass in deiner Theorie längst nicht alles stimmig ist. Wie irgendein intellektuell Gebildeter nach der ‹Summa theologiae› und der ‹Kritik der reinen Vernunft› noch vom freien Willen, vom Unbewussten und der Versklavung der Seele durch Es und Ich sprechen kann, das überrascht mich! … Also, ich war Republikaner, als die Demokraten in Amerika regierten. Wenn du so willst, war ich ein republikanischer Wahlkreishelfer in Binghampton im Staat New York. Und ich habe im Laufe von einigen hart umkämpften Wahlen weiß Gott was davon erfahren, wie Geist und Seele des Menschen funktionieren. Also, die Leute zur Wahl zu treiben, ist gut und schön, aber die fünf Dollar habe ich immer erst ausgezahlt, wenn ich durch mein kleines Guckloch in der Wahlkabine selbst gesehen hatte, dass sie wirklich richtig wählten. Schon mit diesem einen Punkt kann ich dein Argument widerlegen! Die Sünde ist überall, die Korruption blüht! Wenn Carpenter so ist, wie du ihn dargestellt hast, und wenn er, wie du sagtest, die Prüfung nicht bestanden hat, weil er sich der Krise seiner Sexualität nicht gestellt hat, und wenn er sein ganzes Leben in Unwissenheit bezüglich der dunklen Machenschaften seiner Seele verbracht hat, dann hast du damit die ganze Welt verloren gegeben! Dann leben, arbeiten und scheitern wir alle im Dunkeln. Dann hat keiner von uns Hoffnung auf Rettung, denn niemand kann je seine schreckliche gottlose Lage erkennen. Wer kann sich seinen Sünden stellen, wenn Verdrängung, Sublimierung und das Unbewusste die Welt regieren?»

Dyer lag den ganzen Abend ziemlich weit daneben. Carter bedrängte ihn wild, Maske saß in der Ecke und notierte den Punktestand. Manchmal erzielte Dyer einen Punkt oder zwei für «wirkungsvolles Gegen-Artilleriefeuer» oder «planmäßigen Rückzug auf vorteilhaftere Stellungen». Doch insgesamt hatten Carters Argumente einfach mehr Durchschlagskraft; er konnte Dyers Positionen nach Belieben durchlöchern. Maske beharrte darauf, dass Dyer möglicherweise noch Reserven hätte, und so lautete der Beschluss, dass nur eine Diskussionsphase beendet sei: «Dyer wurde unter schweren Verlusten vorübergehend zurückgeschlagen», stand in Maskes Kampfprotokoll zu lesen. Doch nach meiner eigenen Zählung hatte die Wormser *Liebfrauenmilch* schon vor Stunden zu einem totalen Zusammenbruch der Kommunikation geführt …

Nach Mitternacht wurden alle umherrollenden Flaschen eingesammelt und in den Strohkorb gelegt. Ich wandte mich wieder meinen Notizen zu. Dort fand ich folgendes Kafka-Zitat:

«Es ist nicht notwendig, daß Du aus dem Haus gehst. Bleib bei Deinem Tisch und horche. Horche nicht einmal, warte nur. Warte nicht einmal, sei völlig still und allein. Anbieten wird sich Dir die Welt zur Entlarvung, sie kann nicht anders, verzückt wird sie sich vor dir winden.»

MILITÄRREGIERUNG, 22. BIS 28. APRIL 1945

Ernennungen und Entlassungen von Bürgermeistern, Auf und Ab: Dr. Karl Strecker in Forchheim am 18. April, am 21. April in CIC eingeliefert. Joseph Appes in Ebern: entlassen. In Ellwangen ein Nazigegner. In Crailsheim «war es schwierig, jemanden zu finden, der bereit war, das Amt des Bürgermeisters zu übernehmen. Vielleicht war der Grund für diese Zurückhaltung die Tatsache, dass die 10. Panzerdivision die Stadt eingenommen und sich dann wieder zurückgezogen hatte, mit dem Ergebnis, dass die Nazigegner, die Flagge gezeigt hatten, anschließend Repressalien durch die Nazis ausgesetzt waren. Ein weiterer Faktor könnten die fast komplette Zerstörung der Stadt und die daraus resultierenden enormen Probleme sein ...»

Politisches:

«Es gab keinerlei Berichte über politische Aktivitäten irgendwelcher Organisationen, die als Ersatz für die Nazipartei gelten könnten, oder über die Neugründung politischer Parteien, die in der Zeit der Weimarer Republik aktiv gewesen waren ...»

«Deutsche Amtsträger zeigen weiterhin volle Kooperationsbereitschaft. Nahrungsmittel wurden in angemessener Menge durch die deutschen Behörden an Displaced Persons verteilt, ebenso wurden Unterkünfte zugewiesen. Außer in Crailsheim gab es keine Schwierigkeiten, Beamte zu rekrutieren. Die Schwierigkeit bestand und besteht darin, Leute auszuwählen, die kompetent und politisch zuverlässig sind ...»

Keine Nachrichten. Keine Zeitungen, kein Radio (Elektrizität *kaputt*).

Öffentliche Sicherheit, Probleme durch Plünderer:

Begannen, als um Aalen und Dillingen herum noch Kämpfe stattfanden; Displaced Persons und ehemalige Kriegsgefangene mussten arbeiten; alle Truppen waren im Einsatz, und bis zum Ende der Schlacht keine Polizeikontrollen.

Einige Regionen gründlich nazifiziert; nur an der Basis – SS-Schulen in der Nachbarschaft (Ellwangen und Heidenheim).

Seltene Fälle von Heckenschützen in Ebern und Königshofen: isolierte Banden deutscher Soldaten in den Wäldern.

Finanzen schlecht. Banken in dieser Gegend zerstört, ausgebrannt.

Lebensmittelversorgung befriedigend. In Nürnberg städtische Lebensmittelvorräte angemessen; keine akute Notlage, nur weil Bevölkerung halbwegs normal.

Landwirtschaft lebt wieder auf. Aber Transportwesen eingeschränkt und problematisch (zerstörte Brücken etc.).

Landarbeiter, Milchkühe und Rinder ... eher zu wenig.

Arbeiter: beseitigen Straßensperren und machen Straßen passierbar.

Anträge, Arbeitslose in den örtlichen Fabriken einzustellen und die Arbeit wieder aufzunehmen, liegen zur Genehmigung vor. Kenne die Entscheidungen nicht.

Reparatur von Wasserleitungen und anderen öffentlichen Versorgungseinrichtungen.

Religion: «Gottesdienste in der ganzen Gegend wieder erlaubt, nachdem die Kleriker angemessen über ihre Pflichten unterrichtet wurden. Es gibt viele Belege für die Standhaftigkeit des Katholizismus gegenüber den Nazis, und es bleibt festzuhalten, dass weiterhin zahlreiche religiöse Denkmäler, Gemälde und Kruzifixe zu sehen sind, ein Hinweis darauf, dass die Nazis es nicht wagten, die physischen Manifestationen des christlichen Glaubens zu zerstören ...»

Schlösser, Keller und Scheunen voll mit Kunstschätzen. «Plünderungen und Akte des Vandalismus sind fast überall vorgekommen, wurden jedoch vom Militär so schnell wie möglich verhindert und richteten anscheinend auch keinen sehr großen Schaden an, gemessen an dem, was in Sicherheit gebracht oder durch Kampfhandlungen zerstört worden war …»

Die Heidelberger und Karlsruher Sammlungen (Gemälde, Archive) tauchten in Adelsheim wieder auf, die Stuttgarter Bibliothek in Aschhausen. Archive aus Frankfurt und Darmstadt in Erbach.

Verwunderliche Notiz: In Worms wurden «hebräische Archive» entdeckt!

25. APRIL 1945 Darmstadt

Ein Morgen voller Geschichten und Figuren. Ferguson kam aus Romilly zurück und beherrscht jetzt meisterhaft die Techniken und Formeln der Militärregierung. «Du bist der Boss, verstehst du, und was du sagst, wird gemacht! Du ziehst in diese kleine Stadt, das ist eine *Gemeinde,* hast du im Schulungskurs gelernt, und richtest dich ein! In einem Schloss oder so ähnlich, lebst gut und arrangierst dich! Bisschen einsam kann's werden – aber was soll's! Ist sie hübsch, ist sie eine Displaced Person! Mich haben sie in der Abteilung Eigentumskontrolle eingesetzt. Und Deutsch musst du nicht können. Die Aussprache hab ich da unten in Romilly aufgeschnappt, aber lieber Gott, die Sprache musst du nicht beherrschen, du kommst auch so zurecht. In Troyes war so eine Kleine, und wir haben uns fabelhaft verstanden. Ich sage: vooz avvy mari – du bist verheiratet, und sie sagt: wee, prisonnier – Kriegsgefangener in Deutschland, und dann sage ich: Pech, dommage, dommage, und schon haben wir uns zusammengetan. Lief gut, richtig gut! Jedenfalls hatten wir diese kleine Abteilung, und da gibt's eine Masse Vorschriften, aber ich denke, das ist alles der alte Quatsch. Als ich da unten war, haben sie einen Riesenzirkus um die korrekte Beschlagnahmung von deutschem Eigentum und Übernahme von deutscher Ausrüstung und solchen Kram veranstaltet. Und dann steht ein Colonel auf – er war Bataillonskommandeur in einer Infanterieeinheit – und erzählt den Federfuchsern: ‹Ach, Scheiße, so hab ich das nicht gemacht, ich parke meinen Lastwagen mitten in der Stadt, stelle meine Panzer drum rum und nehme mir, was ich brauche. Die in ihren Militärschulen haben doch keine Ahnung.› Also für mich sieht diese G-5-Sache ganz gut aus!»

Und so blieb es, bis am Ende des Tages unser Colonel kam und das übliche Hickhack wieder anfing. Seit einem Jahr ungefähr ist Ferguson sein privater Prügelknabe. Jeden Tag einmal speit der Colonel Feuer, das tut ihm immer gut, Fergie lässt es über sich ergehen, es stört ihn überhaupt nicht. Jetzt hat man ihn unauffällig und leise aus dem Raum entfernt, und alle wirken glücklich …

K. kam von einem kurzen Rundgang durch eines der Gefangenenlager zurück, in denen jetzt ganze Naziregimenter und -divisionen zusammengepfercht sind. Redete mit einem der Soldaten. Der gehörte zu den *Schnelltruppen*. Das Wort war ihm neu. «Was ist denn das?» «Vor zwei Tagen wurden wir eingezogen, gestern an die Front geschickt, und heute haben wir uns ergeben … *Schnelltruppen*!» Und Mooney kam aus dem Krankenhaus und erzählte. Eine Geschichte war ziemlich verblüffend. Die meisten Zelte der «Evakuierungsabteilung» waren mit kranken deutschen Gefangenen belegt. Und eines Nachmittags habe der Chirurg unter der Dusche gestanden und wüst geschimpft: «Herrgott, ich hab es so satt! Hier bin ich am Ende der Welt, nichts kann ich machen, mit niemandem reden, niemand ist da, immer nur diese gottverdammten Krauts, die es überhaupt nicht verdient haben, dass sie noch am Leben sind ... Demnächst bringe ich die einfach alle um, dann bin ich den ganzen dreckigen Haufen los!» «Siehst du, siehst du», redete Mooney weiter, «da kannst du sehen, wie leicht es wäre, einen Fehler zu machen und eine Schauergeschichte zu fabrizieren. Da hast du die Voraussetzung für ein Horror-Hospital und einen wahnsinnigen sadistischen Schlächter von einem Chefarzt!» Das müsste man sich hinter die Ohren schreiben.

Die Presse hat nur sensationslüsterne grausige Geschichten darüber verbreitet, was die Nazis mit einmaliger Kunstfertigkeit aus der tätowierten Haut ihrer Opfer gemacht hätten, sie hat von den Folterkammern mit perfektionierten mittelalterlichen Marterwerkzeugen berichtet, in denen noch immer die Schreie der Gequälten widerhallen – wörtlich. Es hat den Anschein, als gebe es eine konzertierte Aktion mit dem Ziel, alles nüchterne und geschulte politische Nachdenken über die deutsche Frage zu verhindern.

Ich will keineswegs vorschlagen, die Beweise für die wirklichen Nazibrutalitäten außer Acht zu lassen. Aber nie wird etwas geboten, das verständnisfördernd wäre. Die Verbrechen werden im üblichen Kontext einer sensationellen Schlagzeile mit ein paar beliebigen grauenvollen Details präsentiert. Und das Ganze dient der «Orientierung» der Truppen, ihrer Einstimmung auf das Melodrama Amerikas in europäischen Angelegenheiten, Akt II. Unsere Helden und Schurken werden als Marionetten an Drähten über die Bühne gezerrt – Patton der Schreckliche und Eisenhower der Kühne, Fettwanst Göring und Großmaul Goebbels und die anderen mörderischen Biester – und wir sitzen gemütlich im Zuschauerraum, ein gut geschultes Publikum, das weiß, wann man zischen, applaudieren, Wut oder ritterlich vornehmen Stolz kundtun muss ... Warum sollen wir uns dem nicht stellen? Wie sollen die grundlegenden

Probleme des Krieges ernst genommen werden, wenn in unserer Gesellschaft intellektuelles Rüstzeug und Verantwortungsbewusstsein nicht vorgesehen sind? Kann unsere kommerzialisierte und vulgarisierte Kultur noch in irgendeiner Weise moralische Integrität und Idealismus stärken und die Bereitschaft fördern, persönliche Verantwortung in weitgespanntem Rahmen zu übernehmen? Unsere Cäsaren feiern Triumphe, und von dem Fleisch, das sie verfüttern, wird die ganze arme Welt satt …

27. APRIL 1945 Darmstadt

Der Mann hieß d'Hooghe und hatte es geschafft, irgendwo in einem Darmstädter Keller eine phantastische Bibliothek zu verbergen. Jedenfalls erzählte mir Frau Greulich das in ihrem abgehackten britischen Akzent. D'Hooghe war in England geboren und erzogen worden, lebte in dem belgischen Dorf seiner Vorfahren und fand sich in der Nazizeit in Berlin als hochbeliebter Buchhändler wieder. Wie er nach Darmstadt gekommen war und warum er sich versteckte, war ein Rätsel. Abgesehen davon, dass ich aus der Situation keinen Funken Melodram schlagen konnte, hätte sich die ganze Sache als Abenteuer gestalten können. Aber stattdessen blieb unsere Nachforschung ergebnislos, und ich gab mich mit einer repräsentativen, in einem ramponierten Raum der Schule an der Lagerhausstraße untergebrachten Bücherei zufrieden, die mir Frau Greulich zeigte.

Ich war überrascht, wie willkürlich die Nazifizierung dieser Schulbücherei wirkte. Selbstverständlich fand sich hitlertreue Literatur aller Arten – vom Führer gebilligte Geschichtsbücher, Gedichtsammlungen, politische Bilderbücher und eine beachtliche Menge offizieller Titel: Rosenberg, *«Der Mythus des 20. Jahrhunderts»; «Mein Kampf»* und unzählige andere mit Hakenkreuz gestempelte Texte. Aber offenbar ließ sich die alte liberale Kultur Deutschlands nicht ganz auslöschen. Auf jedem Brett standen einige Werke, die als stummer Protest gegen die totalitäre Geisteshaltung ihren Platz behaupteten. Ich blätterte voller Staunen und freudiger Erregung in den Büchern und las mehrere Abende stundenlang …

Als Erstes verblüffte mich eine Anthologie mit dem Titel *«Der deutsche Genius»*, 1926 von Hanns Martin Elster herausgegeben – die Einleitung stammt von Thomas Mann! Und die Textsammlung war alles andere als ein grundsolides Schulbuch. Hegel war vertreten – der kritische, dialektische Hegel, der «gestorben» war, wie Naziintellektuelle behaupteten, als der Nationalsozialismus triumphierte! *«Die Weltgeschichte ist der Fortschritt im Bewußtsein der Freiheit.»* Hutten war enthalten, und zwar mit Worten, die auf jeden Fall als zweideutig zu klassifizieren sind: *«Rettet die bedrängte Freiheit! Wagt es keiner, mir beizuspringen? Ist kein wahrhaft Freier da, keiner, der nach Tugend strebt, das Gute liebt, den Trug haßt, das Recht in Ehren hält, den Frevel verabscheut? Mit einem Wort: ist kein echter Deutscher da?»* Natürlich war Treitschke vertreten, mit Bismarck und Richard Wagner und anderen, die sich bequem für ideologische Zwecke benutzen oder verdrehen ließen. Bedeutsam ist jedoch, dass eine gut sortierte und repräsentative Sammlung deutscher Nationalliteratur unbehelligt in einer Nazischule stehen durfte. Selbst die düstere Effizienz der *Reichskulturkammer* brachte es nicht fertig, eine vollkommene und reine Gestapokultur zu formen! Das hat wohl mit der Trägheit eines Buches im Regal zu tun, die den Machenschaften selbst der mächtigsten Barbarei widerstehen kann … Vielleicht stießen ja ein paar neugierige, eifrige Schüler auf ein paar seltsame, gefährliche Ideen, als sie diese Texte von Goethe, Freytag, Schiller und Kant lasen. (Ebenfalls vertreten: Schleiermacher, Meister Eckhart, Luther, Jakob Böhme, Paul de Lagarde – *«Der deutsche Glaube und die Menschheit»*: Beethoven, Grillparzer, Franz Schubert, Jean Paul, Schopenhauer, Novalis *(Die blaue Blume)*, Ludwig Tieck – *«Von deutscher Kunst»* und *«Das deutsche Wesen»*: Ernst Moritz Arndt, Mörike, Theodor Storm, Friedrich Ratzel und natürlich Karl der Große. Mich berührte eine Auswahl unter der Überschrift *«Deutsche Freiheit»* – da fanden sich die Brüder Grimm und «Wilhelm Tell»!)

Thomas Mann selbst hatte in seiner Einleitung geschrieben (München, November 1926): *«Es gibt einen Nationalismus der*

rodomontierenden Unwissenheit, welcher, das patriotische Panier mit übertrieben nervichten Armen schwingend, vom höheren Deutschtum im Grunde so viel versteht wie der Ochs vom Lautenspiel. Eingeborener Haß gegen alles Freie, Kühne und Zarte, das dem niedrigen Lebensbegriff dieser Menschenart als Verfall erscheinen muß, läßt sie das vaterländisch Sittliche im Bilde einer plumpen Einfalt erblicken, zu deren Schutz sie das Land mit obskuren Femegerichten über das Geistige zu besetzen hofft. Diesen Leuten ist zu sagen, was auch unser Buch, das sie nicht lesen können, wieder lehrt: daß nichts Rohes, Gehässiges, Geist- und Kulturfeindliches je mit einem Schimmer von Recht den deutschen Namen beansprucht hat, – diesen Namen, der seinen wahren Anwärtern noch immer als Inbegriff aller Frömmigkeit zum Geiste und zur Kultur gegolten hat.»

Diese große liberale Tradition in der deutschen Kultur ist etwas, wofür sich Mann, wie ich fürchte, selbst blind gemacht hat. Und wenn eine Seele ihr eigenes Selbst und ihre eigene innere Stärke widerruft, wie soll dann der Rest von uns wenigstens Sympathie aufbringen?

In der Abteilung zur Literaturkritik fand ich einen Band von Wilhelm Dilthey, *«Von deutscher Dichtung und Musik». «Feurig, rein, tiefsinnig, gütig»*, schrieb Hugo von Hofmannsthal in seinem Einleitungsessay, *«welch ein Mann ...»* Und als ich diese Seiten über *«Die ritterliche Dichtung»* und *«Das nationale Epos»* las (Hartmann von Aue, Wolfram von Eschenbach, *Tristan und Isolde, Das Nibelungenlied* etc.) und über die Musik des achtzehnten Jahrhunderts (Bach, Händel, Haydn, Mozart, Beethoven) und schließlich die Anmerkungen über Klopstock, Schiller, Jean Paul – da dachte ich wirklich: Welch großer Atem von Kultur, Gelehrsamkeit und Empfindsamkeit!

Das Standardnachschlagewerk der Politischen Wissenschaft war anscheinend eine alte zweibändige Ausgabe des

Politischen Handwörterbuchs, herausgegeben von Paul Herre und Kurt Jagow, erschienen 1923. Ein Schicksalsjahr, doch unter H fanden sich nur Hilferding, Hindenburg und Hobbes ... Die Liste der Autoren war lang; ich kannte nur Ferdinand Tönnies, konnte aber seine Artikel nicht finden. Der Beitrag über Demokratie (von Felix Genzmer) argumentiert sauber und nüchtern: *«Auf dem Wege zu den von dem demokratischen Gedanken gezeigten Zielen türmen sich daher starke Hindernisse auf. Die Zukunft der D. wird davon abhängen, ob es ihr gelingt, die bisher aufgetretenen Schäden zu beseitigen oder doch wesentlich zu vermindern ...»*

Es gab verschiedene längere Erörterungen des Problems der «Führung», aber nichts unter dem Stichwort *«Führer»*. Unter *«Demagoge»*: Ein Mann, *«der den Masseninstinkten entgegenkommt, um sie für politische und eigensüchtige Zwecke auszunützen»*. Das Problem des Faschismus wurde offenbar seriös dargestellt. Abschließend spekulierte der Autor darüber, ob Mussolinis «Philosophie für das 20. Jahrhundert» ihrem Charakter nach im Wesentlichen italienisch sei oder ob sie in der Lage sein werde, ihren Einfluss durch die Vereinigung mit den nationalsozialistischen Bewegungen in anderen Ländern auszudehnen! ... Es gab einen kurzen Eintrag über Rosa Luxemburg – Geburtsjahr, Studium, Agitation, Ermordung, 1870–1919. Einen kurzen konzentrierten Abriss des Marxismus mit einer Kurzzusammenfassung des Historischen Materialismus, Arbeitswerttheorie, Akkumulation von Reichtum, Klassenkampf etc. Nochmals: Gewiss hat jemand irgendwann (obwohl es ein intellektualistisches Mysterium werden kann) diese Seiten durchgeblättert und begonnen, sich in Zweifeln und Skepsis zu üben. Lenin hatte einen kurzen Eintrag, Trotzki einen noch kürzeren ... Auf dem nächsten Bord stand das *Handbuch der deutschen Geschichte*, ursprünglich von Bruno

Gebhardt, 1930 neu herausgegeben von Robert Holtzmann. Eine erschöpfende, einigermaßen objektive Enzyklopädie der Daten, Ereignisse, Bewegungen, Persönlichkeiten (objektiv nach dem klassischen deutschen Wissenschaftsverständnis).

Des Weiteren das Gestapo-Kontingent. *«Das Schicksalsbuch des deutschen Volkes»* von Hans Grote, 1933 – *«von Hermann dem Cherusker bis Adolf Hitler»*. Erich Czech-Jochbergs *«Deutsche Geschichte»*, *«nationalsozialistisch gesehen»*. Auch dieses Werk erschien 1933 und scheint nach einer kurzen Durchsicht eher opportunistisch zu sein als ein wirklich ideologischer Versuch, die Geschichte neu zu interpretieren. Der Ton ist nationalistisch, aber nicht faschistisch in Hitlers besonderem Sinn. Ich las zum Beispiel die Kapitel über Luther, Franz von Sickingen und Ulrich von Hutten, und es gab keine markante Abweichung von den vertrauten Thesen über die Reformation, die Bauernkriege und den «Kommunismus» des Thomas Münzer. Bezeichnenderweise war eine Studie aus dem Jahre 1935 dann schon durch und durch nazistisch! In Leipzig, 1935, schrieb Dr. Richard Suchenwirth (übrigens ein Österreicher): *«Wenn wir das Buch der deutschen Geschichte aufschlagen, in dem jede Seite getränkt ist mit dem Blut unseres Volkes …»* Und so weiter: *«Wir sind noch ein unerfülltes Volk. Noch gibt es ein Deutschland, das erst Idee, nicht Wirklichkeit ist …»* Seine Schlussbemerkung: *«Einen gewaltigen Weg sehen wir vor uns. Die Generation von heute ist eine Generation von Kämpfern. Wir opfern bewußt, um dem gesunden Geschlecht, das heranwächst, die Freiheit, das schönste aller Güter, zu erkämpfen. Andere Geschlechterfolgen waren reicher, glücklicher, gesicherter, aber keine mutiger und entschlossener als die heutige. Vor uns der gewaltige Führer, hinter ihm ein Volk, das sich besonnen hat auf sein Blut, seine Artung, das Geheimnis seiner Rasse; ein Volk, das an die Zukunft glaubt und nach der Sonne strebt, das wissendste*

Deutschland aller Zeiten. Viele Leiden hat im Gange der Geschichte unser Volk getragen, gelitten an Irrtümern aller Art. Heute hat es sein Banner, sein Ziel, den eisernen Willen: Das Dritte Reich …»

Wie viel Pathos und historisches Drama verbargen sich in der Stille und dem Moder dieser ausgebombten Bücherei!

Wir, Frau Greulich und ich, machten uns gegenseitig einige Versprechungen, nur gut gemeinte Worte, wie wir wohl beide wussten. Sie las gerade eine alte Byron-Biographie und entschuldigte sich dafür – merkwürdig. Ich versprach, ihr englische Bücher zum Lesen zu bringen. Sie schlug vor, ich solle irgendwann wiederkommen, wenn wir unter günstigeren Umständen miteinander reden könnten. Sie gab mir ein Geschenk mit – eine englisch-deutsche Hamletausgabe, und ich war ganz überwältigt. Im Bett konnte ich nicht widerstehen, ich lehnte meine Taschenlampe an die Pritsche und las in ihrem fahlen Licht.

Sein oder Nichtsein, das ist hier die Frage:
Ob's edler im Gemüt, die Pfeil' und Schleudern
Des wütenden Geschicks erdulden, oder
Sich waffnend gegen eine See von Plagen
Im Widerstand zu enden …

Ich kann jetzt verstehen, was Coleridge mit seinem Loblied auf Schlegels Übersetzung meinte. Auch wenn manche Formulierungen unwiederbringlich verloren sind. Die unmittelbar folgende Wendung «to die, to sleep» sagt etwas anderes als *«Sterben – schlafen»*. Aber was ich las, war herrlich …

28. APRIL 1945 Darmstadt

Die alten akademischen Fragen, wie «Deutschlands Zukunft» aussehen soll und «was zu tun ist», haben jetzt eine fast unmittelbar beklemmende Realität. Ich frage mich, welche Veränderungen in der internationalen Politik auf höchster Ebene geplant wurden und ob jemals irgendein groß angelegtes Programm tatsächlich den Weg bis zur unteren Ebene der Ausführung finden wird. Nach allem, was ich von den Wirklichkei-ten der Militärwissenschaft und Militärregierung weiß, sollte man nicht zu optimistisch darauf hoffen, dass die großartige alliierte Rhetorik Substanz enthält. Der «reale Krieg» hat sich stark von den formalen Planspielen der Generalstäbe unterschieden. Das wahre Gesicht von Kampf und Eroberung ist hinter der von Plan und Propaganda geschaffenen Maske nicht zu erkennen. Ich kann nicht glauben, dass die Programme für die Bestrafung und den Wiederaufbau in Europa irgendjemandem genauso grausam Vertrauen aufzwingen müssen, wie uns damals die naiven, irregeleiteten Hoffnungen auf Frieden, Krieg, Befreiung in den Massenenthusiasmus trieben. Zwischen Konzeption und Verwirklichung fällt der Schatten, wie der Dichter sagt. Unter dem Schatten unserer furchtbaren Unzulänglichkeit liegen die Wahrheit und die Tragödie unserer Zeit.

Zu entdecken, «was geschieht», ist in diesen Tagen besonders schwer. Ich gebe einfach ein paar zufällige Notizen wieder, die ein wenig das Bild Hessens widerspiegeln. Die Bürgermeister und Verwaltungsoffiziere arbeiten geschäftig. In manchen Fällen wurde die «Zuverlässigkeit» der Zivilbeamten noch einmal überprüft und ein Nazihintergrund entdeckt. In einigen anderen waren Verbindungen zur Partei ausreichender Grund für die Entlassung aus dem Amt. Im Ganzen ist die Eroberungspolitik jedoch nicht mit antifaschistischer Politik gleichzusetzen. Aber es gibt kaum Probleme mit der Administration. Die Zivilverwaltung wird immer effizienter, und alle scheinen kooperativ zu sein. Wie man mir sagte, ist hier in Hessen «die Kooperation der Zivilisten gut. Amtspersonen befolgen Anordnungen, und die Bevölkerung verhält sich ruhig». Von den weiter westlich gelegenen Gebieten heißt es: «Im Allgemeinen kann man die Einstellung der Leute in der Westmark so charakterisieren, dass sie gehorsam und gefügig sind, meist mit einer benommenen Gleichgültigkeit gegenüber der Besatzung. Nach außen ist die deutsche Öffentlichkeit in ihrer Einstellung zur Besatzung schweigsam und zurückhaltend, aber das heißt nicht, dass die Besatzer den Deutschen in irgendeiner Weise willkommen sind. Sie wurden jahrelang dermaßen reglementiert, dass sie diszipliniert sind und Befehle befolgen, auch wenn sie weder diese noch die Befehlenden mögen.» So die Berichte der Verwaltungsoffiziere. In den rheinischen Städten scheint der Druck im «Vakuum» zu steigen. Wie ich erfahre, verlangte der Bürgermeister von Homburg die Lizenz für eine Zeitung in seiner Stadt. Bis jetzt gibt es noch keine deutsche Presse, man hat nur an gut sichtbaren Stellen Vervielfältigungen von BBC-Nachrichten angeschlagen. Anderenorts wurden Lautsprecher aufgestellt, als Ersatz für Stadtschreier. Unruhen und Verbrechen sind auffallend selten. Die meisten Nazis in hochverantwortlichen Positionen flohen. In Neustadt erhängten sich viele, als dort eine riesige Sammlung von Nazidokumenten beschlagnahmt wurde. Gelegentlich wird ein Gestapomann aufgefunden. Wenn es Schwierigkeiten gibt, sind sie nur untergeordnet – Streitereien zwischen DPs, plündernde DPs und Zivilisten, Verstöße gegen Währungsbeschränkungen. Und das «Jugendproblem» ist unterschiedlich gravierend. Hier in Darmstadt sind zwei Jugendliche wegen Einbruchs in ein amerikanisches Warenhaus angeklagt. Nicht weit entfernt wurden drei Kinder beim Spiel mit US-Handgranaten verletzt. So geht es mit der Besatzung … Ich wünschte nur, ich hätte öfter Gelegenheit, wegzufahren und mir einen genaueren Einblick zu verschaffen. Gestern Abend erfuhr ich ein wenig, aber wirklich nicht viel über polnische und russische Verbindungsoffiziere, die hier in der Gegend arbeiten. Die Russen «besuchten in dieser Woche überall im Gau Zentren und leisteten materielle Hilfe bei der Einrichtung einer internen Lagerverwaltung in den russischen Gruppen». Wie gern hätte ich dazu ein paar Fragen gestellt! Die sozialen Auswirkungen der Krise zeigen sich bis jetzt nur in offenbar geringen, belanglosen Schwierigkeiten. Nur wenige oder gar keine deutschen Gerichte haben die Arbeit aufgenommen. Noch gibt es keine Geldgeschäfte, aber Banken bereiten sich auf die Wiedereröffnung vor; die meisten der unzerstörten Bankhäuser haben ansehnliche Mengen Bargeld zur Verfügung, sie «sind finanziell solide und können agieren, sobald die taktische Lage es gestattet». Ein paar Geschichten über die panischen Kontenräumungen vom letzten November, die fast zum Bankenruin führten, bis der Durchbruch Rundstedts für Beruhigung sorgte; ab Ende Januar wurde in privaten Haushalten wieder Bargeld gehortet …

Die Nahrungsmittelproduktion scheint zumindest in dieser Gegend für den Moment auszureichen. Man schätzt, dass die ungefähr hunderttausend Displaced Persons mit einer Zuteilung von zweitausend Kalorien und die «feindliche Zivilbevölkerung» mit tausend bis tausendfünfhundert Kalorien versorgt werden können. Es gibt nicht genug Weizen und Saatkartoffeln für die Frühjahrsbestellung; ganze Ernten werden ausfallen, und da die Vorräte aus Bayern und Preußen fehlen, wird die Brotration für Zivilisten wahrscheinlich auf null sinken. Das heißt, die Militärregierung muss mit mehr Härte vorgehen – «DPs sollten versorgt sein, bevor die Zivilbevölkerung berücksichtigt wird». Regelmäßig werden erhebliche Vorräte entdeckt – Schreibmaschinen in Rimbach, Toilettenartikel in Winterhausen, Millionen Zigaretten in Bronnbach. Ab und zu kommt ein Sergeant mit einem Vermögen in Reichsmark an. Die Landwirtschaft wird wieder aufgenommen, aber nicht in großem Umfang und nicht planmäßig. G-5 nennt es eine «Rückkehr-zum-Bauernhof»-Bewegung, und «Rückkehr» ist die hauptsächliche landwirtschaftliche Aktivität. Maschinen gibt es genug, aber keinen Treibstoff (Dieselöl), Rinder und Milchkühe fast in normaler Menge, aber die einzigen verfügbaren Arbeitskräfte sind Kinder und alte Frauen. Kleine Felder und Gemüsegärten werden bestellt, und damit ist die landwirtschaftliche Situation nicht ganz so düster wie die der Industrie. Fabriken sind zerstört, Teile der Strom- und Wasserversorgung ebenfalls, und das Kommunikationsnetz ist zerrissen. (Alle nicht zugestellten Briefe sind beschlagnahmt, und erst gestern bat mich die Frau in der Darmstädter Wäscherei, einen Brief für sie abzuschicken – an Verwandte in Philadelphia!) In Schlössern werden Archive eingerichtet (off-limits), und die Museen werden bewacht. Der Verlust vieler wertvoller Stücke wurde gemeldet – durchmarschierende Truppen hatten sie mitgehen lassen. Die 12. Panzerdivision hat sich eine eindrucksvolle Gemäldesammlung angeeignet, das weiß ich, und GIs haben sich unbezahlbare Schätze aus dem Kölner Museum und der Universität Straßburg, die in dieser Gegend in geheimen Depots lagerten, als persönliche Trophäen mitgenommen. Und damit sind meine spärlichen Notizen der letzten Wochen so gut wie ausgeschöpft. Ein Fragment noch: Als die 42. Division Würzburg einnahm, erklärte der Kommandeur, alle Bewohner von Häusern ohne weiße Fahnen würden erschossen. Lautsprecher auf Lastwagen verkündeten die Botschaft, und man gab den Leuten eine kurze Frist. Ich stelle mir vor, wie Laken, Tischtücher, Kissenbezüge an allen Fensterbrettern flatterten. Aber ich frage mich, ob irgendetwas «Bedauerliches» geschah. Ein leiser Verdacht kommt auf, dass sich die Straßburger O'Daniel-Affäre hier wiederholt.

MONTAG, 30. APRIL 1945 Gmünd

An diesem Tag wieder ein Ortswechsel, und der Morgen war kalt und unangenehm. Als die Konvois abfuhren, hieß es, die Truppen hätten München erreicht, und wir blieben zurück, weil wir in Darmstadt auf – die Wäsche warten mussten. Irgendwas war noch nicht *«gebügelt»*, also suchten wir – leider vergeblich – in der Wartezeit eine Stunde lang nach der russischen Kapelle, die der letzte Zar für seine Frau, eine Prinzessin aus dem Hause Hessen-Darmstadt, hatte bauen lassen. Wir fanden das zerstörte Museum und die Bibliothek (Jacob Grimm und Justus Liebig blickten auf uns herab) und gingen dann zurück, um unsere Bündel abzuholen. Von Darmstadt über den Rhein nach Worms. Der Fluss war grün und die Stadt ein Trümmerhaufen. Der strömende Regen hatte aufgehört, und die Sonne zeigte sich. Ich nahm mir eine andere deutsche Zeitung, mit einem großen Foto Harry Trumans auf der Titelseite, und verbrachte die nächsten drei Stunden weitgehend mit der Suche nach einem Weinkeller für Hamilton. Er war entschlossen, Worms nicht ohne mehrere Kisten *Liebfrauenmilch* zu verlassen. Ich warf einen Blick auf das Lutherdenkmal und erstand drei Flaschen Burgunder. Wir rasten an der Lutherkirche vorbei (*«Ein feste Burg ist unser Gott»* auf einem Fries über teilweise zerbrochenen Säulen und eine zerbombte Kuppel) und fanden endlich Fritz Clemens und zwei Kisten

Wein. Natürlich bezahlten wir für den Wein, und der Händler war freundlich und entgegenkommend, wie es international in seinem Berufsstand üblich ist.

Im Neckartal regnete es, und weiter südlich kamen Hagel und Schnee auf. Die Fahrt über Land, Stunde um Stunde im Schnee und auf den einspurigen verstopften Straßen, stumpfte uns ab gegen die Landschaft, den Weg, die Menschen. Weinstein war in schlechter Verfassung und durchgefroren: «Ich habe Schmerzen, wahnsinnige Schmerzen», klagte er und murmelte Drohungen gegen alle Zivilisten auf Wegen und Straßen. Langbeinige deutsche Jungen (vielleicht waren aber auch nur ihre Hosen zu kurz) starrten uns an, als wir auf einer Kreuzung im Stau steckten, und er brüllte: «Jemand soll ihnen in den Arsch treten! In den Arsch treten!» Nicht, weil ausgerechnet sie am Krieg schuld gewesen wären, aber da uns allen so jämmerlich zumute war, musste einfach jemand als Sündenbock für ein Verbrechen herhalten, das es mit Sicherheit irgendwo gegeben hatte. «Verschwindet!» Die armen Kerle sprangen bestimmt drei Meter vom Kotflügel weg, den sie sehr vorsichtig berührt hatten. «Haut ab, oder ich trete euch in den Hintern, dass ihr bis nach Berchtesgaden fliegt!» Hamiltons schleppende Kommentare, die ich zum Glück größtenteils nicht hören konnte, weil ich auf der Rückbank des Jeeps so durchgeschüttelt wurde, beschränkten sich auf ein Minimum. In Heilbronn, einer zertrümmerten, leblosen Stadt, bemerkte er nur: «Rache ist süß.» Ein paar Minuten später breitete er eine Theorie zur deutschen Geschichte aus: «Deutschlands größter Fehler war, dass es die Fürstentümer des achtzehnten Jahrhunderts abgeschafft hat, um zu einer Nation zu werden. Was die Menschen hier brauchen, ist ein weiser, wohlwollender Despot! Dann könnten sie Frieden finden und würden gut regiert werden ...» Und immer so weiter. Heilbronn in seiner

Verwüstung war fast abstoßend. Die Gebilde aus Stein- und Ziegeltrümmern sahen schon alt und alltäglich aus. Die Stadt muss ungefähr hunderttausend Einwohner gehabt haben und vermutlich so gut wie keine Rüstungsindustrie. Aber sie lag schließlich in einer Schlüsselposition auf dem Weg zur sogenannten Alpenfestung, und die SS hatte Befehl, die Stadt zu halten. Die 100. Division kämpfte vier Tage lang. Als Heilbronn fiel, vor ungefähr zwei Wochen, am 14. und 15. April, hatten Artillerie und Luftangriffe sie dem Erdboden gleichgemacht. Und die Ruinen standen nicht als nostalgische Andenken an Glanz und Gloria, sondern nur als Mahnmale des mörderischen Umsturzes. Auf den Wegen durch Täler und Berge – wunderbare Hänge mit üppigem Grün bewachsen – geheimnisvolle Festungen, die aus friedlichen Ebenen steil und majestätisch aufragten – und dann wieder beackerte, verfärbte Hügel, die wie alte geflickte abgetragene graue Mäntel aussahen …

Spät: In Schwäbisch Gmünd höre ich, dass wir in Stuttgart hätten sein sollen, die Franzosen sich aber weigerten, dem SHAEF-Befehl zu folgen, und nicht abgezogen sind! Erfahre außerdem, dass Mussolini tot ist, in Como im Schnellverfahren von Partisanen abgeurteilt und erschossen, und dass seine Leiche auf einem Mailänder Platz öffentlich ausgestellt wurde. So endet der Duce und mit ihm sein «fascismo». Alle Fäden der Geschichte scheinen sich am Ende auf einer Spule aufzurollen. Ich weiß nicht, was ich sagen, wie ich es betrachten soll. Mussolini von Antifaschisten verurteilt und hingerichtet! Meine erste Erinnerung an ein «historisches Ereignis» ist ein Wochenschaubild des Duce auf einem römischen Balkon vor dem begeistert brüllenden Mob! Diese Tage sind der Abschluss aller Kapitel in der Geschichte «unserer Zeit», wie wir gern sagen.

(«Unserer Zeit» in der Tat! Ist diese Barbarei, diese Tragödie, wirklich «unsere»? Und kann dieses chaotische Melodram, diese billige jämmerliche Aufführung, tatsächlich eine Zeit, eine Ära, eine Epoche sein? Wir und unsere Berichte verdienen doch sicher etwas Besseres.)

SONNTAG, 4. MAI 1945 Schwäbisch Gmünd

Jetzt, da Augsburg und München gefallen sind und die Truppen sich zur österreichischen, tschechoslowakischen und italienischen Grenze durchschlagen, bewegt sich die Etappe der 7. Armee wieder weiter. (Dazu witzelte einer: Seit das SHAEF-Forward-Hauptquartier seinen Sitz in Frankfurt hat, sind die Amerikaner sehr verlegen – man sagt, dass Ludwig XIV. beide Enden seiner Pferde im Marstall von Versailles untergebracht hatte, Eisenhower nur das Hinterteil …) Jedenfalls haben wir wieder gepackt und unsere Kisten geschleppt.

Im letzten Moment tauchte Jordan auf. Wieder mit einer fabelhaften Beute. Er war während des Vorstoßes in die Alpenfestung dauernd bei der 3. Division gewesen und mit dem 15. Regiment in Augsburg und Nürnberg einmarschiert. Er erzählte ausführlich von den Felsengängen in Nürnberg und den Gräueln Dachaus, von dem Raubzug durch die Agfa-Fabrik auf der Suche nach Fotoapparaten und Filmkameras, vom Sardinenkauf für den Colonel (der liebend gern Sardinen aß), von der Suche nach Fallschirmen (aus der Seide lassen sich wunderbare Schals nähen), von einer Eskapade in Augsburg im Zustand der Volltrunkenheit. (Dies erzählte er mir im Vertrauen, denn die Information könne gefährlich sein, deutete er an; er konnte sich nicht erinnern, was passiert war, ob er mit dem Mädchen geschlafen hat, das bei ihm war, «als ich mir ein Haus besorgte. Herrgott, jemand hätt mich killen können. Am andern Morgen wach ich auf mit einem scheußlichen Kater, und meine Fünfundvierziger liegt ganz allein neben mir auf dem Tisch.» Er weiß auch nicht genau, wie er den Jeep zu Bruch gefahren hat. Für mich hat er «aus Dankbarkeit» einen Stapel Bücher erbeutet, die meisten von van de Velde über Liebe und Ehe!)

Die Unfälle häufen sich. Sutton wurde am Donnerstag auf dem Rückweg von Heidelberg von einem Waffentransporter gerammt. Er wurde aus dem Jeep auf die Straße geschleudert, war aber nicht verletzt. Der Schaden: ein Rad. Mooney wäre fast umgekommen, als ein riesiger Lastwagen mit Anhänger gegen einen Ast fuhr, der dann auf sein Fahrzeug stürzte. Das Dach wurde eingedrückt, und die Windschutzscheibe zerbrach. Der Colonel regte sich etwas auf, aber das war auch alles ...

Die Fahrt nach Augsburg. Auf der Straße deutsche Mädchen, die Zigaretten offensichtlich amerikanischer Herkunft rauchten. Der Fahrer grinste wissend: «Ein Päckchen, eine Nummer ...» Vertraute Szenen: Laster um Laster mit deutschen Kriegsgefangenen fuhren an uns vorbei. In einem kleinen Dorf winkte eine alte Dame vom Bürgersteig aus zum Abschied. Verblasste Schilder: *«Trinkt Coca-Cola – Hier stets eiskalt»*. Verkehrsstau in Ulm. (Die alte Reichsstadt, wo Napoleon vor hundertvierzig Jahren die Österreicher besiegt hatte, um dann nach Wien weiterzumarschieren.) Wir bogen von der verstopften Durchgangsstraße ab zum Münsterplatz und warfen einen kurzen Blick auf das herrliche gotische Münster, dessen Grundstein im vierzehnten Jahrhundert gelegt wurde. Unser Lastwagen kroch vorwärts. Die Stadt lag in Trümmern. Wie all die anderen, zu Dutzenden, Hunderten. Mein Gott! Ein ganzer Trümmerkontinent! Auf Mauerresten mit Kreide geschriebene Nachrichten, Todesanzeigen und neue Adressen. *«Familie Hacker. Nicht tot. Bergerweg 7»* Eine Pontonbrücke über die Donau, die hier ein schmaler tiefgrüner Fluss ist. Durch Neu-Ulm (Mussolini-Straße) zur Autobahn. Holperige Fahrt über Schlaglöcher; deutsche Zerstörung. In den Gehölzen neben der Autobahn Skelette von Kampfflugzeugen der Luftwaffe; offenbar wurde die Autobahn als Piste benutzt.

Wieder eine Kaserne. Kisten und Kästen hochgeschleppt. Und wieder neue Gerüchte: In ein paar Tagen geht's weiter. Morgen um elf Uhr könnte der Frieden ausbrechen – man erzählt, Patch habe eine Art Friedensvertrag unterzeichnet. So hieß es jedenfalls beim Abendessen.

Jordan erschien mit einer Ladung Fische. Wo zum Teufel kamen die Fische her? «Was glaubt ihr wohl? Aus der Donau! Woher denn sonst in dieser Gegend?» Ach du liebe Zeit, Jordan hat in der Donau geangelt! Aber nein, man habe sie ihm geschenkt, gab er zu. Eine Bande Russen habe am Ufer gestanden und mit deutschen Handgranaten ganze Fischschwärme zur Strecke gebracht. Der Koch würde sicher dankbar sein, meinte Jordan. Schlafenszeit. Ach, er habe noch was für mich: eine Landkarte, die in einer Kommandantur gehangen habe. Er zeigte mir, dass die Positionen von Murats Artillerie und Infanterie bei seinem Angriff auf Wertingen am 8. Oktober 1805 eingezeichnet waren. «Der Feldzug gegen Österreich», erklärte er mir vorsorglich, «Napoleon.» Ich nahm die Karte, murmelte einen Dank und schlief ein.

SONNTAG, 6. MAI 1945 Augsburg

Fast den ganzen Tag lang wartete ich darauf, dass der Colonel zu einer Entscheidung kam. Jetzt, da ich für eine Woche oder so wegfahren konnte, war die Frage: wohin. Normalerweise wäre es wichtig gewesen herauszufinden, warum ich reisen wollte oder an welchem Ort Feldforschung besonders ergiebig wäre. Ich wollte zur 3. Division fahren, die Nürnberg eingenommen hatte und in München kämpfte; oder zur 42., die zusammen mit der 45. das Konzentrationslager Dachau befreit hatte. Ich erfahre auch, dass das 15. Regiment an jenem Tag in Augsburg einmarschierte, als die Einwohner rebellierten und die Wehrmacht, die Gestapo und den Volkssturm aus der Stadt jagten. (Als «mein altes» 3. Bataillon einmarschierte, waren alle Brücken und Straßen von Augsburgern gesichert, die ihre Stadt den ersten Patrouillen kampflos übergaben.) Jedenfalls gibt es mindestens ein halbes Dutzend Geschichten, die jetzt sofort aufgezeichnet werden müssen, sonst sind sie für immer verloren. Aber wieder verging ein Tag. Duncan und Davis waren unterwegs, und ich musste warten. Sie wollten wieder mal «das Gelände erkunden», innerhalb der Abteilung schon lange ein Witz. Diesmal führte ihr Erkundungsgang sie nach Dachau, und als Davis vorhin zurückkam, gluckste er förmlich: «Sie haben uns reingelassen, wir durften rein. Alles haben wir gesehen, alles!» Als Duncan zu Wort kam, fasste er den Tag in seiner nüchternen, oberlehrerhaften Art zusammen: «Meine Herren, das war ein sehr erfreuliches Unternehmen, ein höchst erfreulicher Nachmittag.» Dann besann er sich. «Grauenvoll war es natürlich. Ein furchtbarer Anblick. So viele verwesende Leichen, die verbrannt wurden. Ein Horror! Nein, ‹erfreulich› wollte ich nicht sagen. ‹Lehrreich› oder ‹ergiebig› passt wohl besser.» Ich denke, noch ein bis zwei Tage, dann kann ich wegfahren. Aber Dachau ist jetzt off-limits, hauptsächlich aus medizinischen Gründen: Typhus. Und viele Einheiten rücken schon aus dem Gebiet um München ab.

Der Krieg in Europa kann nur noch Tage dauern. Gestern haben wieder zwei deutsche Armeen kapituliert, und damit ist die organisierte Gegenwehr gegen die Streitkräfte der 7. Armee praktisch beendet. Die gesamte Nazifestung wurde eingenommen und vernichtet. Heute Abend kam die Nachricht, dass Daladier, Reynaud, Weygand, Gamelin und andere «nebenan» im Forward-Hauptquartier sind. Léon Blum und Kurt Schuschnigg hatte die Gestapo jedoch in letzter Minute weggebracht. Salzburg und Innsbruck sind gefallen, und Patch hat sich in Italien mit Clark zusammengeschlossen. Nichts bleibt. Berchtesgaden ist gefallen. Hans Fritzsche meldet jetzt, dass Hitler und Goebbels in Berlin Selbstmord begangen haben. Die Durchsage des deutschen Rundfunks heute lautete schlicht: «Bedingt durch Übermittlungsprobleme sind die neuesten Nachrichten nicht verfügbar!» Mooney fuhr gestern Morgen mehrere Nazigenerale aus München zurück, und als er ihnen sagte, dass Kesselring gerade alle Streitkräfte der Wehrmacht an General Devers übergebe, murmelten sie: «Gott sei Dank!»

Heute Abend eine kurze Fahrt durch Augsburg. Die erste größere Stadt, in der ganze Areale verschont geblieben sind. Natürlich, viele Plätze sind nur noch Trümmerhaufen, aber im Großen und Ganzen ist die Stadt stehengeblieben. Wir fuhren die Fuggerstraße hinunter und bogen am Ende zu der großen alten Kathedrale ab, die, glaube ich, einfach *der Dom* heißt. An einer der Pforten zeigte sich der Küster und ließ uns ein. Es war ein herrliches Bauwerk. Links vom Eingang lag der offenkundig ältere, ursprüngliche Teil – wie uns der Küster erklärte, im achten Jahrhundert errichtet. (Augsburg, die römische Siedlung Augusta Vindelicorum, wurde im Jahr zwölf vor

Christus nach dem Sieg über die Vindeliker im Auftrag des Kaisers Augustus gegründet.) Rechts von uns lagen die später mehr oder weniger im gleichen Stil (bis auf kleine gotische Details) erbauten Teile. Der Dom in seiner heutigen Gestalt war zu Anfang des fünfzehnten Jahrhunderts vollendet. Zu Beginn des sechzehnten Jahrhunderts war Luther hier, aber die Kirche blieb katholisch und war beim Augsburger Reichstag 1530 ein wichtiger Verhandlungspunkt. So setze ich mir die Geschichte wenigstens zusammen.

15. Februar 1944. Die Nacht des großen Bombenangriffs. Das Datum hatte sich dem Küster eingeprägt wie sein Geburtsdatum. Eine gewaltige Bombe landete genau hinter der Kirche und zerstörte einen Teil des Gartens. Brandbomben trafen die Türme, und das Feuer konnte erst nach fünfundzwanzig Stunden gelöscht werden. Trotzdem waren nur geringe Schäden erkennbar, abgesehen natürlich von den Buntglasfenstern, die zerbrochen waren, nur einzelne Scheiben waren noch heil. Die viel kleinere protestantische *Kirche* St. Anna war «off-limits». Alle Pforten zugeschlossen, und an jeder Tür das Schild *«Zutritt verboten»*, das man hier überall sieht. Gleich nebenan fiel mir ein Schaufenster auf mit Büchern, vor allem Langenscheidt-Lexika: Ich muss wiederkommen und nachsehen, was ich mir für meine kommenden Jahre im besetzten Deutschland besorgen kann.

Als wir im Gehen noch einmal einen Blick auf die Trümmer im Garten und die Bombenschäden warfen, sagte der Küster: *«Grüße von Amerika.»* Ich brauste einen Moment lang auf. Nein, nein, das sind keine Grüße von Amerika und von den Amerikanern, sondern von *dem Führer selbst*! Dies hier und die zertrümmerten Kirchen in Köln und Frankfurt, in Speyer und Aachen und Nürnberg, diese Zerstörungen haben Hitler und sein Nationalsozialismus der Religion und der Kunst beschert.

Jemand, der hinter uns stand, bemerkte: «Er versteht, was Sie da sagen.» Ich verstärkte mein Argument noch mit ein paar Details. Der Küster nickte mit einem leisen, halb verlegenen Lächeln, gab sich geschlagen, stimmte mir zu. Ich ging zum Jeep und fuhr weiter, fragte mich dabei, ob ich mich überhaupt hätte ärgern sollen. In der Maximilianstraße: wie immer an den Fenstern Menschen, die uns musterten. Stehen sie den ganzen Tag lang dort? Oder haben sie uns kommen hören? Sie schienen genauso neugierig und ungläubig wie wir zu sein, aber aus vielen Fenstern lachten uns junge Mädchen unverhohlen an, und manche winkten uns sogar. Wir fuhren über die Holbeinstraße zurück, und ich wünschte, wir hätten noch Zeit für das Fuggermuseum, bevor wir wieder abziehen.

DIENSTAG, 8. MAI 1945

Ein warmer, sonniger Tag. Brach um neun Uhr auf.

Der Krieg ist vorbei.

Lastwagen in Konvois, überladen mit Gefangenen.

Eine alte Frau, ein junges Mädchen winken zum Abschied, gehen langsam weiter.

Kinder spielen in Schützengräben, in Wrackteilen von Flakausrüstungen.

Straßenschilder der 3. Division. Dachau, grauenvoller Auswuchs der modernen Gesellschaft.

Off-limits. Auf Befehl von Patch. Die Güterwagen gesäubert, leer. Typhusgefahr. An den Eingängen DDT-Zerstäuber.

Draußen eine alte Frau. Kritzelt eine Nachricht an ihre beiden Untermieter. Zwei Jugoslawen. Sie seien noch am Leben, habe sie gehört. Merkwürdige Anhänglichkeit.

Bunt bemalte Schilder und Ziffern weisen den Weg ins Lager.

Auf der Straße nach München. Konzentrationslager Allach.

Eine Standard-Oil-Tankstelle, völlig unbeschädigt; das amüsierte mich. Erst letzte Nacht Dyers Theorie: Heidelberg ohne Schäden; Woolworth habe ja ein Billigkaufhaus dort, und zertrümmerte Standard- oder Shell-Tankstellen sehe man nirgends, richtig?

München stand noch – aber nichts war unversehrt; die Struktur des Gerichtsgebäudes ist erhalten geblieben, aber es war schmutzig, beschädigt, dutzendfach von Geschossen getroffen. Das sei der *Justizpalast*, erklärte mir eine Zivilistin, das *Haus des Rechtes*. Das *Haus des Unrechtes*, gab ich zurück. Bitter stimmte sie zu. Großartige alte Gebäude, jetzt nur noch hässliche Ruinen.

Überquerte die Isar zum dritten Mal, suchte nach dem Löwenbräukeller und dem Braunen Haus. In der Nymphenburger Straße flirteten Mädchen mit US-Soldaten.

Mittagessen bei der 45. Division. Die Mahlzeit wurde unterbrochen; erst spielten Blechbläser, dann kamen Jeff Caffery und andere Größen.

Noch mehr Ruinen. Das Siegestor. Theater, Kirche, Museum, *Regierungsgebäude*.

B.s Hauptsorge für heute: seine «Geilheit», die Frauen, die Ärsche, das «Bumsen».

Das flache Land in der Umgebung von München.

Erster Blick aus der Ferne auf die Alpen: unbestimmt, schwarz, schneebedeckte Gipfel, von weitem wie der Rücken eines friedlich schlafenden Ungeheuers.

Überall verstreut Flugzeuge, die letzten der Luftwaffe.

Bomber, Jäger, Raketen – Bug und Propeller eingedrückt und verbogen und blind in den Himmel starrend, andere ohne Räder, bäuchlings auf den grünen Äckern.

Anhalter, Wanderer, Pilger.

Konvois von kleinen Fahrzeugen: Nazis unterwegs!

Frauen und Mädchen auf den Straßen, auf Wiesen, an Kreuzungen in Dörfern und Städten, und die unverhohlen lüsternen Blicke.

Deggendorf und die Voralpen.

Dokumente vom G-2-Korps. Der Zusammenbruch der deutschen Wehrmacht, die Demoralisierung, Desertionen, der Aufstand in München, Gefangennahme der Anführer, von Rundstedt, Frick usw. Zu Bett, kühle Nacht, nur eine Decke.

MITTWOCH, 9. MAI 1945

Am Morgen – draußen kein Krieg, und die würzigen Gerüche vom Land drangen seltsam herein. Frühstück und Weiterfahrt.

Tankstelle an der Autobahn. Eine tschechische DP, Rudolph Hort, geriet in Frankreich in Kriegsgefangenschaft und kam ins Lager Bernau. Arbeitete in der Rüstungsindustrie in der Nähe. Marschierte täglich zwei Stunden zur Fabrik und zwei Stunden zurück. Ernährte sich von Karotten. Kartoffelschalensuppe. Die letzte Ortsregierung verteilte leichte Waffen zur Verteidigung des Gebietes! Die Gefangenen befreiten sich und plünderten in den benachbarten Städten, nahmen Kleider, Essen, Wein usw. Die SS kam und erschoss sie auf dem Marktplatz. Vierhundert wurden umgebracht.

Weiter nach Palling und zur 42. Division.

Stilles kleines Dorf. Vom hohen Kirchturm flattert die weiße Flagge der Kapitulation, zappelt im Glockenstuhl an Fahnenstange und Querholz wie ein Drache.

Das Wirtshaus ist die Offiziersmesse. Im Schaufenster eines Fotogeschäfts Bilder von kleinen Mädchen in weißen Kommunionskleidern, alten Leuten, jungen Burschen in Naziuniform, manche grimmig, manche lächelnd, alle stolz, alles Kinder.

Mehr über die Revolte, die Auflösung des Heeres.

Überprüfung des jüdischen Lagers in Laufen.

Das Benzin im Tank erwies sich als Dieselöl oder Ähnliches. Jeep in schlechtem Zustand.

Abends im Kino mit Olsen und Johnson.

Im Rathaus Decken- und Wandgemälde; auf Bannern die Naziembleme mit Regenbogenfarben übermalt. Blaskapellen spielen Swing, dann ein Potpourri von britischen und irischen Melodien, sollen die Stimmung im Tal aufhellen.

DONNERSTAG, 10. MAI 1945

Jahrestag des Blitzkrieges gegen Frankreich. Fünf Jahre seit dem Angriff auf die Niederlande. Die Eroberer wurden von ihrem Sieg gefressen und zerstört.

Fuhr aus Palling ab; ein träger, warmer sonniger Morgen; unbefestigte Straßen, staubig; auf dem Ackerland tut sich nichts. Nach Laufen.

Internierungslager Laufen: Geiseln von den Kanalinseln; Zivilisten, ehemalige Soldaten, die nach dem Überfall auf Dieppe gefangen genommen worden waren. Aristokratie: Churchills Neffe; der Sohn von Prinzessin Mary, der Schwester des Königs; General Alexanders Sohn; General «Bor» (Komorowski), der Chef der Polnischen Heimatarmee!

Ich kam zu spät. Sie waren vor kurzem zur Etappe evakuiert worden.

Im Frauengefängnis Lebenau ein improvisiertes Konzentrationslager der SS. Notaufnahme für politische Häftlinge, rassisch Verfolgte, Geiseln usw.

Eine einfache Ansammlung von Baracken. Dürre barfüßige Männer in zusammengestoppelten Pyjamas gingen barfuß auf den Wegen. Mädchen in engen kurzen Kleidern, die kaum bis zu den Strümpfen reichten, schlenderten umher (mit verschmitzten Blicken). Kahl geschorene Köpfe. Suppen- und Brotrationen zum Verhungern. Langsame Erholung.

Eintausendsechshundert Juden (festgenommen im polnischen Ghetto und anderswo) dreißig Tage lang auf dem Todesmarsch von Buchenwald. Viele starben, andere brachen zusammen und wurden erschossen. Zweihundert kamen hier an. Sprach mit einigen. Wollen nie wieder nach Polen – er habe einen «Zeide» in Amerika, sagte einer! In einer Stadt mit einem langen Namen, könne sich aber nicht erinnern. Philadelphia? Nein, er wisse es nicht mehr, aber seinen «Zeide» werde er finden.

Sprach mit einem Mann aus Lodz: «Nein, keine Lodzer mehr am Leben. Die finden Sie alle im Krematorium.» Er war geflohen, bevor das Ghetto geschlossen wurde, und fand eine Art Zuflucht in einem Arbeitslager. Mütter zahlten Tausende von Zlotys, damit jemand ihre Kinder umbrachte – alles, nur die Kinder nicht von Bajonetten abschlachten lassen, oder zusehen müssen, wie sie in Gullys geworfen wurden.

Die barbarischen Grausamkeiten der Ukrainer in der Wehrmacht.

Ein anderer hatte im Krematorium gearbeitet. Er erzählte: Die Züge mit ihrer Ladung Juden trafen ein. Er ging in einige Wagen, meist war fast die Hälfte der Menschen tot. Goldzähne wurden ausgerissen. Immer wieder unterbrach er sich, mahnte mit gutmütiger jüdischer Strenge: «Hören Sie. Ich hab da gearbeitet, ich werde es Ihnen erzählen.» Vorbereitungen für das Bad. Gas aus Duschköpfen geleitet. Geschrei, Gebrüll, Weinen. Kinder blieben länger am Leben. Dann alle ins Krematorium.

In Zamosc und Labunia Massenhinrichtungen. Ein großes Grab ausgehoben. Erster Mann erschossen von drei Gestapomännern, Langkampfer, Mazurik, Kolb, und in eine Ecke gelegt. Nächstes Opfer legt sich in die Grube, den Kopf zwischen die Beine des Toten – «ich zeig's Ihnen, ich zeig's Ihnen». Er korrigiert mein Missverständnis und führt vor, wie der Mann liegen musste; dieser und alle folgenden legten sich lebendig ins Grab! – und wird dann erschossen. Und dann immer so weiter, bis die Totenliste dieses Tages abgehakt und der Platz in der Grube bis zum letzten Zentimeter genutzt ist.

Studenten aus dem Internierungslager in offenbar gutem Gesundheitszustand helfen bei der Rehabilitation. Ernährung: Füllen Listen für Lebensmittelbestellung aus. Kümmern sich um Entlausung und ärztliche Versorgung. Bäder, Kleider. Sie tun, was sie können.

Eine Bruderschaft der Verfolgten. Sie trugen wochenlang Mitgefangene auf ihren Rücken; die Last abzuwerfen hieß den Mann zu ermorden; Nachzügler duldete die SS nicht. Zu essen gab es ein paar Kartoffeln pro Tag. Die Schwachen brachen zusammen. Hunderte und Aberhunderte waren verloren.

«Und doch», sagte mir einer, «nicht nur der Leib hat gelitten. Auch Geist und Charakter sind gebrochen. Die Männer sind hinterhältig und bösartig geworden, sie stehlen. Lügen ist zur Gewohnheit geworden. Geradlinig und ehrlich können sie nicht mehr sein.»

Und sie waren nicht wiederzuerkennen. Einer der Jungen hörte, wie jemand, ein Gebrochener, ein Wrack, ein fremder Mensch, seinen Namen rief. Kam auf ihn zu, küsste und umarmte ihn. Es war sein bester Freund, zehn Jahre waren sie zusammen in die Schule gegangen … ein Fremder.

Die Truppen kamen. Die SS war geflohen. Die alten Wachmänner blieben. Die kranken, gefolterten Juden standen auf, schüttelten den GIs die Hände, küssten sie, riefen hurra, weinten und winkten. Die 20. Panzerdivision kam durch. Hörte von einem Lager abseits der Straße.

Feiern. Immer noch lokale Probleme. «Die Stärkeren prügeln die Schwachen. Kleine Probleme, Nachwirkungen der düsteren Zeiten.»

Maria. Zweiundzwanzigster Häftling im Frauengefängnis: stämmiges gesundes Mädchen mit stumpfer Nase, hätte Irin sein können. War seit acht Jahren nicht mehr in ihrem Heimatort gewesen, arbeitete in Kassel in der Rüstungsindustrie. Machte sich schließlich auf den Weg nach Hause zu einem Besuch. Wurde erwischt, verhaftet, vor Gericht gestellt, verurteilt. Zu achtzehn Monaten. War jetzt aber schon drei Jahre «drin», arbeitete in einer Granatenfabrik. Und würde bis Kriegsende im Gefängnis bleiben.

Vater war ein *«Politischer»*. Verhaftet als Agitator mit «kommunistischen Tendenzen», 1940 erschossen.

«Alles wurde erzwungen. Wir mussten Heil rufen. Sonst – wehe! Hier drin haben wir's anders gemacht. Aber wie Häftlinge waren wir immer. Das ganze Land war ein Gefängnis. So viele Verhaftungen. Manchmal dachten wir, alle sind verhaftet. In den Nazilagern werdet ihr mehr deutsche Gefangene finden, als ihr je auf dem Schlachtfeld gemacht habt.

Wann kommen wir nach Hause? Können wir schreiben, Briefe schicken?»

Eine kleine Gruppe Juden in zusammengestückelter Unterwäsche und den gestreiften KZ-Uniformen, singend, marschierend. Dürr, unrasiert, ungekämmt. «Wir sind die letzten Verdreckten.» Sie gingen zu den Duschen. DDT-Pulver zur Entlausung. Und so weiter. Vielleicht der Anfang eines neuen Lebens oder des Lebens überhaupt.

Elizabeth Kind. Ehemann Deutsch-Schweizer. Wohnte seit 1932 in Berlin.

Groß, dünn, blond, abgehärmt, sorgenvoll, sprach halb Englisch und halb Deutsch.

Inhaftiert am 8. September 1943. Ohne Anklage, wie so viele andere auch: «Sie dachten, man sei gefährlich. Die Klugen waren ihre Feinde. Die Intelligenten. Ich war Anwältin und deshalb eine potenzielle Gefahr. Mit mir wurden ein Architekt, ein Arzt und ein Ingenieur verhaftet: Oppositionelle. Sie wurden vor Gericht gestellt. Die Anklage: Sie seien Mitglieder des Berliner Untergrunds. Das waren sie tatsächlich.

Dr. Groscurth, ein wunderbarer Mann, ein wunderbarer Arzt, wurde ein paar Monate später hingerichtet.

Ja, er war ein Freund. Alle waren wunderbare, feine Menschen. Sie alle starben bei unseren kümmerlichen Widerstandsversuchen.

Sie haben meistens Flugblätter gedruckt und ein paar Broschüren für unsere Propaganda. Unsere, sage ich, aber ich gehörte nicht dazu. Ich dachte jedoch wie sie. Aber wir konnten so wenig tun. Die Gestapo drang überall ein. Wir verwendeten das Dreiersystem. Wenn einer zusammenbrach, konnte er nur die beiden anderen aus seiner Gruppe verraten.

Viele unserer alten jüdischen Freunde tauchten in unserer Gemeinde unter.

Aber wir waren allein und isoliert. Die SS brach uns die Hände, die Menschen brachen uns das Herz.» – Die Bezeichnung, die diese Frau benutzt: «die echten Deutschen»!

«‹Nächsten Monat sind wir in London›, sagte meine Mutter einmal. ‹Lächerlich!›, sagte mein Mann nur, 1940 war das. Vielleicht würde Hitler es schaffen, aber wir konnten das nicht glauben. Wir mussten hoffen. Unsere Familie ächtete uns.

Professor Weinbaums Tochter versteckte sich in meinem Haus; das war alles, was ich tun konnte. Ich hatte drei kleine Kinder. Und wie konnte ich meinen Beruf jetzt noch ausüben? Wie unsinnig, wie verbrecherisch das Recht geworden war! Wenn etwa ein deutsches Mädchen etwas mit einem französischen Kriegsgefangenen angefangen hatte und die beiden jahrelang auf Bauernhöfen zusammenarbeiteten, dann sollte sie zu drei bis vier Jahren Haft verurteilt werden – und ich wäre im Gericht und –? Niemals!

Wir hatten von den Grausamkeiten gehört. Nicht alles. Aber was mit den Juden war, wussten die Deutschen. Und was haben sie getan.

Jeder Tag wurde zu einer Prüfung, einer Mutprobe. Wir waren außer uns, mühten uns verzweifelt, irgendetwas zu tun. Illegale Arbeit, aber wie und womit? Ich war nur Hausfrau, mir lag das ferner. Aber die Männer! Sie waren wild entschlossen, etwas zu tun, glauben Sie mir.

Wie Dr. Groscurth glaubten wir, dass wir nur dann kämpfen und gewinnen könnten, wenn die Wehrmacht besiegt würde. Weitreichende Sabotage war jenseits unserer Möglichkeiten, aber der Doktor bewahrte unsere Leute vor dem Kriegsdienst, hielt viele mit medizinischen Tricks aus dem Heer heraus. Ein paar Freunde konnten wir durch Bestechung aus den Konzentrationslagern zurückholen.

Trotzdem waren wir im Lauf der Jahre mehr und mehr allein. Unsere besten Leute wurden ermordet, weggeschafft. Andere vergaßen und gingen mit dem Regime konform.

Sie hatten die Macht über alles. Im Lehrbuch für Kurzschrift stand die Aufgabe: Transkribieren Sie: ‹Die SS ist eine vornehme, gute, konstruktive Kraft …› Der Nazischwachsinn vergiftete das ganze Land.

Und das Gift bleibt. Das sklavische Verhalten ist habituell. Hier im Gefängnis – selbst unter unseren politischen Mithäftlingen – kann man sehen, wie es sich auswirkt. Als der Colonel kam und mich zu einer Art Sprecherin machte, wollte das niemand akzeptieren. Die alte Form musste gewahrt werden. Eine offizielle Erklärung. Verordnungen rauf und runter, auf der ganzen Linie. Was für eine Tragödie. Die Naziroutine hat sich durchgesetzt. Für Deutschland habe ich keine Hoffnung. Ein wenig vielleicht für die nächste Generation, für die Kinder, die jetzt aufwachsen. Aber neue «menschliche Wesen» müssten geschaffen werden.

Meine eigene Mutter! Sie war immer so stolz auf ihre Luftwaffe! So froh, dass ihre Luftwaffe so fabelhaft und effizient all die Städte bombardierte! Meine eigene Mutter!

Es gab gute Deutsche. Wir haben sie verloren.

Ich traue keiner Institution und keinem Menschen mehr. Meine Kinder werde ich ins Ausland bringen, sie sollen in der Schweiz oder in England zur Schule gehen.

Wir haben Universitäten, aber sie sind durch und durch korrumpiert. Und unsere Religion. Das Christentum! Aber wo war unser Christentum in all den Jahren? Alle wussten, was den Juden angetan wurde, aber sie ließen es geschehen. Die Wahnsinnigen ermordeten Unschuldige, Hilflose, folterten unbeugsam Denkende. Tritt nach jemandem, und du stehst über ihm. Sie trampelten andere nieder, um sich zu erhöhen.»

Sie brach in Tränen aus.

«Professor Weinbaums Tochter. Wo kann ich sie finden? Und ihre Kinder? Leben sie noch? Wie soll ich anfangen? Alles liegt in Trümmern, alles ist verloren. Und mein Mann. Er ist auf der Flucht. Aber niemand kann mit ihm leben. Sie haben ihn zerstört! Er ist ein gebrochener Mann, er hat den Verstand verloren vor Gram und Hilflosigkeit. Und ich, ich bin noch jung, aber sehen Sie mich an. Ich bin fünfunddreißig, ich habe graue Haare und fühle mich schon wie eine alte Frau. Aber ich hätte ja auch tot sein können.

Die Gestapo verlangte die Todesstrafe. Aber ich glaube, die Richter hatten ein gewisses kollegiales Mitgefühl mit mir. Merkwürdig. Ich war Rechtsanwältin. Hatte selbst viele Male in diesem Gerichtssaal gestanden. Sie ließen mich mit einer leichteren Strafe davonkommen. Und jetzt? Meine Haftstrafe habe ich abgesessen, aber befreien kann man uns nicht. Wir sind die Sklaven unserer Tragödie. Deutschland ist unser Gefängnis …»

Regina Kastenbauer. Verhaftet am 14. November 1938, einige Zeit nach dem Einmarsch Hitlers (13. März 1938). Sie arbeitete im Zentralkomitee der österreichischen Kommunistischen Partei.

Ein linientreues Parteimitglied. Aber ganz sicher bin ich dann doch nicht.

Am Ende unseres Gesprächs wollte sie sich vergewissern, dass ich ein russischer Offizier bin – den Eindruck hatte ich ihr offenbar die ganze Zeit vermittelt. Damit wird fast alles, was sie zu sagen hatte, höchst fragwürdig. Angeblich bestand zuerst keine Uneinigkeit zwischen Hitler und Stalin. Dann gestand sie erhebliche Spannungen. Reden über die Diktatur des Proletariats. Ein starker Charakter. Wenig Gefühl dafür, wie Menschen zerstört werden können. Der Kampf, immer nur der Kampf.

In Laufen: «Bobby» Montgomery, ein Schwarzer aus Brooklyn im Showgeschäft!

Wurde gefangen genommen, als er mit seinen Blackbirds in Kopenhagen tingelte. Stepptänzer. Sein Manager, ein Russe, verschwand. Andere aus seiner Truppe unauffindbar.

Wir sahen ein paar Mädchen vorbeigehen. «Keine Moral mehr hier im Land. Nett und anständig sind nur kleine Mädchen unter fünf Jahren … Manche von diesen Frauen haben seit Jahren keinen Mann mehr gesehen. Junge, die Nächte hier sind hart, sage ich dir.»

Versucht, eine Show auf die Beine zu stellen. Lernt zwei neue Blackbirds an, schwarze Jungs aus Belgien. «Aber die kriegen den Rhythmus nicht hin, man zeigt ihnen, wie's geht, aber den Brooklyn Bounce, den packen die nicht.»

«Aber Mann, was haben wir uns gefreut, als ihr aufgetaucht seid. Wir kommen eben als Allerletzte dran. Das ganze Deutschland befreit, alle in Freiheit, nur ein winziges bisschen Bayern nicht – und verdammt, ausgerechnet da sitzen wir!»

«Klar kenne ich das Land. Zwanzig Jahre war ich hier auf Tournee. Einmal, das war 1930, hatte ich eine Show in Hamburg, wir waren zu zweit, ich und ein jüdischer Akrobat, und wir übernahmen die Halle gleich nach einer Hitlerrede. In meiner Garderobe hatte gerade noch Hitler gesessen, er kam raus, als ich reinwollte ... Ja, Deutschland kenne ich in- und auswendig. Anders verstehst du nicht, was hier los ist.»

Über die Salzach nach Österreich.

In der Ferne wieder die Alpen. Das Schwarz und Weiß der verschneiten Gipfel hing wie eine großartige Kulisse über dem Horizont, überwältigend und ein wenig künstlich.

Die weißen Tücher an Fahnenstangen und auf Dächern waren verschwunden. Im Dorf hingen wieder die rot-weißen österreichischen Fahnen.

Das stark beschädigte Haus Joseph Weisers am Stadtrand von Salzburg.

Wenn dieses Haus so lange steht,
bis aller Hass und Neid vergeht,
so wird dies Haus so lange stehn,
bis die Welt wird untergehn.

Das Haus wurde siebenmal von Bomben getroffen. «Die Amerikaner?» «Nein, nein, das macht keinen Unterschied! Und wenn es siebzigmal zerbombt wird, Hauptsache, die Nazis gehen mit zugrunde! Lieber durch amerikanische Bomben sterben als mit den Nazis leben. So viel Elend, wie diese Menschen gebracht haben, war noch nie in der Welt. Sie haben ganz Österreich zu einer Gefängniszelle gemacht.»

Er hatte seine Fahne gehisst, bevor die Truppen da waren (erzählt uns seine Frau). Die SS kam und bedrohte ihn mit gezogenem Revolver, die Fahne wurde heruntergerissen. Aber bald wehte sie wieder.

«Was für eine Brutalität, was für einen Terror diese *Banditen und Mörder* über uns gebracht haben. Sieben Jahre mit diesen Halsabschneidern. Nie wieder! Und wenn ich sie alle eigenhändig erwürgen müsste!»

Der alte Mann wurde rot vor Zorn, war kurz vor einem Wutausbruch und schwenkte drohend seinen Stock.

SONNTAG, 14. MAI 1945

Krankenhaus Ebersberg, Frühstück im Freien. Vom Land her strömt Sonnenlicht herein. Auf dem Weg nach München.

Kinder winken an der Straße. Überall Radfahrer unterwegs.

Zur Militärregierung im Alten Rathaus.

Verwirrung, Durcheinander; keine Entscheidung, Warten auf übergeordnete Instanz.

Ermittlungen zur Münchner Revolte. Hauptmann Gerngross Mann Nummer eins. Misstrauen überall. Hat ohne Genehmigung ein öffentliches Hauptquartier eingerichtet und Aufrufe über Rundfunk gesendet. Sehr gefährlicher Mann, deutet CIC an. Physisch gefährlich?, frage ich und taste nach meiner Pistole. Ja. Politisch? Auch.

In der Mauerkircher Straße. Ein MP kommt mit einem Gefangenen. Unrasiert, schmutzig, gerötete Augen. Die Wache trägt eine Handvoll Werkzeuge. Der Mann wurde erwischt, als er in der Umgebung Drähte zerschnitt. Ein Deutscher in kurzen bayerischen Hosen, seine weiße Unterwäsche ist verrutscht und hängt heraus. Ein jämmerlich aussehender Mann, und seine Erklärung, er habe geglaubt, es seien deutsche Drähte, ist genauso jämmerlich. Der MP hätte ihm fast die Drahtschere um die Ohren gehauen. Also ein Fall von Sabotage, wenigstens einer.

Fahre in die Schackstraße neben der Ruine des Siegestors.

Das Hauptquartier von Gerngross. Am Haus ein säuberlich geschriebenes Schild: *FAB*, *Freiheits- und Aufbau-Aktion Bayern*.

Gerngross persönlich. Hochgewachsen, gut aussehend; spricht Englisch mit einem attraktiven britischen Akzent. Tweedanzug. Schnurrbart. Ungerecht, aber er sieht aus wie ein Filmstar.

Geboren am 21. Juni 1915 in Shanghai. Deutsche Eltern, der Vater ein von Shanghai bis Wladiwostok bekannter Arzt. Privatschulen in Shanghai.

Die Familie kehrt 1926 nach Deutschland zurück. G. geht in München zur Schule.

Hitler kommt an die Macht. Gerngross, von der Polizei aufgegriffen, wird der Vorbereitung eines Aufstandes beschuldigt.

In seiner Wohnung versteckte Waffen werden gefunden, alte deutsche Waffen aus dem Ersten Weltkrieg, Pistolen, Maschinengewehre, Flinten. Er wird zu dreißig Tagen Haft verurteilt. Zahlt Bußgeld und tritt 1934 in die Reichswehr ein. Der einzige Ort, an dem man sich verstecken könne.

Mitglied des Deisenhofener Kreises, eines Diskussionskreises zur Stärkung des unabhängigen Denkens in Deutschland, Treffpunkt für Nichtnazis und Antinazis. Diente ein Jahr in der Reichswehr. Kehrt von 1935 bis 1938 an die Universität zurück, studiert Jura und wird zum Dr. jur. promoviert.

1936 bis 1937 in Großbritannien, zwei Semester Studium an der London School of Economics. Studierte bei Harold Laski! Diverse Probleme von Recht und Verwaltung. Nicht besonders interessiert an Laskis Marxismus oder Labor-Politik. Wollte vor allem juristische Sprache etc. lernen. 1941 Examen in Wirtschaftswissenschaft.

Baute Kontakte zu politischen Gruppen aus. Absicht: Mehr

als nur platonischer Widerstand. Aufgrund der Vorsichtsmaßnahmen gegen Infiltration und Enttarnung durch die Gestapo keine Zahlenangaben möglich. Und in diesen Jahren wurden nur sehr wenige verhaftet. Nur Mundpropaganda. Nichts schriftlich festgehalten, nichts auf Papier.

Fehler bedeuteten Vernichtung. Kannte die Studenten. Schmorell, Scholl. Half im Studentenaufstand von 1943 bei der Flugblattaktion mit. Fehlschlag. Wozu war er gut? Offenbar ein «praktischer» Revolutionär. Hält nichts von diesen idealistischen Demonstrationen. Auf den richtigen Moment warten. Keine Kräfte opfern! Natürlich könne jeder behaupten, Märtyrer und Held gewesen zu sein. Aber in Wahrheit habe es keine Bewegungen oder Organisationen gegeben.

1938 Ernennung zum Reserveoffizier. 1939 Einberufung, Einsatz im Polenfeldzug. Lazarett, leichtere Verwundungen, zur Reserve nach München versetzt. Organisation von Gruppen im Heer. Probleme, weil die Männer immer zu den taktischen Einheiten versetzt wurden und damit Verbindungen wieder verlorengingen.

Vorbereitung von Revolten und Aufständen. Hatte höheren Ortes viel stillschweigende Unterstützung. Franz Sperr, ehemaliger Bayerischer Gesandter in Berlin. Wurde nach dem 20. Juli erschossen. Hilfe auch von Divisionsadjutant Major Schubert, 467. Division. Viele andere nach dem 20. Juli hingerichtet.

«Wir wussten einiges vom geplanten Hitlerattentat, aber das war etwas anderes als unser eigenes Programm. Wir arbeiteten nicht an einem Aufstand der Offiziere. Wir wollten einen politischen Schlag, und genau deshalb scheiterte er. Sie hatten keinen Kontakt zur Bevölkerung, und ihre Anstrengungen fanden kein Echo beim Volk. Wie auch immer, ich glaube, im Norden war der Nazismus zu tief verwurzelt.

Süddeutschland ist anders. Liberal eingestellt. Und täuschen Sie sich nicht, mit Religion hat das nichts zu tun. Die Leute wissen, dass die Kirche sich nicht bewährt hat. Was hat sie unternommen? Sie war passiv, die Priester taten nichts. Und jetzt fragen sich viele, warum die Militärregierung so viel Respekt hat vor katholischen Ratschlägen und der katholischen Kirchenleitung. Bayern war nichts für die Nazis. Das lag an der Tradition. Sogar an der ‹Landschaft›! Und an der Geschichte. Die Leute waren freie Bauern. Nicht von Großgrundbesitzern beherrscht und auch nicht von der Maschinerie der Industrialisierung ergriffen und zum Proletariat gemacht.

München war keineswegs die *‹Hauptstadt der Bewegung›*, vielmehr allgemein bekannt als *‹Hauptstadt der Gegenbewegung›*. ‹Terroristengruppen› wurden organisiert und ‹Fabrikzentren› und auch eine Gruppe ‹für die Aufsicht Zuständige›.

Welche konkreten Erfolge? So gut wie keine, um ehrlich zu sein. Wir mussten abwarten. Die SS bedrohte uns von außen, die Gestapo von innen. Ein Schnitzer, und wir wären alle verloren. Und wir waren natürlich nur eine kleine Gruppe. Die gewaltige alliierte Militärmacht brauchte fünf Jahre, bis sie Hitlers Maschinerie vernichtet hatte. Hätten wir, allein auf uns gestellt, irgendetwas erreichen können?

Der letzte Monat. April. Deutsche Offiziere zur Army durchgeschleust, um Verbindung aufzunehmen. Ein französischer Agent (Miremont) und ein amerikanischer Flieger (Lieutenant McMara). Kontakt zur Untergrundbewegung der französischen Kriegsgefangenen und Zwangsarbeiter, die jetzt wegen der Evakuierung der DPs wahrscheinlich nicht mehr existiert.

Wir benutzten ihre drahtlose Funkverbindung. Gaben den Alliierten SS-Konzentrationen und -Positionen durch. Im Umkreis war ich als Nichtnazi bekannt, aber ich spielte ihr militärisches Spiel mit. Strikt und korrekt. Meine Kompanie war mustergültig. Keine Deserteure, keine Meuterei.

Dolmetscherkompanie Wehrkreis VII. Später umgewandelt in *Lehr- und Ausbildungskompanie*, sodass ich mehr Männer halten konnte.

Fasanenjagd unsere Losung.

Wir haben kein Geld, keine Lebensmittel, München ist eine gelähmte Stadt. Das dringendste Problem: die Menschen dazu zu bringen, dass sie arbeiten, mit dem Wiederaufbau anfangen. Die Eisenbahnen könnten innerhalb von zwei Tagen fahren. Die Arbeit kann sehr bald wieder aufgenommen werden. Wir bereiten einen Bericht vor, der darüber Auskunft geben wird.

Wir wollen helfen, und dass wir dazu in der Lage sind, müsste glaubhaft sein. Unser Aufstand war der einzige, nicht einmal in Wien haben sie das geschafft, trotz Propaganda und Unterstützung und Aufrufen über den Rundfunk. Ich hoffe, München hat der Welt gezeigt, dass es deutsche Antinazis gab, die bereit waren, ihr Leben zu riskieren.

Unsere Organisation ist schwach. Wir haben Schreibkräfte, aber was können wir ihnen zahlen? Wir haben keine Fahrzeuge, keine Zeitung, keinerlei Hilfe.»

(Verdacht des CIC: Ich würde eine paramilitärische, von ehemaligen Offizieren nach deutscher Art geleitete Organisation vorfinden; die Leute würden vor Gerngross salutieren usw. Ich fand keinerlei Bestätigung dafür. Aber eine Bewegung in ihren Anfängen, und diese Leute waren nicht anders als viele Gruppierungen zu Hause, die sich um Einfluss bemühen.

Ein unglücklicher Zwischenfall brachte uns in Schwierigkeiten. Wir hatten unseren Passierschein missbraucht, weil einer von uns seine Freundin besuchen wollte, und das CIC verhaftete die ganze Gruppe in unserem einzigen Fahrzeug ... Bedauerlich.

Ging später am Sonntagnachmittag noch einmal zurück. Gerngross' Büro war geschlossen. Davor stand ein Deutscher, der auch versuchte, hineinzukommen. Ein neues Mitglied. Hatte vom Aufstand gehört, wollte mitmachen. Soldat an der elsässischen Front; hatte in Hagenau und Rittershofen gekämpft! (Die Welt ist klein!) Rechtsanwalt.

Bog von der Nymphenburger Straße ab. Ruinenbesichtigung. Stöberte in den Trümmern und fand ein Führerporträt. Zwei Mädchen lachten. Krankenschwestern in Weiß. «Zerreißen», riefen sie. Ich hob eine Augenbraue und fragte: *«Sind Sie nicht deutsch?»*

Nein, sie waren Russinnen und arbeiteten im Krankenhaus in der Nähe. Ich zerriss das Bild. Fuhr weiter, nahm die beiden mit und brachte eine Unterhaltung in Gang.

Nina und Lida. Robust, typisch russisch in ihrer ziemlich schwerknochigen Schönheit. Bruchstücke der Unterhaltung: das Unglück der Deutschen in Bayern. Fürchteten die SS, hassten das Regime. Hitler wurde insgeheim immer verflucht. Später ein gewagter Witz: Auf den Führer schimpften mehr Leute ... als auf Stalin!

Ich nahm das Stichwort auf. Die Mädchen waren jung, aber sie hatten von Oppositionellen gehört. Erzählten mir von den Prozessen und wussten über Trotzki Bescheid. Seit Lenins Tod in Ungnade. Kannten sich wenigstens in der Geschichte aus. Was wussten sie von den Lagern? Lida war ahnungslos. Nina: wegen der Politik natürlich. Wieso *natürlich*? Ist es natürlich, dass politische Ideen ein Verbrechen sind? Das war ihnen dann etwas zu hoch. Sie waren Schülerinnen und insgesamt zufrieden mit dem Regime. Die vielen Möglichkeiten, die ihnen offenstanden etc. Und jetzt hatten sie schreckliches Heimweh, wollten unbedingt wieder in ihr Land. Hatten eine halbwegs kritische Einstellung zur stalinistischen Macht, der strengen Kontrolle, dem Diktatorischen, zur GPU. Hörten sich interessiert und ohne gekränkt zu sein an, was ich ihnen über die Angst der Deutschen vor den Russen erklärte. Die Geheimpolizei, die Diktaturen, die düsteren Seiten des russischen Regimes. Keine Angst vor den Russen an sich. Alle Völker sind mehr oder weniger gleich, aber Regierungen unterscheiden sich durch gute und schlechte Eigenschaften. Zustimmung der Mädchen. Ich war überrascht.

Tour durch die Stadt (die sie gut kannten). Durch Gärten und Parks. Sie baten mich, von Amerika zu erzählen. Womit anfangen? Ich schwatzte ein wenig, was ihnen gefiel. Dann fragten sie nach amerikanischen Liedern. Volksmusik. Versuchte, mir was anderes einfallen zu lassen als «Old Kentucky Home» und «Dixie», aber was ich trällerte, machte ihnen Spaß, und mit meinem schlechten Tenor hielt ich hinterm Berg. Sie stimmten russische Melodien an, und bald fuhren wir singend im Jeep durch die Gegend. Als ich in die Internationale einfiel, kamen wir uns näher. Lachen und Freundschaft.

Fuhr sie zum Krankenhaus.

Dort ein junger Jugoslawe; zwei Jahre Zwangsarbeit, jetzt frei, hofft, es nach Amerika zu schaffen. Wird aufbrechen, sobald er an einen Pass kommt. Hatte keine Ahnung, wie er sich eine Aufenthaltsgenehmigung für München verschaffen kann. Keine Ahnung, wie und wann er nach Amerika reisen soll, wohin er dort gehen könnte. Misstraute Europa. Hatte auch Angst vor den Russen, dem russischen Regime, erklärte er den

Mädchen. *Stalin hat er nicht gern.* In Amerika würde es wenigstens Arbeit für ihn geben, einen bezahlten Job und dann – *Freiheit.* Die sei sehr wichtig …

Zurück zum Hotel. Die eine Hälfte war von Bomben zerstört, die Army hatte das Hotel übernommen. Der Fahrstuhlführer. Alter Mann, vielleicht sechzig. Hat sechsundzwanzig Jahre im Hotel gearbeitet. Sprach mit ihm länger im vierten Stock, er wurde nicht gerufen und hatte Zeit. «Nicht leicht, das Hotel und die Stadt, in der man sein ganzes Leben verbracht hat, zerstört zu sehen. Aber jetzt sind wir die Bande wenigstens los. Was für eine üble Clique das war. Kürzlich waren Zeitungskorrespondenten hier, und für ein paar Minuten war es wie frü-

her. Einer von ihnen war Kriegsteilnehmer gewesen, und wir haben uns wiedererkannt.

Nein, Bayern war nicht hitlerisch. Natürlich waren viele Bayern Nazis und sind es immer noch.» Er begann zu flüstern und kam sehr nah an mein Gesicht. «Dieses Hotel», sagte er, «gehörte einem Juden. Die Partei enteignete ihn, und er floh nach Kanada. Herr G. (aus dem Erdgeschoss) war Parteigenosse und bekam das Hotel durch seine Parteiverbindungen. Aber wir alle kennen die Geschichte, und sie werden nicht so einfach davonkommen. Die amerikanische Regierung kennt die Geschichte auch, und warten Sie mal, bis die SS zurückkommt. Die brauchen Arbeit und werden alles versuchen. Aber wir kennen sie, jeden Einzelnen von ihnen! Wenn der alte Besitzer zurückkommt – vielleicht wird er's ja gar nicht wollen, vielleicht waren die Kanadier ja gut zu ihm, und er hat sich was Neues aufgebaut –, aber wenn er zurückkommt, dann ist G. dran. Und mit den anderen wird auch noch abgerechnet.»

Wusste von der Revolte und Gerngross' Radioansprache. Hatte Verwandte in Wasserburg, die dem Aufruf folgten. Viele von ihnen wurden erschossen, als der Aufstand niedergeschlagen wurde. Kannte Gerngross von früher und schätzte ihn.

Nachgedanken zur FAB. Interview etwas zu formell. Aber klar, wer konnte wem trauen? Gerngross war freundlich, und ich war eindeutig ein Außenseiter und Fremder. Meistens maßen wir unterschwellig unsere Kräfte. Die Army scheint etwas gegen zivile deutsche Bewegungen zu haben, und offenkundig musste er die ganze Zeit einen Eiertanz aufführen …

Wieder im FAB-Hauptquartier:

Gerngross: Wiederaufbau, um die völlige Katastrophe abzuwenden; Kampf gegen Hunger und Chaos.

«Durch meine Familie und meinen Beruf bestehen Kontakte zur Mittel- und Oberschicht, aber unsere Orientierung ist die Arbeiterschaft.»

Bestritt erneut, dass Nazis in der Bewegung seien. Später würden Nazis vielleicht zugelassen, *Zwangsnazis*, die in die Partei eingegliedert wurden; doch momentan muss man sauber bleiben.

«Wir haben kein Programm. Programme müssen ‹umgesetzt› werden, und wir sind zweifellos nicht in der Lage, irgendetwas umzusetzen. Wir haben jedoch Prinzipien. Wie man mir gerade heute Morgen sagte, sind wir eine besiegte Nation, und da können wir es uns gleich sparen, Vorschläge zu machen. Wurde wie ein Verbrecher behandelt. Ein Flüchtling als Dolmetscher, hat meine Aussagen verhunzt. Viel persönliche Bitterkeit – so spät, wie wir etwas unternommen hätten! Stellen Sie sich vor, der flieht aus unserem Land, und dann wirft er uns vor, wir hätten zu lange gebraucht, um eine Revolution in Gang zu setzen ...»

(Nazigesichter: «Gehen Sie mal auf die Straße, da können Sie sie erkennen. Die Geschichte hat sich in ihren Gesichtern niedergeschlagen.» Vorfall in den Bergen mit Newsome, Gestapomann entdeckt, Pistole weg, fühlte mich unwohl, ging weiter ...)

Über Ritter von Epp: «Mein Gott, unser Mitglied? Er war unser Gefangener. Wir wollten ihn festsetzen und mitnehmen. Als Reichsstatthalter hätte er für Bayern die Kapitulation erklären können, wenn die anderen Wehrmachts- und Parteiführer erst aus dem Weg geschafft wären. Er war ein Schwächling, hätte aber für unsere Ziele nützlich sein können.»

Nochmals das Gefühl der Isolation. «Uns waren keine Versprechungen gemacht worden, wir hatten keine Propaganda, keine Botschaft, nichts. Doch nirgends gab es eine Rebellion wie unsere – nicht mal in Österreich, im roten Wien.

Die Kommunisten wurden gebeten, sich dem Aufstand anzuschließen, lehnten ab; offenbar, um ihre Truppen zu schonen; wir verloren vierzig Mann bei der ersten Aktion ... Sie planten einen Aufstand in Dachau und wollten einige Männer und Waffen borgen. Sonst aber wollten sie sich zurücklehnen und abwarten. (Wenn ich mich auch zurückgelehnt und abgewartet hätte, säße ich jetzt in Kriegsgefangenschaft, hätte es bequem und würde gute US-Rationen zu essen bekommen ...)»

Zu den Gerüchten, er sei «Militarist»: «Letztlich war ich Soldat. Wie hätte ich das ändern sollen?»

Behauptet, von Altsozialisten und Sozialdemokaten sehr unterstützt worden zu sein.

Zählt Namen von führenden Nazis auf (Beschwerde des CIC: zu viele!)

(Erster Kontakt mit CIC – die alte Gestapomasche; wir werden rumgeführt; ein Schuss im Keller; jemand hat gerade Selbstmord begangen; uff! ...)

Werwolf-Flugblatt: *«Werwölfe packen zu! Falsche Rechnung unserer Feinde! Werwölfe!!! Auf uns kommt es an! ... Wir Werwölfe, treue Gefolgschaft des Führers, stehen zum Kampf!»*

An der Feldherrnhalle, wo 1923 die ersten Nazis gefallen waren und die nach Hitlers Machtergreifung zum Heiligtum der Partei geworden war, steht mit weißer Farbe in großen Lettern:

«K. Z. DACHAU – VELDEN – BUCHENWALD
Ich schäme mich, daß ich ein Deutscher bin
P. Höpl»

Vielleicht vom *Freien Deutschland* – keine anderen Propagandisten scheinen hierzulande zu dieser Art Sensationshascherei in der Lage zu sein …

Ebenfalls festzuhalten: die Kleidung des Majors. Ein Patrouillenauto, das ganz München nach meinem Jeep und der vermissten Wäsche absucht.

Bei der *Aktion Freies Deutschland*:

Gerngross war im Radio zu hören. Die Revolte habe begonnen. Menschen strömten nach draußen auf die Straße. Die beiden, mit denen ich sprach, gingen runter zum Fluss. Soldaten bewachten die Corneliusbrücke und die Thalkirchener Brücke. Wurden ohne Waffen überzeugt und haben Minen, Bomben und Sprengwerkzeug in den Fluss geworfen … Einige stürmten die Depots mit den *Panzerfäusten*. Andere hissten weiße Fahnen.

Als amerikanische Truppen die Lindwurmstraße runterkamen, wurden sie «begrüßt», Hochrufe, Mädchen mit Blumen. Die GIs warfen Zigaretten in die Menge. Die Leute waren sehr glücklich. Befreiung. «Vielleicht verstehen die Amerikaner nicht, wie sehr wir unterdrückt waren. Wir konnten nichts tun außer warten und hoffen. Bayern war kein Naziland.»

Vorfall auf der Straße: Jakob Lütz, in seinem Kellerversteck in München verhaftet. Mit einem Revolver im Rücken durch die Straßen geführt. Ein großes Schild um den Hals mit der Aufschrift: *«Lütz: ein Henkersknecht aus Dachau»*. Zur Polizeiwache geführt.

Treffen mit Curt Riess und Klaus Mann. K. Mann in München, um nach dem alten Haus der Familie zu sehen, arbeitet für den Mittelmeerbereich von «Stars and Stripes».

Riess verfasst Meldungen für Scripps-Howard und Hintergrundberichte für RCA über die Gerngross-Revolte, scheußliche, skandalöse journalistische Machwerke voller Gerede, Gerüchte, Klatsch, Verleumdung und wirklich übler Parteilichkeit. Angeblich haben ihm Riedenauer und Prinz Aremberg alles erzählt; trotzdem war seine Reportage fast Punkt für Punkt unverantwortlich.

Kam spät ins Hotel zurück. Sprach wieder mit dem Fahrstuhlführer.

Erzählt mir, dass Gerngross mehrere Jahre lang im Zimmer 113 gewohnt habe. Niemals wie die Nazis mit *«Heil Hitler»* gegrüßt habe. Als strenger Vorgesetzter bekannt, aber beliebt sei. Er habe Gerngross' Rundfunkansprache vom 28. April gehört. Gewusst, dass die Zeit gekommen sei. Verwandte in Wasserburg hätten dort einen Aufstand angezettelt und die Brücke über den Inn gerettet. Unabhängig und nach eigenen politischen Ideen gehandelt, einfach auf Gerngross' Signal hin. Die Verwandten wurden von den Nazis festgenommen. Überall seien die Leute aktiv geworden. Und als Hitler tot war, hätten sie hier *Gott sei Dank!* gesagt. *«Die Leute waren froh* ... Und die amerikanischen Besatzer *waren unsere Rettung.* Oberstleutnant Puhl half bei der Revolution ...»

14. MAI 1945 München

Rudolph Wiegel, 24, vor der Revolte mit dem 19. Bataillon in München: «Sie müssen das verstehen. Es war sehr erschreckend und gefährlich. Die Menschen sind falsch. In einem Augenblick halten sie zu dir, und das Nächste, was du mitbekommst, ist, dass du in eine Gestapofalle getappt bist. Ich war in Russland an der Front, habe da gekämpft. Aber was ich dort sah, hat mir das Herz zerrissen. Wie die mit den Leuten umgegangen sind, insbesondere mit den Juden. Das war unglaublich. Dinge, von denen wir nichts wussten, glauben Sie mir. Massenexekutionen und Massengräber, solche Scheußlichkeiten und Grausamkeiten! Da musste ich was unternehmen. Irgendwie musste das gestoppt werden. 1943 ging ich in den Widerstand. Aber die hatten alle Macht, alle Gewalt. Wo sollte man da anfangen? Eine falsche Bewegung oder auch nur ein falsches Wort, und du warst tot. In Bayern war es leichter. Norddeutschland, besonders Westfalen, war so schrecklich loyal. 1943 lernte ich Gustav Bücker kennen. Ich half ihm im Untergrund, bis er gefangen genommen und hingerichtet wurde. Letztes Jahr Ostern. Er erzählte mir von Dachau und dass die Barbarei dort systematisch sei, ein natürlicher Bestandteil des Regimes der Nationalsozialisten. Das war schwer zu glauben, aber wenn man's doch tat, war es leicht, Bückers Fanatismus zu verstehen. Alles, was nach Nazismus aussah, musste zerstört werden, ausgelöscht! Besonders die eigentlichen Verbrecher, die Kader von 1933 bis 1935. Die hatten das Fundament gelegt. Wir druckten Flugblätter mit einer alten Maschine. Manchmal brachten wir auch Nachrichten, die Wahrheit über das, was tatsächlich geschah. Oder Aufrufe, sich im Widerstand zu organisieren. Immer wieder versuchten wir, die Korruption in Partei und Regierung und die riesigen Profite der Nazis offenzulegen. 1943 starteten wir eine Offensive, und die *Aktivisten* im ganzen Land griffen sie auf. Das war die «Epidemie der schwarzen Schatten». Wissen Sie, diese Zeichen überall an den Wänden und Türen, etwa so wie *«Pst, Feind hört mit»*. Es war das Symbol für dieses Regime – schwarz und im Schatten, ohne Hoffnung und ohne Körper. Und das Fragezeichen war das Fragezeichen Hitler selbst – weder er noch sein Krieg hatten irgendeine Zukunft. Bücker wurde von der Gestapo verhaftet, verraten von seiner Freundin, aus Eifersucht auf eine andere Frau. Sie bekam dafür übrigens eine gute Stelle, arbeitete fortan im Gestapobüro. Ich wollte ihn an jenem Morgen besuchen und traf auf die Polizei. Sie verhafteten mich und brachten mich ins Präsidium – Brienner Straße 50, zweiter Stock, Zimmer 76.» (So präzise, wie er die Adresse nannte, wird er sie wohl nie vergessen.) «Ich sagte ihnen, ich sei in einer geschäftlichen Angelegenheit dort gewesen. Aber sie glaubten mir nicht. Ich log. Aber glauben Sie mir, es ging um Leben und Tod! Ich musste lügen und betrügen.» (Er entschuldigte sich, als würde man es ihm übel nehmen, in dieser Situation nicht die Wahrheit gesagt zu haben.) «Bücker identifizierte mich. ‹O ja›, sagte er, ‹den kenne ich. Er belästigt mich dauernd wegen eines alten Radios, das er mir mal zur Reparatur gebracht hat. Das steht bei mir irgendwo in der Ecke. Habe einfach nie die Zeit gefunden, es mir anzuschauen.› Das hat mich gerettet. Sie haben mich freigelassen. Aber seither haben sie mich observiert. Bei der Wehrmacht wollten sie, dass ich eine Offizierschule besuche, aber in meiner Akte stand, ich hätte keine nationalsozialistische Gesinnung und sei ungeeignet für die erforderliche ideologische Führung. Also blieb ich bei der Truppe in München. Am Morgen des 28. hörte ich das Radioprogramm. Alle waren verblüfft. In dem Chaos gingen die Männer einfach nach Hause. Überall, in jeder ordentlichen Stube, wurden Entlassungspapiere geschrieben. Nicht Hunderte, nein, Tausende. Sie nahmen sich Kleidung und Essensrationen aus den Beständen und kehrten dem Militärdienst für immer den Rücken. Ich selbst war zwei Tage zuvor entlassen worden! Es herrschte ein schreckliches großes Durcheinander. Ich selbst habe General Hübner gehört, wie er im Hauptquartier ins Telefon brüllte, er würde jeden Offizier hängen lassen, der ein Entlassungspapier ausstelle! Aber ich glaube, das änderte nichts mehr.

Irgendwann am nächsten Morgen war ich am Bahnhof, als ein langer Zug ankam. Sechshundert Soldaten Verstärkung auf einmal. Aber die Nachricht, dass die Revolution gekommen war, verbreitete sich wie ein Lauffeuer. In der Adolf-Hitler-Kaserne meldeten sich nicht mehr als fünfzig Mann zum Dienst. Alle wussten, dass es mit den Nazis und dem Krieg vorbei war. Hier zeige ich Ihnen was. Ein Dokument, das Freunde von mir verfasst haben. Sie waren im Krieg gewesen, viele von ihnen vier- oder fünfmal verwundet, und wurden wegen ‹Defätismus› nach Dachau gebracht. Dort wurden sie sehr schlecht behandelt, und hier berichten sie, wie schlimm es war, wie man sie hungern ließ und schlug, und wie im allerletzten Augenblick der Kommandant erklärte, alles wäre verziehen, wenn sie nur zu den Waffen griffen und gegen die Amerikaner kämpften. Hier sind die Namen. Hundertachtundfünfzig Unterzeichner! Es war schwer, all das zu glauben, was sich da abspielte. Und nicht jeder wurde dann auch zum Widerständler. An der Ostfront geschah auch auf russischer Seite viel Schreckliches. Ich habe meine Kameraden nackt im Schnee liegen sehen, mit zerschundenen Körpern, zerstochen, beraubt und verstümmelt. Kameraden, die noch wenige Stunden zuvor an meiner Seite gekämpft hatten. Doch glauben Sie mir, *wir* hätten so was niemals getan! Die SS, die war für diese Art Krieg ausgebildet. Aber nicht die Soldaten, die Wehrmacht. Wir machten Gefangene und behandelten sie so, wie wir es selbst erwartet hätten. Sie hatten Frauen und Kinder, sie waren Menschen. Ja, das waren schlimme, finstere Jahre. Ich muss mir die Augen reiben und mir immer und immer wieder sagen, dass jetzt eine neue, eine andere Zeit angebrochen ist …»

FREITAG, 1. JUNI 1945 Augsburg/Landsberg

Wunderbar, wie die ersten freien Momente auf der Straße die Stimmung heben! Endlich allein und ziemlich sorglos und vor allem nicht zu orten: Stell dir vor, sagst du dir immer wieder, stell dir vor, kein Mensch auf der Welt weiß, wo du bist! Du fährst ganz glücklich die Straße entlang und singst stundenlang. Das ist «Freiheit», und die Befreiung ist im Wesentlichen eine Flucht. Du hast es geschafft, der Last der Routine, des Respekts und der Rechenschaft zu entkommen.

Der Morgen war klar, aber kalt. In Landsberg bog ich von der Fernstraße ab und suchte mir den Weg zum Gefängnis. Hier war die *Hitlerstube. Festungsstube* 7: Adolf Hitler. *Festungsstube* 5: Rudolf Heß. Hier, in dieser kleinen Zelle mit den vergitterten Fenstern, dem alten einfachen Schreibtisch und der schmalen Matratze, wurde *«Mein Kampf»* geschrieben. Nebenan – alle Zimmer hatten Türen zu dem zentralen Esszimmer – saß Heß, und in den anderen Zellen Helden der Anfangszeit, die nie viel zu sagen hatten. Sechs: Ernst Maurice; fünf (später): Robert Wagner; acht: Hermann Kriebel; neun: Dr. Friedrich Weber. Der Bilderrahmen war leer; das Führerporträt fehlte. Die Inschriften an der Wand waren getilgt (Abschnitte aus *«Mein Kampf»*). Die große Bronzeplakette hatten die ersten GIs der 10. Panzerdivision mitgehen lassen, als sie durchzogen. Souvenirs gab es nicht mehr, aber jetzt verewigten sich Amerikaner hier. Namen, Daten und Heimatstädte waren zu Hunderten an die Wände gekritzelt. «Adolf Hitler, ich bin hier! Wo bist du?» «Hier bin ich, Adolph!» «Ich auch!» «Nächstes Mal mehr Glück!» «Pech gehabt, Adolph!» «Hätt'st im Bett bleiben sollen!» Blickt man aus dem Fenster, an dem der Führer so oft in Erinnerungen versunken posierte, hat man eine schöne, friedvolle Aussicht auf grüne Wiesen und sanft geschwungene Felder. Ein kleiner Pfad schlängelt sich hindurch, und im Hof pickten Hühner.

An der Vorderseite der Festung warteten Häftlinge einer anderen Generation. Deutsche Opfer des Naziregimes. Einige hatten Radio London gehört, andere auf dem Schwarzmarkt Tauschgeschäfte gemacht; einer war ein Berliner Reichstagsabgeordneter, andere wegen *Wehrkraftzersetzung* verurteilt. *«Vorladung des Angeklagten: Rundfunkverbrechen»* lasen sie, und alle lachten. Jetzt erschien es so trivial und albern. Man stelle sich vor: sechs Jahre Haft dafür, dass man einen Sender eingeschaltet hatte. Alles in allem müssen etwa tausendfünfhundert Häftlinge im Landsberger Gefängnis gesessen haben, unter anderem Griechen, Österreicher, Polen, wahrhaftig eine internationale Strafkolonie. Sie saßen vor dem Eingang, zu Hunderten, und warteten auf die Ankunft der Lastwagen und Busse. Dies war der Tag der «Demobilisierung». Aber wie einer bemerkte: «Die Zellen werden nicht kalt, jetzt werden sie mit Nazis vollgestopft.» Die politischen Häftlinge hatten in Handwerksbetrieben am Ort gearbeitet, bei Gärtnern, Schustern, Schneidern etc. Die Anstalt hatte eine kleine Bücherei, aber die Bücher waren entweder «alt oder Nazikram». Hätte man nicht ausbrechen können? Dieser melodramatische Vorschlag wurde belächelt: Flucht unmöglich. Schmitt, der kommunistische Abgeordnete aus Berlin, fügte noch ein paar Einzelheiten hinzu. Er war zu fünfzehn Jahren verurteilt worden. Wäre das Urteil milder ausgefallen, hätte es ihn – paradox genug – das Leben gekostet. Hatte ein Häftling seine Strafe abgesessen, wurde er «zur Entlassung» nach Dachau oder Buchenwald gebracht. Die alte entsetzliche Geschichte: Sie kamen durch das Eingangstor hinein und durch den Schornstein hinaus. «Das war unsere Freilassung. Zum Glück hatte ich noch fünf Jahre abzusitzen, deshalb bin ich noch am Leben.» In seinen Papieren stand: *«Typ des gewerkschaftlich geschulten Funktionärs. Er will sich aber trotz allem als Deutscher fühlen ... Kritischer Beobachter ... 1928 Reichstagsabgeordneter, KPD ...»* Ein Zufall: Er kannte Seger.

Wieder unterwegs in südlicher Richtung nach Schongau, bog rechts ab nach Altenstadt, um mir die St.-Michael-Kirche anzusehen. Vielleicht das klassische Modell eines kleinen verschlafenen Dorfes: viel Sonne und kein Mensch zu sehen. Ich fand den Pfarrer in der Kirche, und wir unterhielten uns eine Weile. Die Angabe in meinem «Baedeker» sei falsch, erklärte er mir, die Kirche sei 1170 bis 1220 gebaut worden. «Und noch etwas ist Herrn Baedeker entgangen – er war wohl in den letzten Jahren zu sehr mit Parteiangelegenheiten beschäftigt! –, die Kirche wurde 1826 restauriert und 1938 noch einmal, und wir fanden an den Wänden alte romanische Fresken! Drei sind noch erhalten, und jahrhundertelang wusste niemand, dass sie da sind! Hier ist St. Michael und die *Seelenwaage ... der Apostel Johannes und Johannes der Täufer, zwei Bischöfe ... Mariä Verkündigung ...»* Die Säulen seien romanisch-byzantinisch und alle verschieden, zehn im Ganzen. Die Kritik an Baedeker ging weiter. Die Kirche sei der erste architektonische Versuch, eine rippenlose durchgewölbte Kuppel zu konstruieren. Und dann wies er das Lob der Innendekoration bescheiden zurück: *«Kitsch!»* Anschließend redeten wir von anderen Dingen. Den düsteren Nazijahren. Dem Terror. Wie wenig man tun konnte.

Er war ein großer schwerer Mann mit einem einfachen guten Gesicht, und wenn er lächelte, schien sich alles aufzuhellen. Jetzt sei er froh und voll Hoffnung, sagte er. Er machte mich sogar darauf aufmerksam, dass die Columbia University in ihrem Teacher's College die Druckstöcke der alten deutschen Schulbücher gefunden habe. Jetzt könne die Schulbildung vielleicht wieder beginnen. In der Kirche war auch ein junger Mann, ein Deutscher, früher Student der Kunstgeschichte und dann Soldat. Wir tauschten bittere Erinnerungen an die jüngste Vergangenheit aus. Aber der Albtraum sei vorbei. Und die Zukunft? Ein paar leere Worte über die amerikanische Besatzung. Was meldete Radio Berlin? Ich hatte es nicht gehört, aber die Zusammenfassung, die man mir gab, war überaus interessant – eine volltönende, üppige Propagandakampagne, mit der man die deutschen Menschen für sich gewinnen wollte (die schließlich, auch wenn Ilja Ehrenburg das Gegenteil behauptete, immer vom Nazistaat zu unterscheiden waren). Die Menschen sollten gut behandelt werden. Die Lebensmittelration sollte die größte verfügbare sein. Kulturprogramme wurden angekurbelt, Musik, Opern, Vorträge. Der junge Mann war offenbar frei von Zweifeln: «Die Deutschen waren und sind antirussisch – teils liegt das an Goebbels' Propaganda, teils an berechtigten Einwänden gegen die kommunistische Diktatur. Aber mir ist klar, was schlagkräftige Propaganda erreichen kann. Ich weiß noch, wie mich die Massendemonstrationen in Berlin erschüttert, wie sie mir Tränen in die Augen getrieben haben, als Tausende und Abertausende Stimmen die alten patriotischen Lieder sangen. Wir konnten nicht anders, wir mussten das Gefühl haben: Dies ist die Stimme des Volkes, dies ist unsere Heimat, unser Glück. Das konnte die Nazimaschinerie erreichen, und Stalins Maschinerie kann das Gleiche bewirken. Das Volk wird verkauft!»

Über Oberammergau und Schloss Linderhof zum Berggipfel bei Reith und hinab ins Inntal. Innsbruck. Die 103. Division auf der Hungerburg. Hotel Sonnenberghof auf einem südlicher gelegenen Hügel an der Straße zum Brennerpass. Ein Abend mit Captain Frey, CIC-Mann für die Sanitäter und die Division. Ein Abend der Charakterdarsteller. Besonders Mike Mahaolikas, Ringer, Taucher, Fotograf, Philosoph.

SAMSTAG, 2. JUNI 1945

Die Aussicht ist klassisch. Vom Sonnenberghof ins Tal, in dem noch der Morgennebel hängt, und zu den schneebedeckten Bergketten, deren Weiß vor dem blauen Himmel und den grauen und grünen Hängen fast zu heftig ist. Die Sonne vertreibt den Nebel im Tal, und man sieht die Stadt Innsbruck, eingebettet zwischen den Bergen wie ein freiliegendes, staubiges Juwel. Man starrt und sagt dann lieber nichts. Dichter haben sich seit Jahrhunderten damit befasst. Alle Worte und Wendungen, mit denen man diese atemberaubende Aussicht beschreiben könnte, sind abgegriffen.

Zur Division. Hungerburg, erfahre ich, bedeutet genau das, was das Wort sagt. Einst stand dort ein Turm, in dem Gefangene in Einzelhaft bei Brot und Wasser schmachteten. Daher der Name.

G-5 und die düstere Stimmung von Captain Weeks. Eine verstörende und tiefgründige Sitzung mit ihm, denn er war enttäuscht und verletzt. Ein Symbol für das Ganze: Sein Anruf bei allen Regimentern etc. – die österreichische Fahne wird eingeholt. Sie hatte elf Tage lang geweht, die Fahne der Befreiung. Jetzt war der Befehl geändert worden. Die rot-weiß-rote Flagge wird, so wie die deutsche Fahne und die nationalsozialistischen

Banner, bis auf weiteres nicht mehr gezeigt. Die Leute reagierten mit Bitterkeit, und die Verwaltungsoffiziere waren verwirrt. Aber so geht's eben. Hirnlosigkeit, mit Autorität bekränzt. Nicht, dass man sich nicht irren dürfte. Aber diese Irrtümer wurden von Leuten begangen, die aus früheren Fehlern nicht das Mindeste lernen und die einfach immer Mist bauen, sie können gar nicht anders. Männer ohne Kompetenz, ohne Verstand, ohne Verantwortungsbewusstsein. Jeder Wunsch wird ihnen erfüllt. Sie haben die besten Unterkünfte, das beste Essen, die beste Versorgung. Aber ihre Gegenleistungen sind kümmerlich. Anruf: General im VI. Corps wünscht einen Elektriker, der die Lampen in seiner Behausung repariert. «Sehen Sie, das meine ich damit. Deshalb will ich nach Hause. Nach dem Kampf, den so viele meiner (und Ihrer) Freunde mit dem Leben bezahlt haben, zu diesem Frieden kommen! Das ist zu viel.» Mehr Einzelheiten seiner Arbeit. Die Streitereien mit den Russen über die Rückführung der DPs. Konvois zurück nach Italien. Vergewaltigungen (kein politisches Motiv für eine Anklage; nur Sexbesessene werden verurteilt, kürzlich einer zum Tod durch Erhängen). Das Problem der Bordelle, die legal sind und unter städtischer Aufsicht stehen. Soll man sie schließen? Und die Mädchen in die Seitenstraßen treiben? Oder soll man sie lassen, wo sie sind, damit man sie wenigstens ausfindig machen kann, wenn sich jemand infiziert hat? Das Problem mit der Gesundheit der Zivilisten. Nur Routineuntersuchungen. Im Tal viele Menschen mit Kropf. Dem Bergwasser müssten Minerale und Jod zugesetzt werden. Für den Preis einer halben Stunde Artillerie-Schießübungen könnten wir jeden Kropf im Inntal kurieren. Aber dazu sind wir natürlich nicht hier, sondern nur um Befehle und das Fraternisierungsverbot zu erlassen. Keine Anerkennung des Problems, seiner Realität, seiner Konsequenzen.

Mit der Seilbahn bis zur Schneegrenze. Der göttergleiche Blickwinkel. Der kleine uniformierte Schaffner (im blauen Sergeanzug), der unterwegs seine säuberlich gefaltete Zeitung liest. (Ein US-Blatt mit der Schlagzeile: «Thomas Mann über Deutschlands Schuld».) Durch Regen und Schnee zum Gipfel. Später beim Stabschef Colonel Molloy, wieder Regen und viele Regenbogen, die das Tal in einem Spektralzauber überspannen.

SONNTAG, 3. JUNI 1945

Der Morgen war schön, und die Prinzessin schlief lange. Ich fuhr aufs Land und legte mich in die Sonne. Kinder in Sonntagskleidern für den Kirchgang kamen vorbei und winkten mir zu. Ich winkte zurück und drehte mein Gesicht so, dass ich sie beobachten konnte. Sie kamen zu mir herüber, und bald unterhielten wir uns. Sie waren in der Kirche gewesen – ich hatte die große Fronleichnamsprozession auf der Hungerburg gesehen – und hatten gesungen. Ob sie mir etwas vorsingen würden? Sie wollten nicht recht. Aber ich versprach ihnen Süßigkeiten, Kaugummi und Schokolade, also fingen sie an, ein Kind nach dem anderen, und bald sangen sie im Chor. *«Das Schönste auf der Welt»*, kündigte Andreas an:

Das Schönste auf der Welt
Ist mein Tirolerland,
Mit seinen steilen Höhen,
Mit seiner Felsenwand.
Des Morgens in der Früh'
Steig ich so hoch hinauf.
Da geht so wunderschön
Die liebe Sonne auf.

Des Nachts, wenn alles schläft,
Nur ich allein bin wach,
Dann steig ich auf die Alm hinauf
Und jag dem Gamsbock nach.
Wenn ich gestorben bin,
So tragt mich hoch hinauf.
Begrabt ihr mich im Tale,
Dann steig ich wieder 'nauf.

Sie sangen mir das ganze Lied mit allen Versen vor, samt Refrain und Jodlern an passenden Stellen. Und ich wollte noch mehr hören. *«S' Ländle, meine Heimat»*, kündigte Andreas diesmal an, und ich fürchte, ganz verstanden habe ich es nicht.

Du Ländle, meine teure Heimat,
Ich singe dir zu Lob und Preis,
Begrüße deine schönen Alpen,
Wo Blumen blüh'n so edel weiß
Und golden glühen steile Berge ...

Alle diese Lieder waren in den Jahren des Naziregimes verboten gewesen, aber die Kinder hatten sie zu Hause gelernt.

... und rot und weiß weht es durch die Luft
O' Vorarlberg ...

Das *Horst Wessel*? Ach, wie das ging, das wussten sie nicht mehr. Das konnte man sich so schwer merken. Nein, bitte, das wollten sie wirklich nicht singen. Endlich gaben sie nach. In der Schule hatten sie es jeden Morgen und jeden Abend gesungen, vor der ersten Stunde und noch einmal nach der letzten. Und es war seltsam, kleine Kinder schmettern zu hören:

… *Rotfront und Reaktion erschossen* …
und Trudchen, die Kleinste, quiekte: «*Pfannehoch* …»

MONTAG, 4. JUNI 1945 Innsbruck

Streifte durch Militär- und Zivilbüros, um zu sehen, wie die Besatzung sich ausnimmt.

Die Franzosen sind in Vorarlberg und Nordtirol. Die USA in Tirol, Salzburg, Oberdonau bis Linz. Die Russen halten den Rest Österreichs besetzt. Dorthin keine Verbindung, keine Zusammenarbeit. Die US Group Control Commission hatte in Italien festgesessen und kam erst Samstagnacht über den Pass. Sie war noch mit der «Planung» beschäftigt. Dass die Russen in Wien einmarschiert waren und dort bleiben wollten, war offensichtlich etwas bestürzend. Genau genommen war alles durcheinander. Anscheinend versuchten viele Österreicher, in andere besetzte Gebiete zu ziehen – und letzte Woche hatten die Russen Brücken sprengen müssen, um die Kolonnen am Weiterwandern zu hindern.

In der Parteizentrale der Sozialdemokraten: Junge Männer sind da und warten. Ehemals politische Gefangene in Dachau, seit 1938 inhaftiert, manche waren 1933, nach dem Parteiverbot, als Jugendleiter in den Untergrund gegangen. Sie wollten vieles wissen, und zwar vom Jahr 1938 an, dem Beginn der Geschichte. Die Wahrheit über die Appeasement-Politik, über Daladiers, Reynauds und Chamberlains Mitschuld am Krieg. Sie erzählten mir vom Konzentrationslager, von der besonderen Belohnung, die die SS für Leichen erhielt; von den britischen Kommissionen, die 1938 durch das Lager gingen, und den verschiedenen italienischen Gruppen und Vertretern der Achsenmächte, die später herumgeführt wurden, immer die gleiche Farce. Alles wurde sauber geputzt. Niemand durfte hinaus. Und den Besuchern zeigte man eigens eingerichtete Baracken.

Die jungen Männer saßen herum und schwatzten. Wie eine Runde GIs, nur dass die Erinnerungen hier vom anderen Gesicht des Krieges zeugten. Die Erregung der letzten Tage. Einer verließ das Lager, als die Männer sich den Unterführer namens Böttger schnappten, den man schon nach Lagerart kahl geschoren und in den gestreiften Habit der Insassen gesteckt hatte: *«Ich bin ein Nazischwein! Ich habe neununddreißig russische Soldaten erschossen, und bei tausend anderen Morden habe ich mitgeholfen. Mein geliebter Führer, Adolf Hitler, Sieg Heil!»* Diesen Text sagte er wieder und wieder auf, während die Männer lachten und johlten und ihn mit Steinen bewarfen. Ab und zu wurde der Text durch eine neue Improvisation ersetzt, und dann wiederholte er die hundertmal. Wie lange das weitergegangen sei? Wahrscheinlich, bis er umfiel und jemand ihn niederschlug. Das Ende habe er nicht abgewartet. Er und ein paar andere Kameraden aus Innsbruck hätten das Lager verlassen und seien nach Hause gegangen.

Was sie in den Tagen und Wochen nach der Befreiung zu Hause vorfanden, war entmutigend. Er und alle anderen waren überzeugt, dass «die Nazis bleiben. Ein paar dicke Fische haben sie gefangen, aber die Kleinen und die Bösartigen laufen noch immer frei herum. Und glauben Sie, dass sie nach all den Schulungen und Ausbildungen, die sie absolviert haben, nicht wissen, wie man sich im Untergrund organisiert? Glauben Sie mir, sie haben genug Bücher gelesen und genug Lektionen gelernt, um ihre Bewegung am Leben zu halten! Ich möchte nicht den Eindruck erwecken, als ginge es mir um Rache und als würden wir sie alle abknallen wollen (*es wäre schade um die Kugel!*). Aber sie sollen arbeiten müssen, man muss wenigstens den Daumen drauf haben ... An manchen Orten geht es dem alten Regime sogar noch richtig gut. In Vorarlberg ist die alte SS-Frauenschar jetzt bei der französischen Armee zugange, diese Nazihuren!» Die Sekretärin fügte hinzu: «Und die Frauen hier waren auch die Ersten, die ‹Freundschaft geschlossen› haben. Und was die anderen betrifft, die sehen wir jeden Tag. Manche von ihnen sitzen immer noch in den Regierungsbüros, als Sekretär oder Dolmetscher, aber wichtig genug, um kleinere Aufgaben zu übernehmen! Vielleicht wisst ihr (fügte sie zum Schluss mit einiger Bitterkeit hinzu) gar nicht wirklich, was der Nationalsozialismus ist! Man muss erlebt haben, gesehen haben, wie so viele Freunde und Verwandte umgekommen sind, um zu wissen, wie der Terror wirklich war!»

Der Mann aus Dachau fuhr fort: «Sie haben recht, wenn Sie sich Sorgen machen, dass der Totalitarismus zurückkehrt. Dieser Fehler wurde schon einmal begangen, und die Nazis kamen an die Macht. Das kann wieder passieren. Ich jedenfalls werde alles tun, um sie zu stoppen – in den Straßen, auf den Dächern und in den Bergen. Einmal haben sie mich gekriegt, aber nicht noch mal. Solange ich auch nur einen Atemzug tun kann, werde ich diese verdammten Banditen bekämpfen! Die Kehrseite der Medaille ist allerdings auch nicht freundlicher. Was sind wir jetzt? Von der Stadtverwaltung werden wir behandelt wie *Lumpen.* Und warten Sie nur ab, bis die alte Truppe erst wieder stärker ist – sie wird schon mutiger. Wer wird sich einlullen lassen? Ein paar amerikanische Soldaten werden von Heckenschützen angeschossen, vielleicht auch getötet, und dann heißt es: Die österreichische Bevölkerung hat gezeigt, dass sie nicht willens ist, den Faschismus auszurotten, passen Sie nur auf!»

Vielleicht waren viele Gerüchte und Übertreibungen im Spiel, aber es ist bezeichnend, dass es bereits diese Unzufriedenheit mit der amerikanischen Besatzung gibt und dass die US-Vertreter das hohe Ansehen, das sie bislang in Europa genossen, schon zu verlieren beginnen. Natürlich waren das hier keine einfachen Leute, sondern unabhängige, politisch bewusste Bürger, die sich nie und nimmer den Anforderungen unserer Art von Kollaboration anpassen oder beim Anblick amerikanischer Gewehrläufe ihre Dankbarkeit für die Befreiung bekunden würden … Gleichwohl ist auch das Stoff für die Geschichte des Chaos.

Und es gab auch nicht allzu viel, was sie tun konnten. «Wenn wir versuchen, etwas gegen die Nazis zu unternehmen, nun, dann gelten wir beim CIC als Unruhestifter!» Klingt plausibel. Und dann auch noch die Flaggengeschichte, die Weeks so sehr zu schaffen machte. *«Bis auf weiteres»* keine österreichischen, deutschen oder NS-Fahnen. «Morgen vielleicht», sagte das Mädchen zynisch, «morgen dürfen wir unsere *rot-weiß-roten* und unsere Nazifahnen wieder wehen lassen!» Die Beschwerden nahmen kein Ende und waren, soweit ich Personal und Politik der Militärregierung kenne, offenbar berechtigt. Solange es um Lebensmittelversorgung, Wohnungen, Pässe und Verkehr geht, ist unsere Arbeit effizient, aber wir tun nichts, was das Entstehen von unabhängigen Organisationen ermöglichen oder uns wirkliche Unterstützung der Einheimischen verschaffen würde. Das ganze verdammte System arbeitet mit altmodischen Beamtenseelen, die, was Politik und Wirtschaft betrifft, von einem Sozialarbeiterkomplex beherrscht werden.

Hunderte von politischen Gefangenen kehrten nach Innsbruck zurück und fanden keine Hilfe, bis die Partei ins Spiel kam. Dann erst wurden sie mit allem versorgt. Die Partei fütterte sie durch, kleidete sie ein, fand für sie eine Bleibe. Es gab eine ganze Welt von Möglichkeiten. In Österreich hätten Straßen- oder Nachbarschaftskomitees unter der Leitung amerikanischer Kontrolloffiziere die Stadt in einem Monat politisch säubern können. Aber es fehlt an Organisation und Verständnis. Nur die Plünderungen und die neuen persönlichen Privilegien gibt es weiterhin. Ein alter Mann erzählte eine rührende Geschichte. Die 1. Armee der Franzosen rückte in die Stadt ein und konfiszierte alle Radiogeräte. Eines war ein altes «antifaschistisches» Gerät. «Das war das Untergrundradio; wir hatten hier Radio London gehört, viele waren dafür ins Gefängnis gekommen, manche sogar erschossen worden, wegen der eingestellten Frequenz. Doch keiner hat danach gefragt, das Radio war einfach weg.»

«Eines möchte ich Ihnen offen und ehrlich sagen. In wenigen Wochen schon werden viele von uns fragen: Wer sind diese Leute? Wozu wurden wir befreit? Wir sind für unsere politische Überzeugung, unseren Glauben an eine freie, liberale gesellschaftliche Ordnung ins *Kazett* gegangen. Was erwartet uns jetzt bei unserer Rückkehr? Bitte, verstehen Sie mich nicht falsch. Ich will kein Amt in der Regierung haben, und keiner von uns ist auf mörderische Rache aus. Wenn wir unserem Hass nachgeben und alle Nazis erschießen würden, wären wir selbst Faschisten. Wir wollen nicht Rache, sondern Gerechtigkeit. Und eine Chance, uns wieder für Gerechtigkeit und Freiheit einzusetzen. Aber hier haben wir ein Nichts, nicht die alte Zeit und nicht die neue Zeit. Die Vergangenheit ist vorbei, aber um die Zukunft scheint sich niemand zu kümmern … Sie sind Historiker und wissen dies vielleicht besser als ich. Im Verlauf der Geschichte gewinnt ein Volk seine Freiheit nur, wenn es sich durch eine Revolution selbst befreit! Sie kennen die Geschichte der modernen Ereignisse in Amerika, Frankreich und England … Sie haben die militärische Macht der Nazis vernichtet, aber das Militär war nicht ihre einzige Stärke. Der Nationalsozialismus war ein politisches Regime mit politischen Loyalitäten und Idealen. Diese Politik muss ausgerottet werden – als Maschinerie und in der Bevölkerung. Aber niemand weiß, wie die politischen Schläge zu führen wären. Und selbst wenn Sie dazu in der Lage wären – wenn Sie wüssten, wie, und Sie geben zu, dass Sie ratlos sind –, würde das nicht ausreichen. Die Bevölkerung selbst muss es tun, angetrieben von ihrem leidenschaftlichen Hass. Die Österreicher selbst müssen sich am Aufbau ihres neuen Landes beteiligen. Daraus würden sie wieder Kraft schöpfen und ihre verlorene Würde zurückgewinnen. Was war denn dieser Krieg eigentlich? Ein Kampf gegen den Faschismus oder gegen die Völker Europas?»

In den kommunistischen Parteibüros hat sich mein Verdacht bestätigt. Man erklärte mir, die von Moskau geplante Renner-Regierung sei das Symbol für «die Macht des Volkes gegen den Faschismus» und «eine notwendige Ergänzung zur Militärmacht der Alliierten». Wieder einmal hat der Kreml beängstigend schnell gehandelt und brillant ein politisches Vakuum besetzt. Das Verlangen nach Zeitungen, Versammlungen, Flugblättern, dem Beginn eines demokratischen Lebens ist groß.

Es wurde befohlen, die Parteiplakate zu entfernen. Es waren einfache, grobe Zeichnungen ohne besondere politische Bedeutung. Ein Bild von der Brutalität im Konzentrationslager: *Sie glaubten nicht an den ‹größten Staatsmann aller Zeiten›* (Blut und Leichen). *So wurden sie belehrt.* Die Zeichnung einer SS-Folterkammer: *Das war die Nazikultur!*

Interview über die *Widerstandsbewegung:* Die Sozialdemokraten zogen sich aus der im Untergrund arbeitenden nationalen Front zurück. Die KP blieb offenbar dabei. Die alte *Staatspartei* mitsamt den Resten der *Heimwehr* (unter Hradetzky, der sich jetzt um Anerkennung durch die Militärregierung bemüht) kehrte zurück. Noch ohne politische Macht und Anhänger, aber mit großem Einfluss auf die alten Staatsbeamten, die immer ein Fluch für die deutsche Regierung gewesen waren. So kehrt in dieser Zeit der nationalen Befreiung die alte Diktatur der Jahre 1934–38 wieder. Auch hier herrscht Ungeduld, weil alles zu langsam geht. Kein Radio, keine Zeitungen, sie würden sogar die «Stars and Stripes» und die «Beachhead News» nachdrucken, aber sie bekommen keine Exemplare. Bis zum 3. Mai gab es Bewegung, aber seitdem herrscht Stagnation. Sechs Millionen Soldaten für den Krieg, eine Handvoll für den Frieden.

Namen: Harry Damron (sprach Englisch) und Josef Roczay, der Vorsitzende der Tiroler KP.

DIENSTAG/MITTWOCH, 5./6. JUNI 1945

Die letzten Stunden mit der Prinzessin – die Stille und Ruhe. Am nächsten Morgen gingen wir hinunter. Die Offiziere und Beamten schlenderten umher, die Zimmermädchen waren in der Halle versammelt. Die Tür war verschlossen, und wir mussten warten, bis wir hinauskonnten. Kurz gesagt, die Affäre war nicht zu übersehen. Ich war peinlich berührt, Lydia äußerst amüsiert. Als ihre hohen Absätze durch die Flure klackerten, zuckte ich zusammen; sie hatte einfach Freude an ihrem stolzen, selbstbewussten Gang. Details: die eleganten Schuhe, das rote Kleid, das hochgesteckte Haar. *Liebling* und *Liebchen* und *Liebst du mich? Hast du das in Paris gelernt?* Die letzten Stunden. Verabschiedung. Milytschka wollte zu Bett. Lydia, streng, warf sie aus dem Zimmer. Das arme todmüde Mädchen rief von der anderen Seite durchs Schlüsselloch. Die Prinzessin beschimpfte sie laut und erbarmungslos, während sie mich gleichzeitig voll Wonne liebte. Ein seltsames Mädchen: gewaltsam und zärtlich zugleich, derb und höchst feinsinnig. Wir waren beide müde gewesen, aber wenn dies die letzte Nacht war, na dann … Obwohl die ungünstigen Umstände sie im Augenblick ein wenig anstrengten (Milly jammerte vor der Tür, «nein, nein, wir sind nicht im Bett, wir wollen nur miteinander reden und ein Weilchen zusammen sein, also halt den Mund und sei um Himmels willen nicht so ungeduldig!»), war sie gleichwohl sehr herzlich und sogar leidenschaftlich bei der Sache. Die feine, besondere Selbstsicherheit ihres Verlangens war verblüffend. In puncto Liebe war sie einfach und direkt, was in einem sehr realen Sinne ein großartiges Zeichen von Raffinesse ist.

Im Haus. Redete mit den Russen. Unterhaltung über die GPU, sie gaben zu, dass dieser Geheimdienst ziemlich genau so arbeite wie die Gestapo. Freiheit oder wirkliche Sicherheit könne es erst geben, wenn der Terror der Geheimpolizei aufhöre. Die Skepsis gegenüber dem Sozialismus. Das Bewusstsein für die großen Unterschiede, auf der einen Seite die wunderbaren Lebensverhältnisse der Parteibonzen und die schäbigen Hütten der armen Leute auf der anderen, nur ein paar Kilometer weiter. Die weitreichende Korruption des Schwarzmarktes. Die sentimentalen Gefühle der alten Leute für Lenin, kaum ein Wort für Stalin. Die schwachen Leistungen der Industrie. Die mysteriöse Geschichte von Lenins Tod – er sei ermordet worden. Gestorben an den Folgen der Wunden, die ihm eine Jüdin ein paar Jahre vorher zugefügt hatte! Das wisse doch jeder! Alle Russen hier im Haus sagten, o ja, eine bestätigte historische Tatsache. Keiner konnte erklären, warum ausdrücklich darauf hingewiesen wurde, dass sie Jüdin sei, obwohl offiziell der Grundsatz gilt, dass nicht Religionszugehörigkeit, sondern nur die geographische Herkunft (Russe, Ukrainer, Georgier) zur Kennzeichnung von Personen verwendet wird. Der deutsche Ingenieur: von der SS verhaftet, weil er eine Russin geheiratet und mit ihr eine russische Familie gegründet hatte; Frau und Kinder vom Geheimdienst wegen des deutschen Ehemannes und Vaters verhaftet. Das unfassbare Chaos seiner Lebenssituation: Wie sollte er je die Bruchstücke seines Lebens zusammenfügen? So hat man den Kontinent Europa kastriert.

Die Fahrt nach Norden: aus dem Inntal hinauf nach Reith. Wieder durch Oberammergau mit einem Umweg zum Schloss Linderhof, das die kühnsten Träume von Metro-Goldwyn-Mayer wahr werden lässt: Gold- und Silberschnörkel, Marmorsäulen, Porzellanvasen, endlose Spiegel und Seide, unerschöpflicher Luxus. Die Wandteppiche, die üppigen geschnitzten und vergoldeten Ornamente, die Baldachine aus grünem

Samt, die Krönungsgewänder, die italienischen, französischen und englischen Gärten, die Rosenholzmöbel …

Der Umweg nach Nürnberg, und hier war wieder der «Krieg», Zerstörung, Trümmer, eine Stadt, die verloren, tot war. Auf ihre Weise das Schlimmste, was ich gesehen hatte. Die Kirchen waren Ruinen wie der Rest der Gebäude; die wunderbare Frauenkirche, St. Lorenz und die anderen. Die Altstadt und ihre Mauern. Und dann das unumgängliche Pathos: Im Schutt spielten Kinder, im Gerippe eines zerbombten Hauses saß ein GI auf einem improvisierten Sessel und las einen Roman. Die Leute auf der Straße freundlich und schnell bereit zu Wegbeschreibungen und anderen Tipps für Touristen. Die Landschaft war öde, verkrautete Felder, zerbrochene weiße Steine, sonst nichts. Nürnberg war am schlimmsten. Darmstadt war alles in allem eine klassische Ruine, leer gefegt und gespenstisch. Frankfurt war auf trotzige Art sogar gefasst. Heilbronn nur zerbrochen, zerschmettert. Aber diese Stadt war pervertiert, schmutzig, hässlich, vollkommen hoffnungs-

los. So grau und schrecklich, dass man nicht einmal Mitleid mit ihr haben, sondern sich nur noch angewidert abwenden konnte.

Wieder zu Hause. Die Plakate für die neue Ära. Zum Thema Kriegsschuld: Über den Bildern von Buchenwald die Frage: *«Wessen Schuld?» «Diese Schandtaten: Eure Schuld»* steht über den Bildern von Dachau. Zum Fraternisierungsverbot: Das Plakat «Hello Sucker!», eine Bildergeschichte, die zeigt, wie Frauen GIs erst anlocken und mit ihnen ins Bett gehen, um dann um Hilfe zu rufen und sie der Vergewaltigung zu beschuldigen. Bilder, auf denen zum Hitlergruß gereckte Arme deutlich machten, welchen Hintergrund die freundlich ausgestreckte deutsche Hand hat, darunter *«Dummkopf»*. «Noch immer ihr liebster Besitz»: ein anderes schlecht gezeichnetes Plakat mit einem deutschen Mädchen, das liebevoll einen mit Nazisouvenirs und einem Führerbild beladenen Kinderwagen schiebt.

Auf dem Rückweg. Lange öde Landstrecken. Ein wenig übermütig bastelten wir uns ein Abenteuer. Winkten jedem Zivilisten zu, der mit dem Fahrrad unterwegs war, auf dem Feld arbeitete, in der Stadt durch die Straßen lief. Nennen wir es eine Fußnote der Geschichte. Denn wie hat wohl die Reaktion ausgesehen, als etwa 1942 ein deutscher Volkswagen durch die französische Provinz fuhr? Hier können wir berichten, dass niemand versäumte, zurückzuwinken oder auf andere Art freundlich zu grüßen. Manche winkten mit ihrem Taschentuch, ein Mädchen auf der Lenkstange eines Fahrrads schwenkte einen Blumenstrauß so heftig, dass das Rad mitsamt dem Fahrer umkippte. Fast alle lächelten und gaben sich brüderlich. Den ganzen Tag fiel kein einziges grobes oder unhöfliches Wort, keine abfällige Geste. Angefangen mit der Frau, die uns erzählte, der wichtigste Platz in Nürnberg heiße nicht mehr

Adolf-Hitler-Platz, sondern wieder Hauptmarkt wie früher – bis hin zu den hübschen Mädchen auf den Feldern, die mit uns flirteten. Das ist unser Thema. Unsere Fußnote zu welchem Text auch immer.

10. JUNI 1945 Augsburg

Bin wieder bei Henry Adams' «Erziehung» gelandet, und jetzt finde ich sie zum ersten Mal relevant, ja sogar fesselnd. Ich wandte mich dem Kapitel über Deutschland zu und dann dem über Rom, und der ganze Ton schien mir sehr persönlich und tiefgehend zu sein. Vielleicht ist ja das Problem der Erziehung eines Amerikaners in Europa ein grundlegendes. Und es gibt keinen besseren Zeitpunkt als jetzt, um mich daran zu erinnern. Ich lese und höre von all den großartigen Reden über das Ende des Krieges, über das deutsche Volk, über Schuld und Barbarei, und bin wirklich fassungslos. Wie können sie nur mit solcher Lautstärke und Zuversicht reden, wie können sie sich all diese Anmaßungen ausdenken und glauben, mit einer Situation souverän umzugehen und vertraut zu sein, die mir von Tag zu Tag unzugänglicher wird – während ich mit den Leuten rede, durch die Straßen gehe und impulsiv und verzweifelt versuche, kleine Abenteuer zu erleben? Adams schrieb, man sähe schließlich, dass sehr viele Eindrücke erforderlich seien, um eine ganz geringfügige Erziehung zu erreichen, und wie viele Eindrücke ohne Erziehungseffekt in einen Tag hineinpassen …

Auf der Maximilianstraße. Ein alter Bayer saß vor einem unversehrten Haus, der Rest des Viertels war ausgehöhlt. Er war fast eine Karikatur des Volkstümlichen, mit seinem alpinen Gamsbarthut, den kurzen Lederhosen, der seltsamen Weste, der langen Pfeife. Die Pfeife hatte es uns angetan, und wir suchten nach einem *Drechslermeister*, um zu schauen, ob wir nicht auch für uns eine finden könnten. Joseph Lele: «Ja, ich habe sie repariert, aber gehen Sie doch mal zu Philipp Ruf, der müsste welche zu verkaufen haben, und sagen Sie ihm einen *schönen Gruß* von mir.» Wir richteten den Gruß aus und sicherten uns nach einem freundlichen Wortgeplänkel zwei wunderschöne lange bayerische Pfeifen. Nachdem wir jede Menge Tabak in die Pfeifenköpfe gestopft hatten, rollten wir in Rauchwolken gehüllt die Straße hinab.

«Eis» stand auf einem Schild, und wir stürmten mit fast kindischer Freude in den Laden. Es war eine Art Milchbar, die Eiscreme für amerikanische Soldaten herstellte, und für ein paar Zigaretten bekamen wir mehrere riesige Schüsseln mit einer Art Vanillesoße. Es begann, ein denkwürdiger Nachmittag zu werden.

Fröhlich fuhren wir an der Frauenkirche vorbei und entdeckten zwei junge Mädchen, die gerade in eine Seitenstraße bogen. Wir holten sie ein und fragten nach etlichen Orten in der Stadt. Die Frauenkirche? Das Theater? Wurde dort wirklich Faust aufgeführt? Und spielten sie oft Mozart? Das alles würden wir doch sehr gern sehen! Unser Deutsch wurde plötzlich sehr stockend und stotternd – es war um einiges charmanter, so unsere Strategie, das Gespräch mit gebrochenen Sätzen und schiefen Phrasen zu beginnen. Nun ja, sie könnten uns sowieso kaum weiterhelfen, denn es sei ja *verboten*, mit deutschen Mädchen zu gehen. Als sie das sagten, waren sie fast spielerisch und kokett. Wir taten die Warnung als lächerlich ab und schöpften, indem wir einander nervös anlächelten, etwas Selbstvertrauen. Wir versprachen, dass wir sie am Abend besuchen kommen würden … Helma und Regina winkten uns zum Abschied (nein, wir würden es auch bestimmt nicht vergessen).

Der Schwedenweg ist eine kleine einsame Straße im Tal der Stadt, und wir waren praktisch verloren, als wir dort ankamen und es fast schon dunkel wurde. Das Auto fuhr beinahe auf Zehenspitzen durch die Straßen. Wir hatten das übliche jungenhafte Gefühl, etwas Verbotenes zu tun – gemildert allein durch die rhetorische Formel, dass wir ja letztlich nur Material für eine historische Reportage sammelten. (Das wäre überzeugender gewesen, wenn wir nach all den schönen gemeinsamen Erlebnissen nicht ziemlich gut gewusst hätten, dass wir in Wirklichkeit unsere Erfahrungen niemals nur machten, um etwas schreiben zu können, sondern stets, weil die Gegenwart selbst so voller Wunder und Reichtum war! So oft hatten wir schon mit heiserer Stimme geschworen, das Leben nicht bis zu einer passenderen Gelegenheit in der ewig hoffnungsfrohen Zukunft aufschieben zu können und es auch nicht zu wollen. Der Augenblick war jetzt. Mit einer guten Portion Witz, Energie und Phantasie ließ sich jeder Augenblick «in ein Abenteuer verwandeln». Wir lachten, als wir uns an den Cartoon von James Thurber erinnerten, an den geistreichen Anflug unserer modernen Frustration, der dort zum Ausdruck kam, und an seine unmittelbare Bedeutung für unsere eigenen, etwas unbeholfenen, aber – da bin ich mir sicher – zugleich galanten Versuche, zu «leben!», lebensfrohe, tief empfundene Dinge geschehen zu lassen …)

Die Mädchen waren intelligent und lustig, die Eltern freundlich und entgegenkommend. Wir schenkten den Kognak und die Bénédictine ein, und später gab es Tee und Plätzchen. Helma (Wilhelmina) achtete darauf, dass ich aß und trank. («Was möchten Sie? Fische, Sterne, Herzen?» Ich himmelte sie an und nahm mir noch ein herzförmiges Plätzchen.) Den ganzen Abend lang unterhielten wir uns mit einer Mischung aus Liedern, Klatsch und Politik. Die Mädchen sangen «Rosamunde», eine ganz bezaubernde Kombination neuer Lyrik fremdartiger Intonation. Wir schmetterten «Loreley» und *«O Tannenbaum»*. Der Vater sprach verhalten von den schlimmen Tagen, der Gestapo, dem Hitlerwahnsinn. Regina murrte, weil Englisch so schwer zu lernen sei! Warum schrieben sie die Wörter nicht so, wie sie ausgesprochen wurden – so wie im Deutschen! Helma lachte sie aus. «Warum glauben alle, ihre Muttersprache würde richtig geschrieben und gesprochen? Sagen Sie, sind Sie nicht auch überzeugt, dass nur im Englischen Schreibweise und Aussprache perfekt sind – und Deutsch der Schrecken eines Grammatikers?» Ich grinste zustimmend; aus einem ganz merkwürdigen Grund war ich stolz auf sie. Und als sie ein paar Minuten danach ihre Parodie zum Besten gab, in der sie Mooneys und meinen militärischen Rang in die Sprache der Wehrmacht übersetzte (*Hauptmann* und *Oberleutnant*), war ich wirklich angetan. Sie übertrieb das Salutieren und die verkrampfte Disziplin und die Albernheit des ganzen militärischen Gebarens. Inzwischen war sie ziemlich beschwipst und entsprechend brillant. Sie erzählte Geschichten und zog sämtliche Register ihres weiblichen Charmes (von Schmollen und gespieltem Ärger über Flirten bis hin zum süßen Dahinschmelzen).

Eindrucksvoll auch die Erzählung von ihrer ersten Begegnung mit Amerikanern. Der Beginn der Besatzung, Augsburg war gefallen. Das laute Pochen an der Tür; fünf reichlich betrunkene amerikanische Soldaten mit gezogenen Pistolen. Sie seien die Militärpolizei. Dass das nicht stimmte, wusste sie natürlich oder hatte es inzwischen gelernt. Die Männer drohten, sie würden sie erschießen, und fingen dann an, das Haus zu durchsuchen, griffen sich ihren Flitterkram, ihre Armbanduhr und das bisschen Schmuck, das herumlag. Womöglich machten sie auch Annäherungsversuche, aber davon sagte sie nichts. Die ganze Familie war in Panik. So waren die Eroberer also! Und ein paar Nächte danach die gleiche Geschichte: Schläge gegen die Tür, Forderung nach Kognak und Schnaps; haben wir nicht; sie brüllten und drohten; wir haben nichts; schließlich boten sie eine Handvoll Reichsmark für irgendwelchen Alkohol, dieselbe Antwort: hier ist keiner; endlich gingen sie wieder, aber ein paar blieben im Haus und schliefen auf der Treppe.

Wir sagten nichts dazu. Die Geschichte musste nicht verifiziert werden. Wir kannten zu viele von der gleichen Art. Erst kürzlich in München: Dem Minister wurde von all den amerikanischen Plünderungen berichtet, und er erzählte daraufhin, was ein deutscher Soldat dazu gesagt hatte: «Ach, die Amerikaner sind doch Flaschen – ihr hättet uns in Frankreich sehen sollen!» Das war auch ein Gesicht der Barbarei. Mord und Gewalt (ganz gleich, ob legal oder illegal) schaffen Gangster, und die Welt kann von Glück sagen, wenn sie nicht schon bald von dem Banditentum geschluckt wird, das sie zum Schutz von Recht und Ordnung eingeladen hat.

11. JUNI 1945 Augsburg

Lektion 1 über den Krieg: Der historische Bericht über die Schlacht von La Maison Rouge, an dem Sutton und ich im letzten Winter gearbeitet hatten, kam heute von der 3. Division zurück. Man empfahl dringend, unsere ursprüngliche Version nicht in die offiziellen Unterlagen aufzunehmen. Die Einwände waren zahlreich und grundsätzlicher Art, ein revidierter Entwurf wurde gleich mitgeliefert. Es bringt nichts, alle Details hier aufzuführen. Aber wo wir geschrieben hatten, dass die Männer angreifen wollten, weil sie auf der anderen

Seite des Flusses vor sich hin froren, heißt es nun im offiziellen Bericht, sie seien «eifrig darauf bedacht» gewesen, «zu kämpfen und anzugreifen». Wo wir von Angst und Hysterie in der Truppe gesprochen hatten, ist jetzt nur die Rede von «vorübergehender Desorganisation» und «temporärem Rückzug». Es genügt, den Schluss der revidierten Version zu zitieren, der sich selbst karikiert, aber zugleich ein wahrlich klassisches Dokument der offiziellen amerikanischen Kriegsperspektive ist – und ein Anzeichen dafür, wie fundamental die Wahrheit in der Army korrumpiert wurde.

«Während der Nacht vom 23. auf den 24. Januar und am ganzen 24. Januar wurde das Regiment durch übermenschliche Anstrengungen, enthusiastische Kooperation, unermüdliche Energie und überragende Führungskraft an den Reorganisationspunkten Ostheim und Guémar neu aufgestellt. Nachdem die durchnässten, frierenden Männer mit trockener Kleidung, warmen Mahlzeiten, neuer Ausrüstung und neuen Fahrzeugen versorgt worden waren und der Revanchegeist, das Verlangen, die ‹Boches› endgültig zu überrennen, beflügelt worden war, rückte das Regiment am frühen Morgen des 26. Januar erneut zum Angriff aus.

Und es griff nicht nur an, sondern eroberte mit Verve Holtzwihr zurück, rückte auf Wickerschwihr und den Colmarer Kanal vor und demonstrierte dabei die hervorragende Führungskraft, den Vorwärtsdrang und die Energie des Offizierkorps sowie die gesunde allgemeine Moral und den Korpsgeist des Regiments.

In den Worten des Divisionskommandeurs: ‹Man braucht ein gutes Regiment, um ein Gelände einzunehmen, wie ihr vom 30. es am 22./23. Januar getan habt. Aber es erfordert ein großartiges Regiment, um wie ihr dem Rückschlag standzuhalten, zurückzukommen und Holtzwihr und Wickerschwihr einzunehmen und zum Colmarer Kanal vorzustoßen, wie ihr es am 26./27. Januar getan habt.»»

Dies ist nur ein schwaches Symptom für jene Art von Wahrheit, die den freien Geist in der Welt vollständig vernichtet und die Instinkt, Rede und Gewissen bürokratisiert und verdorben hat. Dies ist unsere Wahrheit, die niemanden frei macht und niemanden so versklavt wie unser armes Selbst.

Zum Dom: Der Sonntag war kühl, und wir verschliefen. Verpassten den Morgengottesdienst, sorgten aber dafür, dass wir am Nachmittag ausgehen konnten. Allein dass es den Dom noch gibt, kann tiefe Gefühle aufrühren. Er hätte ebenso gut in Trümmern liegen können wie viele hundert andere eindrucksvolle europäische Kathedralen. Aber der Augsburger Dom ist gänzlich unbeschädigt, nur ein paar Buntglasfenster fehlen, und das Licht strömt herein und streift die weißen Pfeiler. Die Choralmusik und natürlich der Gottesdienst hatten eine schmucklose gotische Strenge. Hier gab es keinen mittelalterlichen Dämmerschein mehr, sondern im Licht der Sonne und vor den Augen aller große Offenheit, als gehörten die Trauer und die Fürbitten nicht der privaten kirchlichen Institution, sondern der ganzen Welt. Der Gottesdienst hatte eine überwältigende tragische Schlichtheit. Alte Leute, manchmal mit kleinen Kindern, kamen herein, knieten nieder, bekreuzigten sich und gingen dann zu ihren Plätzen. Die monotone Liturgie hallte leise durch den ganzen Raum. Im Hintergrund und in Winkeln waren der Diakon und die Ministranten still mit ihren Diensten beschäftigt. Ich beobachtete sie von meinem Platz ganz hinten, und es schien mir, als könne ich über den höchsten Punkt der Kirche hinweg in alle Jahrhunderte des Katholizismus, zwei Jahrtausende christlicher Empfindung hineinblicken. Eine Zeitlang vergaß ich, was ich als Historiker von der

Kirche, dem Papsttum und der Macht des Vatikans wusste. Ich konnte nur den unerschöpflichen Fundus von Emotionen sehen, die der Verehrung dieses Gottes gewidmet wurden, das einfache Gefühl, die dunklen, tiefen Empfindungen, die mysteriöse Liebe, den Fanatismus auch, ich konnte die Genialität, die große Schöpferkraft der bildenden Kunst, der Musik und der Dichtung sehen und auch eine einzigartige fromme Reinheit. Seltsame Reminiszenzen gingen mir wirr durch den Kopf. Ich dachte an Palestrina und Bach, an Michelangelo und dann an Ralph Adams Cram, Innozenz III. und Martin Luther und wieder an Henry Adams und T. S. Eliot.

Mooney unterbrach mich. «Was für eine Inszenierung!», murmelte er. «Das ist wirklich die größte Show auf der ganzen Erde.» «Ja», antwortete ich, «und sie läuft schon länger als alle anderen in der Geschichte.» «Komm mit», sagte er, «ich spreche ein Gebet für dich, und du kannst den Altar aus der Nähe sehen.» Wir gingen zusammen nach vorn, und am Altar kniete er nieder (übrigens mit verblüffender Anmut und Würde), und ich stand ruhig daneben. Die Prozession war gerade vorbeigezogen und die Luft von Weihrauch gesättigt. Die Musik schwoll an in Schlussakkorden, und die Orgel klang majestätisch und ließ mich erschauern. Es gab jetzt und während des ganzen Gottesdienstes Momente, da ich mein Zittern nicht unterdrücken konnte.

Wir fuhren aus der Stadt aufs Land hinaus, und der Charme der Landschaft war zwar jetzt durch den verhangenen Himmel etwas gedämpft, erinnerte mich aber daran, dass die Schönheit der Natur in Deutschland den einen Triumph über das amerikanische Überlegenheitsgefühl darstellte: die einzige Schlappe des Provinzialismus! Die Landschaft ist unwiderstehlich, und niemand hat sich dem Zauber der Bilderbuchpracht deutscher Hügel, Täler, Flüsse und Berge entziehen können. Womög-

lich wirkt der Zauber jetzt besonders stark auf uns, da wir ihm unter eigentümlichen Bedingungen ausgesetzt sind. Wir haben das dringende Bedürfnis, die Bilder von Trümmerfeldern und zerstörter Kultur loszuwerden. In der gelassenen Heiterkeit der Naturlandschaft liegt ein transzendenter Trost. Die sanft geschwungenen Hügel sehen so friedlich und ungestört aus, als hätte ein göttergleicher Künstler sie mit feinfühliger Hand vorsichtig geformt und schlafen lassen. Die Vielfalt der Farben und Perspektiven ist eine unaufhörliche Offenbarung.

MITTWOCH, 13. JUNI 1945 Augsburg

Hans (Wallenberg) besuchte mich, und wir sind fast den ganzen Abend herumgelaufen und haben geredet, er ist ein feiner, sensibler Mensch, und für Augenblicke waren wir – redend oder auch schweigend – nahe daran, ein Gefühl von Würde oder gar moralischer Bestimmung wiederzugewinnen. Wir schlenderten durch die Straßen der Stadt; der Abend war kühl, aber überall waren Fußgänger, und wir sahen mehr und mehr junge Leute. Auf den dunklen Plätzen saßen Paare auf Bänken, und man hörte fröhlich plätscherndes Geplauder – und andere Geräusche. Wir beide schritten immer denselben Kreis ab, zögerten, die Straßenszenen zu verlassen, die für uns innerhalb von Minuten mit ihrer ganz einfachen Lebendigkeit so viel Bedeutung bekommen hatten. Wir beide hungerten nach «Leben», nach einem Ausweg aus der Armut unserer Isolation; wir wollten wenigstens einen flüchtigen Blick auf Menschen und den normalen Lauf des Daseins werfen. Schaufensterbummler beobachteten uns. Ein deutscher Soldat, noch in Uniform, stiefelte vorbei und salutierte kurz. Ganz mechanisch, ehe ich merkte, was ich tat, erwiderte ich den Gruß. An einer Ecke spielten Kinder mit einem Wagen, waren aber plötzlich abgelenkt vom Verkehr auf der Straße – mit schrillen Stimmen riefen sie die Bezeichnungen der Fahrzeuge in der vorbeifahrenden amerikanischen Kolonne (*«Panzerwagen! Panzerjäger!»*). Sie erklärten mir, dass der Wettstreit um amerikanische Zigaretten heftig sei, dass jeder aber durchschnittlich zehn pro Tag an sich bringe, und der älteste Junge sagte stolz, dass die meisten eingeheimsten Kippen für seinen Vater noch in glimmendem Zustand aufgesammelt worden seien. Wir gaben ihnen zu verstehen, dass sie bemerkenswert flink und wach waren, und gingen weiter.

Wir sprachen über das Desaster der Besatzung, die Hohlheit, Konfusion und Korruption unserer Politik, und in einer Hinsicht wurde unser Diskurs anschaulich. Vom Fraternisierungsverbot hielt Hans so wenig wie ich. Für ihn war es ein kolossaler grober Fehler, und erreicht wurde damit nur ein «Prohibitionseffekt». Und er hatte recht. Der Prohibitionismus kehrt wieder. Überall konnten wir die verstohlenen Blicke von hübschen deutschen Mädchen und GIs sehen. Auf Nebenstraßen gingen sie miteinander. In den Parks lagen sie auf dem Rasen. Auf einem dunklen Weg hastete ein Soldat hin und her. Dies war «geschmuggelte» Liebe, «geschmuggelter» Sex und «geschmuggelte» Geselligkeit. Hans empörte sich in dieser Frage mehr, als ich für möglich gehalten hätte. Schließlich war er 1933 aus Hitlerdeutschland geflohen, und ich weiß, dass er die Vernichtung des Nazismus auf seinem Heimatboden mit ungeheurer Befriedigung sah. Er war derjenige, der alle führenden Parteimitglieder und Wehrmachtsoffiziere befragte und oft nicht nur Fragen stellte, sondern zum Ankläger wurde. (Im Protokoll steht, dass ein General zusammenbrach und weinte, als er wieder und wieder beschuldigt wurde: Das war Ihr Verbrechen. Ihr größtes Verbrechen war Ihre Ignoranz, Ihre Verantwortungslosigkeit; Sie haben die Barbarei und Rechtswidrigkeit der Hitlerregierung ohne Widerspruch hingenommen und Beihilfe geleistet!) Trotzdem ist die Theorie der Kollektivschuld – denn sie dient hier als theoretische Basis für das Verbot der Fraternisierung mit den Deutschen – ein ungeheuerliches Ding. Die Plakate auf den Litfaßsäulen schrien Anklagen heraus – *«Diese Schandtaten: Eure Schuld!»* –, und dazu die Fotos aus den Konzentrationslagern. An verschiedenen Stellen standen Leute und lasen. Ich fragte mich, was sie dabei dachten. Hans hatte zuvor eine Befragung durchgeführt und den Schluss gezogen, dass diese Plakate nur eine einzige greifbare Wirkung hatten: Sie motivierten ausländische Zwangsarbeiter zu mehr Plünderungen. Polnische, französische, russische DPs und andere verstanden sie als Erlaubnis, sogar als unmittelbaren Aufruf, an den gewöhnlichen Deutschen Vergeltung zu üben. Und ein durchschnittlicher Deutscher konnte meist nicht verstehen, dass auch er schuldig war: Stumpf und simpel, wie er war, sah er sich nur als Opfer, und zwar als eines der ersten Opfer des Regimes, und die einzige Lektion, die er lernte, war, dass ihm eine hoffnungslos düstere Zukunft bevorstand, die für ihn und sein ganzes Volk nur Hass und Strafe bereithielt.

Für Hans waren diese Maßnahmen die Nürnberger Gesetze der Gegenseite. Nein, nicht nur wurden damit die Amerikaner und die Deutschen in nationale Ghettos gesperrt. Man widerrufe das Fraternisierungsverbot, und GI Joe bekommt sein Mädchen. Gut so. Aber es geht um größere, für die Geschichte relevante Fragen. Der große Fehler der Nürnberger Gesetze – Fehler im Sinne des jetzigen Kontexts einer nützlichen, pragmatischen Staatspolitik – war die Behauptung, dass Glück und Wohl von fünfundsiebzig Millionen Menschen auf dem Unglück, der Tragödie von fünfhunderttausend anderen basieren könnten. Es hat sich als furchtbarer Denkfehler erwiesen. Genauso wird unser Argument, dass das Heil einer Weltordnung auf der Entfremdung, Frustration, politischen und moralischen Vernichtung des deutschen Volkes basieren könnte, den Zweiten Weltkrieg als vergeblich erweisen. Zum zweiten Mal in der Spanne einer Generation hat die moderne Gesellschaft ihren Bankrott erklärt.

Wir sind in einem unfassbaren Ausmaß desorientiert und unprofessionell. Irrtümer kommen vor, und niemand würde gegen ein naturbedingtes Versagen Anklage erheben. Jedoch, bestimmte Fehler sind unentschuldbar – Fehler aus schierer Inkompetenz, Fehler, die Männer begehen, ohne das mindeste Rüstzeug zu haben, aus ihnen zu lernen, Fehler, die in der verzerrten Optik unseres Erobererkomplexes als Stärken angesehen werden, denn sie sind schließlich eine andere Form der Bestrafung. Es war charakteristisch für Hans, dass er eine hohe Position in der Wirtschaftsverwaltung der Besatzung abgelehnt hatte. Er hätte große Verantwortung getragen und noch mehr Freiheit und Befugnis gehabt – ich hatte das wunderbare Herrenhaus vor Augen, den Mercedes, die Dienstboten, das Prestige. Hans lehnte ab. Es stünden so viele Experten auf diesem Gebiet zur Verfügung! Er lehnte ab, weil er nicht Millionen von Deutschen auf dem Gewissen habe wollte, die womöglich in einem Hungerwinter starben, weil er eine gedankenlose, auf mangelnder Sachkenntnis beruhende Direktive erlassen hatte. Dass diese Position so freizügig angeboten wurde, ist auch charakteristisch.

Wo liegt das Problem? Ich sehe die Krankheit aus nächster Nähe, sodass mir die Fieberschübe und die scheußlichen Symptome vielleicht den Blick auf den eigentlichen Erreger verstellen. Ist es der amerikanische Kapitalismus? Die amerikanische Naivität und Ignoranz? Sind es Amerikas politische oder imperialistische Reaktionäre? Der Nachkriegsüberdruss? Das ewige Trauerspiel der Geschichte? Der moralische Atheismus unserer modernen Welt? Aber im Ernst: Wer besitzt die Integrität und den Idealismus, die man für die Rolle als «meines Bruders Hüter» braucht? Wer, hier oder anderswo, verfügt über genügend Großherzigkeit und Geisteskraft, um sich treu zu bleiben, sich tief im Innern das Bild einer aufgeklärten, kultivierten Seele zu bewahren?

Und dann bleibt nur das Spektakel unserer amerikanischen Scheinheiligkeit. Wer sind denn diese entrüsteten Ankläger? Sie packen den armen Bürger im Genick und schütteln ihn wütend: Hier ist das rückgratlose Schwein, das nichts gegen die Nazis unternahm und eine ganze Welt ins Elend stürzte! Aber ich glaube, ich weiß, was es mit den Anklägern auf sich hat. Sie kennen keine Deutschen, sie haben mit keinem Deutschen gesprochen, haben keine Ahnung von deutscher Geschichte und wollen von Politik nichts wissen. Antifaschismus? Für manche ist er bedeutungslos, und andere meinen, es gäbe ihn nicht. Was haben sie denn je im Kampf gegen die Reaktion und für ein moralisches, libertäres Ideal gesagt oder getan oder geopfert? Sie waren einverstanden mit ihrem Wehrdienst und ihrem Einsatz im Kampf. Mehr nicht. Sie sind Männer ohne Liebe, ohne Ernst, ohne Bescheidenheit.

Als ob der Anblick der Verwüstung dieses ganzen Landes nicht genug wäre, treiben einen die armseligen, hilflosen Bekenntnisse eines Volkes, das von der Maschinerie der modernen Geschichte mörderisch gequält wurde, fast zur Verzweiflung. Man hofft, braucht so dringend Hoffnung, aber sie wird mechanisch und töricht. In unserer großartigen Gesellschaft ist von Kultur oder Zivilisation so wenig geblieben, und Charakterstärke wird rapide zu einem bloß historischen Überbleibsel. Die Menschheit hat kein inneres Licht mehr, von dem sie sich leiten lassen könnte. Nationen sind zerbrochen und mit ihnen der menschliche Lebensgeist. Diejenigen, die unser Krieg und unser Frieden nicht zerschlagen hat, hat er verdorben; ihnen ist nur eine schreckliche Stumpfheit geblieben. So grüßen wir die Ödnis unserer Zukunft.

MITTWOCH, 20. JUNI 1945 München

Wieder nach München, allein, ein freier Tag.

Die Gerüche der Felder und der Landschaft sind fast überwältigend, und einen Augenblick fühlt man sich, als wäre man selbst Teil der Stärke und Heiterkeit der Erde.

München im Sonnenlicht eines frühen Morgens. Sauberer als je zuvor – mit Schaufeln ausgerüstete Formationen ehemaliger Wehrmachtssoldaten marschieren vorbei. Das Restaurant im Hotel hat mittlerweile geöffnet, aber hinter dem Empfangstresen immer noch das Mäusegesicht des Eigentümers, des Nazis, der weiter aushält.

Die Verzweiflung der Militärregierung. Sprach mit einem Captain Laughlin, er schüttete mir eine halbe Stunde lang sein Herz aus. Unterbesetzt, kaum genug Personal, um eine Metropole dieser Größe zu verwalten; in der Stadtverwaltung arbeiteten früher Tausende von Beamten, jetzt sollen dreißig bis vierzig Amerikaner genauso effizient sein. Die ständigen Unterbrechungen. Freunde und Verwandte, Senatoren, Robert Murphy (der in einer halben Stunde durch die ganze Stadt lief) etc. Und die Offiziere der Militärregierung selbst – «die wollen nur wissen: Wann ist der nächste PX?». So tun wir nichts und nennen's Besatzung. Ein bejubeltes Regime des Nichtstuns.

Die Ludwigstraße entlang zur Universität. Eine Ruine. In der Ferne die Frauenkirche: ihre geborstenen, ramponierten Türme, krank, sterbend.

Universitätsbuchhandlung. Fand Franz Oppenheimers *«Der Staat»*, eine Max-Weber-Sammlung, Werner Sombart über den Bourgeois, einige schöne italienische Drucke von Dürer und Botticelli, Mommsen über Cäsar, eine Biographie von Rainer Maria Rilke und anderes mehr. Welch wunderbare Mußestunden! Noch jede Menge NS-Literatur vorhanden – Hegel für unsere Zeit, Nietzsches Botschaft an uns, und was wir von Goethe lernen können und ähnliches vergiftetes Zeug. Überdies zu meiner Freude, Überraschung und Belustigung: Bouck Whites «Buch des Daniel Drew»! Hier hatten die Nazis also ihren typischen amerikanischen Kapitalisten gefunden, wobei – all die Lektionen über Heuchelei und Gier und die gesellschaftliche Typologie wurden großartig in ihrem Sinne dargestellt.

Besuchte am Nachmittag die Arembergs, traf Prinz Johann-Engelbert zu Hause an und verbrachte den Rest des Tages mit ihm.

Sein Optimismus bezüglich der amerikanischen Besatzung schwindet rasch dahin. Inkompetenz und das Unvermögen, die Stadt aus ihrer Lähmung herauszuführen, werden deutlich. Die Straßenbahnen fahren, aber nur eingeschränkt. Die Fabriken, Bergwerke und eine Fülle anderer Industrieeinrichtungen kommen nicht voran, vor allem wegen bürokratischer Hindernisse. Er behauptet, der Wiederaufbau sei einfach, die Deutschen könnten das Ganze selbst in die Hand nehmen, wenn die Militärverwaltung ihnen nicht zu sehr in die Quere käme. Die Arembergs haben ein Hilfskomitee für München organisiert, aber heute Abend laufen die Plaketten der Militärregierung für den Lastwagen aus, und das verzögert die Sache erneut. Und welche Unfähigkeit! Der Polizeioffizier kommt um elf Uhr ins Büro, unterzeichnet vier Pässe und geht wieder. Aremberg ist immer noch naiv, was die Persönlichkeit der Amerikaner betrifft: so freundlich, so einnehmend! Aber guter Wille – ich musste es immer wieder sagen – löst keine Probleme.

Die Überraschung seiner Mutter: «Ich dachte, die Amerikaner wären so tatkräftig! Aber sieh mal, die Wochen vergehen, und kaum etwas ist geschafft.» Der allgemeine Eindruck: Die

Nazis müssen sich ja kaputtlachen; selbst zur Zeit der Luftangriffe und all der Verzweiflung hielten sie die Stadt funktionstüchtig, Fabriken, Arbeitsplätze, Kommunikation, alles! Immer mehr Leute sagen: Ach ja, der alte Nazifleiß! Keine Nostalgie, kein Bedauern, aber offenkundig fehlt etwas unter der amerikanischen Besatzung. Mehrere Ingenieure, die der Prinz kannte, sind in die russische Besatzungszone gegangen – dort finden sie Arbeit und können etwas erreichen. Der Prinz macht sich über den deutschen Beamten lustig – dessen Leben spiele sich in seinem Büro ab, und darüber hinaus kenne er nichts. Aber sie könnten Bayern wirklich wieder auf die Beine bringen.

Treffen mit dem Ministerpräsidenten Dr. F. Schäffer, einem ältlichen, nüchternen, leise sprechenden deutschen Beamten. Ein offenes Gespräch über bayerische Probleme und die amerikanische Oberaufsicht. Ruhiges Vertrauen, konservativ, aber intelligent. Kleine Nazis überfluten wichtige Behörden – in seiner Statistik- und Finanzabteilung sitzen viele. Können aber nicht entlassen werden, bevor man Nachfolger mit finanztechnischer Ausbildung gefunden hat. Jedoch – die Nazibonzen! Der Finanzminister ist ein bekannter alter Nazi! Bleibt im Amt. Die verschiedenen Posten in der Provinz wurden geräumt, und die neuen Amtsinhaber sind nur in wenigen Fällen besser. Dass es ein Problem ist, mit einer deutschen Presse eine demokratische öffentliche Meinung zu schaffen, dass man neue Loyalitäten und Vertrauen bilden muss, das wird völlig übersehen. Gerüchte verbreiten sich. Als deutsche Soldaten in den Güterwagen am Münchner Bahnhof starben, redete man vom «Dachau der Gleichgültigkeit». Im Dachau der Verbrechen gab es genauso Güterwagen voller Leichen. Jetzt hat das Verbrechen nur eine etwas andere Schattierung.

So verging der Tag.

Essen mit den Arembergs. (Mit französischem Kognak, welche Erholung von unserem alten Bestand!)

Danach ein Gang zur Garage, auf der Suche nach Nazifahrzeugen, die womöglich jemandem nützlich sein konnten. Zu Bett und am Morgen eilends zurück nach Augsburg.

25./26. JUNI 1945

Fuhr um fünf Uhr in der Früh los, ziemlich überstürzter Aufbruch, um dem neuen Memorandum an der Tür ein Schnippchen zu schlagen – Offiziere dürfen nicht mehr allein im Jeep unterwegs sein! Auf die *Autobahn* und die bekannte Route, Dasing, Odelzhausen etc. Fand die Adlerwerke, es ging um den Schlüssel für das Adler Trumpf Junior Cabrio, hatte aber keine Modellnummer dabei; gab auf und fuhr zur Mandelstraße.

Der Prinz war zu Hause, der Vater auch, wir aßen wieder gemeinsam zu Abend. Der Genuss von frischen Eiern, Butter, Obst. Bekam eine Schüssel mit Kirschen aus dem Garten in Rimsting, und dann der alte deutsche Aberglaube: auf Obst kein Wasser, bei Todesstrafe verboten! Der Alte indes hatte seine Strategie: Wein puffert den Schlag ab. So selten, wie frisches Obst im Verdauungsleben eines Soldaten vorkommt, könnte es sonst schnell zu viel des Guten sein. Also trank ich den Wein aus. Fühlte mich nicht besser und nicht schlechter. Erinnerungen an Amerika – 1910 bis 1911 Marinekadett in Pensacola, New York, die ganze Vielfalt an Eiscremesorten, Sodas, der endlose Appetit, an der Bar das Erstaunen über die vielen tausend Cocktails; die Hinterlassenschaften der Pferde auf den Straßen. (Ist es in New York noch immer so schmutzig? – Nein, natürlich nicht, die Pferde sind ja komplett verschwunden!)

Machte einen kleinen Ausflug, besuchte Nellie. Haus intakt, obwohl die Seitenflügel getroffen worden waren. In Alaska geboren, hatte an der Westküste gelebt, in Deutschland Kunst studiert, einen Deutschen geheiratet. Einen Nazi. Zwei Kinder. Reichte die Scheidung ein und hat jetzt die beiden kleinen Kinder eingesammelt, die in Ravensburg und Heidelberg untergebracht worden waren. Eine charmante schlanke Blondine mit angenehmem Westküstenakzent und deutlich amerikanischem Deutsch (fließend, aber jede Silbe genauso ausgesprochen wie im Sprachkurs auf dem College). Die gesellschaftlichen Vorurteile. Die Rede vom «Mob» und den «Massen». Der große Hass auf die gewalttätigen und vulgären Maquis-Franzosen aus dem Untergrund. Eine Wiedergeburt des «schrecklichen Volkes» der Französischen Revolution. (Ich kann mir allerdings ganz gut vorstellen, was als anstößig empfunden wird ...) Das vorherrschende Bild von den Franzosen ist das eines entsetzlichen, korrupten Volkes, ungebunden und gewalttätig. Die Russen seien brutale Horden. Deutsches Mädchen beharrte: Doch, daran kann man sterben! (Wenn man auf Kirschen Wasser trinkt.) Wir lachten, versuchten aber, nicht allzu unverschämt zu sein. Nellies Pläne: in Deutschland bleiben, zur Malerei zurückkehren. Porträt von Konstantin (dem jungen bayerischen Prinzen, der mir einen Abdruck der Kriegserklärung an Russland aus dem *«Völkischen Beobachter»* zukommen ließ). Geschichte ihrer Ehe. Einblicke in die alte Tradition der Adelshochzeiten. Der Prinz (Johnny) schien unabhängiger und mondäner zu sein, er schmunzelte über die königliche Vergangenheit, die sich noch immer in die Gegenwart hineindrängte. Ein Hauch des alten Münchner gesellschaftlichen Lebens kehrt schon zurück, Hoffnungen für die Zukunft. Einladung.

Früh am nächsten Morgen weiter zum Chiemsee. Der Prinz hat nichts zu tun. Wurde aus seiner Position als Berater des

Ministerpräsidenten (Schäffer) abberufen und ist jetzt arbeitslos. Einen Grund für die Entlassung hat er nicht genannt. Neues Personal, neue *Fragebogen*, neue Verdächtigungen. Wie die amerikanische Militärregierung funktioniert: Wellen des Misstrauens und des Argwohns; Nazis weiterhin im Amt. Alte Entscheidungen werden (manchmal hysterisch) in Frage gestellt, und raus sind die wenigen Nazigegner, die es geschafft hatten, berufen zu werden.

Auf der alten Strecke nach Osten, die schon vor Hitlers *Autobahn* eine Hauptverkehrsader war, also ein Punkt weniger für die Nazis. Rimsting, das Haus der Arembergs. Die weite Aussicht über den See und den ganzen Chiemgau. Die Schönheit dieses Landstrichs hat seltsame, beunruhigende Auswirkungen. Man muss dagegen ankämpfen, alles für selbstverständlich zu nehmen. Sonst wäre die Landschaft nicht mehr als ein prosaisches Nichts, aber das war sie absolut nicht – ein großer glitzernder See, mit Inseln übersät, und die schwarzen Höhen der Voralpen, die den Horizont beherrschen. Das Wunder lag nicht so sehr in diesem Naturschauspiel, sondern in der Rolle des Betrachters.

Rückkehr der Familie. Die Tochter, ein ruhiges, schüchternes, nicht sehr hübsches Mädchen (sechzehn), der Sohn ein großer, sonnengebräunter Junge, der bei der Luftwaffe gewesen war; und die Mutter, eine distinguierte und charmante Frau.

Anmerkungen zur Familie: die belgische Tradition der Mutter. Der Hohenzollern-Vorschlag für einen Sitz in Deutschland. Das Schloss im Rheinland. Im Ersten Weltkrieg gefangen genommen und in Deutschland geblieben, obwohl die Kinder in den Niederlanden geboren waren. Ihre Isolation in der Nazizeit. Weigerten sich zu kollaborieren. Wurden als «Juden» beschimpft, weil an ihren Autos kein Hakenkreuz zu sehen war.

Sonderten sich von der Gesellschaft ab. Söhne meldeten sich nicht freiwillig und galten als «Feiglinge». «Ich weigerte mich, sie Militärdienst leisten zu lassen, und als wir uns schließlich nicht länger entziehen konnten, tat ich alles, um sie von der Front fernzuhalten. Dabei ging es überhaupt nicht um ihre persönliche Sicherheit. Es war ein Nazikrieg, und wir kämpften nicht für eine Sache oder ein Land, sondern nur für diese Verrückten aus der Partei. Ich wollte nicht zulassen, dass meine Kinder auch nur einen Schuss für diese Leute abfeuerten. Es war ein ungerechter Krieg, den wir angefangen hatten und, wie ich hoffte, verlieren würden. Ich kann Ihnen gar nicht sagen, wie sich die Jungs fühlten, als sie eingezogen wurden, um in Holland und Belgien einzumarschieren. Es war eine schreckliche Zeit für sie und für uns alle ...» Die Unterhaltung von Besuchern unterbrochen. Ein junger Mann und ein Mädchen. Hausherrin sehr brüsk, stellte uns erst im allerletzten Augenblick vor, lud sie nicht ein, sich zu uns zu setzen. Das Mädchen war *Gruppenführerin* beim *Bund Deutscher Mädel* gewesen, eine richtige Fanatikerin. Die ganze Familie hatte die Nazikriegsmaschinerie zum eigenen Vorteil genutzt. Jetzt versuchten sie, sich wieder anzunähern, aber es gelang ihnen kaum.

Kriegsanstrengungen. Arzt, alter Mann, seit dreißig Jahren mit einer Jüdin verheiratet, sollte zur Arbeit ins Bergwerk geschickt werden (mit dreiundsechzig Jahren!). Versuche, bei Gauleiter Giesler zugunsten des Alten zu intervenieren. Aber Parteipersonal ständig im Bunker, schließlich doch noch vorgelassen. Eine halbe Stunde heftige Tiraden. Diese Leute müssen vernichtet werden! Ein dicker, rotgesichtiger vulgärer Verrückter, der aus dem «Völkischen Beobachter» zitierte. Keine Hoffnung auf Erfolg.

«Habe Hitler nur einmal gesehen. Im Theater in München, polnisches Ballett. Mein Eindruck: ein sehr nervöser, ängstlicher, unglücklicher Mann. Gestikulierte ständig mit den Händen. Schien Angst vor der Menge zu haben. Von SS-Leuten umgeben. Er konnte nie auch nur für einen Moment glücklich gewesen sein. Ich frage mich oft, ob er wirklich eine große dynamische Persönlichkeit war oder nicht eher einer der großen Mittelmäßigen der Geschichte. Als die Vorstellung vorbei war, rauschte er mit seiner Entourage nach draußen. Die Menge wurde zur Seite gedrängt, und der Führer verschwand. Ein seltsamer und für mich grundlegender Auftritt. Das also war der Barbar, der ganz Europa in diesen heillosen Schlamassel führen sollte.»

Andere Themen: deutsche Mädchen, die nach China geheiratet haben, Unglück, Matriarchat. Ihre Karriere als Fotografin, internationale Ausstellungen und Preise für besondere Kamerakunst. Das Haus gerammelt voll mit Dokumenten und Archiven aus der *Staatsbibliothek*. Eindrücke aus der Besatzungszeit: Auseinandersetzungen mit örtlichen Offizieren («Wir wollen hier keins dieser Weicheier dabeihaben», sagte jemand von der Militärregierung); die Lähmung. Amerikaner verlieren Prestige durch Nichtstuerei. «Wenn sie wenigstens gesagt hätten: Hier passiert nichts, das ist eure Strafe! Aber es wird immer über Pläne und Absichten geredet, und dann kommt überhaupt nichts dabei heraus. Es ist wirklich ein einziges Chaos.» Befreundet mit Colonel Keegan, dem Militärgouverneur; sie hofft, ihn wegen Johnnys Entlassung als Berater ansprechen zu können. (Obwohl sein Fragebogen in Ordnung war, sollte er nicht in den Dienst übernommen werden.)

Fahrt zum See. Herreninsel (mit einem weiteren von Ludwigs Phantasieschlössern), Fraueninsel (dort eine alte Kirche aus dem achten Jahrhundert, ein winziges Dorf, Gärten, Fischernetze, barfüßige Kinder, ein Auto) und Krautinsel (die dem Konvent als Garten diente). *«Grüß Gott»*, murmelte der alte Mann mit der bayerischen Pfeife im Mund in seinem Dialekt. Zögernd erwiderte ich: «Guten Tag.»

Am Abend Rückreise nach München mit Johnny und seiner Mutter. Territorium der 3. Armee.

10. BIS 12. JULI 1945

Fand Colonel West am Ammersee östlich von Landsberg und sprach kurz mit ihm. Wieder einer von diesen hellen Köpfen, ein intelligenter Soldat (soweit man hier von Intelligenz reden kann), aber ganz ohne das Verständnis und den Tiefgang, die in dieser Krise gebraucht würden. Er urteilte von oben herab, scharf, ziemlich arrogant über die Tiroler Widerstandsbewegung («ein chaotischer Haufen»), und mit der hoffnungslosen Ignoranz und Blindheit, die das Markenzeichen der amerikanischen Militärmaschine sind. Einige Einzelheiten wurden geklärt. Während seiner Verhandlungen mit der deutschen Kommandantur auf der Hungerburg hatten unten im Tal Grubers Widerstandsgruppen die Macht übernommen. Der Befehlsstand wurde umzingelt und der gesamte Stab gefangen genommen – auch Colonel West. Er wurde offenbar etwas ruppig behandelt – Dr. Gruber erklärte später, man habe ihn für einen deutschen Spezialagenten gehalten, einen Fallschirmspringer vielleicht! Diese üble Erfahrung förderte seine Bereitschaft zum Einlenken nicht gerade. Den Erfolg des Putsches schätzte er einigermaßen sachlich ein, aber in ziemlich bissigem Ton. Das Hauptquartier der Partisanen sei wie aus «einem billigen Film» – bewaffnete Zivilisten und bunt gemischte Truppen liefen durcheinander, Boten stürzten herein, berichteten konfus von Leuchtbomben in allen möglichen Richtungen; von den Außenposten der Stadt kamen hektische Meldungen. Aber zum Zersprengen der letzten Verteidigungslinien der Nazis hätten sie schon beigetragen, ihre Rundfunkpropaganda habe Überläufer ermutigt, ihre Erfolge die fatale chronische Desorganisation überall vorangetrieben. Sie hätten «die Ordnung aufrechterhalten» (eine altersgraue Fähigkeit, die mich misstrauisch macht) und natürlich der Militärregierung Dienste geleistet, aber auf diese Hilfe habe man sehr bald verzichten können.

Hinauf in die Berge und in einen heftigen Sturm, und die Sonne sahen wir tagelang nicht mehr. Strömender, scheußlicher Regen. Nahm in Oberammergau einen GI und kurz unterhalb von Mittenwald zwei Österreicherinnen mit. Begleitmusik unserer Fahrt ins Tal hinunter waren örtliche Klatschgeschichten – über den Zusammenstoß von Flugzeugen auf dem Flugplatz, über den Trunkenbold Hofer, die Angst vor den Russen und den Franzosen, den Tod von Ehemännern an der Ostfront, ein unabhängiges Österreich, das Schicksal Südtirols (Bozen und Meran) und schließlich die europäische Schlagerparade. (Wieder mal «Rosamunde», *«In der Nacht ist der Mensch nicht gern alleine», «Ich bin heute ja so verliebt»* usw.)

Fand ein Zimmer im Hotel Kreid mit den letzten Amerikanern in Tirol. Die Franzosen haben uns schon abgelöst – die neue Zone heißt Tirol-Vorarlberg. Dummheiten, Dummheiten, nur Dummheiten. Österreich ist ein Problem, und die Lösung liegt wie immer auf der Hand: Aufteilung. Die Amerikaner bleiben in Salzburg, die Russen im Osten, die Franzosen im Westen, und die Engländer werden irgendwo dazwischengeschoben.

Der Abend war hektisch. Fand die Prinzessin, hielt den Besuch bei ihr aber kurz. Wieder im Hotel, nur Unfälle. Eine Busladung Krankenschwestern, die das Unglück am Hang unterhalb Reiths überstanden hatten. Der dämliche Busfahrer hatte nicht auf das Warnschild *(«Gefährlich!»)* geachtet und es nicht geschafft, den Gang herunterzuschalten, als der Bus zu schlittern und den Hang hinabzurasen begann. Knapp vierzig Meter vor der Haarnadelkurve – der Abgrund winkte schon – fuhr er in die Böschung, die mit Stacheldraht gesichert war, weil überall Minen lagen, und das Fahrzeug überschlug sich mehrmals. Wunder über Wunder: Niemand kam ums Leben, nur Knochenbrüche und Schocks. Und ein paar Stunden später kamen die Verletzten vom Zugunglück am Brenner, GIs mit Zwangsarbeitern auf dem Weg nach Italien. Oberhalb von Vipiteno war die Stromleitung von Saboteuren gekappt worden, die Bergfahrt unmöglich. Der Zug rutschte rückwärts, nahm Fahrt auf und raste bald mit über hundert Stundenkilometern in einer Kurve gegen Betonmauern und wickelte sich um Pfosten, alle achtzehn Wagen gingen dabei zu Bruch. Die GIs gruben sich aus den Trümmern heraus und machten sich, manche barfuß, auf den Weg nach Innsbruck, nur um dort statt Amerikanern Franzosen vorzufinden, von denen sie nicht besonders freundlich empfangen wurden. Am nächsten Tag nahm ich drei von ihnen mit.

Innsbruck und ganz Tirol, denke ich mir, waren nicht gerade glücklich über das neue Regime. Lisl und Gretel oben im Sonnenberghof machten lange Gesichter, als sie eine französische Frauengruppe bedienten, wahrscheinlich von der Armee oder Lazaretthelferinnen. Sie saßen mit praktisch erstarrten Gesichtern und gesenkten Blicken bei mir, und als lautes Geschrei und Poltern und Krach aus den Zimmern und Fluren hallten, machten sie vielsagende Bewegungen. «Keine besonders netten Menschen ...» Die amerikanische Militärregierung wurde zum Traum, zur Legende.

Im Rathaus hatte auch Dr. Gruber (groß, dichtes strohblondes Haar) mit seinen Sorgen zu kämpfen. Er schätzte die

Lage ganz realistisch ein. Mit den Amerikanern hatte es Ärger und Schwierigkeiten gegeben, aber im Rückblick war es eine «goldene Zeit». Jetzt waren die Franzosen da, und eine neue Krise bahnte sich an. Vorrangig: das wirtschaftliche Problem. Die Amerikaner waren Selbstversorger – sie brachten ihre Nahrungsmittel und Vorräte mit und verlangten nichts. Die Franzosen nehmen sich ihre Milch-, Brot-, Käse-, Sahne-, Gemüserationen usw. von den Tirolern und bessern mit der übrig gebliebenen Maschinerie ihre eigene nationale Verarmung auf. Wieder: Seriöse Verwaltung fehlt. Die Amerikaner haben Fehler gemacht, aber sie arbeiteten in ihren Dienststellen und waren wirklich verantwortungsbewusst. Die Franzosen tauchen nie vor elf Uhr auf, sind am Nachmittag meistens wieder weg und verlieren mehrere Tage in der Woche mit Paraden und «Ehrensachen». Die Offiziere waren nach seinem Eindruck erstaunlich konservativ (ich gab ihm ein wenig von dem weiter, was mir Jean Casali in Lunéville über die Beziehungen zwischen dem Maquis und dem alten Militär gesagt hatte), aber damit versöhnte ihn eine gewisse politische Hoffnung, obwohl er sich zynisch darüber äußerte. Die Katholiken seien optimistisch, weil jeder wisse, wie ausgeprägt der Einfluss der Kirche ist; die Kommunisten zuversichtlich, weil Paris stark auf Russland ausgerichtet sei. Die Widerstandsbewegung habe Hoffnungen, weil sie sich von den Franzosen verstanden fühle. Die Sozialdemokraten seien froh, denn sie hätten Blum und die großartige sozialistische Partei Frankreichs. So sei einiges gerettet …

Die Parade: Überall Kolonialtruppen mit Turbanen, Marokkaner und alle möglichen anderen, und mich überkamen meine alten Ressentiments. Armeen sind schlimm genug, aber das Spektakel einer nicht nationalen Streitkraft, von Fremdenlegionären im Dienst des Staates, finde ich abstoßend. Die Ausrüstung stammte aus amerikanischen Beständen, von den Panzerabwehrwaffen und der Artillerie bis hin zum Sturmgepäck, den Hemden und den Hosen. Die Fahnen flatterten, eine Abweichung von der US-Politik, aber ob sie politische Bedeutung hat, weiß ich nicht. Vielleicht ging es nur um den Effekt – der Kommandant würde alle möglichen Anweisungen geben, um die Parade zu einem Erfolg zu machen. Am nächsten Morgen wieder eine Parade, mehr Kolonialtruppen, mehr Musik, wahrscheinlich probten sie für die Ankunft General Béthouarts am 14. Juli und die große Parade. Als wir aus der Stadt hinausfahren wollten, blieb unser Jeep mitten in einer Formation stecken! Der GI auf der Rückbank (Kieslowicz aus Brooklyn) rief den verständnislosen französischen Truppen brüderliche Grüße zu, aber mehr noch den österreichischen Mädchen: «O Baby! O Baby! *Was ist los*?» (Und so ging es weiter, denn von Innsbruck bis München ließ Kieslowicz nichts aus – «O Baby, *was ist los*?»)

19. JULI 1945 Augsburg

Lieber Meyer,

wie ich kürzlich schon erwähnte, wird unser Hauptquartier für die Dauer der Besatzungszeit aus Bayern ins Rhein-Neckar-Gebiet verlegt, das heißt, es steht (an diesem Wochenende) ein Wechsel von Augsburg nach Heidelberg bevor. München mit seinen vielen Möglichkeiten war verlockend, und Bayern selbst war verblüffend kongenial. Doch, das sagen mir alle, der schreckliche, feindliche Winter naht: Die einzige Zuflucht scheint das Neckartal zu sein, und natürlich gibt es in einer unberührten und für deutsche Verhältnisse blühenden Universitätsstadt noch viele andere Vorteile.

Am Abend vor der Abreise hatte ich nur ein paar Stunden Zeit, um Abschied von München zu nehmen. Ich hetzte umher und versuchte, so viel wie möglich zu erledigen. Sowohl Hermann Usener als auch Max Förster waren in der Stadt, und ich notierte ihre Adressen, konnte sie jedoch weder an jenem Abend noch am nächsten Morgen erreichen. Mit Professor von Rintelen (Philosophie und katholische Theologie) sah ich das Vorlesungsverzeichnis der Universität durch und schnappte dabei ein paar zufällige Bemerkungen auf. Förster war von einem seiner Assistenten «verraten» worden, der mit der Partei gemeinsame Sache machte und dann seinen Lehrstuhl übernahm. Dasselbe geschah dem alten Karl Vossler, wenngleich mit etwas weniger Erfolg. Martin Heidegger lebt noch immer in Freiburg, und zwar recht ruhig. In seinen frühen Jahren, habe ich mir sagen lassen, war er ein ziemlicher Fanatiker, und als Rektor der Universität führte er regelmäßig gründliche Säuberungen durch. Hitler ging ihm anscheinend zu weit, und in der letzten Zeit, seit Kriegsbeginn, hat er sich langsam aus der Politik zurückgezogen. Jaspers ist (endlich) sicher in Heidelberg, und von Rintelen hat ihn letzten Monat besucht. Seine Frau ist Jüdin, und all diese Jahre waren für beide natürlich schrecklich. Die Universität hier ist, wie Du sicher auch aus anderen Quellen weißt, eine ziemliche Ruine. Die Ludwigskirche auf der anderen Straßenseite ist eine der wenigen Kirchen der Stadt, die unversehrt geblieben sind. Alles andere ist schrecklich zerstört. Die Frauenkirche sieht elend aus, die beiden Türme recken sich kaum noch empor, und nur mit einer Art tuberkulöser Schwächung. Fast alles, wonach Du gern fragen würdest, oder gar alles, was Du auf einem Stadtplan lokalisieren kannst, wurde von Bomben getroffen. Wie Du weißt, hatte München fast keine Kriegsindustrie, jedenfalls nicht auf dem eigentlichen Stadtgebiet, aber es wurde trotzdem verwüstet. Natürlich gibt es Pläne für die Wiedereröffnung der Universität, doch wenn man sich auf unsere Militärregierung verlassen kann, dann wird aus diesem hinterhältigen Plan, die Macht zurückzugewinnen, nichts werden. Das ganze Regime ist einfach dumm. In Kreisen der Militärregierung ist so viel Blödheit und so viel schlichte Ignoranz versammelt, dass es mir schwerfällt, es auf nüchternere Weise zu beschreiben. Sie haben die *Fragebogen* durchgesehen und alle Parteimitglieder automatisch eliminiert – das ist alles, was sie in Universitätsangelegenheiten unternahmen. Da bleiben dann kaum noch Fakultätsmitglieder übrig. Wenn man mit den Parteimitgliedern so absolut verfahren will, ist das gut und schön; dieser Ansatz hat seine Vorteile, aber auch offenkundige Nachteile. Doch in vielen anderen Berufen und Ämtern lassen sie Parteimitglieder und Nazis (bestens bekannte Fanatiker) an Ort und Stelle, mit der Begründung, sie seien bis auf weiteres unentbehrlich, ihre Dienste würden benötigt. Doch bei «nachrangigen» Kulturangelegenheiten beanspruchen sie das Recht, ihrer antinazistischen Empörung völlig freien Lauf zu lassen. In Tübingen schienen mir die Franzosen etwas vernünftiger zu sein. Der Rektor und sein Stab wurden ernannt, und dann hat man ihnen die Verantwortung übertragen, die belasteten Fakultätsmitglieder auszusortieren. Man muss ja kein politisches Genie sein, um zu verstehen, dass die meisten Universitätsmitglieder weit davon entfernt waren, stramme Parteigenossen zu sein. Ich habe selbst von sehr vielen Fällen gehört, in denen der Mitgliedsausweis geradezu mit vorgehaltener Pistole überreicht wurde. Man schätzt, dass sechzig bis siebzig Prozent in der NSDAP waren. Die «Unabhängigen» waren meist die älteren Professoren – Leute wie Adolf Weber und Karl Vossler (hier in München; beide lehnten es übrigens ab, unter den Bedingungen der neuen Zeit Rektor der Universität zu werden) –, und ein paar waren auch einfach dagegen (wie von Rintelen, der Katholik ist, keine Familie hat und der es wagte, im Büro des Gauleiters anzurufen). Diese breite Mitgliedschaft in der Partei war zwar nicht gleichbedeutend mit einer vollständigen Nazifizierung der Universität, doch letztlich wurden die letzten Reste von Unabhängigkeit eliminiert. Studenten haben mir erzählt, dass es in den letzten Jahren ein Witz, ja, eine Groteske war. In jedem Fall eine schreckliche Herausforderung. Manche Studenten beschwerten sich über das Regime und fragten, was man tun solle. Ein Wort der Sympathie, und am nächsten Morgen wusste davon vielleicht schon die Gestapo. Vorgetäuschte Kälte und Feindseligkeit, und vielleicht wurde einer der wenigen verbliebenen Vernünftigen vor den Kopf gestoßen. Nur ganz wenige wagten es, offen zu arbeiten. Kurt Huber (Psychologie, Philosophie) war in den ersten Kriegsjahren als Nazigegner bekannt. Seine Studenten schrieben «Nieder mit Hitler» an die Tafel, und Huber war unvorsichtig genug, dies Kollegen gegenüber mit einigem Stolz zu erwähnen. Er half bei der Vorbereitung der Studentenaktionen und unterstützte auch die Demonstration der Geschwister Scholl nach Stalingrad in den ersten Wochen des Jahres 1943. Er, die Geschwister Scholl, Christine Probst und rund fünfzehn weitere wurden wegen Landesverrats hingerichtet. Es gab den Wunsch, Huber und anderen ein Denkmal zu errichten, wenn eine neue Universität geschaffen werde. (Auch Huber war übrigens Parteigenosse – die NSDAP hatte eben ihre Heideggers und ihre Hubers ...)

Viel mehr kann ich Dir nicht berichten. Karl Barth etwa hat Bonn schon vor langer Zeit in Richtung Basel verlassen (in seiner Gegenwart war nie und nirgends ein «Heil Hitler» gestattet gewesen). Robert Curtius (strikter Nazigegner) ist, wie die meisten Leute vermuten, noch in Bonn, aber er könnte, wie Du andeutest, auch nach Heidelberg gegangen sein. Alfred von Martin lebt hier in München, ich habe ihn kürzlich morgens für ein paar Minuten besucht. Er ist ein alter (seine Arbeit zu Coluccio datiert aus dem Jahr 1913), aber sehr lebhafter und vitaler Mann, und wir trafen ihn bei der Arbeit in einem kleinen Pfarrhaus an. Sein eigenes Haus wurde zerbombt, und seit 1933 hatte er in der Universität kein Zimmer mehr. Offenbar arbeitete er trotzdem immer weiter. Er sagt, er wäre ohnehin aus dem Dienst entfernt worden, da sei er lieber selbst gegangen; er habe sich geweigert, das Spektakel eines getarnten totalitären Geisteslebens auch nur durch seine physische Gegenwart zu unterstützen. Zwei seiner Bücher wurden in den letzten Jahren veröffentlicht, und ich erwähne sie hier, obwohl es sein kann, dass Du schon etwas darüber weißt. Zum einen die Studie über die *Religion in Jacob Burckhardts Leben und Denken* und zum anderen *«Nietzsche und Burckhardt»*. Ich habe überall nach Exemplaren gesucht, fand aber keine. Das erklärt sich daraus, dass von Martin auf der schwarzen Liste stand und alle Verlagsbestände seiner Werke konfisziert wurden. Das Nietzsche-Opus sorgte für großes Aufsehen: die Schweizer Zeitschriften lobten es in höchsten Tönen, die deutsche Presse schäumte. Es hatte natürlich naheliegende politische Implikationen – von Martin beabsichtigte offenbar, seinen Protest gegen die Nazis subtil in seine Darstellung der Gedankenströmungen des neunzehnten Jahrhunderts einzuarbeiten. Ich nehme an, dass von Martin wie von Rintelen katholisch sind und im christlichen Widerstand waren.

Es gibt nicht viel hinzuzufügen, außer dass ich das größte Thema – Politik und die Intelligenzija – bis zum nächsten Mal ausspare. Dafür ist natürlich die russische Frage zentral. Mit einigem Erstaunen entdecke ich, dass es trotz der tiefen und obsessiven Angst vor den Russen (für manche ist es das Bild von den mongolischen Horden, für andere das der ungehobelten Bauern, und für sehr viele andere ist es eine weitere fürchterliche Ausprägung des Totalitarismus), dass es trotzdem eine beträchtliche prorussische Bewegung gibt. Die Russen als das *«Volk der Zukunft»*. Je mehr Amerika seinen militärischen Erfolg in eine Blamage verwandelt, desto stärker wächst im deutschen *Militär* und *Kleinbürgertum* die Überzeugung, dass sich nur dank der entschlossenen Kraft des Kommunismus Möglichkeiten für die Zukunft bieten.

Verzeih mir bitte die Kargheit dieser Notizen. Ich wünschte, ich hätte die Zeit, ernsthafte Untersuchungen und Nachforschungen anzustellen, aber ich muss dauernd ein Dutzend Dinge auf einmal tun. Ich unternahm eine letzte Büchersuche und stieß dabei auf zwei Bände des *«Handbuchs der Philosophie». (Die Grunddisziplinen: Logik, Erkenntnistheorie, Ästhetik, Metaphysik des Altertums, Metaphysik des Mittelalters, Metaphysik der Neuzeit; Staat und Geschichte: Philosophie der Sprache, der Gesellschaft, des Rechts, des Staates, der Geschichte, der Kultur, der Technik ...)*. Außerdem eine Arbeit von Fustel in Below-Meinecke, Sombart über Deutschland im neunzehnten Jahrhundert und Loserths *«Huß und Wiclif»*. Ich habe in einer der Kisten an Ben Nelson noch ein wenig Platz und packe die Bücher mit hinein. In rund einem Monat kannst Du sie dann bei ihm ansehen, wenn sie Dich interessieren, oder auch die anderen Sachen. Ich schicke Ben einen Durchschlag dieses Briefes.

Mit herzlichen Grüßen!

20. BIS 23. JULI 1945 Augsburg/Heidelberg

Mit Dr. Roeck und Ohlenroth durchs alte Augsburg. Roecks Haus stammt aus dem achtzehnten Jahrhundert, doch eindrucksvoller noch ist die Bindung, physisch und geistig, eines kultivierten Mannes an sein Haus. Der Sohn und die Tage der Freiheitsbewegung, Begegnung mit der Speerspitze der Panzerkolonnen. Der Vorfall mit dem Heckenschützen und der Flakhelferin: Ein deutscher Heckenschütze hatte geschossen und war, als die Amerikaner das Feuer erwiderten, getötet worden. Man forderte nun das Mädchen auf, sich zu ergeben und wegbringen zu lassen, aber es weigerte sich. Sie habe vor nichts Angst, erschießt mich doch. Der US-Offizier war unnachgiebig und schoss ein-, zweimal über ihren Kopf hinweg, weit daneben. Sie zuckte ein wenig, aber beharrte fest auf ihrem Entschluss; der Offizier, verwirrt, fast hilflos, stritt sich noch ein Weilchen und zielte dann schließlich mitten in ihr Gesicht. Sie fiel und starb in einer Explosion von Blut. Später musste die Kolonne anhalten; der Mann konnte nicht mehr weiterfahren. Er saß in einem Jeep am Straßenrand und war vollkommen unbeherrscht: Unter der Anspannung und der Erkenntnis, dass dies die erste Frau war, die er getötet hatte, brach er zusammen.

Die Tradition von Augusta Vindelicorum; die tiefe, kultivierte Liebe meiner Begleiter zur Stadt und ihrer Geschichte. Ohlenroth leitete viele Expeditionen und war für die großen römischen Ausgrabungen in Bayern verantwortlich (die alten versunkenen Kirchen am Dom, die Stützpunkte des römischen Reiches von Verona bis zur Donaugrenze). Jetzt, da die Aufbauten späterer Epochen zerstört sind, hat der Archäologe eine Gelegenheit, die sich ohne die Tragödie und die Zerstörungen des Krieges niemals ergeben hätte. Ohlenroth konnte, obwohl er Pazifist war, seine Begeisterung kaum verbergen. Wie oft schon war er an einem Haus vorbeigegangen und hatte es verflucht, weil es den Fortschritt einer großen Ausgrabung behinderte, die ihm so sehr am Herzen lag! Der Nachmittag (Sonntag) war warm und schön, und wir machten unsere Tour – *Dom, St. Ulrich und Afra*, die *Fuggerei*, das *Rote Tor*, das *Rathaus* (nicht mehr als ein Gerippe und der *Goldene Saal* nur noch eine Erinnerung).

Mit Helma – ein letzter Abend, angenehm und süß, unsentimental, obwohl durchaus Emotionen im Spiel waren. Eine beinahe wilde Ausgelassenheit. Bei Tagesanbruch absolute Nüchternheit.

Mit Aina – wir hatten uns die ganze Woche nicht gesehen, und sie war ziemlich niedergeschlagen. An diesem Nachmittag hatte sie mein Auto in der Ferne hin und her fahren sehen; sie rief und winkte, aber ich konnte sie nicht hören oder sehen. So hatte ich nur wenige Minuten zum Abschiednehmen. Sie begann zu weinen, rote geschwollene Augen und bebende Lippen. Ich versprach, sie später am Abend noch einmal zu besuchen. Als ich zurückkam, wollte sie nichts sehen oder sagen, nirgendwo hingehen, nur den Abend mit mir verbringen. Wir saßen und unterhielten uns: Ich redete, sie kämpfte mit den

Tränen. Schließlich gingen wir doch zu Frau Ossmann in den *Gasthof zur Sonne* und wurden genötigt, reichlich zu essen und zu trinken, die unvermeidliche Mütterlichkeit. Verbrachten anschließend eine Stunde in der Einfahrt (die Rückbank im Adler war recht geräumig) und fuhren dann ziemlich missmutig nach Hause. Sie weinte wieder und biss sich heftig auf die Lippen. Ich sei «so gut zu ihr gewesen»; warum nur sei ich nicht wie die anderen, dann wäre es jetzt so viel leichter, auf Wiedersehen zu sagen. Ich sei «das einzige Licht» während ihrer Zeit in Deutschland gewesen. «Da ist nichts anderes. Nichts, aber auch gar nichts.» Aus meinem Leben könne ja noch «etwas Schönes» werden, aber für sie blieben nicht mal die einfachsten Freuden übrig – so schluchzte sie. Das allerletzte Adieu triefte vor Gefühlen, aber es gab auch viel echte Zärtlichkeit. Sie war ein frisches, charmantes, liebevolles Wesen, und ihr Augenzwinkern, ihre geschürzten Lippen werde ich niemals vergessen – *«Selbstverständlich, Matthias!»* – oder ihr kehliges liebevolles «Mottisseel …».

Die lange Fahrt im Sonnenschein über Stuttgart (im Schlossgarten tauschten wir ein Mittagessen gegen K-Rationen ein) und zur Heidelberger Kaserne. Auspacken – Geschichtsforschung ist eine schwere Last! Und die sonntäglichen Abenteuer. Zwei Mädchen auf der Flucht vor der französischen Besatzung in der Pfalz. Ein alte, hysterisch schluchzende Dame – sie hatte ihren Bus nach Karlsruhe «verpasst», und jetzt war ihre gesamte Habe verloren. Wir jagten dem Bus nach, holten ihn ein und erfuhren, dass die MPs sie abgewiesen hatten, weil der Bus überfüllt war. Wir schluckten ihre kleine Notlüge und winkten ihr fröhlich zum Abschied. Die Mädchen klatschten Beifall und dankten uns überschwänglich in gebrochenem Englisch und Kauderwelsch. Wir suchten uns eine Garage …

Besuch bei Jaspers'. Frau Jaspers – Goetheleserin, trockene Bemerkungen über Byron, «ein sehr kranker Mann ...» (mein Band mit Briefen Byrons). Gespräche über die schwarzen Tage – sie ist Jüdin. Die Russenfrage («er versteht die Russenfrage» – mit diesen Worten stellte sie mich dem Professor vor). Ein hochgewachsener, eindrucksvoller weißhaariger Mann; er sah krank aus und war es auch. Wir unterhielten uns kurz, und er ging wieder zu Bett. Ich redete weiter mit seiner Frau und zwei Mädchen, die bei ihr waren. Über amerikanische Märchen, die Friedfertigkeit oder Gewalt in deutschen Märchen. Über die Armee, die Comics (für Erwachsene! überraschend!) und über die Soldaten, die sich Doughnuts in die Taschen stecken und die Uniformen mit Fettflecken verschmutzen, über die «Gestapomethoden» der Militärpolizei («wenn ihr Pistolen oder Gewehre habt, versteckt sie lieber, gleich kommt die MP-Streife und sucht danach»!), über die Flirts auf der Straße. Ich ging, wollte ein paar Tage später zu einem Interview mit dem Professor wiederkommen. Frau Jaspers gab mir eine Ausgabe der Briefe Max Webers mit. Sie hatte viel von ihm gesprochen, hatte Wendungen zitiert, die er besonders gern gebrauchte; hatte sich erinnert, wie sie als Studentin auf den Straßen hinter ihm hergegangen war und wie sehr sie ihn liebte ...

Am Abend das übliche Abenteuer. Christy, am Neckar. Ins Hotel und eine erfreuliche, leidenschaftliche Nacht. Früher Aufbruch am nächsten Morgen. Sie und ihre Freundin waren vor der Zwangsverpflichtung hübscher junger deutscher Frauen durch die französischen Offiziere davongelaufen und jetzt gezwungen, wieder zurückzugehen. In Heidelberg konnten sie sich nicht halten, schon gar nicht ohne Pässe, Lebensmittelmarken usw. Vielleicht könnten sie doch noch «den Klauen des Capitaine entkommen».

25. JULI 1945 Heidelberg

Mittwochabend, wieder bei den Jaspers'. Frau Jaspers in der Küche beschäftigt, grünes Gemüse und so weiter, glücklich über die mitgebrachten Lebensmittel, Wein, Salm, Kakao.

Der Professor und ich zogen uns in sein Arbeitszimmer zurück, einen schönen Raum voller Bücher, und sprachen eine Stunde lang miteinander. Die Probleme der letzten zwölf Jahre. Seine Manuskripte – seit 1937/38 war die Veröffentlichung seiner Arbeiten sehr erschwert.

In Buchhandlungen waren die Schaufenster reich bestückt mit Nazisachen, aber verkauft wurde nur wenig; die Nazis lasen kaum Bücher, nicht einmal ihre eigenen. In Heidelberg herrschte immer noch rege Nachfrage nach den alten guten Werken, Rilke, Weber und andere wurden oft verlangt. Viele Studenten waren von dem neuen Getöse angetan, und das freie Leben an der Universität, der freie Geist der Kultur in der Gemeinschaft starb.

Erinnert sich an Heideggers Rede als Rektor der Universität Freiburg und dessen Einführung als *Parteigenosse* Heidegger. So viele trampelten mit den Füßen Beifall (eine alte akademische Sitte), aber wiederum andere kamen zu Jaspers und gaben ihm ihre wahren Ansichten zu erkennen.

Die Geschichte mit Heidegger: identifizierte sich mit der Sache der Nazis, hatte aber sein eigenes privates Programm für die Partei. Führte an seiner Fakultät Säuberungen durch – fanatisch, verblendet, dumm. Viele Jahre waren sie die besten Freunde – seit 1920. Regelmäßige Zusammenkünfte einmal im Jahr. Aber kurz nach der Rektoratsrede gab es einen scharfen Bruch. H. verweigerte bald die Polemik, die man von ihm als einem prominenten Nationalsozialisten forderte ... Seine Werke wurden zurückgehalten, er konnte nichts wirklich

Wichtiges oder Substanzielles mehr veröffentlichen. Später zog er sich vom Nazismus zurück, und man sagt, in den letzten Jahren sei er ein Oppositioneller geworden. Der Krieg war verloren, die Partei musste entmachtet werden, anders gab es keinen Frieden.

Jaspers: Ob ich ihn an der Universität haben will? Ja. Manchmal verschwimmt die Grenze zwischen politischer Propaganda und freier intellektueller Diskussion. Aber ich würde Heidegger an meiner Universität haben wollen. Wir brauchen ein freies, gesundes Aufeinanderprallen von Ideen. Ich kann jedoch verstehen, dass er Universitätsverbot hat. In jedem Fall muss er aber das Recht haben, seine Werke zu publizieren. Entweder sind wir Sklaven, oder wir schaffen einen neuen Anfang für freie Geister.

Ernst Robert Curtius. Seit 1933 nicht mehr an der Universität, sondern als Privatgelehrter auf Antike und Mittelalter spezialisiert. Ähnlich wie Alfred von Martin nicht ohne Bedeutung für unsere Krise, aber nicht mit dessen direkter politischer Technik der antinazistischen Zwischentöne. Arbeitet über die Grundsätze der Freiheit der Kultur. Fundamente der abendländischen Zivilisation, grundlegende Kulturtendenzen, Idealtypen freier progressiver Kulturgemeinschaften. Eine Reihe brillanter, kluger Studien.

Meinecke: Ebenfalls ein Antinazi, aber jetzt in seinem zweiundachtzigsten Jahr alt und leidend. Verlor sein Geld aufgrund der Situation der russischen Banken in Berlin. Seine Bücher, Manuskripte, Kleider, alles ging verloren, als in der Nähe von Würzburg aus einem Haus auf einen amerikanischen Offizier geschossen wurde und das Nachbargebäude, zufällig ein Schloss, in dem Meinecke gewohnt hatte (ein riesiger wunderbarer Bau voller Kunstschätze, Rubens usw.), von den Truppen geräumt und niedergebrannt wurde. Jetzt wohnt er auf dem

Land bei einem Bauern, ein alter Mann in einem Kotten mit nichts außer seinen Jahren. Ein Porträt des deutschen Gelehrten.

Jaspers selbst. Mit der Universität verbunden, aber mehr und mehr zur Persona non grata geworden – seine Frau ist Jüdin und musste sehr oft in Verstecke fliehen. Vom Gesellschaftsleben abgeschnitten.

Setzte aber seine Arbeit fort, sein Lebenswerk: Philosophische Logik. Der erste Band abgeschlossen: *«Von der Wahrheit»*, Manuskript, weiß auf den Bücherborden …

Im Mai verfasste er in der ersten Begeisterung über die Befreiung ein schmales Manuskript, einen Essay. *«Die Idee der Universität»*. Aber seither sind die Hoffnungen für Heidelberg stark abgekühlt. (Obwohl Hartshorne aus Harvard mit einigen Ermutigungen hier gewesen ist.)

Ich sagte dies und das – der liberale Mythos (so gefährlich?) der Wahrheit wird siegen; in der Vergangenheit ging so viel wegen geliebter schöner Illusionen verloren; die Möglichkeiten des Militärhistorikers; die Details des Krieges; die Merkmale der amerikanischen und alliierten Besatzung.

Ließ Texte über Politik und Max Weber zurück.

Bin eingeladen, nächsten Montag wiederzukommen.

DIENSTAG, 30. JULI 1945

Die Stadt – die Routine dieser kleinen Metropole (sie ist eine Kleinstadt, aber trotzdem womöglich das letzte wahre urbane Zentrum in Deutschland!) wirkt nicht mehr befremdlich und verblüffend. Die Straßen sind voller Kauflustiger, die Schaufenster mit aufdringlichem Flitterkram dekoriert, und Straßenbahnen rattern vorbei. Der Krieg und manchmal auch die Besatzung sind wie verflogen, vergangen und für mich nur mit großer Anstrengung wiederzuentdecken – oder gelegentlich in zufälligen Straßenszenen. Junge Deutsche, denen ein Arm oder ein Bein fehlt, gehen durch die Allee. Ein Wehrmachtssoldat, auch ein Kriegsheimkehrer, springt von einem Wagen, er ist schmutzig, müde, schwer beladen mit einem unglaublichen Sammelsurium von Frontgepäck (Decken, Gasmaske, Feldflasche, Souvenirs), und steht plötzlich vor einem jungen Mädchen, seiner Schwester vielleicht oder seiner Frau, sie schreit auf und umarmt und küsst ihn und hilft ihm, sein Gepäck zu tragen. Zwei junge Burschen, elend, bedauernswert, schleppen sich über den Platz, ihre zerlumpten Kleider kaum noch als feldgraue Wehrmachtsuniformen erkennbar, abgemagerte Gestalten mit entzündeten Augen und schrecklich anzuschauenden leeren, hoffnungslosen, völlig verwirrten Gesichtern. Und gestern: ein jüdisch aussehender junger Mann, der Bücher in eine kleine Mappe stopfte, und unter seinem Regenmantel sah man die gestreifte KZ-Jacke, sie war frisch gewaschen und gebügelt. So kommen die schwarzen Tage für Augenblicke zurück.

Aber im Ganzen gesehen hat die neue Zeit ihre eigenen brennenden Fragen, und unser mittlerweile angenehm etabliertes Hauptquartier entwickelt zunehmend großstädtische Gewohnheiten und Bedürfnisse. In allen Heidelberger Kinos regiert Hollywood (und ich finde es sehr bedauerlich, dass kein einziger deutscher Film gezeigt wird. War nach *«Mädchen in Uniform»* wirklich keiner mehr verfügbar?). Die besten Hotels und Restaurants – oder überhaupt alle – sind von den US-Streitkräften besetzt. Der Molkenkur-Club auf dem Berg ist zur Unterhaltung der Eroberer da. Die Offiziere rasen in allen möglichen beschlagnahmten deutschen Fahrzeugen herum, und auf den Neckarwiesen spielt das deutsche Besatzerenglisch eine zwitschernde Begleitmusik dazu. Jeder GI hat ein Mädchen, und wenn der Abend noch zu jung ist, pfeift er beharrlich jeder vorbeikommenden Gelegenheit nach, oder er nimmt ihre Hand oder sagt den sorgsam auswendig gelernten Eröffnungssatz auf: *«Was haben Sie vor heute Abend, Fräulein?»* Ich habe jedoch den Verdacht, dass die Blütezeit schon fast vorbei ist. Seit Eisenhower am 15. das Fraternisierungsverbot de facto widerrief, hat das gesellige Leben ein hektisches, fast zügelloses Tempo angenommen. Sehr verwunderlich, wenn man an die ruhigen Tage in Frankreich letzten Februar zurückdenkt. Die Franzosen waren recht «zugänglich», die Vermischung aber war begrenzt oder nur nominell. Richtig, noch war Krieg, noch gab es Dringenderes. Aber ich habe den Verdacht, dass das Fraternisierungsverbot den sozialen Beziehungen einen sehr verführerischen Beigeschmack von Sünde gab, und jetzt kann es niemand mehr ertragen, allein zu sein. Entnazifizierung, Wiederaufbau, Militärregierung – alles nur Spiel und Nebenfragen, bedenkt man den Weg, den unser Leben jetzt nehmen muss. Die Jagdzeit ist anscheinend noch nicht vorbei. Neulich hielt der General (Haislip) eine Ansprache vor den Offizieren des Stabes, und das Fraternisierungsspektakel ging ihm offenbar sehr gegen den Strich. Er schwor auf «harte Arbeit» und «Spaß» – aber die Deutschen und ihre «widerliche Gemeinheit» wollte er davon ausnehmen, na gut, mit ihnen reden könnten wir ja, aber er für seinen Teil sei dagegen, sich näher mit ihnen einzulassen (denken Sie daran, wie viele Jahre unseres Lebens wir verloren haben und welche Steuerlasten wir für Jahrzehnte tragen müssen!). Gestern noch heulten die Sirenen: Waren deutsche Mädchen im Auto, mussten sie sofort aussteigen, es war *streng verboten*. Die neue Verordnung ist nur eine Aufhebung des Fraternisierungsverbotes, aber kein Freibrief für die umfassenden Festivitäten der gegenwärtigen deutsch-amerikanischen Beziehungen. Was mich betrifft, ist das vielleicht keine allzu bestürzende Wende. Wenigstens wird dieser Wahnsinnswettstreit um die meisten Verabredungen etwas gedämpft. Und in einer kleinen Stadt von der Größe Heidelbergs dreht sich das Beziehungskarussell allzu sichtbar. In Augsburg konnte man sich in einer Affäre verlieren, und die Sache blieb eine Privatangelegenheit. Hier wird alles zum öffentlichen Abenteuer. (Dabei fällt mir eine Ausnahme ein, von der wenigstens Folgendes zu erwähnen ist: der wilde Abend mit Ilsa und Giselle, der beinahe mit einer Schwimmparty bei Mondlicht im Neckar geendet hätte; Jordans Kommentar: «Meine alte Großmutter hat immer gesagt, wenn du dich schon mit Leuten abgeben willst, die nicht nett sind, dann such dir wenigstens nette Leute, die nicht nett sind.»)

Der Professor: Ging zu den Jaspers', ausgerüstet wie üblich mit Zeitschriften, Zeitungsausschnitten, Briefen und Konserven, Zigaretten, Suppe, Nudeln, Salm und Kaffee.

Marianne Weber war da, aber gerade im Begriff zu gehen. Wir wurden einander vorgestellt, und sie willigte ein, noch ein Weilchen zu bleiben und mit mir zu reden. Sie ist natürlich sehr alt, hager und groß, mit grauem Haar. Sie trug ein langes Kleid und eine Art schwarzen Strohhut, wie es sich für eine feine Dame gehörte. Ihre langen knochigen Finger spielten mit den heruntergefallenen Blütenblättern der Schwertlilien, die in einer Vase auf dem Tisch standen, und sie sprach über Publikationsschwierigkeiten, über die Hindernisse, wenn während der Nazijahre etwas von Max Weber gedruckt werden sollte. Was praktisch auf ein Verbot der politischen Schriften hinauslief. Sie waren zwar erhältlich, aber nachproduziert wurde nichts. Tausende Seiten lagen in den Verlagshäusern herum und mussten nur noch gebunden werden. Aber es passierte überhaupt nichts. Vielleicht könne ich ja mal nach Tübingen fahren und mich erkundigen. Sie müsse jetzt leider gehen, aber ich könne sie ja morgen besuchen, dann könnten wir weiterreden. Sie borgte sich die Schapiro-Gerth-Kontroverse über ihren Mann und verabschiedete sich.

Der Professor war ganz begeistert von den «Politics»-Exemplaren. Der Geist der Kontroverse, der Diskussion, des scharfen Aufeinanderpralls von Ideen, das sorgte bei ihm für leuchtende Augen. «Wie lang ist es her!» Er versprach, mir ein andermal detaillierter über seine Reaktionen und Kommentare zu berichten; momentan erfuhr ich nur, wie froh er war, etwas wie Macdonalds Aufsatz über die Verantwortung der Völker zu lesen, den er gut und intelligent fand, obwohl stellenweise für etwas zu soziologisch. Er fuhr fort und zeigte einige moralistische und sogar theologische Implikationen des Problems auf: «Einige meiner Freunde und Kollegen, meine warmherzigsten und engsten Begleiter waren zufällig Juden. Und sie gerieten mit dem Regime in Konflikt. Sie wurden geschlagen, gefoltert und getötet. Sie mussten wie gejagte Tiere fliehen, und sie starben. Wie konnte ich da danebenstehen und zuschauen? Wie konnte ich dasitzen, lesen und nichts tun? Ich konnte nichts ändern, aber ich hätte auf die Straße laufen und schreien können! Das hätte ich tun können, und ich hätte es tun sollen. Aber ich ging nicht auf die Straße, und ich schrie nicht. Ich zog es vor zu leben, und auch darin liegt eine Schuld! Eine andere Art von Schuld natürlich, aber gleichwohl eine tiefreichende schreckliche Sünde. Die Erbsünde? Vielleicht. Die Sünde, leben zu wollen, sich nicht törichterweise oder aus edlen Motiven für eine Idee oder eine Sache zu opfern. Aber die Schuld ist eine Schuld vor Gott. Und den größten Teil des Moralisierens der Amerikaner und Briten kann ich nur als Pharisäertum bezeichnen.»

(Übrigens bemerkte er einige Verweise auf einen Artikel von Hannah Arendt und erkundigte sich nach ihr. Anscheinend war sie eine seiner Lieblingsstudentinnen gewesen; sie schrieb eine «schöne Doktorarbeit» über Augustinus, und er erinnerte sich liebevoll an das letzte Gespräch mit ihr, sie in Paris, er in Luxemburg im Jahre 1938.)

Neuigkeiten: Mannheims Verlag plant, einige seiner Manuskripte zu drucken. Als Erstes *«Die Idee der Universität»*. Ferner wird die theologische Fakultät im Herbst wiedereröffnet, und für den Fall, dass es für Jaspers keinen regulären Lehrstuhl geben sollte, wird ihm die Möglichkeit geschaffen, in der theologischen Fakultät Philosophie zu lehren. Etwas abwegig, aber zufriedenstellend. Muss mal mit Dr. Hartshorne reden, der hier der Mann für die deutschen Universitäten ist; Jaspers lobte sein Werk und einen speziellen Artikel, den er geschrieben hatte. Wir redeten weiter über Bücher und einige wichtige Personen. Ich kam mir komisch vor, als ich einen kurzen Abriss der geisteswissenschaftlichen Lage in den USA und Großbritannien vortrug. Erwähnte Dewey, Russell, Whitehead, Santayana und andere neuere Arbeiten. (Ein schwieriges Unterfangen, meine Mäkelei über Santayanas Autobiographie zu erklären; aber der Professor wollte wissen, warum ich so ein langes Gesicht machte, als ich diese Bände erwähnte.) Werde ich je in der Lage sein, mir die Bibliothek einzurichten, die ich bräuchte, um den Faden der deutschen Geisteswissenschaftler aufnehmen und mitreden zu können? Von der Traditionslinie Fichte – Hegel – Marx – Nietzsche – Spengler war er nicht überzeugt. Dass sich solcher Unsinn gerade da hätte halten können, wo es einen freien Ideenaustausch gebe, und dass darüber tatsächlich Bücher geschrieben würden! Ich lieh mir das Buch *«Die geistige Situation der Zeit»*.

31. JULI 1945 Heidelberg

Zur alten Villa der Webers, Ziegelhäuser Landstraße 17. Marianne Weber erwartete mich. Wir unterhielten uns eine Weile in dem schönen großen Salon. An der Wand über uns hing ein Porträt, es zeigte offenbar Marianne in jungen Jahren, ein bezauberndes Ölbild. Hinten in der Ecke eine braune Bronzestudie des Professors. An der Wand in meinem Rücken Bücherregale mit Werken von Mommsen, Eduard Meyer, Sybel, Burckhardt, Huizinga (*«Herbst des Mittelalters»*) und dazwischen die Tennessee-Ausgabe einer zweibändigen Biographie Andrew Jacksons – offenbar ein Überbleibsel von Webers Amerikareise. Aus den großen französischen Fenstern, die auf einen kleinen Balkon führten, hatte man einen klassischen Blick über den Neckar zum Schloss, das in der Nachmittagssonne rot leuchtete, und weiter hinauf zur Molkenkur. Frau Weber hatte die Schapiro-Gerth-Kontroverse gelesen und war aus mehreren Gründen dankbar, dass sie die Möglichkeit dazu gehabt hatte. Zum einen war da natürlich ihr Interesse an Literatur über ihren Mann. (Von der Weberübersetzung von Gerth und Mills hatte sie erst durch mich erfahren – sie kannte nur die Übersetzungen von Shils und Parsons.) Aber sie hatte auch wie die Jaspers' Freude an kritischen, polemischen Diskussionen, ließ sich außerdem gern über Amerika informieren und las unsere Zeitschriften. Sie sprach recht ausführlich über Webers inneren Zwiespalt – in gewisser Hinsicht zwischen Herz und Kopf, seinem ausgeprägten kulturellen und sozialen Verantwortungsbewusstsein und seinem intellektuellen Individualismus. Ich weiß nicht, ob ich ihre Erinnerungen in allen Nuancen verstanden habe, aber ich hatte den Eindruck, dass Weber ein Mann war, der so wie Henry Adams einen neuen, umfassenden, philosophisch begründeten Sozialismus zu seiner Sache gemacht hätte, wäre er nicht durch etwas in seiner Tradition und seinem Charakter Verborgenes daran gehindert worden. Sein Nationalgefühl mag zwar stark gewesen sein, aber den Nazismus hätte dieser Mann keinen Monat lang ausgehalten. Er hätte aufgeschrien, protestiert und zurückgeschlagen, und sie hätten ihn umgebracht. So wie es kam, haben die Nazis ihn totgeschwiegen. Seine Schriften zur Politik waren naturgemäß sehr gefährlich, und wie viel Raum hat die sogenannte Welt der Wissenschaft seiner Zeit ihm für seine kritische Methode und intellektuelle Redlichkeit geboten? Frau Weber musste einen Brief an den Mohr-Verlag schreiben, und ich streifte unterdessen durch Webers Bibliothek, das Arbeitszimmer des Professors mit den Bücherregalen. Die Titel anzuschauen und in den Büchern zu blättern, ohne einen Blick auf den Text zu werfen, allein die Seiten zu berühren, das Papier zu fühlen, das war schon aufregend. Ach, meine Sentimentalität! Hier war Simmels *«Goethe»* (Frau Professor Marianne Weber gewidmet), hier Werner Sombarts mehrbändiges Buch über den *«Kapitalismus»* mit einer herzlichen und respektvollen handschriftlichen Widmung für den Professor. Hier waren Frau Webers Schriften zur Soziologie und natürlich ihre Biographie neben einer schönen ledergebundenen Gesamtausgabe der Werke des Meisters. Ich kehrte zurück, und wir unterhielten uns weiter. Über die Emigranten und über Thomas Mann (über den sie sich scharf, aber mit Güte und Lebensweisheit äußerte: «Sich so vom eigenen Volk, der Tradition und dem eigenen Land loszusagen ...»). Wir sprachen über die Weltpolitik, die Entwicklungen in England, den Stand der Beziehungen zu Russland. (Dazu kann ich Folgendes sagen: Neben den prinzipiellen Bedenken aus demokratischer und antiautoritärer Sicht bleibt auch das Gefühl, dass Russland ein barbarisches asiatisches Land sei, das nicht zur europäischen Gemeinschaft gehöre; obwohl dieses Gefühl nicht ausschließen würde, den Menschen offen und freundlich gegenüberzutreten, überdauert doch die nationalistisch-kulturelle Anklage.) Ein anderes Thema war die amerikanische Literatur. Sie hatte Van Wyck Brooks' Buch «The Flowering of New England» gelesen (mit Lexikon, wegen der vielen komplizierten Ausdrücke), und ich musste ihr Auskunft geben über Brooks, sein Buch «America's Coming of Age», seine Biographien und über die Tendenzen der amerikanischen Literaturkritik. Sie hörte aufmerksam zu, korrigierte ab und an freundlich und unauffällig mein Deutsch. Dabei spielte sie nervös mit ihrer kleinen Ledertasche und packte dauernd ihr Taschentuch aus und wieder ein. (Sie erinnerte sich an Golo Mann, einen ernsthaften, begabten Studenten in Heidelberg.) Bald wurde sie müde, und ich stand auf, um mich zu verabschieden. Frau Weber lud mich ein, sie bald wieder zu besuchen und an ihrem Sonntagskreis teilzunehmen, in dem Vorträge verschiedener Art gehalten wurden. Ich nahm die Einladung gern an und versprach, in wenigen Wochen wiederzukommen, wenn über Faust und Prospero gesprochen wurde.

MITTWOCHNACHMITTAG, 8. AUGUST 1945
Heidelberg

Floria, Liebes,

ich weiß nicht, warum, aber ich habe das Gefühl, diese Woche praktisch nichts anderes getan zu haben als mit Dir zu reden. Wenn ich das alles aufgeschrieben hätte, so wären es inzwischen viele dicke Bände. Wieder diese Bilder ... Das alte von deinen langen Locken und dem stolzen blassen Gesicht, und dann das neue Familienfoto, auf dem Du so vollkommen anders auszusehen scheinst. Die neckische jugendliche Neigung des Kopfes ist verschwunden, Deine Lippen schmaler, gesetzter, Deine Augen wirken wärmer und tiefer. Und Du sahst so glänzend aus, so schön (und mein Gott, dieses Kleid ...), ich bin den Tränen nah, wenn ich daran denke, wann wir uns zuletzt gesehen und miteinander geredet haben (und wie viel Zeit noch bis zum nächsten Mal vergehen wird).

Ich nehme nicht an, dass Du meinen ungestümen europäischen Vorschlag ernst genommen hast. Ich habe immer gedacht, er hätte durchaus etwas für sich, doch ich vermute, es war nur versteckte Angst, wieder bei Dir zu sein, Angst, dass Du mich kennenlernen würdest. Diese letzten Worte müssen seltsam für dich klingen, wenn Du sie liest, aber ich habe noch immer das Gefühl, mich so sehr verändert zu haben, in mancherlei Hinsicht sogar fundamental. Das «Abenteuer» hier ist der erste völlig unabhängige Test für mein Ich, und das ist etwas Revolutionäres. Von den kleinsten Details der physischen Existenz bis hin zur Kontrolle der tiefen Ambitionen und Emotionen musste ich mich selbst finden – entdecken, was und wer ich wirklich bin. Diese Erfahrung (sozusagen eine Persönlichkeitsreise) war bisweilen erheiternd und insgesamt glücklich. Nur ganz selten ist schlechte Laune in Verzweiflung übergegangen. – Doch wie kann ich darüber berichten, ohne dass es albern oder absurd erscheint? Ich könnte zum Beispiel sagen: Ich war glücklich mit mir selbst. Aber ich bin überhaupt nicht zufrieden mit dem, was wir früher «intellektuellen Fortschritt» genannt haben (Ideen, Stil, Perspektiven für den Ehrgeiz), doch eines habe ich gelernt: Was zuerst kommt, muss auch zuerst kommen. Erst das «Leben», dann die «Kunst».

Die Briefe von Katherine Mansfield – ein wunderbares, bewegendes Buch, das ich hier kürzlich in einer Buchhandlung fand – sind so bedeutend, lies sie bitte so schnell wie möglich. Wie oft suggerierten ihr die engen, intensiven Hoffnungen, die sie für ihr Schreiben hegte, «man kann es sich nicht leisten, unter Leute zu gehen. Man muss sich von der ganzen weltlichen Welt fernhalten». Immer wieder kam ihr Privatleben zu einem Stillstand, den sie bejubelte. «Das alles ist jetzt vorbei – ich bin eine Schriftstellerin, der alles außer ihrem Schreiben egal ist – so empfinde ich das ...» Der Konflikt zwischen «Leben» und «Kunst» straffte ihre einfühlsamen Geschichten, machte sie exemplarisch. Doch sie zeigte ihre große Begabung für das Leben, für ein künstlerisches, schöpferisches Leben auf reichere Weise. «Oft sehne ich mich danach, mehr im Leben zu sein», bekannte sie. «O, ich sehne mich nach Glück.» Im dunklen, kleinen Haus ihrer Kunst konnte sie kein Glück finden. Und die weltliche Welt störte sie häufig – aber nicht so unablässig wie die meisten anderen Leute; Krankheit, Quarantäne und ihre empfindsamen Interessen (Blumen, Landschaften, eine Katze oder ein Farbeffekt) schützten sie ein wenig. «Warum können die Menschen nicht freier leben? Aber nein, da sind sie – selbstgefällig – wie kleine Pflanzen in kleinen Töpfen – die man schon vor Jahren in einen Garten hätte pflanzen sollen – vor vielen Jahren. Aber sie ziehen ein Leben auf dem Regal vor – abseits der ‹vollen Kraft› der Sonne und des Windes –

jede für sich, eng und angespannt, und von den Gefährten getrennt ...» In kostbaren großartigen Momenten entdeckte sie das Geheimnis des schöpferischen Lebens, die Kunst des Sie-selbst-Seins, einen Kreislauf von Arbeit und Traum und Energie, der aus ganzem Herzen kam. In einer Rezension zählte sie einmal alle Mängel des besprochenen Buches auf, schrieb sie dann aber nicht einem rein literarischen Scheitern zu, sondern der oberflächlichen Technik der Lebensführung. «Wie all diese Oberflächen einen doch ermüden können! Warum leben nicht mehr Menschen durch und durch? Muss man sein Leben damit verbringen, bei den Gefühlen nur zu Besuch zu sein?» Eine letzte Passage noch von diesem wundervollen Geschöpf, Floria, dann habe ich genug zitiert, ein Abschnitt über ihre Mutter:

«Die ganze Zeit, seit ich von ihrem Tod erfuhr, kommen meine Erinnerungen an sie in mein Herz zurückgeflogen – und es gibt Augenblicke, da ist es unerträglich, sie zu empfangen. Aber das hat mich mehr als je zuvor erkennen lassen, dass ich mehr als alles andere den Mut liebe – Beherztheit – Selbstsicherheit (weißt Du, was ich meine? All diese Wörter sind zu klein). Und ich bin geneigt zu sagen (zu niemandem im Speziellen): ‹Lass uns einander lieben. Lass uns freundlich sein und uns aneinander erfreuen, wir wollen alle Streitereien und Hässlichkeiten den dumpfen Hunden überlassen, die sich nur bellend und knurrend äußern können. Die Welt ist auf vielerlei Weise so schrecklich. Lass uns zärtlich miteinander sein.›»

Mein Liebes, ich zitiere diese Dinge nicht so sehr als «Texte» für Dich, sondern um Dir zu berichten, welche Passagen ich mir angestrichen habe und weil Du wissen sollst, wie erhellend das für mich ist! Wir vermachen dieser Welt ein seltsames emotionales Erbe. Wie schrecklich es doch ist, so sensibel zu sein, Verletzungen und Wunden so sehr zu spüren, von

Üblem und Schönem so leicht zu Tränen gerührt zu werden und so voller Sehnsucht nach jenem Glück zu sein, das aus gemeinsam erlebter Wärme und Zärtlichkeit entsteht! Und doch müssen wir unseren Weg gehen und leben und mit den reichen Wurzeln des Lebens wachsen, sonst würden wir große Möglichkeiten elend vertun. Was mich betrifft, so glaube ich, vielleicht ein wenig ausschweifend gewesen zu sein. Worauf KM beharrt: Das Geheimnis des Lebens besteht darin, es zu akzeptieren, es zu riskieren und in Frage zu stellen, sich selbst zu verlieren und Antworten zu finden, bis zum Äußersten zu leben, unser ganzes Leben lang! Was das jedoch für eine abgeschiedene kleine Blume, wie sie eine war, bedeutete, ist eine andere Frage. Ich werde rot, wenn ich gestehe, dass ich ihr gern noch einen Schuss Byron verpassen würde. Ich denke, der Übergang ist sehr suggestiv (und wenn man ihn erfasst, wohl auch sehr wahr). Eine andere «weltliche» Ausweitung ist erforderlich!

«Das große Ziel des Lebens ist die Sinnesempfindung – zu spüren, dass wir existieren, und sei es im Schmerz. Es ist diese ‹verlangende Leere›, die uns zum Spielen verleitet – zur Schlacht, zum Reisen – zu unmäßigem, aber heftig empfundenem Streben jeglicher Art, dessen vorrangiges Ziel jene Unrast ist, die mit seiner Erfüllung untrennbar verbunden ist …»

Drücke ich mich richtig aus? Diese letzten Monate, in Europa ein ganzes Leben, hatten eine Byron'sche Turbulenz, von der Wildheit der Langeweile über das sich ausweitende Erschrecken angesichts der Zerstörung, des Verfalls und der moralischen Leere unserer Welt bis hin zur simplen Freude, neue Anregungen und Eindrücke zu bekommen, bis hin zur wachsenden Disziplin meiner eigenen Persönlichkeit durch all die Exzesse des Enthusiasmus und der emotionalen Beredsamkeit. Erweckt das den Eindruck einer nervösen, obsessiven Suche nach meinem Selbst? Du weißt, dass es wohl kaum auch nur annähernd so düster gewesen ist. Trotzdem musste ich mich ganz allein mit dem Stoff und den Ressourcen meines eigenen Lebens auseinandersetzen. Ich musste die Punkte meiner eigenen inneren Anpassung und Entfremdung ausfindig machen. Und zwar auf der «realistischen, praktischen» Ebene – der stumpfsinnigen Alltagsroutine: der Witz eines Tages, ein nachdrücklicher Augenblick mit einem Buch (was für ein neues, seltsames Gefühl bereitet mir jetzt allein schon dessen physische Existenz!), die Traurigkeit und das Verlangen, die aus einem jungen ängstlichen Herzen kommen (ganz zu schweigen von der Lust), die moralischen Impulse für ein Ideal, eine Sache, einen persönlichen Wert.

Dass ich keine wahren Freunde gewonnen und es trotzdem geschafft habe zu «überleben», hat mich oft überrascht. Ohne irgendeine Art von tieferer Beziehung, Vertrautheit und emotionaler Bindung kann es nicht weitergehen. Doch das meint im Wesentlichen mein eigenes angespanntes Ego. Und vielleicht haben sich die Zeiten seit jenen grausamen Stunden mit diesem kalten, egoistischen und reizbaren Jungen ja auch geändert. Ich denke so oft an das ständige Bemühen der ganzen Familie, niemanden zu verletzen, und an unsere Vernarrtheit in Wärme und Güte. Vielleicht fange ich schon an, mir etwas von diesem «Erbe» einzuhandeln. Die bloßen Erinnerungen an die Zuneigung, die in den Augen von Mama und Papa aufschien, und an die Selbstlosigkeit in den Gesichtern von «Buba» und «Zeide» bestimmen mein Leben immer mehr. Ich möchte so gern etwas für die Menschen tun, für sie sorgen, am Glück unserer eigenen Erschaffung, unserer eigenen kunstvollen Erfindung teilhaben – manchmal bin ich fast besorgt über das Schauspiel meiner philanthropischen Sentimentalität. Wenn ich Lebensmittelkonserven zu einer guten Familie bringe –

wenn ich mich über alle Maßen bemühe, jemandem in diesem knurrenden, bellenden, gemeinen Büro einen Gefallen zu tun – wenn ich verzweifelt versuche, einer verletzten Kreatur zu helfen, die vom Chaos blind herumgestoßen wurde und sich kaum vorstellen kann, dass es in ihrem Leben noch einen Augenblick des Vertrauens und der Aufrichtigkeit und der Güte geben soll …

Aber ich muss jetzt aufhören. Ich habe Angst, das Geschriebene noch einmal durchzulesen – was ist das? – ein Porträt des ruhelosen (oft dummen) Jungen als Heiliger.

Alles, was ich sagen will – oder was zu sagen mir ganz besonders am Herzen liegt, ist, dass ich Dich liebe und schrecklich vermisse und wünsche, dass Du so glücklich bist, wie Du es verdienst (solch ein perfektes blühendes Glück, wie es nur wenige Menschen auf der ganzen Welt empfinden können, die das Herz und den Mut dafür haben!).

Für immer Dein M.

HEIDELBERG, 12. AUGUST 1945

Notizen für einen Brief aus Deutschland:

Wenn wir wie in Japan einen endlosen schwarzen Krater schaffen und ihn Frieden nennen, dann veranlasst uns die Schaffung einer bloßen Wüste wie in Europa nicht unbedingt zu politischer und moralischer Verzweiflung. Diese Tage können sich immer noch als goldene Zeit für den Kontinent erweisen. Im Schatten der bevorstehenden atomaren Zerstörung Europas entfaltet sich allmählich eine Sehnsucht nach dieser friedlichen Gegenwart. Wir werden noch lernen, die Epoche des Schutts und der Trümmer wertzuschätzen! Vielleicht erleben wir gerade die letzten Augenblicke vor dem endgültigen

Zerfall der Erde. Abermals wurden der jüngste Krieg und Frieden im ewigen Kreislauf der Geschichte zur «letzten romantischen Tragödie» der Gesellschaft: Zu Mord und Zerstörung kommt jetzt eine verlorene, hilflose Humanität hinzu, zum Anblick der Ruinen eine antik-klassische Anmutung von Pathos und Intimität eines Selbstmords.

Der Tod war massenhaft und mechanisch, ein Produkt der Technik, aber er war immer noch ohne die neue dunkle Tiefe, ohne das unpersönliche Mysterium eines elektronischen Blitzes. Der Westen ist tot, und wir erwarten jetzt das Verschwinden der Wüste.

15. AUGUST 1945 Heidelberg

Der Morgen war scheußlich, verregnet und schwül, typisch für das Neckartal im August, und die Ludolf-Krehl-Klinik nicht leicht zu finden. Der Haupteingang wurde von einem riesigen Technicolor-Schild – «Leichtfahrzeug-Tankstelle der 7. Armee» – fast verdeckt, deshalb fuhr ich zweimal daran vorbei. Menschenschlangen zogen sich vom Garten durch die Klinik bis zum *Hörsaal*, einem typisch europäischen Anatomie-Hörsaal, gebaut wie ein Amphitheater mit steil ansteigenden Sitzreihen rund um das Podium, das an der tiefsten Stelle liegt. Der Raum füllte sich schnell mit Männern und Frauen jeden Alters, und der kurze Festakt begann.

Der alte Rektor der Universität Heidelberg, ein kleiner weißhaariger Herr, trat ans Pult. Die Professoren, die noch übrig waren, hatten ihre Plätze eingenommen – Karl Jaspers, hochgewachsen und hager, Alfred Weber, untersetzt und munter (ich erkannte ihn wegen des Bildes, das in Max Webers Bibliothek hing) und andere. Die Zuhörer erhoben sich von ihren

Sitzen, und der Rektor begrüßte die Versammlung, hielt seinen Abschlussbericht, schloss eine kurze englische Zusammenfassung an (mit einem überschwänglichen Dank an die Offiziere der amerikanischen Militärregierung) und schritt dann zur Einführung seines Amtsnachfolgers. Auf die lateinischen Formeln der Ernennung und Vereidigung folgte die Übergabe der goldenen Amtskette an den neuen Rektor, die nun schimmernd auf dessen Schultern lag. Die Zuhörer klopften applaudierend auf die langen schmalen Tische vor ihnen, und Dr. Bauer nahm das Amt an. Der alte Rektor hörte stehend zu, als sein Nachfolger die trotz zweier Weltkriege und endloser dunkler Tage vollbrachten Leistungen des letzten Vierteljahrhunderts eloquent und mit hoher Anerkennung rühmte. In diesen dunklen Zeiten habe sich das Vertrauen in die Universität, in ihre Verantwortung für die Freiheit der Kultur und Wissenschaft bewährt und könne nun in neuer Freiheit weiterwachsen – einer Freiheit, die wir uns nicht selbst schaffen konnten, die uns jetzt aber die Amerikaner ermöglichen. Er sprach mit Beschämung und Trauer von den vergangenen Jahren, aber der *Drang nach Wahrheit* werde das geistige Leben in Deutschland nun wieder leiten. Die Kriege sind vorbei, aber der *geistige Kampf* fängt erst an. Es ist dringend notwendig, eine allen gemeinsame internationale Ordnung und Frieden zu schaffen, darin ist die Welt sich einig, und diese Aufgabe müssen wir an die Jugend weitergeben, der die Zukunft anvertraut ist. Die Jugend muss mit einem Denken, das sich den Wiederaufbau der Zivilisation zum Ziel setzt, Licht in die Welt bringen. «Das Feuer ist gerettet – entzündet eure Fackeln!»

Professor Jaspers, bleich und etwas unsicher auf den Beinen, setzte sich auf einen Stuhl am Rednerpult und las seine Ausführungen ab, sprach jedoch mit klarer Stimme und fast so direkt wie im Gespräch: Dies ist unser Neuanfang, aber wir können nicht einfach den Faden wieder aufnehmen, der 1933 gerissen war. Zu viel ist geschehen, zu tief hat die Katastrophe uns getroffen … Er sprach vom Triumph des Nationalsozialismus und von den Menschen, die im heroischen Widerstand ihr Leben verloren. Den Männern und Frauen, die sich geopfert hatten für ihre Ideale, für den Geist der Freiheit, der allein in ihrem Aufbegehren noch bestand. In den Augen anderer, die das Grauen ganz genauso kannten, half der Tod nicht weiter, oder vielleicht wollten wir nur lieber leben, die Barbarei ertragen und hoffen. So haben wir teil an der Schande dieser zwölf Jahre. *Dass wir leben, ist unsere Schuld!* … Dann kam er auf die medizinische Fakultät zurück, und er betonte, eine Fakultät ohne Universität, ohne die Idee der Universität werde zur bloßen Fachschule für Spezialisten. Medizinische Forschung, für sich betrachtet, ist rein und unabhängig, frei von den sozialen Aufgaben, denen sich andere Bestrebungen zuwenden müssen. Dennoch kann niemand auf das zurückblicken, was im letzten Jahrzehnt geschehen ist, ohne sich mit dem Verrat an der Medizin auseinanderzusetzen, dem gleichen Verrat, der ganz Deutschland in die Düsternis des Nationalsozialismus gestürzt hatte. Die medizinische Fakultät beruht auf zwei Prinzipien, die das gesamte denkende und geistige Leben bestimmen – Wissenschaft und Humanität. Beides hat die Medizin im Nationalsozialismus verraten. Sie verriet die Wissenschaft an die Rassentheorie und an die Ideologie von der biologischen Überlegenheit der «nordischen Herrenrasse». Sie billigte die barbarische Vernichtung der jüdischen Bevölkerung mitten unter uns, sie unterstützte den Krieg und den Fanatismus des Hitlerregimes. Und sie verriet auch die Humanität. Denn wie die Rechtswissenschaft, die Theologie und die Philosophie ist auch die Medizin ein hoffnungsloses Gebilde, wenn sie sich nicht den schöpferischen Möglichkeiten eines freien individuellen Lebens verschreibt. Dieses Leben des Einzelnen, in wachsender Bildung und Freiheit seines Selbst, ist das Ideal der Zivilisation. Als wir dieses Ziel aufgaben, schufen wir selbst die Barbarei. Ihm müssen wir unsere Universität von neuem widmen. Wir müssen sie mit der Kraft unserer Vergangenheit, im Geiste unserer vornehmsten Ahnen – Goethe, Hölderlin, Lessing – erneuern und auf die wahre Bestimmung unseres Volkes und Vaterlandes vertrauen. Unser Ziel soll sein, die Universität gemäß einer Idee aufzubauen – und mit unserem Streben und unseren individuellen geistigen Leistungen eine neue Kultur und eine neue Gesellschaft, ein erneuertes, den Menschenrechten und der Freiheit des Einzelnen gewidmetes Deutschland zu gestalten. So werden wir den Weg zur Wissenschaft, zur Humanität, zu Gott in der Mission der Universität finden …

Der Beifall war laut und anhaltend. Professor Jaspers verließ das Podium. Seit 1937 hatte er keine Vorlesung an der Universität mehr gehalten. Ich sah mich um, wusste aber, dass ich Frau Jaspers nicht im Publikum entdecken würde. Sie war als Jüdin verfolgt, Professor Jaspers als Ehemann einer Jüdin gedemütigt und an den Rand der Verzweiflung getrieben worden. Er versteckte und tröstete sie. Sie hatten beide genug Gift bei sich getragen, um sich im Notfall das Leben zu nehmen, und oft wäre es um Haaresbreite zu diesem letzten Schritt gekommen. Frau Jaspers hatte alles verloren, Hoffnung, Vertrauen, Liebe, die Universität, Heidelberg, die Heimat. Deutschland gab es für sie nicht mehr. Aber dies ist nicht Deutschland, sagte ihr Jaspers immer wieder. «Ich bin Deutschland.» Wenn er das sagte, weinte sie (erzählte sie mir), sie weinte voller Verwirrung, hin und her gerissen zwischen neuer Zuversicht und Misstrauen. «Karl Jaspers war ein Deutschland – ich wünschte, er wäre das ganze.» Jetzt, da der Hitlerismus vernichtet ist, sind die Lebensbedingungen wieder normal und erträglich. Aber Frau Jaspers kann nicht zurück. Sie lehnt es ab, sich wieder unter die Menschen zu begeben, die sie gestern noch als Ausgestoßene behandelt haben, sie weigert sich, ins Theater oder in die Universität zu gehen, deren Türen ihr so lange verschlossen waren, weigert sich, wieder Kontakt zu den Leuten aufzunehmen, die zufällig oder absichtlich an der Verfolgung beteiligt waren. Denkwürdig und bezeichnend: Sie hat sich selbst ein «Fraternisierungsverbot» verordnet, eine anrührende persönliche Haltung. Selbstverständlich war Frau Jaspers nicht bei der Eröffnungsfeier. Sie hätte wieder weinen müssen, fürchte ich.

DONNERSTAG, 16. AUGUST, BIS DIENSTAG, 21. AUGUST 1945

Berlin über Göttingen, Kassel, Braunschweig, Hannover
Das Land legt ein merkwürdiges Zeugnis für die Beschaffenheit des amerikanischen Sieges ab. Überall überdauern Zeichen der Nazizeit; das neue Regime hat keinen Gedanken auf diese Propagandareste verschwendet, es war vollauf beschäftigt mit allen möglichen Formalitäten der Verwaltung, nur nicht mit solchen, die Substanz und wirkliche soziale Auswirkungen hätten. In Mannheim an der Ecke Leibnizstraße stand: *«NIE WIEDER EIN 9. NOVEMBER 1918!»* In der ganzen Gegend: Nur Deutschland kann Europa retten, der Sieg ist unumgänglich, der Kampf erbarmungslos, die Loyalität des Volkes alles ... Auf der Straße nach Darmstadt: Das riesige Hakenkreuz an der Zentrale der NSDAP-*Ortsgruppe*. Und dann die Kampfansage der amerikanischen Schildermaler: «Dieser Krieg ist vorbei. Ohne Berechtigungsschein und Unterschrift

werden keine Waffenteile ausgegeben.» «Langsam fahren, ihr europäischen Verkehrssünder!» Am Rande der Fernstraßen massenhafte Adaptionen der amerikanischen Reklametafeln, Ermahnungen, besonnen zu fahren, die zahllosen Vorzüge der nächsten Tankstelle.

Frankfurt. Der Main aufgewühlt und schlammig rot, und die Sonne schien hell über der Stadt. Der Bahnhofsplatz war voller Fußgänger, die offenbar die Verwüstung ringsum gar nicht mehr wahrnahmen. Ringsum, aber nur bis zu einer bestimmten Grenze. Jenseits davon gibt es plötzlich keine Ruinen mehr. An der nächsten Ecke – einen Steinwurf entfernt, man könnte einen zerbrochenen Ziegel aus einem der ausgeweideten kleinen Häuser aufklauben und es damit treffen – steht das unzerstörte IG-Farben-Gebäude, und seine tausend Fenster glänzen in der Mittagssonne. Die Militärpolizei in Glacéhandschuhen und weißen Schals steht Posten, offenbar als Palastwache für das US-Hauptquartier. Man betrachtet dieses Schauspiel zuerst nur peinlich berührt, dann aber, wenn sich das ganze Szenario entfaltet, mit tiefer Scham. Warum hatten vom Himmel fallende Bomben nicht auch dieses Bauwerk aufgebrochen, in Brand gesteckt, zerstört und dem Erdboden gleichgemacht? Warum war es der furchtbaren Gleichheit und Gerechtigkeit der totalen Vernichtung entgangen? Einen Moment lang hätte man am liebsten seine Zerstörung befohlen, alle Fenster zerschmettert, das fabelhafte System aus Fahrstühlen und Rolltreppen, das jetzt wider alle Kriegslogik so effizient funktionierte, in einem klirrenden Kraftakt irreparabel auseinandergerissen, die Springbrunnen und Gärten in die Luft gesprengt, die reich dekorierten Speisesäle mit ihren üppigen Vorhängen in Brand gesetzt … Aber nicht doch. Das teuflische Übel unserer Zeit zerstört sogar seine aufgeklärtesten Antagonisten. Am Ende werden sich all die sogenannten Ironien und

Zufälle des Krieges zu einem Bild zusammenfügen, das glaube ich sicher.

Auf der Autobahn nach Norden, als wäre die Straße eigens so angelegt, dass sie ständig den Blick auf die Schönheit der Landschaft lenkt, und diese Gegend ist so schön, so unaufhörlich voll malerischer Vielfalt, so zauberhaft, dass ich Stunde um Stunde nur die Klischees romantischer Naturfreunde zu ihrer Beschreibung im Kopf hatte. Wir fuhren mit hohem Tempo, rasten in Unwetter hinein und wieder heraus, bis am späten Nachmittag endlich in der Ferne die Umrisse der Stadt Kassel auftauchten. Wir konnten sie im flachen Tal liegen sehen, und als wir näher kamen, packte uns eine seltsame, nicht zu beherrschende Erregung. Endlich bewegten wir uns Richtung Norddeutschland und würden nach einem langen Tag wieder eine Stadt entdecken. Ich wusste von Anfang an, wie närrisch, wie hoffnungslos romantisch unsere erwartungsvolle Stimmung war. Aber da waren wir nun, allein auf fremdem Boden, und wollten erkunden, was vor uns lag. Wir fuhren über eine unbeschädigte Fuldabrücke und durch die Stadt. Zwischen den Trümmern wuchs Gras. Eine leere Straßenbahn ratterte vorbei. Auf den Schutthaufen standen Kinder und riefen nach Kaugummi, als wir vorbeifuhren. In den Straßen und Alleen gespenstische Leere, nur ausgehöhlte Häuser in zerbombter Umgebung. Kassel war tot. Die untergehende Sonne trieb ein Verwirrspiel mit Schatten und Dunkelheit – nicht auszuhalten. Die 3. Division, die vorher in Schlössern und Herrensitzen logiert hatte, war nun in ramponierten Gebäuden einquartiert, die den schlimmsten Schlägen der Terrorangriffe irgendwie entgangen waren. Oben, in der Nähe der Wilhelmshöhe, hielt ich eine Frau an und fragte sie aus. Kassel sei «hin», der Anfang vom Ende dieser «hübschen Stadt» liege schon einige Jahre zurück. 1942 und 1943 habe die Zerstörung begonnen. Früher wohnten hier hundertfünfundsiebzigtausend Menschen.

Tausende sind geflohen, Tausende liegen unter den Ruinen begraben, Tausende leben mit ihnen in Kellern und provisorischen Trümmerquartieren. Ich musste gehen. Und in der Stunde, bevor es dunkel wurde, schafften wir es bis nach Göttingen, jenseits der Grenze zur britischen Besatzungszone.

Da war die so gut wie unbeschädigte Universitätsstadt, und ich dachte mit einer nicht ganz kleinen Portion Sentimentalität an meinen allerersten Zeitungsbeitrag, «The Ghost of Gottingen», den «The Nation» 1937 abgedruckt hat. Wir fanden ein Hotel, es hatte weder Bettlaken noch fließendes Wasser, aber vor den Haustüren spielten Kinder, am Straßenrand standen Bäume, in der Allee sah man Schaufenster – das war Zivilisation! Wir schlenderten durch Göttingen. Die alte Kirche hatte gebrannt, aber sonst war kaum etwas in Mitleidenschaft gezogen worden. Wir machten einen Schaufensterbummel und schoben uns durch die Gruppen von eifrig und laut flirtenden jungen Leuten an den Straßenecken. Die Kinos waren geöffnet, und wir sahen uns jeweils zur Hälfte einen deutschen *(«Zirkus Renz»)* und einen amerikanischen Film an («Thousands Cheer», die übliche triviale Musikrevue). Nach einem Weinabend, einem Liederfest (Gertrude und Inge), schließlich in meinem Schlafsack zu Bett *(Hotel Stadt Hannover)*, einen Augenblick lang neugierig, ob uns irgendetwas Aufregendes erwartete. Bei der 30. Infanteriedivision gab es Pläne für eine Razzia in einem DP-Lager. Banden überfielen Häuser und plünderten auf dem Land, und mehrere Kompanien sollten dorthin gebracht werden, um Maschinengewehre, Flinten, Granaten einzusammeln und die Bande Heckenschützen auszuheben, die sich mit US-Wachen angelegt hatte. Wichtiger: Gerade war ein Offizier nach sechs Wochen aus der russischen Zone zurückgekommen. Man hatte ihn aufgegriffen, festgenommen, inhaftiert, verhört, der Spionage verdächtigt und endlich freigelassen. Beim Einschlafen malte ich mir ein nutzbringendes Abenteuer mit der GPU aus (nur sechs Wochen!).

Freitag. Ein grauer Tag. Nieselregen, in den Musikladen und endlich eine Platte: Berlioz-Chopin. (Ich dachte auch an Strauss' *Japanische Festmusik*, die auf makabre Weise zu diesen Zeiten gepasst hätte, aber sie war nicht da.) Zu Frau Oncken, um den Brief und Grüße von den Jaspers' zu überbringen. Friedrich Meinecke war vor kurzem eingetroffen und wohnte jetzt bei Onckens; ein Haus hochangesehener Historiker. Eine kurze Unterhaltung über die Universität, die in Kürze wiedereröffnet werden sollte: alle drei Fakultäten! Die Briten, meinte sie, wüssten, was sie in Deutschland tun, aber die Amerikaner seien vielfach «unklug» (natürlich dachte sie dabei besonders an den automatischen Ausschluss aller Parteigenossen von der Lehre, ohne Rücksicht auf die tatsächliche politische Komplexität des Bildes).

Auf der Straße. In der britischen Zone steht auf den Umleitungsschildern «diversion», nicht «bypass» wie in der amerikanischen. In einem polnischen DP-Lager: «Wir verlangen die sofortige Rückkehr in ein freies Polen.» – «Die Polen wollen nur in Polen arbeiten.» Diese Forderungen waren an die Pfosten des Stacheldrahtzauns genagelt, der das Lager umgab. Als wir uns Braunschweig näherten (peinlich für mich: Es hat Stunden gedauert, bis mir dämmerte, dass Braunschweig gleich «Brunswick» ist), sahen wir in der Ferne eine gewaltige Industrieanlage mit rauchenden Schornsteinen! Wieder war ich wütend. Der Drang, alles ohne Unterschied zu zerschlagen, verquickte sich mit Scham und Empörung, Gefühlen, denen ich mich nicht entziehen konnte. Dies waren die Hermann-Göring-Werke. Vielleicht hatte ein erfindungsreicher elektrischer Rauchvorhang oder Ähnliches die Fabrik vor den Fliegerbomben geschützt. Die Bauernhäuser ringsum aber waren Ruinen, kleine Gemeinden zertrümmert. Und die Schornsteine der Göringwerke ragten selbstgefällig und trotzig in den Horizont. Ich sah quälend deutlich, wie verlogen und korrupt dieser Krieg war, und selbst als ein Ungläubiger stand ich demütig und beschämt vor den Ruinen dieses fremden Landes. Einfahrt nach Braunschweig, wo die Straßen mit Schutt, Schlamm, zerbrochenen Steinen verdeckt waren. Auch diese Stadt nur noch ein Gerippe.

Braunschweig: Fahrt zur britischen Kantine im Hotel Lorenz. Ein englischer Offizier mit drei Tennisschlägern unter dem Arm kam heraus (ein köstliches Bild, wie eine Szene aus Jean Renoirs «La Grande Illusion»). Gestern gab es Londoner Zeitungen, darin Berichte mit Details der japanischen Farce. Radio Tokio wird zitiert: «Wir haben verloren, aber nur vorübergehend …»; der Kaiser habe Tränen vergossen, und «alle, die dabei waren, mussten angesichts seiner unbeschreiblichen Großmut laut weinen». Unser Zeitalter ist so hohl, dass sogar der altbewährte Imperialismus seinen Charakter und seine Persönlichkeit verloren hat. Einst besaß er die selbstsichere, bösartige Kraft eines Riesen, der über die ganze Erde stolziert; jetzt ist auch er eine farb- und seelenlose Maschine ohne Mut zu eigenen Motiven. (Damit man mich nicht falsch versteht: Ich meine damit natürlich die angelsächsische Weltherrschaft.)

Die Grenzen sind verzwickt, und die Schilder wurden zahlreicher. Endlich am Übergang: Ein riesiges Gestell mit einem Dutzend roter Fahnen überspannte die ganze *Autobahn*. Russische Wachen standen auf ihrer Seite des Zauns unter drei überlebensgroßen, nach Berlin blickenden Porträts in Technicolor – Stalin, Molotow, Schukow. Die Sieger, die Helden. (War der

Nationalismus immer schon so schäbig auf billige Sentimentalität aus? Wieder habe ich den Verdacht, dass den politischen Bewegungen unserer Zeit die Vielfalt und Unabhängigkeit verlorengegangen sind, von denen sie sonst geprägt waren. Ob Nationalismus, Sozialismus, Imperialismus, sie sind nur noch korrupt und orientierungslos. Sie haben ihren Grund allein im Machtapparat, und ihre Schlagkraft hat weder Stil noch Charakter.)

Alle Wegweiser waren mit russischen Buchstaben übermalt, die wir nicht entziffern konnten, sodass wir nicht wussten, wo wir waren. Wachposten gaben vorbeifahrenden Fahrzeugen Zeichen mit gelben und roten Fahnen, salutierten zackig und setzten sich wieder an ihre kleinen Tische – oft unter einem bunten Sonnenschirm und immer mit einer einzigen geöffneten Flasche. Befand sich der Tisch – mit der Flasche – unter einer Brücke, kamen noch ein Bett und eine graue Decke dazu. An Straßenkreuzungen standen Wachposten mit wehenden Capes, unter denen die Mündung eines Maschinengewehrs herausschaute. Rechts von uns (südlich) in der Ferne lag Magdeburg, am Horizont erkennbar der Dom mit seinen beiden Türmen und die Fabriken. Die Schornsteine rauchten, und die Stahlwerke waren ein vertrautes Bild – Pittsburgh fiel mir dabei ein. Hier sahen Landschaft und Horizont ganz anders aus als sonst in Deutschland. Flachland über Hunderte von Kilometern. Die Siedlungen hatten etwas brutal Effizientes.

Eine Anhalterin, Helena aus Budapest, auf dem Weg nach Königslutter mit Lebensmitteln aus dem Krankenhaus. Sie bewunderte die italienischen und ungarischen Soldaten. Die hätten so viel Mut! Ließ sich über Klatsch und Einzelheiten der jüngsten ungarischen Politik und Miklós Horthy aus: «Ein feiner Mann.» Die Deutschen fand sie intelligent und sehr reinlich, aber zu egoistisch. Dass ich Russe sei, glaubte sie mir nicht so ganz, aber als ich zu sprechen anfing, konnte ich sie beinahe überzeugen. Ich gab ihr recht, dass «dubra» keine korrekte russische Aussprache von «dubja» («gut») (glaube ich) war und dass wir Südrussen viele Wörter anders aussprechen. Ich fragte sie nach den Freiheiten in Ungarn, kam aber nicht weit. Das deutsche Wort *Freiheit* kannte sie nicht, vielleicht war das bezeichnend, aber vielleicht auch nicht, wohl eher nicht. In Königslutter verließ sie uns und rief meinem Mitfahrer McCabe, den ich ihr als einen fabelhaften italienischen Patrioten namens Benito Valentino vorgestellt hatte, zum Abschied «Arrivederci» zu. Mac enttäuschte mich: «Was will sie denn jetzt? Ist das nicht die richtige Stadt?» Ich beruhigte ihn und winkte Helena.

Freitagabend an den Stadtrand von Berlin und Abendessen im Zehlendorfer Hauptquartier. Tischgespräch zu meiner Rechten: diese sehr amüsanten Russen und der Uhrenverkauf auf dem Schwarzmarkt. Fand ein Hotel (Nestler, Ecke Beerenstraße/Lindenthaler Allee), und die verrückten Geschichten über die Russen und den Markt gingen die ganze Nacht lang weiter. Ein paar GIs informierten uns freundlicherweise, wie wir zu Geld kommen könnten: «Hört zu. Ihr könnt wirklich ein Vermögen machen! Sauber, sag ich euch! Wir sind zu spät gekommen, sie haben uns von der 82. Luftlandedivision erst letzten Monat hierher versetzt. Aber die 2. Panzerdivision hat abkassiert, und wie. Ihr habt doch die Geschichte in ‹Stars and Stripes› gelesen – die Jungs hier bekamen insgesamt einen Sold von einer Million, und sie haben über vier Millionen nach Hause geschickt. Jetzt wird's etwas mühsamer. Die MPs greifen härter durch – heute Nachmittag war eine Razzia in der Stadt, aber man kann immer noch allerhand gute Geschäfte machen. Uhren bringen ein paar hundert Dollar, und eine mit einem schwarzen Zifferblatt und Sekundenzeiger, Mann, die könnt ihr einem Russen bestimmt für sieben- oder achthundert Dollar aufschwatzen. Und wenn sie laut tickt, geht sowieso alles klar. Das gefällt ihnen. Verständlich. Die Russkis haben vielleicht sieben Jahre lang keinen Sold gehabt. Beaucoup Kampf, aber nix zu kaufen, nirgends was ausgeben können. Jetzt wird ihnen der ganze Sold ausgezahlt, aber mit nach Hause nehmen dürfen sie nur ein paar hundert Mark. Also kannst du ihnen jeden Tinnef andrehen und ein Vermögen dafür einkassieren. Scheiße, ganz Manhattan wird da Unter den Linden jeden Tag hundertmal verscherbelt und wieder eingesackt. Aber ihr müsst aufpassen, die werden versuchen, einen Tausendmarkschein an euch loszuwerden. Nehmt ihn nicht, der taugt nichts. Wenn ihr wollt, könnt ihr eure PX-Rationen loswerden, aber da passt die Militärpolizei auf. Solange ihr euern eigenen Kram verkauft, kann sie nichts machen, gar nichts: Nix da, das ist mein Privateigentum! Was sollen sie sagen. Da legst du sie lahm. Aber mit Zigaretten und Süßigkeiten und solchen Sachen, da könnt ihr gute Preise raushandeln. Vielleicht kommen sie euch auf die Schliche. Mann, ihr denkt, wir verarschen euch, aber wartet nur bis morgen, da könnt ihr es selber sehen. Ich hab einen Stapel Markscheine, der ist riesig. Alles kann ich nicht loswerden, das weiß ich, aber ich geh auf Nummer sicher. Lege das Geld in Diamanten an. Da bleibt der Wert stabil. Aber Junge, du kannst den Russkis alles aufschwatzen. Einer von uns hat mit Gummis ein ganz gutes Geschäft gemacht. Lacht nicht, die deutschen Mädchen sind gescheit und lassen sich von den Russkis nicht ohne Gummi ficken, also müssen die welche bei sich haben. Und da kommt unser Prophylaxe-Zeug ins Spiel, das war vielleicht ein Aufruhr, fünf und zehn Dollar für ein paar Kondome – was für eine Welt!»

Der Schwarzmarkt machte seinem Ruf alle Ehre. Zigaretten brachten zehn und fünfzehn Dollar pro Päckchen ein. Uhren gingen für fünftausend Mark weg. Deutsche Zivilisten, amerikanische Soldaten und Offiziere, männliche und weibliche russische Veteranen trieben sich in Scharen auf den Grünflächen zwischen Brandenburger Tor und Charlottenburger Chaussee herum und machten gute Geschäfte. Die Russen wollten Geld loswerden, die Amerikaner nahmen, was sie erwischen konnten, und die Deutschen dazwischen hofften, was zu essen, Tabak, eine Tafel Schokolade, ein Stück Seife zu ergattern. (Ein Russe mochte sich einen Satz Kleider bestellen und, wenn er «pleite» war, die Ware umsonst nehmen, wenn er aber «flüssig» war, zehntausend Mark dafür bezahlen! Also hatten die deutschen Händler, die es in Berlin gab, die Taschen vollgestopft mit alliierter Währung.)

Kurze Blicke auf die Stadt. Randbezirke zertrümmert, die Häuser eines wie das andere in Ruinen. An den eingedrückten Fassaden noch immer sichtbar die nationalistische Bronzeplakette mit Soldat und Adler im Profil. Der Anblick ließ uns seltsam kalt: Das Haus der Zornigen und Machtgierigen hatte selbst für seine Zerstörung gesorgt. (Aber so ungerührt konnte man das nur hier sagen.) Bruchstücke von Unterhaltungen: «Die Russen lassen sich nix entgehen, passen auf wie die Schießhunde. Die haben bestimmt fünfzig Prozent von allem, was ihnen ins Auge sticht, nach Hause geschickt! Mann, Eisenbahnzüge mitsamt ganzen Mannschaften sind verschwunden. Und wenn du zweigleisige Eisenbahnstrecken siehst, kannst du sicher sein, dass ein Gleis demontiert wird.» An den Straßenecken stalinistische Propagandaplakate mit den Worten des Meisters: *«Die Erfahrungen der Geschichte besagen, daß die Hitler kommen und gehen, aber das deutsche Volk, der deutsche Staat bleibt.»* (Stalin) *«Die Rote Armee ist frei vom Gefühl des Rassenhasses. Sie ist frei von solch einem entwürdigenden Gefühl, weil sie im Geiste der Gleichberechtigung der Rassen und der Ach-*

tung der Rechte anderer Völker erzogen ist.» (Stalin) In der Hauptstraße: die Hakenkreuze an der zerschossenen Fassade eines *Kraft-durch-Freude*-Büros. Das riesige Kinoplakat für Sergej Eisensteins *«Iwan der Schreckliche»*. Besuch im Springer-Verlag. Die Linkstraße war fast komplett zerstört, aber die Bücher wunderbarerweise erhalten geblieben. Allerdings hatten die Russen gut sechzehn Millionen Bände aus den Beständen mitgenommen – meist Fachbücher, Maschinenbau, Chemie, Physik, Medizin und dergleichen. Ich suchte nach sozialwissenschaftlichen Werken, fand aber nichts. Überbrachte einen Brief von Professor Jaspers und ging mit leeren Händen.

Die Trümmer von Berlin. Selbst als Ruine ist die Stadt unglaublich und großartig. Es gibt wenig Schutt, und, so seltsam es sein mag, die Stadt wirkt sauber. Die großen Alleen und Boulevards verlaufen schnurgerade und vollkommen eben, und mit ihren repräsentativen herrschaftlichen Gebäuden hat die Stadt noch immer viel von einer systematischen, großzügigen Metropole mit repräsentativen herrschaftlichen Gebäuden. Die Einkaufsstraßen sind voller Fußgänger und Fahrzeuge, die wuchtige Architektur unübersehbar. Man wirft einen Blick auf Berlin und sieht Straßenverkehr und Gebäude. So zerstört es auch ist, *Berlin bleibt Berlin* (so sagt es ein Werbeplakat für eine Revue, glaube ich). Das weiträumige Stadtgebiet zeigt Chaos aller Arten. Die Ruinen von Darmstadt, Kassel, Nürnberg, Augsburg, München mit ihren unterschiedlichen Gesichtern könnten alle innerhalb der Stadtgrenzen Berlins in einem Viertel Platz finden, das genauso aussieht wie sie. In den nördlichen und östlichen Vororten sind die Gebäude ausgehöhlt und hoffnungslos – ein Ebenbild der Geisterstadt Darmstadt. Die Leipziger Straße hat die ausgebrannte Wucht der Münchener Ludwigstraße, und hier und da sind ganze Bezirke so zerklüftet und zerbrochen wie die Steinhaufen Nürnbergs.

Berlin liegt da wie ein gemarterter Gigant, kraftlos auf dem Wrack, ein geblendeter, tödlich verwundeter Zyklop. Das Gesicht der Stadt ist schwarz, die Augen ausgestochen und ausgebrannt.

Überall in Deutschland hat man den Eindruck von Alter und Geduld, und ich malte mir aus, jemand würde mir sagen: Berlin ist schon lange zerstört, schon seit dem Siebenjährigen Krieg oder seit den Napoleonischen Feldzügen. *Aber das Leben geht weiter!* Vor den Kinos standen Filmfreunde in langen Schlangen, Zeitungen erschienen regelmäßig und wurden schnell und billig verkauft. In der Potsdamer Straße fand ich ein halbes Dutzend überfüllte Cafés, mit Soldaten und Mädchen und lauter Musik, Gelächter und splitterndem Glas (der Wein und das Leichtbier schmeckten scheußlich). Café Weber: Limonade war das beliebteste Getränk, die meisten Mädchen waren noch allein (es war erst neun Uhr). Der Schwarze Adler hatte eine amerikanische Flagge gehisst, es wurde Jazz im New Yorker Stil gespielt, die Intimitäten waren öffentlich mit dem Tempo und der Promiskuität von Paris. Café Femina: ein Ballsaal noch intakt, und an der Bar saß ein Sergeant und starrte über meine Schulter hinweg eine Blondine an: «Lachhaft, du blöde Kuh! Siebenhundertfünfzig Mark für eine Flasche lausigen Schnaps! Einen verdammten Kater macht dir das Gesöff, das reine Gift ist es! – Hängt die doch alle auf! Schießt sie ab! Scheiße, die Russen haben ganz recht! Auf den Schädel schlagen soll man die, das haben sie verdient!» Im Ganzen war das Publikum etwas gehobener, die Mädchen waren Frauen, Edelhuren. Wieder auf der Straße: ein US-Verkehrsschild so aufgehängt, dass es einen Stalinspruch halb überdeckte (selbstverständlich im amerikanischen Sektor). Das Radio (AFN Berlin) blökte: «Ich lernte Englisch nur für dich», «Klopft es an der Tür (klopf, klopf), ist es nicht die Gestapo …» Die GIs äfften den deutschen Text nach, summten mit und begrapschten dabei das Mädchen.

Jetzt herrschte hier eine seltsame Leere, ein Nichts, eine Freiheit ohne Ziel. Dann kam es mir so vor, als sei an diesem Ort ein anderer Krieg geführt worden. Berlin war ein russisches Ziel, die erste Stadt, die wirklich im Kampfgebiet der Ostfront gelegen hatte. Nicht einmal in München herrschte die gleiche Atmosphäre. Zwei Mädchen, Inga und Lisl (sie hatten sich von uns im Auto mitnehmen lassen und uns in ihre Wohnung eingeladen), erzählten von der ersten Zeit unter den Eroberern, in einem Ton, der die übliche Verachtung für den slawischen Bauern deutlich machte. Der kam und stahl und plünderte. Er schnappte sich Schmuck, Talmi, Armbanduhren («Uhrie, Uhrie ...»). Möbelstücke wurden aus den Fenstern geworfen. Alles wurde weggeschleppt, sogar die simpelsten, roh zusammengezimmerten Stühle. Vielleicht plündern alle Heere, räumten die beiden ein – «aber diese Primitivität, uh!». Und auch das mag symbolisch sein, dass mein erster Kontakt mit jungen deutschen Nationalisten sich im Norden, ausgerechnet in Berlin, ergab. (Aber ich sollte bedenken, dass Berlin alles andere als der «Norden» oder «Preußen» ist; es war immer ein politisches Zentrum, eine Hochburg der Arbeiterbewegung, in der Nazizeit unabhängig und widerspenstig.) Inga und Lisl erklärten uns dann, die eigentliche Schande sei aber die Kollaboration. Die soziale Fraternisierung sei der politische Verrat, der sie als Frauen am meisten verletze. (Ich traute meinen Ohren nicht!) Man sehe Mädchen mit den Russen, gestern noch Todfeinde, heute Nacht schon Liebhaber. «Wie schamlos.» Verblüffung? Das ist kaum das richtige Wort. Einen Moment lang hatten sich die Mädchen wieder in ihrem alten Denkmuster, den alten Vorurteilen verfangen. Ich sah mich mit offensichtlich übertriebener Aufmerksamkeit in der Wohnung um, musterte das schummrige Licht, den Alkohol auf dem Tisch, das Radio, das Tanzmusik spielte. Inga lachte. «Na ja», sagte sie, nur leicht aus der Fassung gebracht: «Stimmt, wir sollten den Mund lieber nicht so weit aufmachen!» Wir mussten alle lachen. Irgendwann am Abend hatte ich nach meiner Pistole getastet. Inga bemerkte, wenn sie eine Pistole gehabt hätten, wären wir jetzt nicht hier. Etwas beunruhigt, aber vor allem neugierig fragte ich sie, was um alles in der Welt sie damit meine. Sie würden auf der Straße gegen die Russen gekämpft haben, sagte sie; sie hätten sich entschieden. Widerstand bis zum Letzten. Sie hätten als Partisanen um sich geschossen und wären gefallen. Ich starrte sie an. War es der Wein? Ich hatte meine Zweifel. Die prägende Wirkung des Nationalsozialismus wurde mir immer deutlicher. Er hatte eine Gemeinschaft geformt, eine Gemeinde der Gläubigen, eine Kameraderie im Kampf. Aber die Treue und der Fanatismus, die seine größten Stärken waren – und die für manche Beobachter in einigen Punkten eine perverse Ähnlichkeit mit den Vorzügen einer idealen Bruderschaft annahmen –, sie weckten in seinen jungen Anhängern nicht den mindesten Sinn für wahre Würde. Wo war ihr Stolz, wo irgendeine Form von Charakter? Den Gläubigen wurde Intensität als Schablone eingebläut, und die Hitze und der Druck der Vorurteile konnten ihre innere Leere eine Weile verdecken. Jetzt, da die Zeit aus den Fugen war, holte man die Requisiten des Märtyrertums hervor. Eine nationalistische Persönlichkeit wurzelte nicht in bewusster, eigenverantwortlicher Disziplin. Ihre Philosophie war verstiegen und verworren und bestärkte gezielt neurotische Zwänge. Die beiden Mittelschichtsmädchen, die ich hier vor mir hatte, waren in ihr wahres jämmerliches Leben zurückgefallen; die Flucht aus den kleinbürgerlichen Realitäten in die fanatischen Phantasiebilder von einem faschistischen Vaterland war vorbei. Der Schein der Hingabe war verflogen, die Schäbigkeit blieb.

Auf dem Rückweg: GIs der 82. Luftlandedivision, die Unterhaltung pendelte zwischen dem, was sie «Abspringen am Tag» und «Bespringen in der Nacht» nannten, oder anders gesagt, sie fragten: Wie kommt man vom Himmel herunter, und wie kauft man sich mit einer Tafel Schokolade oder einem Päckchen Zigaretten eine Frau?

Am nächsten Morgen Fahrt durch die Stadt, eine Allee nach der anderen. Im russischen Sektor: mehr Ruinen, mehr Trümmerpropaganda. Die Horst-Wessel-Straße heißt jetzt Karl-Liebknecht-Straße, und das ausgebrannte Horst-Wessel-Haus hatte eine neue Rotfront: *«Für ein freies demokratisches Deutschland im Geiste von Karl Liebknecht, Rosa Luxemburg, Ernst Thälmann»*.

An den Häusermauern über zwei Stockwerke Karikaturen der Vernichtung des Nazismus. Denkmäler mit Bannern dekoriert. Russische Konvois – verbeulte Lastwagen, innen kunstvoll verziert und gepolstert, mit Leninbildern über der Windschutzscheibe. Ich hielt an, um ein paar Fotos zu machen. «Was!», flüsterte mir ein junger Deutscher zu. «Von diesen dreckigen Russen!» (Er bezog sich wohl auf ihre verschmutzten Uniformen.) Kleine Nebenschauplätze des Schwarzmarkts. Russische Soldaten probieren lange schwarze Mäntel an, streichen mit den Fingern über Damenunterwäsche in grüner und rosa Seide. An einer Kreuzung ein Menschenauflauf, ein Fahrrad gegen die Bordkante geschmettert, ein alter Mann mitten auf der Fahrbahn leblos auf dem Rücken. Sein Gebiss war durch den Aufprall meterweit weggeschleudert worden, etwas oberhalb seiner linken Schulter eine Blutpfütze, seine grauen Wangen hohl, eingesunken. «Ein Auto kam mit hohem Tempo», höre ich jemanden sagen, «und hat ihn überfahren, er war auf der Stelle tot ... Und sie haben nicht mal angehalten. Ach, diese Russen!» Woher sie wüssten, dass es Russen waren? Ach, sie hätten alles gesehen, dass es russische Soldaten waren, sehe man doch.

Sonntagabend eine freie Stunde, und ich beeilte mich, um rechtzeitig zur letzten Vorstellung von *«Iwan der Schreckliche»* zu kommen. Regie und Drehbuch: Sergej Eisenstein, Kamera: Eduard Tisse, Musik: Sergej Prokofjew, Titelrolle: Nikolai Tscherkassow. Und der Film hatte eine starke und besondere Aussagekraft, sogar Originalität! In vielerlei Hinsicht schien er mir der Gipfel aller progressiven und aller rückwärtsgewandten Tendenzen des sowjetischen Films zu sein. Das Rad der Kunst hatte seit der revolutionären Anfangszeit der Eisenstein-Pudowkin-Experimente mit den befreienden Bildern einer freien Menschheit eine volle Drehung vollzogen. Auch das war ein Triumph, ein unbestreitbarer stalinistischer Triumph. Berlin war eingenommen, und im Gegenzug spendete der Kreml seine einzigartige Fürsorglichkeit. Dieser Film war eine deutsche Fassung: nicht nur Untertitel oder unterlegte Dialoge, sondern vollkommen synchronisiert für Vorführungen in Deutschland. Ich sah mich verstohlen im dunklen Kino um, ich konnte nicht anders, ich wollte wissen, wie das deutsche Publikum reagierte. Als die Kampfszenen über die Bühne gingen, wurde die Frage besonders dringend. Die russischen Streitkräfte gegen die (östlichen) Invasoren (übrigens die einzigen Massenszenen im Film) – die Spannung wurde sorgfältig aufgebaut. Aber trotzdem frage ich mich, ob der Film sein subtiles Ziel erreicht und die Deutschen für das russische Nationalgefühl einnimmt. Die tiefgreifenden Widersprüche in der Politik des Kreml waren nirgendwo deutlicher als in seiner Propaganda. Hier sah man die Mystik eines Nationalismus im Extrem, hier wurden alle Besonderheiten der russischen Psyche zum Nutzen eines geeinten Staates hochgespielt. Der leidenschaftliche, gewalttätige Iwan reißt sich auf dem Altar des heiligen Russland in Stücke, als würde das Durchlöchern der Grenzen seine Seele wie Dornen verwunden und quälen. Ich möchte die Behauptung wagen, dass dieser Film schlechte Propaganda, ein überraschender politischer Fehlschlag ist. Statt Identifikation erreicht er wahrscheinlich, dass man in Deutschland die Russen noch mehr als Fremde, Gestalten mit urtümlichen Tiefen und Kraftquellen sieht. Aber auch das ist ein stalinistischer Widerspruch, und seine Botschaft mag sehr wohl heißen: Ihr habt nichts zu fürchten, solange ihr uns fürchtet! Genauso auffällig ist die technische Seite der Eisenstein-Tisse-Produktion. Die Zeit ist um zwanzig Jahre zurückgedreht, fast bis zum Stummfilm mit seinen unbefriedigenden Überschriften, als die ganze Vielfalt der Emotionen und Aktionen sich allein am Gesicht ablesen lassen musste. In diesem Film spiegeln die Gesichter königliche Intrigen und nationale Politik mit einer nahezu Shakespeare'schen Kraft und Vielfalt. Die Darsteller beherrschten ihr Metier hervorragend, ich fand nichts übertrieben, und das, obwohl eine Klimax durch nur einen einzigen falschen Wimpernschlag ins Lächerliche gekippt wäre. Auch die Kamera rückt die stalinistische Geschichte in den Brennpunkt. Die Masse hat sich auf den Weg gemacht, das vielgesichtige Volk zieht rastlos weiter, breitet sich in der ganzen Stadt aus und setzt vollständige und historische Gerechtigkeit durch.

Nur ein Gesicht bleibt, das eines gottgleichen Vaters, und in seinem Ausdruck, der Entschlossenheit seiner glühenden Augen, der triumphierenden Kraft seiner gefurchten Stirn und seines Geistes soll sich die russische Identität zeigen. Eisenstein und Tisse haben die Ausbeutung der sowjetischen Massen symbolisch dargestellt. Kann deren Tragödie besser erfasst werden als in dem schrecklichen Bild der Gesichtslosigkeit?

Notizen aus einer Metropole. Jemand bietet an: «Berlin war eine eindrucksvolle Stadt, aber nie schön! Ihre Effizienz war einschüchternd und deprimierend. Die Offenheit und das ständige Licht der Stadt wurden monoton. Alles war solide, nichts zerbrechlich oder dunkel. Keine krumme alte Gasse, nur systematisch gekennzeichnete Durchgangsstraßen. Fragt man jemanden nach dem Weg, gibt er knappe Anweisungen, wie weit nach links, wie weit nach rechts und wie weit geradeaus man zu gehen hat. Ah, aber im Westen, da wird man bedächtig gemustert und dann gefragt, ob man die Hauptstraße kennt, na gut, aber die soll man nicht nehmen, sondern die gewundene dahinter, bis man nach einer Weile zu dem Platz mit der alten Kirche gleich hinter dem Rathaus kommt *und so weiter*. Aber wie sieht die Stadt jetzt aus? Sie ist eine Ruine, eine Hülle, und doch ahnt man, dass sie sich nie ändern wird. Ich blicke die Leipziger Straße entlang und sage mir: Viel ist nicht passiert. Früher brachen die Versicherungsgesellschaften und die Banken selbst zusammen, und jetzt sind es ihre Gebäude. Ich schaue mir ihre massiven kahlen Fassaden an und sehe das blutleere, von Verzweiflung und Hoffnungslosigkeit gezeichnete Gesicht eines Börsenmaklers. Sie halten mich vielleicht für reichlich zynisch. Mechanistisch und herzlos, stimmt's? Ich fürchte, weder das lebendige noch das sterbende Berlin hat mich je bewegt. Die Geschichte der Stadt müssen Sie kennen. Das Kapital hat sie geschaffen, der neue Reichtum und der Nationalismus des ausgehenden neunzehnten Jahrhunderts. Die Stadt war immer aufgeräumt wie der Schreibtisch eines preußischen Buchhalters, so solide wie ein Bankdirektor. Jetzt ist der Markt zusammengebrochen, ganz und gar. Da, sehen Sie! Der Berliner Immobilienmarkt – ins Bodenlose gefallen.»

Doch so kalt und einfach war es nicht. Der Zusammenbruch war umfassender, fundamentaler.

AUF DEM WEG NACH BERLIN, 30. AUGUST BIS 3. SEPTEMBER 1945

Revisionen: In Frankfurt ein Umweg zum Großen Hirschgraben 23. Im Goethemuseum hat man mit den Aufbauarbeiten begonnen, die Büsten von Lessing und den Eltern stehen bereits auf Simsen, da die Mauerreste wieder aufgebaut und die Fußböden neu verlegt worden sind. Das Goethehaus nebenan liegt noch in Trümmern. Mitten in den Schutt hat man die schöne Büste des jungen Goethe (griechische Variante) gesetzt, wie in ein altes surrealistisches Phantasiebild (Klassik und Tod). Ein paar Blumensträuße in Konservenbüchsen ohne Etikett. Auf einem unauffälligen kleinen Zettel stand: *Neues Leben blüht aus den Ruinen …*

Braunschweig: Im Hotel Lorenz trafen wir einen freundlichen Offizier von der britischen Militärverwaltung, der ein regelrechtes Abenteuer erlebt hatte, als er die russische Zone durchqueren wollte. Gegen Mittag, als er schon fast in Hamburg war, kam ein ganzer Schwarm von russischen Wachen, die

ihn nicht über die Grenze ließen. Er folgte schleunigst ihren Anweisungen und fuhr auf britisches Territorium zurück – obwohl alle seine Papiere in Ordnung waren. Seltsam ... Die unheimlichen Schatten auf den Straßen, jetzt, da die Tommies umherschlendern und die Mädchen anhaltend feurige Blicke mit ihnen tauschen, eher eine romantische Verdunkelung. Eine hochgewachsene Blondine hatte ihren Hund nicht unter Kontrolle – es war fast neun Uhr –, und ich politisierte zum Spaß über seinen offensichtlichen Antiamerikanismus. Sie lachte, ich ging neben ihr her und wich nur mit Mühe den tiefen Kratern in der Straße aus. Das Haus war schwer getroffen, aber nicht so zerbombt, dass es unbewohnbar gewesen wäre. Annelieses Schwester und die abendliche Unterhaltung: Eine Runde deutsche Umgangssprache, zum Beispiel *prima, egal* (ich höre amerikanische Echos: «swell», «same difference»). Das seltsam zynische Reden über den Krieg und den Terror. Die ständigen Witze über *«Amerikaner, Gängster»*. Die Geschichte, dass sie ein weißes Kreuz auf ihr Hausdach gemalt habe. «Aber glauben Sie, das hätte geholfen?» Am nächsten Tag warteten sie gespannt auf das Geräusch der anfliegenden Maschinen und hofften auf Immunität für sich und ihre Nachbarn. Aber die Bomben wurden abgeworfen, und der ganze Häuserblock brach in sich zusammen. Keine Achtung vor geheiligten Dingen, nicht mal vor einem weißen Kreuz! Auf dem Rückweg begleitete mich Anneliese bis zur Hauptstraße, und dort blieben wir noch eine Weile stehen. Alle fünf Minuten ließ ich sie wiederholen, wann ich links und wann ich rechts abbiegen sollte, damit ich den Weg durch das stockfinstere Braunschweig fände. Wir konnten uns nicht trennen. Ich versprach, in ein paar Tagen wiederzukommen. Sie küsste mich flüchtig und lief zurück nach Hause. Ich ging langsam in die andere Richtung (und frage mich noch immer, was eigentlich aus dem Hund geworden ist).

Wieder im Norddeutschen Tiefland. In der Ferne Magdeburg – was für ein scheußlicher Horizont! Die Silhouette der Stadt zeichnet sich winzig am Himmel ab, und flüchtig schoss mir der Gedanke durch den Kopf, dass die Zerstörung dieser hässlichen, von Menschen im Namen der Zivilisation errichteten Bauwerke vielleicht gar nicht so katastrophal ist, wie wir in unserer Verzweiflung gewöhnlich meinen ... Aber nicht doch! Wohl wahr, was unsere gegenwärtigen (seit dem Jahre 4241 vor Christus bis ins zwanzigste Jahrhundert andauernden) Anstrengungen, auf der Erde eine Welt für Menschen zu schaffen, bewirkt haben, unterscheidet sich nur wenig von einem vollständigen, elenden Scheitern. Dennoch ...

Nach Berlin und zum Russenproblem.

Montag: wieder nach Südwesten. Ein letzter Blick auf Berlin – in den Parks und Alleen liegen Panzer und Geschütze, Überreste der Belagerung. Ein einzelnes Grab auf einem leeren Grundstück (mit einem großen roten Stern). Straßencafés in verschont gebliebenen Gegenden. Blonde, billige, hoffnungslose kleine Mädchen gehen zu Tausenden auf und ab. Wir verfuhren uns auf dem Berliner Ring, umkreisten Potsdam zweimal, bogen auf die Autobahn nach Brandenburg ab, überrollten beinahe eine Hühnerschar und beschlossen, um ein paar Eier zu bitten. Es gab keine. Der Bauer hatte fünfzehntausend Hennen an die Russen «verloren». (Der Unterschied zwischen der russischen und der britischen Zone: Dort finden sich immer noch ein paar Eier und einige Hennen.) Außerdem am Grenzübergang Helmstedt eine Unterhaltung über die Russen und den Schwarzmarkt: «Sehen Sie nicht, was los ist? Da zahlt man den armen Kerlen nachträglich den Sold für Jahre aus und erlaubt ihnen dann nicht, das Geld zu Hause auszugeben! Also werden sie es hier an euch los und bekommen dafür so gut wie nichts. Was immer sie für eine miese deutsche Mark einhandeln, es ist ihnen recht. Na ja, Sie wissen, dass man die Arbeiterklasse dort im Osten unter der Knute hält. Sonst würde das ganze sowjetische System auseinanderbrechen. Verstehen Sie, Onkel Joe weiß, was er tut.»

Hannover: «Die Stadt ist kaputt, glauben Sie uns, total kaputt. Wir haben gerade versucht, irgendwas einzukaufen, stundenlang, und nichts gefunden, nicht mal ein paar Gehstöcke.» Mitten in den Ruinen die Ankündigung von Goebbels: *Eine Botschaft des Führers.* Das Plakat an der Rathausmauer ist noch leserlich.

Marburg: der bombardierte Ostteil der Stadt und die zerstörte Eisenhütte. Die Universität an der Bergseite. Die Universitätsbuchhandlung auf amerikanische Anordnung geschlossen. (Der alte Mann und die Frau waren entsetzt, als ich einfach durch den Hintereingang hineinging und mich umschaute. Der amerikanische Offizier habe ihnen eingeschärft, wenn sie auch nur einen Fuß in den Laden setzten, würden sie alle hinausgeworfen. Eine üble Zwickmühle: Sind die Leute verdächtig, dann entfernt sie, sind sie es nicht, dann terrorisiert sie? Ach, unsere Befreier der Kultur!)

Wieder in Heidelberg: Blumen auf dem Esstisch, Tafelmusik, ein üppiges, herrschaftliches Mahl. Draußen auf der Hauptstraße fegten Frauen die Bürgersteige vor den Schaufenstern, und hier und da wurde ein Fenster blitzblank geputzt. Vom Rathaus bis zum Bismarckplatz eine lange Reihe unbeschädigter Häuser. Die Straße belebt, voller Menschen und Fahrzeuge. Die Schaufenster der amerikanischen Geschäfte waren neu dekoriert und prunkten mit Kosmetika, feinen Dingen aus Seide, Haushaltswaren, eleganten Kleidern, vielfältigen Lederwaren, und die Zivilisten gingen vorbei und schauten. Ein deutsches Mädchen im Pullover schlenderte die Straße entlang, und von allen Seiten riefen GIs: *«Was iss lohs, bebee?»* Ich ging zum Bayrischen Hof zurück, in mein Hotelzimmer hinauf. Mir wurde allmählich übel.

10./11. SEPTEMBER 1945 Heidelberg

Ich hörte eine Frau in einem Zimmer am Ende des Flurs laut lachen und konnte meine Neugier nicht bezähmen. Ich ging hin, klopfte unter einem Vorwand an die Tür (ich murmelte so unverständlich, dass ich selbst nicht hörte, was ich sagte) und warf dann einen Blick ins Zimmer. Es war Maria, sie hockte, immer noch lachend, auf dem Bett. Neben ihr Eggers, teigig und mürrisch wie üblich, und am entgegengesetzten Ende des Raums Walp in seiner typischen Belanglosigkeit. Im ersten Moment war ich verstört, aber offenbar fand nur eine Art geselliges Beisammensein statt. In einer anderen Ecke entdeckte ich Gregerson. «O, kommen Sie nur herein, Lieutenant Lasky», zwitscherte Maria mit spöttischer Fröhlichkeit, «oder ist Ihnen meine Gesellschaft immer noch unerwünscht?» Ich war fassungslos. Besonders sympathisch war sie mir nie gewesen, von Anfang an nicht, aber andererseits hatte ich sie immer höflich und freundlich behandelt und manchmal, wenn Jordan und ich zusammen unterwegs waren, sogar verständnisvoll. Ich protestierte, und sie entschuldigte sich halbherzig. Die Unterhaltung wurde wieder aufgenommen, und ich stand ziemlich ratlos an der Tür. Schließlich fragte ich, ob ich sie ein paar Minuten allein sprechen könne. «Selbstverständlich können Sie das, Lieutenant Lasky! Selbstverständlich! Sollen wir in Ihr Zimmer gehen?» Die Ironie in ihrer Stimme war mir nach wie vor unbehaglich. Ich geleitete sie aus dem Raum und versuchte, meine kühle Zurückhaltung mit förmlichen Gesten zu bewahren. Und sie schlenderte summend über den Flur und schüttelte ihr langes Haar mit heftigen Kopfbewegungen, damit es ihr nicht die Sicht versperrte.

Zum ersten Mal war ich ihr in Augsburg begegnet. Jordan und ich platzten in einen Laden hinein und zogen ihre Aufmerksamkeit auf uns, weil sie sich offenbar in ein Buch vertieft hatte und zum Lesen mehr Ruhe brauchte, als wir an diesem sonnigen Juninachmittag geben wollten. Nach kurzem Zögern drehten wir eine Runde durch den Laden und kamen zum Schluss wieder bei ihr vorbei; sie starrte uns lange an. Ich steuerte auf sie zu und stöberte durch die Artikel in ihrer Abteilung. Sie starrte immer noch, aber ich konnte nicht herausfinden, ob aus Interesse, Missbilligung, Langeweile oder Verträumtheit. *«Haben Sie gar nichts hier für uns?»* «Überhaupt nichts», antwortete sie auf Englisch mit sorgfältig geschulter Aussprache. *«Gar nichts?»*, fragte ich bittend. «Kein einziges Teil. Hier sind nur Sachen für Frauen, und ich bin ziemlich sicher, dass Sie sich dafür nicht interessieren.» *«Vielleicht»*, antwortete ich, *«wahrscheinlich.»* Wir schwenkten ab durch die Tür und sprangen ins Auto. Wir wollten schon starten, da kam sie heraus. Sie kreuzte die Arme vor der Brust und starrte uns an. Allmählich fanden wir das etwas irritierend und ziemlich herausfordernd. «Sollen wir fahren, Jordy», fragte ich, «oder die Lage prüfen?» «Können wir machen.» Jordy lässt sich eine Frau ungefähr so oft entgehen wie eine Biene eine Blume. *«Ist etwas los?»*, fing ich an. *«Haben wir etwas Unangenehmes gesagt oder getan?» «Nein, nein»*, antwortete sie, *«bestimmt nicht. Aber ist es verboten, Sie anzusehen?»* Die Schwierigkeit war behoben. Aber nein, sie könne uns ansehen, so lange sie wolle, vorausgesetzt, sie melde keine Klage an. Überhaupt nicht, erwiderte sie und lächelte kokett. Besonders hübsch war sie nicht, aber attraktiv in ihrer robusten Art, und ihre sprunghaften

Stimmungswechsel hatten etwas Anregendes. Sie verriet uns, dass sie Litauerin war und uns sehr gern später am Abend sehen würde. Als wir wiederkamen, verzichtete ich bescheiden auf mein ius primae noctis (als Herr der Sprache: Jordan spricht kein Deutsch) und sah zu, wie die Romanze sich entwickelte. Die beiden saßen vorn im Jeep und hielten Händchen; ich hockte allein auf der Rückbank, ließ mich durchschütteln und beachtete die wachsenden Intimitäten zwischen den beiden nicht. Aber so leicht konnte ich seiner Affäre mit Maria nicht entkommen. Immer wieder musste ich Jordan, wenn er sich mit meinem Kognak betrunken hatte und in ihre Wohnung torkeln wollte, zur Vernunft bringen. Ständig traf ich Maria zufällig auf den Augsburger Straßen und musste mich peinlich befragen lassen, wo er sich letzte Nacht oder am letzten Wochenende herumgetrieben habe. Was konnte ich sagen? Weiß der Himmel, mit wem er sich jetzt wieder eingelassen hatte!

Jetzt saßen wir in meinem Zimmer, und es wurde schon sehr spät. Ich hätte ihr endlos zuhören können, aber die unvermeidliche Verletzung konnte ich auf diese Weise nicht lindern. Ich kenne Jordy zu gut, um nicht zu glauben, dass sie ihm etwas bedeutet hatte, dass er aufrichtig gewesen war und versucht hatte, es ihr in jeder Hinsicht recht zu machen. Wer von all den flüchtigen Liebhabern in dieser Armee von Playboys besitzt so viel Güte und Großzügigkeit und Zuneigung und die Entschlossenheit, Vergnügen und Glück zu teilen? Doch auch hier gilt – es ist das Scheitern eines unerfahrenen Herzens. Nicht einmal Liebe ist ohne Übung möglich, ohne persönliche Disziplin, die all die emotionale Rücksichtslosigkeit im Leben zweier Menschen ein wenig im Zaum halten kann. Wir schlenderten gemeinsam über den Flur zurück. Alles war ruhig. Eggers war fort, Walp schlief. Wir gingen in Gregs Zimmer, und er blinzelte uns in seinem blauen Schlafanzug an. Wir tranken noch etwas. Sie begann zu jammern, wie sie nun heimkommen solle – es gab niemanden, der sie fahren konnte, und sie traute sich nicht allein nach draußen –, die Ausgangssperre galt schon seit einigen Stunden. Wir versuchten, eine Lösung zu finden. Ich schlug ihr vor, auf Gregs Sofa zu schlafen. Aber Maria hörte überhaupt nicht zu, sondern beklagte nur ihr Schicksal, sprang auf und ab und klammerte sich an meinen Arm, bis ich mich wieder neben sie setzte. Was sollte ich tun? Wir tranken noch ein paar Gläser ... Doch es war keine Lösung in Sicht. Sie entwickelte sich zur echten Nervensäge und wurde mir immer unsympathischer. Es war schon nach Mitternacht, und meine Verärgerung wuchs. Müde und zornig rannte ich schließlich zur Tür. Sie könne hier auf dem Sofa übernachten, oder ich würde sie rauswerfen. Das hätte ich nicht sagen sollen. Aber nun war es heraus, und ich knallte die Tür zu. Einen Augenblick später schaute ich noch einmal nach und bat Greg, etwas unbeholfen, sich um Maria zu kümmern. Am nächsten Morgen berichtete er mir, gegen sechs Uhr sei sie gegangen. Gestern Abend sah ich sie dann mit jemandem, den ich nicht kannte, im Jeep herumfahren; ihre Haare wehten im Wind, und sie sang. «Ach, da bist du ja! Wie geht es dir, Liebling?», rief sie, als sie mich sah. Ich winkte zurück, und ihr Geplapper verlor sich im Verkehrslärm der Hauptstraße.

OKTOBER 1945

Lieber Dwight,

dies ist ein Brief von einem «kranken Mann in Deutschland», und wenn Du willst, kannst Du das symbolisch verstehen. Ich liege hier in einem effizient arbeitenden Krankenhaus, nur einen Steinwurf vom großartigen amerikanischen Hauptquartier im IG-Farben-Haus entfernt, und diese Gebäude sind vielleicht die einzigen, die in dieser verwüsteten Stadt noch heil sind. Mit Sicherheit kann ich es allerdings nicht sagen, weil ich Frankfurt als Stadt bislang eifrig gemieden habe. Gehasst habe ich sie schon an jenem ersten Abend im letzten April, als ich den Main überquerte und auf eine graue, abweisende, tödliche Ruine stieß. Seither ist es hier, fürchte ich, sogar noch deprimierender geworden. Mit dem Umzug des amerikanischen Hauptquartiers wurde der Stadt neues Leben eingehaucht. Man sah Hunderte Menschen bei strahlendem Sonnenschein über den Bahnhofsplatz spazieren, sie blendeten die umliegenden ausgebrannten Ruinen einfach aus. Und dann war da natürlich noch unser eigener bemerkenswerter Beitrag zur geistigen Ertüchtigung der neuen Welt.

«Dieser ganze Krieg ist ein Schwindel» sagt, glaube ich, jemand bei Dos Passos. Hier war es jetzt eher ein Gefühl der Scham, der Schuld, der subtilen historischen Peinlichkeit. Und obgleich es ein Fehler wäre, diese Stimmung überzubewerten, so hat sie sich doch entwickelt. Es könnte daraus einmal unsere einzig interessante Kriegsliteratur entstehen. Ich weiß noch, wie ich mich selbst fühlte, als ich die fabelhaften Büropaläste der IG Farben zum ersten Mal erblickte. Ich war beim Anblick dieses Horizonts so wütend, so entmutigt, gedemütigt, aufgebracht, dass ich, um die Welt für mich wieder in Ordnung zu bringen, am liebsten ausgeholt und alles zertrümmert hätte, niedergebrannt, bis nur noch eine verkrümmte Ruine übrig geblieben wäre. Aber nein. Die Fenster strahlen mehr als je zuvor («die Krauts sind bei solchen Sachen ziemlich gut»), und es wird herbstlicher. Das Essen ist besser, und dem Vernehmen nach soll in der Bar bald eine neue Scotch-Lieferung eintreffen …

Ich war ziemlich beunruhigt, als ich vor ein paar Wochen erfuhr, dass ich Heidelberg verlassen müsste. Die Stadt war eine Oase der Normalität, unberührt und tatsächlich «schön», wenn der ständige Regen im Neckartal sie für kurze Zeit verschonte. Ich hatte Freunde gefunden, besuchte öfter die Universität, entdeckte vieles in den Buchläden, ging zu Veranstaltungen, etwa zur Neugründung des Gewerkschaftsbundes. (Es war eine hochgemute Versammlung, die mit Beethoven anfing, worauf eine lange marxistische Analyse der Geschichte der Arbeiterbewegung seit Lassalle folgte, bevor am Ende Mozart erklang.) Ich kann Dir gar nicht sagen, wie grauenvoll dieser Umzug für mich war. Am Ende weigerte ich mich einfach, meine Sachen mitzunehmen, aus dem sentimentalen Gefühl heraus, auf diese Weise noch weiter dazuzugehören. Also lagerte ich in einem Heidelberger Hotelzimmer ein paar Pfeifen, einige Bände von Weber, Sombart und Jaspers, eine Zahnbürste und eine Flasche Wein (*Liebfrauenmilch*, Jahrgang 1937, sehr gut). Als ich in Frankfurt schließlich mein Quartier fand, erschien alles schon weniger schlimm. Das Haus hatte wohl einem alten jüdischen Professor gehört, der von den Parteibonzen enteignet worden war. Jetzt stand es wieder leer, und ich fand es, denke ich, fast im ursprünglichen Zustand vor. In jedem Zimmer gab es viel kulturelles Drum und Dran, selbst die kleine Bibliothek im Arbeitszimmer im obersten Stock war faszinierend. (Ich fand dort Rilkes Essay über Rodin, die unbearbeitete Version von Gustav Mayers Bänden über Engels und Lassalle, eine T.-E.-Lawrence-Übersetzung [*«Die sieben Säulen der Weisheit»*].) Da fühlte ich mich schon deutlich wohler – Du siehst, wie leicht wir uns bestechen lassen!

Doch am nächsten Morgen erhielt ich erneut einen Marschbefehl. Voll Überdruss packte ich alles wieder ein (innerhalb von sieben Minuten) und raste zum Flughafen. Dort spielt sich

Stunde um Stunde dieselbe Opera buffa ab: Niemand weiß, welche Flugzeuge ankommen oder abfliegen. Ach, warten Sie doch bitte ein wenig …

Was für ein Wartesaal! Wie aus dem Ei gepellte hohe Offiziere der Militärregierung, seltsame Gestalten aus fremden Armeen im Kilt und mit Monokel (unsere Alliierten schaffen es doch immer wieder, den rotäugigen schläfrigen GI zu amüsieren; er hat ja sonst nichts zu lachen), plappernde Frauen aller Arten – von den lauten, lärmenden US-Showdamen über Rotkreuzschwestern (was zum Teufel machen die denn hier?) bis hin zu den zahllosen unausstehlichen anderen, die sich auf dem Kontinent durchmogeln. Ich traf zufällig einen alten Freund, der, aus Irland kommend, gerade gelandet war, und als die Lage am Flughafen hoffnungslos wurde, machten wir alle kehrt. Du interessierst Dich, wie ich weiß, für Gespräche, und ich kann Dir sicher mit ein paar Ausschnitten dienen – ohne weitere Einleitung außer dem Hinweis, dass es sich um einen freundlichen, liebenswerten, ignoranten Rechtsanwalt handelt, der Infanterist in einer Kampfeinheit war und jetzt eine Abteilung der Militärregierung in einer angenehmen schwäbischen Kleinstadt südlich von hier unterstützt (wo, da kannst Du sicher sein, die Bauernaufstände in Zukunft an Kraft gewinnen werden). «Gott, wie freue ich mich, dich zu sehen! Freut mich wirklich, dich zu sehen, alter Junge! Wo kommst du her, was machst du? Verstehe gar nicht, warum keiner von der alten Truppe mich jemals da unten besucht hat. Ich hab sie alle eingeladen, doch bislang ist nur der alte W. erschienen. Ich schwör's dir, du würdest da nie wieder wegwollen. Sieh mal, ich hab dieses wunderschöne große Haus, Herrensitz oder so, und da wohnen nur ein paar von uns. Du könntest einen Palast von einem Zimmer für dich allein haben, wenn du willst, jeden Tag ein Steak, frische Eier zum Frühstück und jede Menge Alkohol, Wein, Kognak,

Champagner, Schnaps, Whisky. Das würde dir wirklich gefallen. Mein Gott, die Frauen würden dich überhaupt nicht wieder gehen lassen! Wir müssen sie uns schon vom Hals halten, so ist das. Jede Menge Fräuleins, und obendrein sehr nett, wenn du weißt, was ich meine. Komm so schnell wie möglich da runter, und wir werden dich in Amt und Würden bringen. Und wenn du mal irgendwas brauchst, Uhren, Silberbesteck oder Ähnliches, dann sag mir nur Bescheid. Ich seh, was ich für dich tun kann. Weißt du, ich versteh mich gut mit einem von den großen Jungs da unten …» Ich versicherte ihm, ich würde mir die größte Mühe geben, ihn zu besuchen (und sah mich schon im Bus auf dem Weg dorthin, vertieft in die Lektüre von, ich hoffe doch sehr, Herseys «Bell for Adano» …).

Letzten Endes nahmen wir an diesem Abend den Zug. Die Baracken am Hauptbahnhof sind arg ramponiert, und kaum etwas vermittelt den Eindruck, dass hier tatsächlich Züge fahren. Doch abends sollte auf dem zentralen Gleis ein Zug nach Bremen abfahren (auf den anderen standen reservierte Sonderzüge für ausgesuchte amerikanische Generäle und Industrielle), und so bestiegen wir einen der zahlreichen abgefertigten Wagen für Alliierte und warteten. Auf dem Bahnsteig spielte sich gerade das normale, alltägliche Chaos ab. Tausende von ermüdeten, verzweifelten Menschen mit Koffern und zusammengeschnürten Gepäckstücken versuchten, in den Zug zu gelangen. Natürlich war nur Platz für so und so viele – aber vielleicht auch noch für ein paar mehr, denn ich sah Waggons, die unglaublich vollgestopft waren. Ich ging durch den Zug bis zum ersten deutschen Abteil, in der Hoffnung, mich etwas bewegen und unterhalten zu können. Doch die Grenze war unpassierbar. Etliche Arme, Köpfe und Beine ragten aus dem deutschen Wagen heraus in den Gang, aber niemand, den ich ausmachen konnte, war in der Lage oder hatte Lust, Konversation zu betreiben. Es stank fürchterlich nach Fisch. Ich wandte mich ab und öffnete die falsche Tür. Es war die Toilette. Zwei Mädchen, erschrocken und verängstigt, kamen mit ihren Koffern heraus. Ich kehrte in mein Abteil zurück. Draußen an den Fenstern bettelten die Leute, man möge sie doch bei den Amerikanern mitfahren lassen. «Die ist gar nicht so schlecht», hörte ich einen GI sagen. «Vielleicht ganz gut für heute Abend …» Sie ließen das arme, den Tränen nahe Mädchen noch eine ganze Weile zappeln. Vor meinem eigenen Fenster trug ein großes junges Mädchen seine Bitte in schlechtem Englisch vor. Ich unterbrach sie, und auf Deutsch erzählte sie mir dann, dass ihr Vater in russischer Gefangenschaft und ihre schwedische Mutter beim «Bombenterror» ums Leben gekommen seien. Jetzt müsse sie ihren Bruder in Hamburg ausfindig machen und sich dann vielleicht weiter nach Skandinavien durchschlagen. «Die ist aber schön!», unterbrach uns jemand. «Ein echtes Prachtexemplar!» Ich öffnete eine der Türen und brachte sie in der Ecke eines leeren Abteils unter. Die Bahnfahrt nach Bremen verlief ereignislos, abgesehen von einer langen Unterhaltung mit Karen, die kalt, intensiv und bitter war. Zwanzig Minuten lang klagte sie die Deutschen an: Sie seien charakterlos, rückgratlos, geistlos, eine Anklage, die aus jedem anderen Mund misstönend geklungen hätte. Sie selbst sah sich nicht als Deutsche, fühlte sich aber als Teil der Tragödie. Was sie am meisten aufbrachte – das könnte Dich interessieren –, war die Fraternisierung. Ihr ging es dabei nicht um Politik, Parteien, Ideologien, sondern um persönlichen Stolz und Würde. «Da sind diese Frauen. Ihre Ehemänner sind schon seit langem fort. Und selbstverständlich nehmen sie sich heraus, mit dem erstbesten Mann zu schlafen, der Interesse zeigt, was ja keine Seltenheit ist, wenn eine Besatzungsarmee ausschwärmt! Die armen Kerle haben lange und loyal gekämpft, was macht es schon aus, dass sie sich haben irreführen lassen, jemand hatte ihnen befohlen zu kämpfen, und sie folgten, und jetzt findet man eine derartige Loyalität, einen derart schlichten Charakter nirgendwo mehr! Ich halte die Frauen für schamlos und vulgär und korrupt. Nur in Deutschland, nirgendwo sonst auf der Welt sieht man ein so widerwärtiges Spektakel. In Frankreich war es nicht so, auch in Skandinavien nicht. Wie weit würde ein Invasor in Amerika mit den sozialen Annehmlichkeiten kommen, die ihnen hier gewährt werden? Man kann es auf den Krieg schieben, sagen, dass der Krieg uns allen dies angetan hat. Aber ich bin keine richtige Deutsche, vielleicht kann ich deshalb erkennen, was wirklich dahintersteckt. Niemand denkt mehr über sein Leben nach – was es bedeutet, welchen Sinn man ihm geben soll. Der Stolz auf das eigene Leben, die Würde des Glaubens, die liegen auch in Trümmern.»

Ich war überrascht. Sie wollte mehr sagen – vorausgesetzt natürlich, dass ich ihre Offenheit nicht kränkend fände –, aber es war ihr peinlich, dass ihr Magen so laut knurrte: Sie hatte an diesem Tag noch nichts zu essen gehabt. Während sie eine meiner Rationen verschlang, blätterte ich in einem kleinen Buch, das ihr eine alte Dame in München auf dem Bahnhof gegeben hatte: Nietzsches *«Unzeitgemäße Betrachtungen»*.

Karens Einschätzung der amerikanischen und britischen Repräsentanten in Deutschland war gewitzt und intelligent. Noch nie habe ich von einem Amerikaner eine so ausgewogene Bemerkung über Europa und die Europäer gehört, eine Bemerkung, die auch nur die Hälfte der Intelligenz und der Disziplin gezeigt hätte, mit der dieses Mädchen seine Leidenschaftlichkeit in Schach hielt. Die Krise kam, als wir über die Bombardierungen sprachen. Ich spielte den Advocatus Diaboli. (Du kennst meine wahre Meinung – die ganze üble Mixtur aus Dummheit, Ignoranz, Unzulänglichkeit, Engstirnigkeit und

Barbarei, die zu den vernichtenden Luftangriffen auf deutsche Städte geführt hatte, wird irgendwann an den Tag kommen, darauf baue ich.) Aber sie war so beredt und hatte in der Sache so recht, dass ich die Gegenposition nicht halten konnte. Niemand habe verstehen können, warum ganze Städte vernichtet wurden, warum Bibliotheken, Kirchen, Wohnhäuser, Denkmäler, Kliniken, eine ganze Kultur niedergebrannt wurden und die Einwohner unter sich begruben. Was konnte man ihnen erklären? Wer hatte angefangen? Militärische Vergeltungsschläge nach dem Prinzip «Wie du mir, so ich dir» interessierten Karen nicht. Wichtig war ihr die moralische Verantwortung für einen Terror, wie ihn die Welt noch nicht erlebt hatte, einen Terror, der Tag für Tag, Nacht für Nacht weiterging in wankenden Kellermauern, bis zum bitteren Ende der totalen Vernichtung. Ich verteidigte nichts, sah sie nur an. Sie war vielleicht zwanzig, hochgewachsen, aber noch etwas ungelenk, blond und hübsch, wie Skandinavier sind. Sie kauerte in einer Ecke, zitternd, schaute aus dem Fenster auf die vielfältigen touristischen Sehenswürdigkeiten. In Kassel ließ ich sie allein und machte mir Sorgen, als eine ganze Horde GIs in den Zug kletterte. Aber nichts Ungutes passierte. Als wir am Morgen in Bremen ankamen, war sie fort.

Bremen habe ich mir nicht genau genug angesehen, um sagen zu können, ob es eine Stadt wie alle anderen war. In einem Bezirk (dem «Industriegebiet», wie man der Einfachheit wegen sagt) lagen endlose Trümmerfelder. Im Zentrum hatte die Altstadt noch etwas von ihrer Persönlichkeit bewahrt. Der Dom hatte gebrannt, stand aber noch, und vom Rathaus war nicht mehr viel zu gebrauchen, abgesehen vom Ratskeller (jetzt eine ansehnliche Offiziersmesse mitten zwischen den Weinfässern aus dem achtzehnten Jahrhundert). In Bremen ist immer noch ein wenig Hanse spürbar, aber als ich hinaus zu den Docks ging, fand ich nichts mehr davon. Dort herrschte schon wieder ein reger Betrieb, und unter dem Gerassel von Eisen und Stahl und gigantischen Kränen entstand wieder ein großer Hafen (dies ist Bremerhaven). Man hört allerhand Seemannsgarn über die *Europa* und wie sie getarnt wurde, und über die *Bremen* und ihren Anlegeplatz und anderes mehr, aber ich war nur am Meer interessiert. Melodramatisches oder Allegorisches werde ich Dir nicht zumuten. Ich starrte einfach hinaus auf das Wasser und die Sonne, die dem Bild einen Ton goldener Gelassenheit verlieh. An diesem Abend war die Nordsee sehr ruhig und glatt.

Wir kehrten zu den Ruinen zurück und begegneten am Eingang unseres improvisierten Hotels einer anderen Gesellschaft. Ein belgisches Paar war dabei, und wir wechselten ein paar Worte. Die beiden waren sich einig: Es machte ihnen Freude, Bremen und alle deutschen Städte dermaßen zerstört zu sehen, große Freude! Sie sah nett und harmlos aus, und sie sagte: «Je mehr Ruinen und Verwüstung ich finde, umso besser gefällt mir der Anblick!» Ich starrte sie an und ging durch die Tür.

Gott soll ihr die Augen ausbrennen, wünschte ich mir in meinem Zorn. Zu blind zum Sehen ist sie ja schon!

Die Straße war nur schwach beleuchtet, aber dennoch konnte ich einiges von Interesse beobachten. Noch vor kurzem hatte sie Richthofenstraße geheißen, und auf den neuen Schildern stand deutlich «Friedrich-Ebert-Straße». (Beim Frühstück am nächsten Morgen fanden Leute von unserer Militärverwaltung mich verflixt gescheit, weil ich solche Details kannte und wahrnahm!) Eine Frau kam zum dritten Mal vorbei, sie suchte nach einer Hausnummer; ich bot an, ihr zu helfen, wurde aber abgelenkt und – ganz charakteristisch – nach Schwarzmarktwaren gefragt. Ich bedauerte: Kaffee hätte ich nicht, und Schnaps sei mir gar nicht wichtig. An der Ecke standen ein paar Jungen und Mädchen unter der Straßenlaterne, hänselten und beschimpften einander im Spaß. Einer war siebzehn, trug Militärstiefel, hatte drei Jahre an der Ostfront gedient; ein Mädchen trug eine schwarze Augenklappe, bei dem Angriff im April hatte sie durch einen Granatsplitter ein Auge verloren. Wir schwatzten munter über Filme, über Johannes Heesters, Marika Rökk und Zarah Leander. Sie sangen: *«Du und ich im Mondenschein – das könnte so romantisch sein!»* Ich antwortete: *«In der Nacht ist der Mensch nicht gern alleine …»* Und wir alle lachten und sagten gute Nacht.

Am nächsten Nachmittag waren wir auf einem Flugplatz etwa achtzig Kilometer nördlich von Oslo gelandet und fuhren mit dem Auto langsam der Stadt entgegen. Der norwegische Taxifahrer prüfte unser Gepäck in aller Ausführlichkeit, glich Gewichte sorgfältig aus, schichtete um und entschloss sich endlich mit einem offenbar ganz charakteristischen Fanatismus, alle Taschen in den Anhänger zu laden. Das Auto war ein alter leistungsstarker Packard, aber mehr als fünfundzwanzig Stundenkilometer brachte er an diesem Nachmittag nicht zustande.

(Wir überholten immerhin drei Fahrräder.) Die ländliche Umgebung war kurzfristig interessant, für mich hauptsächlich wegen des Gegensatzes zu den deutschen Landschaften, in denen ich sechs Monate lang geschwelgt hatte. Es war angenehm zu wissen, dass Wälder, Berge und Felder und die Farben und Wolken am Himmel zusammenkommen konnten, ohne Schönheit in verwirrendem Übermaß anzustiften. Ich erwähne dies auch, weil gerade unsere unnatürliche Begeisterung für die *deutsche Landschaft* damit zu tun hat, dass der europäische Kriegsschauplatz den Amerikanern womöglich immerhin den Provinzialismus ausgetrieben hat. Wie signifikant das ist? Nicht sehr, fürchte ich. Gewöhnlich hört es sich so an: «Klar, schönes Land! Klar, die schönste Landschaft, die ich je gesehen habe. Nur schade, dass die den falschen Leuten gehört!» Das ist kein Vorschlag, die deutschen Bauern zu enteignen und ihr Land zum Beispiel an die treuen Gefolgsleute General de Gaulles zu verteilen, sondern nur eine andere Variante der nostalgischen Theorie des Krieges, die sich im Bedauern und der Traurigkeit darüber erschöpft, dass eine verrückte Generation von Deutschen vor ein paar Kriegen die Sache ins Rollen gebracht hat und dass ab und zu Amerikaner rüberkommen und allen die Zähne einschlagen müssen.

Die unvergessliche Erfahrung war Oslo – endlich eine Stadt! Sie war ein wenig trübe und an vielen Orten karg, aber sie war lebendig, interessant, an allen Ecken voller Menschen und Treffpunkten. Wie lange schon hatte ich ohne Alleen und Lichter und belebte Boulevards auskommen müssen! Wie oft hatte mir eine bis zum Knochengerüst abgezehrte Metropole – überall in Deutschland, von München bis Berlin, von Köln bis Mannheim und Leipzig – zu verstehen gegeben, dass gerade die Normalität des Stadtlebens (die mir in New York so oft schäbig und abstoßend vorgekommen war) ein kostbares, unschätzbares Schauspiel war! Ich weiß noch, wie ich eines Nachmittags im Regen nach Norden fuhr, bis die Wolkendecke plötzlich aufriss und von weitem Kassel, in der Nachmittagssonne leuchtend, zu sehen war. Wieder einmal wurde ich gegen alle Vernunft von romantischen Gefühlen überwältigt, die mir gelegentlich zu neuer Hoffnung und Enthusiasmus verhelfen, und ich war erwartungsvoll und glücklich. Dies war Kassel, wie ich es aus Geschichten und Romanen kannte – eine Stadt, die man erkunden konnte. (Es war schon Juli, inzwischen hätte ich es besser wissen müssen.) Muss ich noch sagen, was wir vorfanden, welche Enttäuschung und Leere ich empfand, wie hässlich und abstoßend die Stadtruine war (zwischen den Trümmern spross Gras, und der Verwesungsgestank der Leichen, die noch nicht unter der Erde lagen, war in der Sommerhitze unerträglich). Sechs Monate lang machte ich mir in Deutschland etwas vor. Nein, die Städte sind dahin. Das Stadtleben ist tot.

Oslo dagegen war unnatürlich aufregend, das wirst Du verstehen. Ich ging in jede Hotellobby und jede Bar hinein und wieder hinaus, ich schlenderte über die Promenade am Karl-Johan-Tor und sah den Zärtlichkeiten der Paare auf den Bänken zu. Ich wartete im Foyer des Nationaltheaters (Ibsens «Peer Gynt» stand auf dem Programm) und beobachtete in der Pause das Publikum. Ich war nur ein paar Tage in Oslo und hoffe, Du verzeihst mir, dass ich außer Flanieren nicht viel geschafft habe. Norweger zitieren gern Blake und sagen, dass Großes nur geschieht, wenn Berg und Mensch sich treffen, aber nicht, wenn man sich auf der Straße herumtreibt. Die Menschen hier mögen zwar einen Freiluftkomplex haben, aber trotzdem verfügen sie über eine ausgeprägte Urbanität, ein Stadtleben. Mehr habe ich kaum erfahren. Ich war ganz bestürzt, als ich merkte, dass ich nicht wagte, Deutsch zu sprechen. Bei den

Zimmermädchen hatte ich es vergeblich versucht. Endlich blickte eine über die Schulter, sah sich vorsichtig um, gab dann zu, sie könne Deutsch, und war bereit, meine Wäsche mitzunehmen. Als ich am selben Abend im Grand Hotel mit Freunden beim Essen saß und aus Gewohnheit und zur Würze ein paar deutsche Wendungen in die Unterhaltung einflocht, sagten die norwegischen Freunde streng: «Bitte, sprich hier nicht Deutsch, für uns ist es wie Fluchen, wie eine Obszönität.» Da konnte ich nur versprechen, mich zu bessern. Aber die Einstellung zu den Deutschen war doch nicht ganz so angespannt und problematisch, wie es schien. Später am Abend beschäftigten mich die politischen Differenzen, die sich zwischen zwei meiner Freunde entwickelten (zufällig waren sie miteinander verheiratet). Sie war bitter und kompromisslos und weigerte sich, auch nur einen Millimeter von ihrer ideologischen Linie abzuweichen. Er war ganz wunderbar warmherzig und weise und argumentierte nur mit größtem Mitgefühl und Sympathie: «Wenn wir helfen können, ein in Deutschland geschehenes Unrecht wiedergutzumachen, was es auch sei, sollten wir es nicht nur für Deutschland, sondern genauso um unseretwillen, um unserer Herzen und Köpfe willen tun. Unser Hass ist kurzsichtig und unfair und schlimmer noch: Er macht uns zu Barbaren. Wenn wir ihm wirklich nachgeben, dann würde ich mir große Sorgen um Norwegen machen, ich hätte Angst vor mir selbst.»

Ich merke, dass ich Dir keine reiche Vielfalt von Ereignissen und Gesprächen aufzeichne, das liegt einfach daran, dass das Schreiben mit einem von Kanülen zerstochenen Arm physische Grenzen hat. Ich möchte aber noch auf Stockholm und Berlin zu sprechen kommen, wenigstens flüchtig.

Schweden war fabelhaft. Die Großstadt war eine Woche lang ein unerschöpfliches Spielzeug – die strahlenden Lichter, die Taxis, die Theater, Restaurants und Hotels, die glitzernden Schaufenster, die Frauen. «Das ist ein sehr gewitztes Volk», hatten mir Norweger erzählt. «Viel gewitzter als wir sind die Schweden, wirklich geschäftstüchtig, das werden Sie merken.» Vielleicht war es so. Vielleicht hatte Geschäftstüchtigkeit das brillante, heitere Stockholm durch den Krieg gebracht. Ich versuchte, ein wenig über die Geschichte der Neutralität auszuspionieren, aber dafür braucht man tatsächlich weitreichende historische Forschung. Eine Teilerklärung ist die Angst einer kleinen Nation; hinzu kommen die Geschäftstüchtigkeit und die traditionelle Neutralität des Landes. Als die deutsche Botschaft von amerikanischen Streitkräften durchsucht wurde, hatte die schwedische Regierung, wie ich weiß, schon seit Wochen die Zeit zur Prüfung der Akten genutzt. Und für mich in meinem dumpfen Verstand sind damit hundertfünfzig herrliche Fußnoten zu schwedisch-deutschen Geschäften verloren. George Axelsson (von der «Times») kennt die Geschichte so genau wie nur irgendeiner, aber Du weißt ja, wie Zeitungsleute sind. «Es wäre eine gute Geschichte für Leute, die an Ideen interessiert sind, würde aber keinen Cent einbringen.» Natürlich: Sinn ergibt nur, was Cents ergibt, und es war sinnlos, weiterzumachen. Ich habe ehrlich gesagt sehr wenig aus den anspruchsvollen journalistischen Darstellungen politischer Bewegungen und ökonomischer Tendenzen gelernt. Was ich immer für eine Informationsquelle hielt, kommt mir jetzt vor wie eine Quelle der Nichtinformation! Und das Material wird (in den meisten Fällen) wohl auch von Leuten geliefert, die tatsächlich nichts wissen. Es gab keine Hinweise auf einen neuen, gehobenen Journalismus, der ein Ohr für die Töne und Ideen der Welt hätte, human und gebildet wäre, lebendig und mit persönlichem, bescheidenem Sinn für historische Erfahrung, empfänglich für die Wärme und die Details des Alltagslebens.

Immer noch herrschte die oberflächliche, vage Vorstellung von Nachrichten, Geschichten, immer noch wurden Routineberichte geliefert, die große Ereignisse und Wendungen so abhandeln, dass sie mit einem Mal belanglos wirken. Ein Inhalt mag da sein, aber wirkliche Dringlichkeit? Dem Spiel fehlt Leidenschaft.

Mehr von Stockholm möchte ich jetzt nicht schreiben, denn was noch zu erzählen wäre, ist nur ein romantisches Zwischenspiel, in dessen Verlauf ich zu einem Partisanen des Lustvollen, Angenehmen, Schönen und Luxuriösen in Stockholm wurde. Eine bezaubernde Stadt! Müde und alt wirkte Kopenhagen dagegen, obwohl es sonst viel lustiger und schnelllebiger ist. Die meisten Amerikaner ließen sich von dem großstädtischen Tempo mitreißen, das nach den Ruinen auf dem Kontinent geradezu unglaublich lebendig ist. Dies sei das «Paris des Nordens», hatten sie gehört, und die ganze Nacht, jede Nacht, war Betrieb auf den Straßen. Von meinem Fenster aus konnte ich das muntere Schwatzen an den Straßenecken hören. Am Ende hatten die Amerikaner doch noch Europa entdeckt, jedenfalls ein Europa, eines mit historischem Anklang.

Aber 1945 waren für die Amerikaner in Europa die alten historischen Anklänge vollkommen verlorengegangen. Nirgendwo habe ich auch nur eine Spur der eindrucksvollen Haltung, der Mythen gefunden, die das amerikanische Denken so beschäftigt hatten. Einst glaubten wir, Europa sei alt und Amerika jung. Europa sei die Vergangenheit, die USA die jugendliche, energiegeladene Zukunft – der Kult des zivilisierten Europa und des ungehobelten Amerika. Neuerdings sprach man von dem reifen Kontinent (nämlich dem politischen Verbündeten). Nichts davon habe ich hier gefunden. Die Widersprüche unserer Zeit sind eine zu schwere Last, in Formeln lassen sie sich nicht pressen, also leben wir ohne weiter. Wer in der Nachfolge von James auf der Suche nach dem Glanz Europas war, fand nur ein Totenhaus, Fäulnis und Kannibalismus. Für politisch Denkende war es ein Kontinent der Verantwortungslosigkeit und außer Kontrolle geratener Vorurteile. Für jedermann war es eine einzige Ruine mit scheußlichen Trümmerhaufen und entmutigten Opfern.

Nein, die großen Impulse sind dahin. Ideen und Emotionen wurden so anhaltend verzerrt, Tag für Tag und ohne Pause, dass offenbar niemand wahrgenommen hat, wie wir unserer eigenen Seele entfremdet wurden. Aber Verdrossenheit ist die Stimmung unserer Zeit, und vielleicht wird das unsere Entdeckung sein.

Zum vierten Mal in Berlin, und diesmal war der Anblick nicht mehr so erschütternd – der Krieg verweigert uns sogar die Befriedigung einer dauerhaften Depression. Bürger hackten die Bäume an der Potsdamer Straße ab. Im Tiergarten lebte das Schwarzmarktgeschäft wieder auf, Zivilisten, Russen, GIs drängelten sich umeinander und tauschten wie wild Währungen, Zigaretten, Uhren und Konsumgüter. Auf dem Alexanderplatz blühte das Tauschgeschäft wie zuvor, nur ab und an von mürrischen, brüllenden Feldwebeln der Roten Armee und deutschen Polizeistreifen unterbrochen. Überall lag Schutt. Nichts außer der für Berlin typischen Gestalt der massiven ausgebrannten Ruinen. Vor einer Weile hatte ich noch gedacht, ich würde weinen. Ich hatte gemeint, wenn wir wirklich ehrlich und ernsthaft wären und aus dem Komplex der Masken und Verstellungen eine unmittelbare schlichte Regung befreien könnten, dann müssten wir über die zerbrochenen Steine stolpern und schließlich zu Boden fallen und so lange weinen, bis die Bedrückung von Herz und Seele sich etwas löste. Haben wir so viel aufgebaut und erreicht, dass die Vernichtung der sichtbaren Kultur einer eindrucksvollen Stadt uns allenfalls zu

Bedauern und Mitleid bewegt? Man kann der Ansicht sein, dass diese Kultur alles ist, was wir in unseren Jahrtausenden vollbracht haben. Jetzt war nichts mehr davon übrig. Was werden sie mit diesem gespenstischen Immobilienklotz anfangen? Könnte ich die Zeit raffen, würde ich sehen, wie die Ruinen in der Erde versinken und in einem schnell vergehenden Jahrhundert auf den Schichten alter Zeiten eine neue, höher liegende Stadt entsteht. Andernfalls wird Berlin weiterziehen müssen. Irgendwo in der Magdeburger Börde oder in der Gegend von Frankfurt an der Oder wird ein Planungsausschuss einen neuen Marktplatz und strahlenförmig davon wegführende Alleen abstecken, und gute Bürger werden sich den Boden des angenehm belanglosen Flachlands aneignen.

Die aufgeregte Stimmung auf den Straßen hat sich weitgehend beruhigt. Ein Vorgeschmack auf den grimmigen Winter, so scheint es mir, mindestens. Ich erinnere mich, wie im letzten Sommer überall die Ungeduld und der Neuanfang zu spüren waren. In den Zeitungen und den langen Schlangen, die für die aktuellen Ausgaben anstanden. In den auf schnellen Reichtum versessenen Luftlandetruppen, die die Stadt besetzten. In den Geschichten von den seltsamen Russen. Jetzt hat sich das Leben in den Ruinen offenbar eingespielt. Freilich gibt es noch eine lebhafte Journalistengemeinde, aber ich habe eine signifikante Veränderung festgestellt, vielleicht nur ein kleines Anzeichen, das aber viel Bedeutung haben kann. Die *«Neue Zeit»*, vor ein paar Monaten noch so beliebt und einfallsreich, war jetzt zu einem kleinformatigen Blatt geschrumpft und fast leblos. Das große Format wurde plötzlich und willkürlich reduziert, höre ich. Der Chefredakteur (ein Christdemokrat) steht unter dem Dauerbeschuss der *«Deutschen Volkszeitung»* (KP) und der *«Täglichen Rundschau»* (Rote Armee). Die Redaktionsmitglieder klagen über die Härte der sowjetischen Zensoren und behaupten, dass manchmal fünfunddreißig bis vierzig Prozent des redaktionellen Teils gestrichen werden. Es gebe wenig Gelegenheit, Nachrichten «westlicher» Ausrichtung zu veröffentlichen, und die Redakteure seien zunehmend gezwungen, von den Sowjets geliefertes Material an hervorgehobener Stelle zu platzieren. Ich stelle auch fest, dass das aufkeimende Interesse für amerikanische Literatur nicht weiter gedeiht. Die *«Amerikanische Rundschau»*, die mit ihrer Auflage von zehntausend Exemplaren die noch bestehenden deutschen Buchhandlungen überschwemmte, ist ein ziemlicher Fehlschlag. (Sie brachte fade Artikel von MacLeish und Benét.) *«Heute»*, ein «Life»-Ersatz, kam auch nicht viel besser an: Diese Illustrierte mit ihren grellen bunten Bildern verkaufte sich zwar, wurde aber nicht gelesen.

Der Schwarzmarkt ist ebenso gedämpft. Der Tiergarten ist abwechselnd Jahrmarkt und Polizeifalle. Manchmal sieht man britische Panzer mitten im Park stehen. Im russischen Sektor geht das Tauschgeschäft weiter, aber die Preise sind gesunken, und die alten Tricks und Kniffe ziehen nicht mehr. Eine Stange Zigaretten mit Papier auszustopfen und für tausend Mark zu verkaufen, das war ja ganz nett. Aber wenn man sich dann beim nächsten Mal statt Moskaus bestem Wodka ein Flasche Essig und Wasser einhandelte – kurz, es war höchste Zeit, wieder Ehrlichkeit und Vertrauen als Geschäftsgrundlage aufzubauen, bevor dem ganzen Markt die Kehle durchgeschnitten wurde. Also gehen die Zigaretten jetzt für zehn Dollar pro Päckchen weg (Kingsize Pall Malls sind etwas teurer), Uhren kosten zwei- oder dreihundert Dollar (je nachdem, wie laut sie ticken und wie gut man über die Anzahl der Edelsteine im Uhrwerk lügen kann). Ganz allgemein hat sich die Einstellung zu den Russen gewandelt: Überraschung, Schock, Erheiterung, Widerwillen, Herzlichkeit, Kameraderie und Propaganda aller Arten haben sich zu kühlen, lässigen Vorurteilen verhärtet, und die im letzten Sommer vorherrschende wundersame Wissbegier hat sich gelegt. Schade. Wie «Amerika» «Russland» entdeckt – das war ein sehenswertes Spektakel! Nicht die vorfabrizierten Entdeckungen aus historischen Abrissen, auch nicht das, was Leser in der Puschkinausgabe der Modern Library Giants finden. Nein, hier prallten neugierige und von ihrer Nation geprägte Geschöpfe ernsthaft und im wirklichen Leben aufeinander. Amerikaner sind angerührt und verblüfft von Agitprop in Technicolor, den sie in russischen Bezirken sehen. Russen fassungslos angesichts der brutalen Effizienz amerikanischer Nachtwachen. Amerikaner erstaunt über die Kindlichkeit und Rohheit des einfachen Soldaten. Russen verachten die amerikanische Vorsicht: «Hast du Angst zu sterben?», fragte einer seinen entsetzt vom Boden aus zusehenden Fluglehrer, dessen Instruktionen er sich nur zwei Minuten lang angehört hatte, um dann mit einer A-20 in einer langsamen Rolle aufzusteigen. Amerikaner sind verstört von dem russischen «Massenkomplex»: Ein Russe war von einem Jeep totgefahren worden, aber nein, darüber sollten wir uns keine Sorgen machen, es war doch nur ein einziger Mann und nicht mal ein Offizier! Die Russen sind so neidisch auf die einfallsreichen Yankees: Während sie eine Benzinleitung die ganze Nacht mit dem Hammer bearbeitet hätten, um ein kaputtes Fahrzeug in Gang zu bringen, merkten die Yankees gleich, dass sich nur die Startklappe gelöst hatte. Die Amerikaner begegnen den Russen mit wachsender Abneigung und Furcht – die «Bedrohung» zeigt sich darin, dass man gezwungen ist, ständig eine Fünfundvierziger mit sich herumzuschleppen, wenn Russen in der Nähe sind; dass man dauernd um sein Leben, seine Habe, sein Mädchen fürchten muss; dass es ab und an politischen Zwist wegen der systematischen Übergriffe des Kreml auf den Westen gibt;

dass es unmöglich ist, irgendwelche Erfahrungen unbefangen und frei miteinander zu teilen. Die Kundschafter sind, wie gesagt, ziemlich erlahmt. Trotzdem gibt es noch immer viel zu beobachten. Im Nordosten hört man den Lärm von Schüssen. Die Schießerei regte mich eines Nachts ziemlich auf, und hinzu kam, dass Möbelstücke aus einem Fenster über mir flogen. Mädchen halten immer noch unsere Jeeps an und bitten um Schutz. (Im amerikanischen Sektor sieht man Mädchen, Frauen, Fußgänger auch nach der Sperrstunde zügig und unbekümmert die Straßen entlanggehen.)

Immerhin hat sich die Ernährungslage generell gebessert, höre ich. Im Ganzen wird das stalinistische Oberkommando wohl ziemlich überrascht gewesen sein, dass die verweichlichten, degenerierten Mächte so viel «Ordnung» und «Effizienz» zustande brachten. Der Glaube an die eigene dynamische Kraft hat sich dagegen nicht so ganz bewahrheitet. Auch wenn ihre Propaganda das Gegenteil behauptet, hat die großartige, heroische Rote Armee keine Proselyten gemacht. Im Gegenteil stellte sich heraus, dass jedes missliche Detail auf der untersten Organisationsebene (die Ignoranz der Bauernheere, die nachlässigen Uniformen, die Gewalttätigkeit rückständiger «Elemente») die internationale politische Position Russlands schwächte. Viele «interne Reformen» sind zu erwarten. Zurzeit ist man bestrebt, Tausende von russischen AWOLs in Berlin festzunehmen, und das Oberkommando hat tatsächlich zugegeben, dass die Desertionsrate bei einfachen Soldaten und bei Offizieren hoch ist. Eine neue Facette der Roten Armee!

30. OKTOBER 1945

Auszüge aus einem Brief an Hannah Arendt:

Ich war längere Zeit nicht mehr in Heidelberg gewesen, sogar aus Deutschland fort (zum ersten Mal seit sechs Monaten), und zu den Jaspers' zurückzukommen war eine Art Wiedervereinigung. Seit einem Monat hatte ich sie nicht mehr gesehen. Wie immer ging es zuerst in die Küche, und wie immer stellte sich der Professor mit seiner unersättlichen Neugier ein, öffnete alle Schachteln, inspizierte die Büchsen, bat mich um Übersetzung der Gebrauchsanleitung auf den Rasiercremetuben und so weiter. Ich konnte einige Sonderrationen an der Armeeverwaltung vorbei organisieren und trete auf wie der Weihnachtsmann, sagt Frau Jaspers. Ihre Pakete, Hannah, sind gut angekommen, es war mir ein Vergnügen, sie bei den Jaspers' abzuliefern. Kummer macht mir nur mein unzulängliches Deutsch; es ist wirklich eine harte Prüfung für mich, im Studierzimmer des Professors zu sitzen und mich geduldig durch eine Art kritische Einführung in alle Bücher zu arbeiten, die er mir mitgibt (Niebuhr, Koestler und andere mehr). Beiden Jaspers', das soll ich ausrichten, geht es einigermaßen gut. Eine Zeitlang planten sie, auf Einladung der Universität Basel in die Schweiz zu gehen. Dort hätten sie weit angenehmer leben können – keine Kleinigkeit. Sie hätten Wärme und Essen und viel mehr Ruhe gehabt als irgendwo hier. Aber die philosophische Fakultät nimmt mit einiger Wahrscheinlichkeit bald ihre Arbeit wieder auf. Und nach all den Jahren wäre es nicht leicht, alles im Stich zu lassen. Also bleiben sie in Heidelberg. Die Ernährungslage bessert sich – dank der Hilfe. Offenbar haben sie genug Kohle, um den Winter über ein oder zwei Zimmer zu beheizen. (Frau Jaspers, die im Wohnzimmer vor Kälte zitterte, erklärte mir genau, dass sie den Winter nicht vor

Mitte November anfangen lassen können.) Die psychische Lage ist weniger gut. Der ununterbrochene Besucherstrom in der Plöck 66 ist ermüdend. So viele erhoffen von den Jaspers' Rat und Hilfe; von Frau Jaspers, weil sie eine stolze hochgeachtete Jüdin ist, vom Professor, weil er eine geistige Kraft darstellt. Es muss die beiden wirklich anstrengen und auslaugen, den ganzen Tag lang Leidensgeschichten und Beschwerden über die Dummheit oder Torheit der Militärregierung anzuhören. Was hätte ich ihnen raten sollen, als sie die Frage anschnitten, ob sie ganz in die Schweiz ziehen sollten? Dort wären sie wie im Paradies! All die einfachen Vorteile der Zivilisation, die hier zu einem phantastischen Luxus geworden sind, würden ihnen dort das Leben leichter und glücklicher machen. Die Manuskripte könnten veröffentlicht werden. Die Angst vor neuen Gefahren für die Freiheit der Person und des Geistes (Chaos in Deutschland, in Russland) würde weitgehend wegfallen. Wir redeten hin und her, aber Sie und ich, wir wissen beide, dass Jaspers' in Heidelberg und Deutschland bleiben werden.

Es tut mir wirklich leid, dass ich selbst in diesen Monaten so «am Ende bin» und deshalb überhaupt nichts schreiben und schon gar keine erhellenden Berichte über die Lage in Deutschland oder Europa verfassen konnte. Hier und da habe ich ein paar Zeilen geschickt, an Lionel Trilling etwas über die Eröffnung der Heidelberger Universität (ich habe gehört, dass Margaret Marshall in «The Nation» ein paar Absätze publiziert hat; das wird Sie interessieren), ein paar Seiten an Dwight. Aber ich habe das schreckliche Gefühl, mein Schreibvermögen ist einfach lahmgelegt. Vielleicht liegt es nur an meiner Nervosität (um diesen Apparat zu überleben, verwandelt man sich in ein elektrisch geladenes Wrack). Vielleicht ist es ein versteckter Widerwillen, irgendetwas niederzuschreiben, weil man fürchtet, diese schrecklichen Tage könnten tatsächlich für Geschichte gehalten werden. Was für eine hoffnungslos naive Methode, gegen harte Realitäten zu protestieren!

Den vorhin erwähnten Reisemonat habe ich sehr glücklich in Skandinavien verbracht. In Oslo gab es etwas Arbeit mit unserer Arbeitsgruppe, und dann war ich eine herrliche Woche lang in Stockholm (der Stadt der Städte) und zu einem kurzen schönen Besuch in Kopenhagen. Den Rückweg nahmen wir über Berlin, wo ich krank wurde und eine Woche im Krankenhaus lag, hauptsächlich, um mich von einer Art Erschöpfungszustand zu erholen. Tag um Tag im Bett, konnte ich mir endlich die Andeutung eines Überblicks über mein Leben während dieses letzten Jahres verschaffen. Was für ein unglaubliches, unwirkliches Abenteuer! Könnte ich doch nur genug Kraft aufbringen, um eines Tages mit meinen eigenen Erfahrungen, meiner eigenen Vergangenheit ins Reine zu kommen! Und ich fragte mich, ob die Veränderungen in mir – wirklich wahr: Ich rede und gehe und denke und lese anders, meine Ambitionen, die Spannweite meines Vertrauens und meiner Sensibilität haben sich gewandelt – so tiefgehend waren, wie ich manchmal in einem Anfall von autobiographischem Entsetzen vermute. Aber solche persönlichen Bekenntnisse sind weder interessant noch bemerkenswert.

Wie gern würde ich etwas über Berlin schreiben! Ich war seit August mehrere Male in der Stadt. Aber wenn man sich bloß ein paar Tage dort herumtreibt, kann man nur zufällige Impressionen sammeln, und «Impressionen» haben nie viel gegolten. Beim Gedanken an all die pseudointellektuellen verfälschenden Abstraktionen packt mich Ärger. Wie kann man eine Stadt kennenlernen, ohne drei Stunden lang durch eine Straße nach der anderen zu fahren, bis einem vom Anblick der zerbrochenen verbrannten Steine übel wird? Wie kann man diese

Tragödie erfassen, die so leidvoll und so billig ist, ohne dass man ein paar Mädchen auf der Straße aufgreift, ihnen zuhört und mit ihnen in ihrer Wohnung sitzt (Leben in Höhlen, die Primitivität des zwanzigsten Jahrhunderts), sie träumen sieht (oder nicht). Und wie kann man verstehen, worum es in der internationalen Politik geht, bevor man einen russischen Soldaten gesehen (nur einen einzigen Helden der Roten Armee, einen einzigen im Land geborenen Sowjetrussen, mehr ist nicht nötig), ihn auf dem Schwarzmarkt beobachtet hat (wo er unbedingt laut tickende Uhren mit Sekundenzeigern haben will), ihm nicht ohne einige Angst in die Clubs im russischen Sektor gefolgt ist. (In Kopenhagen fand ich ein Exemplar des «London Daily Worker» und darin einen Bericht des Berliner Korrespondenten, der mich faszinierte: Sämtliche Gerüchte über die Sowjets in Berlin seien üble «Verleumdungen», schrieb er, für die es keinen einzigen Beleg, keinen einzigen Beweis, keinen Zeugen gebe. Als wir uns am nächsten Abend vorsichtig der Straße Unter den Linden näherten, hörten wir wilde Schießereien, Möbel flogen aus Fenstern, wir schüttelten Mädchen ab, die um Schutz baten, fanden endlich unser Fahrzeug und kamen kurz danach gerade noch mit dem Leben davon, als wir einem betrunkenen Irren entflohen, der unseren Jeep auf einer dunklen Ausfallstraße aus Berlin zeitweilig mit gezogener Pistole unter Kontrolle hatte.)

Doch das sind lediglich «Impressionen». Sie sind nur tatsächlich geschehen, sonst haben sie keinen Vorzug.

Aber das Papier ist zu Ende, und mein Gedankengang auch, fürchte ich.

11. NOVEMBER 1945 Frankfurt

Lieber Cap,

ich war vor ein paar Tagen in Berlin und hatte Dir eine Postkarte geschrieben, schickte sie dann aber nicht ab. Dabei war sie ganz hübsch: ein Blick entlang der Allee Unter den Linden zum Brandenburger Tor und zum Tiergarten. Als ich die Karten gerade gekauft hatte, bog ich an der Ecke Friedrichstraße ab und war selbst dort, auf dieser grauen tristen Trümmerstraße, deren Hässlichkeit nur dadurch etwas gelindert wurde, dass der nasse Asphalt wie Glas glänzte. Dann sah ich ein erstaunliches Spektakel. Eine Herde Kühe, Hunderte, wurden von einem halben Dutzend lächelnder stämmiger Bauernmädchen an der Universität vorbei Richtung Dom getrieben; ihr Anführer war ein junger Russe zu Pferd, das Maschinengewehr auf dem Rücken; seine strenge Miene konnte nicht verbergen, dass er kaum vierzehn Jahre alt war. Aber dann konnte ich nicht die ganze Geschichte auf einer Postkarte unterbringen, also belassen wir's dabei. (Unter den Linden, ein russischer Transportweg für Kühe nach Brandenburg.)

Zwei Wochen Skandinavien waren wunderbar, aber nein, eine Ferienreise war es nicht, jedenfalls nicht dem Namen nach. Ich sollte in aller Eile nach Oslo, um die amerikanische Arbeitsgruppe vor ihrem Aufbruch noch zu erwischen, ihre Berichte durchgehen, ihre Geschichte zusammenflicken und so weiter. Ich fuhr mit einem Major und hatte vor, die Arbeit ernst zu nehmen. Aber er war der erbarmungsloseste Tourist, der je einen Reiseführer in die Hand genommen hat, also zogen wir los wie eine Thomas-Cook-Reisegruppe. In Museen, an Denkmälern vorbei, in Theater, zu Sehenswürdigkeiten. Bis ich dachte, ich würde wahnsinnig werden. Endlich entkam ich ihm und mogelte mich über die Grenze nach Schweden.

Landete in Stockholm mit gefälschten Papieren und einem freien Tag. Eine Woche lang gab es keinen Flug für mich, sodass ich acht Tage in dem phantastischen Wunderland Stockholm blieb. Gut, das ist wahrscheinlich eine Übertreibung. Aber Du hast keine Ahnung, wie die normalen Vorzüge einer Metropole sich aufblähen können, bis sie wie das Gute Leben selbst aussehen. Ich traf mich mit niemandem, sprach mit niemandem, erfuhr nichts. Ich verliebte mich, gab ein Vermögen aus, war so glücklich, wie es mir überhaupt möglich ist.

Aber das sind kaum die «Nachrichten», die Du hören möchtest, Cap. Irgendwann im September verlief sich das Projekt der Army im Sand. Ich wurde immer gereizter und ärgerlicher und konnte einfach nicht mehr arbeiten, weder Material sammeln noch schreiben. Schließlich ging ich, ließ ein abgeschlossenes Manuskript von vier Seiten und den tobenden Militärhistoriker zurück. Der nächste Schritt war dann Oslo. Aber ich vermute, dass sich sehr vieles verändert hat. Der Spruch, der zurzeit im Büro kursiert, lautet: Man begegnet nie mehr netten, schlichten Menschen, sondern nur noch Charaktergestalten, Persönlichkeiten. Und das stimmt. Die Sucht, sich halbwegs anzupassen (oder glücklich oder vielleicht nur übermütig zu sein), ist ein Treibhaus für Idiosynkrasien und Verantwortungslosigkeiten. Man kann einfach nicht mehr geradlinig arbeiten oder streben, und bei dem Abenteuer Selbstfindung bleiben Ideen sowie Ethik und Haltung auf der Strecke. Freilich findet man neues Selbstvertrauen und entwickelt in mancher Hinsicht neue Kraft. Aber was mit dem Einzelnen oder auch mit einer Nation, einer Armee oder einem ganzen Volk passiert, ist nicht leicht zu ermessen. Ich bin mehr und mehr überzeugt, dass niemand richtig versteht, was mit der menschlichen Weise zu leben und zu sterben geschehen ist. Ich fürchte, was diesen isolierten jungen Männern zustößt, wird niemand begreifen.

Genau genommen sollte ich mich um die Besatzungsgeschichte in Europa kümmern. Eigentlich eine faszinierende Aufgabe, ab und zu packt mich ein Begeisterungsschub, dann will ich alles sehen und verstehen, bis mir fast der Kopf platzt. Doch normalerweise ist das Arbeitstempo gering, man fällt leicht der Hoffnungslosigkeit und Resignation anheim (Du weißt ja, Dummheit und Inkompetenz kennen keine Grenzen). Ich finde dann Erleichterung in einer rücksichtslosen Eskapade. Die Themen der Geschichte sind so klar und überwältigend, vielleicht wagen wir deshalb nicht, uns ihnen zu stellen. So viele Skandale und Fehler, so viel Ignoranz, so wenig Güte und reine Tatkraft, eine tiefe Erkrankung von Herz und Geist.

Aber was gibt's Neues? Die «Nachrichten»: Gestern sind wir nach Wiesbaden rausgefahren, eine kleine Stadt rund dreißig Kilometer nordwestlich von Frankfurt, und haben dort einen Abend an der Bar verbracht. Die Stadt war stellenweise arg von Bomben getroffen worden, aber es gab immer noch schöne Alleen und intakte Gebäude. Wir machten unsere üblichen bösartigen und zynischen Witze über die Zerstörung aus der Luft – oder den «Bombenterror», eine Bezeichnung, die die Deutschen uns beigebracht haben. Was gab es in Wiesbaden denn? Ein paar schöne Hotels, Bäder, Clubs ... und einen Flugplatz in einiger Entfernung. Nun, irgendjemand wird wohl gedacht haben, es sei doch keine schlechte Idee, die hohen Tiere zu erwischen, die sich in einem solchen Wunderbadeort vielleicht versammelt hätten. Also kamen ein paar hundert Flugzeuge und beförderten die Stadt mehr oder weniger in die Hölle. Man fährt eine Straße hinab, und auf einmal liegen mittendrin zwei ehemals sicher stattliche Häuser aus dem neunzehnten Jahrhundert in Trümmern, über das ganze Grundstück verstreut, zerbrochene Steine, verbogenes Eisen. Mitten in einem Park liegt ein großes Denkmal, umgekippt und beschädigt, und es wirkt fast wie eine komische Konstruktion. O, kein Zweifel, die Mission war überaus erfolgreich! Ich frage mich, wer das glaubt. Gestern Abend jedenfalls niemand, schon seit Monaten nicht, und wir haben die Ruinen Deutschlands gründlich kennengelernt. Wir glauben nicht an diese Mission, mag sie auch noch so schön formuliert sein. Es war Heuchelei, Doppelzüngigkeit, Dummheit, vor allem aber Barbarei. Der Krieg, vielleicht auch die Nachkriegszeit, hat uns eine Lektion gelehrt: Der Barbar ist unser Bruder. Wir saßen an der Bar und tauschten Geschichten aus, dieselben alten Kriegsgeschichten. (Wurden sie je in den Staaten erzählt? Wie niemand mehr Gefangene machte, nachdem im letzten Winter die deutsche Offensive gescheitert war, wie keine neuen Kriegsgefangenenlager errichtet wurden, obwohl große Einheiten der Wehrmacht kapitulierten, wie man die Soldaten einfach loswurde und sich besser fühlte, wenn der Hurensohn wenigstens verwundet war. «Ich erinnere mich noch an das eine Mal, als ein Neuling mit fünf Krauts ankam. Wir sagten ihm, das Kriegsgefangenenlager liege acht Kilometer zurück, er solle sich aber beeilen, denn er habe nur noch fünf Minuten Zeit, bis die Truppe weiterzöge. Sie müssen dann noch etwa einen Kilometer in den Wald zurückgegangen sein, bis wir das alte M-1 rattern hörten. Der Kleine hatte es geschafft, und es blieben sogar noch ein paar Minuten übrig ...») Wir müssen alle etwas betrunken gewesen sein. Der *Weinbrand* war gar nicht schlecht, und das Haus (Eigentum eines IG-Farben-Direktors) war ein Prachtbau. Wir kamen ziemlich spät nach Hause, wofür zum Teil unsere trampenden Fräuleins verantwortlich waren, die es überhaupt nicht lustig fanden, dass wir sie für zu jung hielten ...

Kaum «Nachrichten», lieber Cap, aber die Themen sind (immer!) so einfach, so klar.

Dein M.

DIENSTAG, 20. NOVEMBER 1945

Unerwartete Fahrt zurück nach Heidelberg. Ereignislos und öde – zwei langweilige polnische Offiziere waren da auch keine Hilfe ... Der Anblick der Stadt war dagegen wieder einmal anregend. Eine bemerkenswerte Veränderung: überall «Pro Station»-Schilder. An jeder Straße, fast an jeder Ecke das grüne Licht und die auffälligen Plakate mit den schlichten Buchstaben. Der Kampf der Army gegen Geschlechtskrankheiten geht weiter. Kürzlich gab es in einem der örtlichen Bataillone einen zusätzlichen freien Tag als Belohnung dafür, dass es eine ganze Woche lang keinen neuen Ansteckungsfall gegeben hatte! Die amerikanische Kultur schlägt Wurzeln.

Noch erbaulicher: ein Abend in der *«Laterne» (Kleinkunstbühne)*. Die Vorstellung dauerte von halb sieben bis fast zehn. Das Café war gerammelt voll (Eintritt zehn Mark) und verräuchert; weder der Tee noch der Kaffee, noch das Bier waren besonders gut. Die Show hingegen schon. Vielleicht war es das subtile Gefühl, dass sich hier Leute amüsieren konnten, die schon seit schrecklichen Ewigkeiten keine Gelegenheit mehr dazu gehabt hatten. Außerdem waren einige der Darbietungen herzhaft erfrischend. Aber manche Witze hatten auch eine gewisse Schärfe, und das war ermutigend angesichts des ziemlich abartigen politischen Geschmacks in Deutschland. Eine der Geschichten, die der Conférencier zum Besten gab, hatte eine kräftige, vielleicht sogar böse Pointe: Vor Arbeitern, die mit Wiederaufbauarbeiten am Neckar beschäftigt waren, lag ein Stein. Einer gab ihm einen leichten Schubs. Er bewegte sich nicht. Der andere versuchte, ihn wegzuschieben. Nichts. Der Nächste probierte es mit einem Tritt. Der Stein lag immer noch da und rührte sich nicht. Schließlich kam ein Zuschauer von der anderen Straßenseite herübergerannt und konnte es vor Ungeduld kaum aushalten. Er hob den Stein auf und warf ihn auf einen Haufen! Wütend sah er die Arbeiter an. Doch die hoben nur ihre Augenbrauen und protestierten milde: *«Mit Gewalt?!»* Ein recht komplexer Kommentar zur (offiziellen) angelsächsischen Ideologie. In abgeschwächter Form beherrschte dieses Thema den ganzen Abend. Der Conférencier beendete seine Nummer mit einem «Bye-bye» und der Randbemerkung: Mein Gott, was einem heute ohne perfektes Englisch doch alles passieren könnte! Auch «Berlin» kam nicht ungeschoren davon. Die Begeisterung, mit der Freunde aus Berlin eingeladen werden, verpufft, sobald sie die Preise für die mitzubringenden Zigaretten nennen. Eine böse Überraschung! Dann trat ein Zauberer auf, der sich im Publikum Schmuck borgte. Hoch und heilig wurde versprochen, jedes Stück zu ersetzen, falls irgendetwas schiefgehen sollte. Ja, könne er eine Uhr denn wirklich ersetzen? Er denkt nach und gesteht dann mit triefender Schadenfreude: Natürlich, sobald Normalität eingekehrt ist – und starrt dabei zur Decke hinauf, als würde er dort bereits jene glückliche Zeit sehen, die in rund zwei Jahrzehnten herrschen könnte! Schließlich noch eine Burleske über das Besatzungsesperanto: Flirtereien und Affären werden mit einem Pidgin-Französisch-Englisch-Deutsch bestritten (eine wunderbare Tanznummer von Charlotte Poppe). Zum Abschluss die Einladung wiederzukommen und die Versicherung, in ganz Europa gebe es nur zwei Orte, wo Varieté und Unterhaltung noch Konjunktur hätten – Budapest … und Heidelberg. Alle lachten. Und fast alle schlurften aus der *«Laterne»* hinaus, zurück in ihre kalten leeren Häuser.

22. NOVEMBER 1945 Frankfurt

Lieber Dwight,

Dein kurzer Brief vom 12. erreichte mich kürzlich, und darauf antworte ich für heute nur: a) Es war wirklich nichts Schlimmes (im Krankenhaus), nur große Erschöpfung; ich war nach München gefahren und zurück, nach Konstanz am Bodensee und zurück (und dazu noch völlig umsonst, ich bekam nur die Schweiz am Horizont zu sehen), nach Norwegen hoch, quer durch Skandinavien und über Berlin zurück; und dann bin ich einfach zusammengebrochen. b) Verwende meinen Namen und mach mit meinem Brief, was Du willst; nur, mein Gott, das war doch alles hastig hingeschrieben, und wenn Du meinst, mein Name sollte unter dieser doch recht nachlässigen Komposition stehen, dann sei bitte als treuer Freund und alter Kritiker so lieb, alles ordentlich zu redigieren. (Ich habe übrigens noch einen vierten oder fünften Teil geschickt, den Du hoffentlich ebenfalls erhalten hast.)

Zur Lebensmittelversorgung: Nur selten begegnet man jemandem, den das moralisch wirklich beunruhigt. Die Krankheit des «moralischen Atheismus» sitzt gar zu tief und ist chronisch. Hier ist niemand, außer vielleicht Mooney, der Anteil nimmt. Er ist ein komischer Kerl, ich sollte eines Tages mal etwas über ihn schreiben. Er ist der einzige Soldat, den ich kenne, der innerlich gewachsen ist und seine Lektion gelernt hat. Offen gesagt, ich denke, er hat viel von mir übernommen. Doch dann habe ich mich auf vielerlei Weise so sehr verändert, dass ich es gar nicht mehr erkennen würde. Er war ein einfacher enthusiastischer Highschool-Junge, der seinen Weg in seiner Firma machte. Aber er hatte eine edle Leidenschaft in sich, ein seltsames drängendes Verlangen, zu hören und zu sehen. Und das Ergebnis fällt dieser Tage schnell dramatisch aus. Kürzlich, als wir gemeinsam nach Kassel unterwegs waren, wollte er alles hinschmeißen, er brannte darauf, etwas zu tun. «Tut etwas gegen den Wahnsinn einer Welt, in der die Menschen nichts zu essen haben und nach Jahrhunderten der Zivilisation verhungern, in der Menschen vor einem Fremden Angst haben und trotz all der Kulturen, die Recht und Ordnung auf ihre Fahnen schrieben, um ihre Unversehrtheit fürchten müssen!» Mooney war definitiv bereit zu einem Kreuzzug. Doch welches Ziel konnte ich ihm vorgeben? Wofür, mit wem und wo sollte er kämpfen? Abends saßen wir herum und warteten auf die Rückkehr von einem der Jungs, der mir dabei hilft, deutsche Generäle zu interviewen (Rekonstruktion eines großen Spiels namens Zweiter Weltkrieg). Er ist Deutsch-Amerikaner, seine Familie lebt in Württemberg, irgendwo in der Nähe von Stuttgart. Wir besorgten ihm einen Pass, liehen ihm den Jeep und kratzten einige Rationen zusammen, die er mit nach Süden nehmen konnte.

Er kam zurück, und ich wünschte, Du hättest seinen Bericht

hören können. Sein Heimatort liegt in der französischen Besatzungszone, und als er durch die Tür trat, sah er, wie Soldaten durch das Haus seiner Familie streiften, Schränke und Schubladen öffneten und alles in einen Sack rafften, was sie gebrauchen konnten (Schmuck, Leinen, Handschuhe, vieles mehr). Er wurde ganz blass vor Wut, griff sich einen der Soldaten und schleuderte ihn herum; er schrie sie an und drohte, alle zu erschießen, wenn sie nicht umgehend das Haus verließen. Er war außer sich. Schließlich war dies sein Elternhaus, er war hier geboren worden, hier lebte seine Mutter, seine Familie. Nein, diese Heimkehr war wirklich nicht erbaulich. Seine Mutter und die Verwandten hatten so gut wie nichts zu essen. Gelegentlich fuhren sie ins tiefste Bayern, ins Allgäu aufs Land (dreihundert Kilometer!), um ein paar Lebensmittel zu ergattern. Als er eine kleine Tüte mit Zucker auspackte, hielt seine Mutter sie lange in der Hand und weinte. «Sie starrte die Tüte an, als wäre Goldstaub drin!» Kürzlich hatten sie ein Ei bekommen, und er saß da und hörte zu, wie sie die Zubereitung erörterten. Am Ende wurde beschlossen, das Ei in heißes Wasser laufen zu lassen und eine Suppe daraus zu kochen. Da hätten alle am meisten von. Es gab nur ein Ei pro Woche, ein einziges Ei für eine ganze Woche! Als der Junge wieder gehen wollte, strich seine Mutter liebevoll über seine schöne Lederaktentasche und sagte traurig: «Weißt du, Gottfried, für eine solche Aktentasche bekommt man ein ganzes Pfund Butter …» Er wollte ihr die Peinlichkeit ersparen und kam darum eigens noch einmal zurück. «Meine Güte, da habe ich doch völlig vergessen, dass ich diese Tasche extra mitgenommen habe, um sie dir zu schenken. Ich brauche sie nicht mehr, und da dachte ich, sie könnte dir hier etwas nützen.» Er verließ seine Mutter, wie er sie angetroffen hatte: weinend.

Ich habe diese Geschichte schon in anderen Briefen geschildert, früher am Abend – hauptsächlich, weil das, was ich von zu Hause höre, im Hinblick auf die deutsche Frage so beunruhigend ist. Ich hatte keine Ahnung, in welche Richtung die Schlagzeilen gingen, bis mir jemand ein paar Artikel aus der «New York Times» und der «Tribune» zeigte. Dort war die Rede von «Symptomen einer potenziellen deutschen Rebellion» sowie von der deutschen «Weigerung, die Folgen der Niederlage zu akzeptieren». Die «Times» stieß ungefähr ins gleiche Horn, und dann war dort noch die Rede davon, dass die Ideologie der Nazis bei den Amerikanern Einzug hielte, und zwar wegen ihrer deutschen Freundinnen, den *«Fräuleins»*. Was für ein Unsinn, was für Dummheiten! Du weißt natürlich, wie sich diese Linie erklären lässt (die durchgängig und organisiert zu sein scheint, weil sie in amerikanischen Blättern ständig aufgewärmt wird): Die Army möchte ihre Truppenstärke behalten, und so füttert sie die Korrespondenten, die nur an ihren Schreibtischen sitzen, mit dem Zerrbild von einer «Bedrohung» und Gefahren für die Sicherheit hierzulande. Ich weiß zufällig, wie die Militärpolizei die Sache sieht. Gelegentlich wird ein GI zusammengeschlagen, manchmal ein Jeep gestohlen, oder irgendjemand macht sich an irgendwelcher Ausrüstung zu schaffen. Das ist das normale Bild in praktisch jeder Polizeistation. Dass man in Deutschland auf der Straße eine Pistole tragen müsse (in Frankfurt, Heidelberg, Mannheim, Augsburg oder München), ist absurd, geradezu lächerlich. Es gibt keine deutschen Rebellen, und was den Nazismus unter den Mädchen betrifft, so ist auch das nur ein Witz. Die Politik und besonders die alten Fragen sind erst einmal passé. Zwischen Amerikanern und deutschen Mädchen, das wage ich zu behaupten, spielen Themen wie Krieg, Frieden und Politik nicht mal am Rande eine Rolle. Was mich wirklich krank macht – mein Vater sagte, ihn mache der Gedanke krank, dass es den Deutschen nicht «leidtue» und dass sie die Bedeutung des Krieges nicht begriffen hätten –, also, was mich wirklich krank macht, ist die Beobachtung, wie wenig die Alliierten die hiesige Situation kennen oder zur Kenntnis nehmen. Wie wenig Gespür haben sie doch für die eigentlich selbstverständlichen Details Deutschlands und der europäischen Völker in dieser schrecklichen Zeit! Was hier zu sehen ist, ist ein ruiniertes, in totaler Armut lebendes, fast aufs Animalische reduziertes Volk, das kaum etwas zu essen, aber alles zu fürchten und nichts zu erhoffen hat. Die triumphale Zivilisation kehrt zu ihren historischen Anfängen zurück: Wir selbst erreichen eine höhere Ebene, wenn wir die Deutschen endgültig in domestizierte Haustiere verwandelt haben. Ja, natürlich laufen hier auch ein paar kriminelle Halbnazicharaktere, ehrgeizige Geschäftsleute (die Großen von der Ruhr als klassisches Beispiel) und viele skrupellose junge Gangster herum. Aber das hat nichts mit dem zu tun, was wir ein Gesamtbild nennen würden; das ist nicht das Volk, die Masse. Die ist geschlagen, zerlumpt, gelehrig, fügsam – und heutzutage Gott sei Dank auch ein wenig unabhängiger, eher bereit, unsere katastrophale Besatzungspolitik zu kritisieren. (Die *«Frankfurter Rundschau»* etwa kanzelte einen Bürgermeister in flammenden Leitartikeln ab – der arme Depp, den die US-Militärregierung noch kürzlich, im November[!], ernannt hatte, war ein hundertprozentiger Nazi, der das Führerprinzip verherrlicht hatte und auf dem Höhepunkt der imperialen Eroberungen im Dritten Reich ein gefragter Verwaltungsexperte gewesen war. Wirklich ein schöner Skandal!)

Was die beigefügten Bilder angeht, so vergib mir, dass ich Dich damit bombardiere. Aufgrund eines Fehlers im Fotogeschäft bekam ich eine ganze Wagenladung von Abzügen aller Fotos, die ich je gemacht habe.

1. Vor einem Berliner Kino. Gespielt wird «Iwan der Schreckliche» (dazu habe ich Dir schon geschrieben).

2.–3. Bei einem Gang durch die Stadt war mir der Wald von Fahnen im russischen Sektor aufgefallen. Ich erfuhr, dass der Krieg vorbei war, Sieg über Japan. An allen Häusern mussten die vier Flaggen der siegreichen Alliierten wehen. Die russische Polizei kontrollierte, ob die Anordnung befolgt wurde. (Wehe, wenn nicht!) Also setzten sich die Leute hin und nähten farbige Stoffreste zusammen. Und wie sie die amerikanische Flagge mit diesen elenden Streifen und Sternen hassten! Für ein paar Zigaretten und Süßigkeiten und nach meinen beruhigenden Worten, dass die Russen darüber nicht wütend würden, gaben sie mir die Fahnen. Jetzt habe ich sie in meinem Zimmer, eine hübsche und dauerhafte Erinnerung an den neuen Nationalismus in der transatlantischen Welt.

4. Fahrt auf der Straße Unter den Eichen hinter einem russischen Fahrzeug her. Es überfuhr einen alten Mann auf einem Fahrrad, als er die Straße überqueren wollte. Der Mann wurde getötet, das Auto fuhr weiter. Ich hielt an, versuchte zu helfen, schoss ein paar Fotos, mischte mich an der Straßenecke unter die Menge (so verlieren der Kreml und die KP Freunde, so schrecken sie Menschen ab).

5. Am Rand des Tiergartens; im Hintergrund die Reichstagsruine. Innen ist er vollkommen zerstört, man erkennt nur Namen (auf Russisch und Englisch an jeden Stein gekritzelt, auf den man mit Kreide oder Blei schreiben konnte.)

6. Mehr vom Sieg der Schreibfähigkeit. Ein Denkmal mit Kommentaren der Besucher. Beachte die übliche Runde von Namen, Adressen, Verabredungen, die angehängten Bärte und Penisse.

7. In der Karl-Liebknecht-Straße im russischen Sektor Berlins. Im Hintergrund ordentlich geschichtete Steine, aber Du

hättest die Plätze für die Feier der russischen Revolution sehen sollen. Jeder Einwohner wurde zum Putzen zwangsverpflichtet, die Straßen waren blitzblank, alle Steine und zerbrochenen Ziegel sorgfältig gestapelt. Ein schöner Tag für die Idealisten. Ein Sieg der Brüderschaft der Menschen, die Verbrüderung der Straßenkehrer.

8. Auf dem Alexanderplatz. Ich und Onkel Joe.

9. Straßenszene Unter den Linden. Im Vordergrund stehe ich, ziemlich benommen oder vielleicht nur schläfrig.

10. Unterhaltung mit einem russischen Offizier. Ein paar Minuten später traf ich einen kleinen Major aus dem Sanitätskorps, der auch etwas Deutsch konnte (das ist sehr selten, aber was er sprach, war eben auch Jiddisch; den Unterschied kenne ich gut). Nach einer Weile fragte er mich, ob ich nicht Jude sei. Ich sagte ja. Nach einer Weile fragte ich ihn, wie er die Lage einschätze. Er rümpfte die Nase und machte damit klar, dass die Lage alles andere als gut sei. Ich machte ein erstauntes Gesicht. Ich hätte doch gehört, in der Sowjetunion – «Ja, ja», erwiderte er, «aber Juden sind wir immer noch, und glauben Sie mir, das ist nicht gut, das ist schlimm, schlimm.» Mehr erfuhr ich nicht. An der Ecke kam Tumult auf. Ein deutsch-russisches Schwarzmarktgeschäft endete, kurz gesagt, damit, dass der Russe den Gegenstand nahm (eine Uhr, glaube ich) und dem Eigentümer mit einer Krücke über den Schädel schlug (der Russe war offensichtlich ein Invalide und Kriegsveteran).

Genug für heute. (Möchtest Du noch mehr?)

Persönlich ist es mir insgesamt gut ergangen. Glücklicherweise (oder unglücklicherweise) stehe ich ganz weit unten in der Hierarchie, was aber bedeutet, dass ich wohl bis zum Frühjahr hierbleiben werde. Ich würde nur gern wissen, wie ich die

Zeit konstruktiv nutzen kann. Ich wünschte, ich wüsste, wie es mit mir weitergehen soll. Ich bin jetzt fünfundzwanzig, sage ich mir (fast ohne Unterlass), fünfundzwanzig – und habe weniger Mut als je zuvor, mich der Zukunft zu stellen. Was will ich wirklich tun? Es ist nicht so, dass ich «ziellos» wäre, anscheinend habe ich nur die Konzentration verloren. Wo will ich arbeiten und leben (in Europa, in New York oder auf amtlicher Vergnügungstour rund um die Welt) und wie (mich mit den Details irgendeines Arbeitsplatzes beschäftigen, oder als Korrespondent, frei und gemächlich, in, sagen wir, kreativer Nachdenklichkeit)??? Doch wie gesagt, genug für heute.

Herzliche Grüße an Dich, Nancy, die wachsende Familie und an die Freunde, die Du triffst. Auch würde ich mich über einen Brief von Dir freuen.

Dein M.

DONNERSTAG, 29. NOVEMBER 1945

Morgens: Kurzbesuch in Oberursel. Das Medikamentenlager ist ausgeräumt, und die Anstalt nimmt allmählich Form an. Etwa sechs Generäle sind jetzt dort untergebracht. «Einzelhaft» ist nur noch eine ungute Erinnerung. Sie waren aus ihren Zellen nach «Alaska» verlegt worden, wo das Leben erträglicher und sogar gesellig war. Sie konnten sich in kleinen Gruppen treffen, um miteinander zu reden und Ansichten auszutauschen. Major Schramm zum Beispiel beschaffte sich bei den anderen Informationen über «Fraternisierung» und schrieb auch an seinem Manuskript über den Zusammenbruch der deutschen Militärmacht weiter. Eines Morgens standen wir alle in der Kantine zusammen und unterhielten uns, die Generäle wieder in ihrer «Klasse A»-Uniform, und das hellte ihre

Stimmung vielleicht auf – die Erinnerungen an Ruhm, an menschliche Würde sind alles, was ihnen geblieben ist. Als die Mannschaftsdienstgrade zum Mittagessen hereinkamen – der Tisch war schön gedeckt und die Ironie uns allen deutlich, glaube ich –, zogen wir uns schnell zurück. Das Haus wird also eingerichtet, und auf eine sehr interessante Weise ist es auch für uns «bequem» und «komfortabel». Zuerst hatten wir die Zellen im A-Flügel aufgesucht. Ein stämmiger schmutziger GI-Wächter klapperte in den Korridoren mit seinen Schlüsseln und brachte uns zu unseren Türen. Er ging als Erster hinein. «Aufstehen», hörten wir ihn brüllen: Die Tür stand halb offen. «Aufstehen, hab ich gesagt!» Man konnte hineinblicken und sehen, wie der General sich taumelnd von seiner Pritsche aufraffte, nach seinen Schuhen tastete und versuchte, Hemd und Hosen zuzuknöpfen. Verwirrt und erschrocken. Außer Hitzfeld waren all diese Offiziere magere, ruhige Männer. Der Wächter war böswillig und verärgert ohne jeden Grund. «Stellen Sie sich da vors Fenster und drehen Sie sich um! Ein amerikanischer Offizier kommt herein!» Mir war heiß vor Scham. Ich sah zu Hornung hinüber, aber auch er wandte die Augen ab. Der General taumelte weiter durch die Zelle. Er verstand sehr wenig Englisch, versuchte das Fenster zu öffnen, um damit den Wächter zufriedenzustellen. Das war natürlich falsch, und der Wärter zerrte ihn heftig herum und knurrte endlich Zustimmung. Wir wurden eingelassen. Ich sagte: *«Guten Tag, Herr General»*, und wir alle versuchten, so zu tun, als sei nichts vorgefallen. Jetzt haben wir jedenfalls unser eigenes Haus. Besondere Sicherheitsmaßnahmen sind nicht vorgesehen: Fluchtgefahr besteht nicht. Hier gibt es eine ordentliche Küche, die Mahlzeiten sollten merklich besser sein als zweimal täglich Suppe und Brot – alle Gefangenen haben in den letzten sechs Monaten dreißig, vierzig oder gar fünfzig Pfund Gewicht verloren. Sie leben in getrennten Zimmern und schlafen auf Feldbetten. Das Licht ist gut, es gibt ein paar Möbelstücke und hinter dem Haus einen hübschen kleinen Garten. Ich sah, dass die meisten dabei waren, Ordnung zu schaffen. General Mellenthin räumte einen Tisch ab, um sich einen Schreibtisch herzurichten, die Generäle von Waldenburg und Wagener wischten Staub von den Regalen und putzten die Fenster. General Hitzfeld fegte Staub und Schmutz zu kleinen Häufchen zusammen und trug sie auf einem Blatt Papier zum Mülleimer. Er lächelte uns freundlich zu, und wir alle mussten lachen, als wir sahen, dass die Wände seines Zimmers mit Pin-up-Girls tapeziert waren. O, gegen ein oder zwei dieser Mädchen habe er nichts einzuwenden, aber weibliche Schönheit in dieser Menge bringe einen alten Mann doch etwas aus dem Gleichgewicht. Wieder mussten wir alle lachen. Die Befragungen können jetzt organisiert werden, und nach und nach werden wir uns dann ein Bild davon machen, wie die Generäle, die ihre Hoffnungen und Stärken, die wirkliche Strategie und den Verlauf der Ereignisse genau kannten, die Vorstöße und Fehlschläge der Wehrmacht an der Westfront einschätzten. Das große Kriegsspiel! Und so finde ich mich als Hausherr des deutschen Generalstabs wieder.

Das Problem der Genfer Konvention kommt wieder und wieder auf. Ohne Zweifel waren die Einzelhaft und die allgemeinen Haftbedingungen der letzten Zeit gravierende Verstöße gegen das «internationale Recht». Die Gefängnisverwalter gaben selbst zu, dass es keine guten Gründe dafür gab. Die Generäle trafen ein und wurden in die Zellen gesteckt. Eiserne Rationen. Zwei Minuten pro Tag für die Benutzung der Latrine in überfüllten Verschlägen, zur Eile gemahnt. («Ein General mit schrecklichen Verdauungsproblemen zieht sich gerade die Hosen herunter, und schon klopft es an der Tür, er soll

Platz machen.») Einzelhaft (General Wagener: «Vierhundert Stunden, vierhundert Stunden lang habe ich diese Wand angestarrt.»). Das neueste Problem: die Frage der Bezahlung, die bis jetzt ignoriert wurde. Versuch, einen deutschen Zahlmeister für die 7. Armee zu finden.

FREITAG, 30. NOVEMBER 1945 Stuttgart

Den Nachmittag verbrachten wir zum größten Teil mit Dr. James Kerr Pollock (dem politischen Berater General Clays in Berlin). Ich erinnerte mich aus den Tagen an der Universität Michigan vage an ihn – er war Professor der Politischen Wissenschaften und setzte sich vehement für eine Intervention gegen Deutschland ein. Mit ihm haben wir wenigstens einen Akademiker, der sich aufgerafft und Verantwortung übernommen hat. Er ist hier und tut etwas. Natürlich sickerte etwas Klatsch und Tratsch vom Front-Office durch: Offenbar ist der gute Doktor wie fast alle anderen mit Thomas Cook auf Europatour: «Wenn er bloß endlich aus Frankreich und der Schweiz zurückkäme, könnten wir einige Arbeit erledigen!» Er ist seit Wochen nicht mehr in Berlin gewesen, weil er wegen der Krise in Württemberg-Baden hier in Stuttgart festhängt. Diese Verwaltungsmissgeburt in der amerikanischen Zone ist kaum beherrschbar. Die Franzosen haben den südlichen Teil zweier alter Provinzen bekommen; die Amerikaner nahmen alles, was nördlich der Autobahn liegt – auf der Landkarte eine bequeme Grenzziehung, die jedoch die Wirtschaft und Verwaltung hoffnungslos und unentwirrbar durcheinandergebracht hat. Pollock soll wohl irgendetwas aus dem Murks der Machtpolitik retten.

Kaum war unser Gespräch in Gang gekommen, da hielt uns

eine unselige Unterbrechung auf. Aus dem Haus waren etliche Stangen Zigaretten gestohlen worden. Damit war es für diesen Tag beinahe vorbei mit der Besetzung Deutschlands. Der Doktor war in Unruhe, machte einen kurzen Abstecher hügelaufwärts (Stuttgart lag wie üblich nebelverhangen im Tal), und wir saßen herum, während die Spurensuche weiterging. Endlich tranken wir in dem geschmackvoll möblierten Wohnzimmer – ohne eine ausreichende Zahl beschlagnahmter Villen gäbe es keine Besatzung – ein Glas miteinander und nahmen das Gespräch über das vorliegende Problem wieder auf.

In seiner abschließenden Analyse nannte er offen vier Punkte, an denen die amerikanische Strategie versagt oder zumindest Fehler gemacht hatte:

1. Die Aufteilung Deutschlands in Zonen. Als das Land viergeteilt wurde, offenbar eine persönliche Entscheidung Roosevelts auf der Konferenz von Jalta, war es unmöglich, eine einheitliche Besatzungspolitik für ganz Deutschland zu entwickeln. Nur Chaos und Konfusion konnten daraus entspringen. Nach fast einem Jahr ist ein (halb) ernsthafter Fortschritt erkennbar, die vier Zonen, die vier Deutschlands einer einzigen Kontrollorganisation zu unterstellen. Das bedeutet nicht notwendig die Existenz einer deutschen Nation oder eines deutschen Staates jetzt oder irgendwann, früher oder später. Ziel könnte die systematische Zerstörung oder die energische Wiederbelebung des Landes sein. Dazu brauchte man nur Ernsthaftigkeit oder Effizienz. Genau daran hat es gefehlt. Es bestehen vier Wirtschaftsausschüsse, und Landwirtschaft und Industrie werden weder gerettet noch aufgegeben. Vier politische Einstellungen, und es gibt keine koordinierten Aktionen, um die immer noch bestehenden Nazistrukturen zu zerstören. Vier verschiedene Vorstellungen von der Rolle des Eroberers,

und die allgemeine Verzweiflung wird durch die Intrigen der internationalen Treibhauspolitik nur noch verstärkt.

2. Frankreich. Den Einfluss der Franzosen zuzulassen, war ein «schrecklicher Fehler». Wieder geht das auf das Konto von Roosevelt persönlich. Die Franzosen wurden zu einem wichtigen Alliierten aufgebaut und durften sich als die vierte Großmacht aufführen. Sie konnten ihrem Rachedurst, ihrem Chauvinismus freien Lauf lassen und ihrer Armut abhelfen. Sie plünderten Deutschland erbarmungslos aus und weigerten sich, auch nur ein einziges Element von Recht und Ordnung aufkommen zu lassen. In ihrer Zone gibt es nichts davon. Auf nationaler Ebene haben die Franzosen alle Bemühungen um eine interzonale Zusammenarbeit sabotiert. Die Angst, Deutschland könnte vereinigt werden, verfolgt sie wie ein Gespenst. Eine Konstruktion aus zentral regierten Provinzen kommt für sie nicht in Frage. Mehr noch, zusätzlich zu der Macht und der Glorie, die wir ihnen überließen, mussten wir sie jetzt auch noch mit Samthandschuhen anfassen! Die Franzosen hielten es für unumgänglich, ihre Zone auf respektable Größe zu erweitern – sie reklamierten den sogenannten Brückenkopf Koblenz für sich (und damit ein Stück von einem der größten Weinbaugebiete der Welt), wollten einen Teil von Württemberg-Baden behalten (dass sie am Ende aus Stuttgart hatten abziehen müssen, war ein schrecklicher Prestigeverlust für sie!) und in eine Ecke von Berlin einziehen. Keine dieser Forderungen machte es leichter, zu einer neuen, funktionsfähigen Politik für das Postnazideutschland zu kommen. (Derartige Unzulänglichkeit, Inkompetenz und solch bösartige Dummheit sind freilich kein nationales Monopol der Franzosen – als die Amerikaner einen Teil der britischen Zone verlangten, um Bremen zu einer Enklave zu machen, war weitgehend die gleiche Engstirnigkeit am Werk; die Navy wollte unbedingt Gebiete am Weserufer

behalten, die keiner je gesehen hatte und die gänzlich unnütz waren. Und als eine amerikanische Armee [Patchs 7. Armee] aus ihrem Verwaltungsgebiet [Bayern] abziehen musste, um anderen Streitkräften [Pattons 3. Armee] Platz zu machen, denen man aus guten Gründen die westlichen Militärbezirke hätte zuweisen sollen, war wieder Inkompetenz im Spiel. So kam es, dass man zwei Monate nach Beginn der Besatzungszeit wieder von vorn anfangen musste.)

3. Das Fehlen einer politischen Linie. Der Schatten des Morgenthauplans seit Quebec. Die von Colonel Bernstein verfolgte Politik der Zerschlagung: Deutschland hassen und vernichten. Die Rückverwandlung des ganzen Landes in ein Ackerbaugebiet. Das amerikanische Programm: Erhaltung der chaotischen Zustände! Keinerlei Wiederbelebung der normalen sozialen Aktivitäten, Lähmung. Und jetzt müssen die Amerikaner erhebliche Mitverantwortung für die Last des Winters in Deutschland tragen. Sie haben die Deutschen davon abgehalten, Vorkehrungen dafür zu treffen, dass in Zukunft ausreichend Lebensmittel, Heizmöglichkeiten und Kleidung da sind. Textilfabriken wurden außer Betrieb gesetzt. Die bevorstehende Krise hätte man vermeiden können. Aber bis nach der Potsdamer Konferenz gab es keine brauchbare Strategie für den Umgang mit Deutschland. Der Juli und August vergingen, bevor irgendjemand vernünftige Prinzipien entwickelt hatte, die als Richtmaß für die Zerstörung und den Wiederaufbau Deutschlands nach der Nazizeit hätten dienen können.

4. Die Versäumnisse einer Armee, Nachkriegswehen. Der Fluch des Heimwehs. Wer könnte sich immerfort in Geduld fassen? Soldaten ohne wirkliche Moral – wer hat sie auf den Einsatz in Deutschland vorbereitet? Kampftruppen, vom Kommandeur bis zum Spähtrupp, die es gewohnt sind, ihren Willen durchzusetzen, wehren sich jetzt gegen die zuneh-

mende Bewegungseinschränkung durch zivile Anordnungen und Wiederaufbau – der taktische Befehlshaber möchte die Anweisungen geben. Ganz allgemein sind die Amerikaner unbehauste Touristen – die Franzosen haben ihre Familien in der Nähe, die Russen, die Engländer fliegen nach Hause. Die ziemlich naive Empfindlichkeit der unpolitischen amerikanischen Militärs im politischen Europa – wie konnten wir nur einen hervorragend geeigneten Generalsekretär berufen, obwohl irgendein CIC-Sergeant die Information ausgrub, dass er gewisse kritische Artikel über Roosevelt geschrieben hatte (nicht weniger als das!). Wie hätten wir einen ausgezeichneten Regierungspräsidenten im Amt lassen können (in Ansbach), als herauskam, dass er früher eine hohe Stellung in einem Büro (für Werbung) im Dienst der Nationalsozialisten bekleidet hatte?

- Russische Entnazifizierung: Nachweis des Chefs von der Schuhfabrik Salamander, sein Mann in Sachsen, ein bekannter Nazi, sei immer noch dort. Kein Gesetz Nr. 8.
- Der alliierte Wettstreit: Die russische Agrarpolitik setzt Amerika unter Druck, die amerikanische Wahlpolitik Russland. Verschiedener Druck in Berlin, angefangen von politischen Forderungen bis hin zur Eröffnung von Cafés, Kinos und der Zulassung von Tageszeitungen.
- Totalitäre deutsche Strukturen in der russischen Zone zu russischen Zwecken. Schukow unterstützt die deutschen Repräsentanten voll und ganz (etwa gegen das Oberkommando der Roten Armee).
- Fraternisierungsverbot. Aber als Göring sich einschmeicheln wollte, gab ihm nur ein einziger amerikanischer General die Hand – was wäre, wenn zwei Millionen GIs die Hände ergreifen würden, die man ihnen entgegenstreckt?

- Das Schwinden der amerikanischen Reputation. Die Direktive JCS 1067, Erhaltung des Chaos.
- Der Skandal des amerikanischen Soziallebens in den Besatzungsgebieten. Mätressen.
- Die übertriebenen Sicherheitsmaßnahmen. Die grundsätzliche Ordnungsliebe des deutschen Volkes. Die Aktualität des Berichtes von Byron Price: Verifizierung.
- Drohungen: Städte evakuieren, wenn es zu Unruhen kommt.
- Eisenhower und Schukow waren Kumpel, tralala!

29. NOVEMBER BIS 1. DEZEMBER 1945

Vermischtes von der Reise nach Stuttgart:

Die Streitlust unter den amerikanischen Besatzern entzündet sich auch noch am kleinsten Detail. Ich erfahre, dass in Karlsruhe vor kurzem ein vom Militär betriebenes Kino eröffnet wurde, «The Palace»; und die Betreiber zeigten zur Einweihung «Die Spur des Falken»! Was für ein Sturm! «Schlechter Geschmack und außergewöhnlich schlechtes Urteilsvermögen», lautete ein noch gemäßigter Kommentar des beunruhigten amerikanischen Kritikers. «In diesem Stadium der Besetzung Deutschlands ist ein derartiger Film ein klarer Fehlgriff. Die deutsche Kriegspropaganda hatte Amerika als ein Land der Gangster dargestellt. Und dieser Streifen zeigt nun in den Hauptrollen eine Frau aus der Unterwelt und einen Mann, der mit seiner Missachtung der Polizei prahlt; drei Morde werden begangen, und die Polizei kann die Verbrecher nicht dingfest machen.»

Aber die Deutschen verzichten derzeit auch nicht auf Pro-

test. Ebenfalls in Karlsruhe hatte der Kulturbund vor ein paar Sonntagen ein Konzert- und Theaterprogramm veranstaltet. Die siebte Nummer auf dem Programm war eine Auswahl aus Bert Brechts *«Dreigroschenoper»*, die offenbar systematisch wieder in den Blick gerückt wird. (Ich habe eine Aufführung in Berlin verpasst.) Aber vor und während dieser Nummer kam im Theater wachsende Unruhe auf. Es war nicht zu überhören: Leute schrien, stampften auf den Boden, pfiffen. Nach ein paar Minuten konnten die Schauspieler wieder Ruhe und Ordnung herstellen. Sie drohten, sie würden die Polizei rufen, und diejenigen, denen die Musik nicht gefalle, sollten bitte den Zuschauerraum verlassen. Daraufhin ging ungefähr ein Viertel des Publikums. Die Aufführung wurde fortgesetzt. Mein Informant findet es «interessant, dass es die jüngeren Leute im Publikum waren, die für die Störung sorgten», hält die Demonstration für eine politische Reaktion, da man Brecht «kommunistische Neigungen» unterstelle, die «in seiner Musik zum Ausdruck kommen». Natürlich ist uns Brecht nicht unbekannt, aber die

«Dreigroschenoper» kenne ich nicht, also kann ich mir kein Urteil erlauben. Nach dem allerdings, was ich sonst von dem Vorfall hörte, scheint mir die Situation etwas anders gewesen zu sein. Eine junge Frau, mit der ich mich unterhielt, hatte eine sehr entschiedene Meinung. Sie bestritt, dass Politik oder Kommunismus etwas damit zu tun hätten. «Die Oper ist Schmutz und Schund. Der Text? Der geht ungefähr so: ‹Das war so schön in diesem halben Jahr, in dem Bordell, wo unser Haushalt war!› und ‹dazu ist der Mensch nicht schlecht genug› und immer so weiter. Das ist Vergangenheit und widerspricht den Empfindungen der späteren Generationen. Die jungen Leute haben einen ganz anderen Geschmack, der Brecht von 1928 ist überholt! Die Älteren mögen sich die Lippen lecken und mit den Augen rollen, aber für uns ist so etwas widerwärtig und verderbt oder mindestens abgeschmackt.»

- Anstieg der Kriminalitätsrate: Bewaffnung der deutschen Polizei in bestimmten Gegenden.
- Anstieg der Jugendkriminalität: Ausgehverbot für unter Achtzehnjährige nach Anbruch der Dunkelheit.
- Zunahme kommunistischer Gemeinschaftshäuser in Kleinstädten (Tempo der Kommunisten bestimmt, wie schnell es in der Politik vorangeht!).
- 14. November: In Crailsheim hing eine Suchmeldung des Deutschen Roten Kreuzes aus, in der nach dem Verbleib von zwei jüdischen Kindern gefahndet wurde, deren Eltern im Konzentrationslager gewesen waren. Die Meldung wurde verschandelt und das Wort «Juden» draufgestempelt.
- Gemeinschaft der Nazis wird durch die systematische politische Verfolgung seitens der Besatzungsmächte gestärkt.
- Die Kampagne gegen fraternisierende deutsche Frauen geht weiter.

Aus dem wöchentlichen Geheimdienstbericht:

«Die Lockerung des Fraternisierungsverbots hatte zur Folge, dass die Kontakte der Zivilbevölkerung mit den in ihrer Gemeinde stationierten amerikanischen Truppen deutlich zunahmen. Der Ärger über diejenigen deutschen Frauen, die sich entgegenkommend gegenüber amerikanischen Soldaten verhalten, wird immer offenkundiger und hat schließlich in einem Pamphlet Ausdruck gefunden, das allgemein als ‹Die Schokoladenhure› bekannt wurde und unten abgedruckt ist. Auffallend ist, dass den amerikanischen Soldaten Anschuldigungen oder Unterstellungen erspart bleiben. Der Autor ist nicht bekannt. Ein zweites Flugblatt, nicht in Versform, aber im Thema ähnlich, mit dem Titel ‹Was uns nicht gefällt›, findet sich als Anhang A zu diesem Bericht.»

Hurengedicht
Ob verheiratet oder ledig, huren tut ihr stetig
Schokolade wollt ihr haben, doch nur für andre Gaben
Der Mann ist gefallen im Feld, Euchs um so besser gefällt
Der Bräutigam ist vermißt, die Braut um so schneller vergißt
Sechs Jahre haben wir für Euch gestritten, sechs Jahre haben wir für Euch gelitten
Seid Ihr denn so vergessen, und denkt nur ans Schokolade essen?

Anhang A zum wöchentlichen Geheimdienstbericht:

«Habt ihr je all diese hübschen Damen gesehen, wie sie an den Ecken stehen und in den Wäldchen schlendern? Alle Altersstufen, vom Schulmädchen bis zur Mama, kann man finden, manche sind sehr verlegen, und andere meinen anscheinend, dass sie der Welt jetzt offen und nachdrücklich den Frieden bringen. Ja, das wär' schon recht, aber hört, was uns nicht gefällt: Für ein Pfund Kaffee, eine Tafel Schokolade, ein Tütchen schwarzen Tee, für Apfelsinen, Bonbons, Kekse oder was auch immer geben diese hübschen Damen alles hin. Sie geben für die fragliche Aktivität nicht nur ihre Frauenehre auf. Was sie als Privatpersonen tun, interessiert uns nicht. Aber wohin wird es führen, wenn sie tun, wie es ihnen gefällt, wenn sie auch noch stolz auf ihre Rolle sind? Schaut her, hier liegt die Gefahr für uns: Nicht nur die anderen Frauen, sondern wir, die Deutschen insgesamt, leiden unter den Krallen, die der Teufel der Hurerei langsam, aber sicher ausstreckt, um uns in der Welt zu unterdrücken.

Darum wollen wir diesen Mädchen sagen, wie die Dinge wirklich stehen. Es stimmt, der Krieg ist verloren, und das Dritte Reich ist verschwunden. Aber wir haben einen Eid geleistet. Egal, wie tief der Schmutz, egal, wie groß unser Leid, egal, wie hart unser Los, das uns nicht nur jede Freude, sondern auch viele Tränen kostet, wenn sogar unsere ganze Zukunft im Dunkeln vor uns liegt – unsere Ehre wird gewahrt bleiben! Denn wer diese Kostbarkeit zerstört, vergisst, dass unsere Toten, die ihr Leben für uns gaben, zuschauen und sich schaudernd und schweigend abwenden. Darum wollen wir diese Damen öffentlich und im Namen aller warnen. Wenn ihr mit dieser Hurerei im Privaten wie in der Öffentlichkeit nicht aufhört, dann sind wir mit euch fertig – dann seid ihr für uns Luft. Der Krieg ist verloren, doch unsere Ehre ist uns geblieben, und wir dürfen nicht vergessen: Wir sind Deutsche und werden es bleiben.»

Immer noch Räumungsarbeiten, und jetzt werden mehr und mehr alte Nazis zum Straßenkehren eingezogen.

Pforzheim ist immer noch ein Augiasstall. In Stuttgart sieht man blank polierte und effiziente Straßenbahnen, und fast alle tragen die Aufschrift: «Eine Spende der Stadt Pforzheim, um die Stuttgarter Verkehrskrise zu beheben». (Oder: «Ihr habt wenigstens noch Straßen. Bei uns wird es Monate dauern, bis wir nur das Pflaster wieder finden, von den Gleisen ganz zu schweigen!»)

Die Kinder gehen wieder zur Schule, und nachmittags sieht man kleine Gruppen mit ihren Ranzen. Wegen der einsetzenden Kälte droht jetzt erneut die Schließung der Schulen. Kein Brennstoff. Pläne, um die Schulen offen zu halten, sind so einfallsreich wie verzweifelt – dass jedes Kind pro Tag ein Stück Holz mitbringen soll, ist besonders aufschlussreich und anrührend.

Die Arbeit der Militärregierung und der deutschen Verwaltung im Ganzen: Offenbar ist das Stadium der Besatzung erreicht, in dem beide Parteien darauf hinarbeiten, dass die Deutschen die Selbstverwaltung übernehmen.

Die Aktivitäten der Kommunisten: Versöhnung mit nominellen Nazis? In der letzten Zeit wurde in Reden ausdrücklich betont, dass «jedermann» das Wahlrecht habe!

FREITAGABEND, 30. NOVEMBER 1945

Augsburg

Wir brachen in aller Eile auf, verließen das Hotel Graf Zeppelin, rasten zur Tankstelle vor den Toren Stuttgarts, kurz bevor sie schloss – was das Ende unseres Trips bedeutet hätte. Benzin und Öl, und los ging's in die Kälte. Das Wetter war klar, die

Sterne schon zu sehen – bis zur Schwäbischen Alb, dann lag Schnee auf der *Autobahn*, und unsere Fenster waren vereist, während wir uns ohne Sicht durch den Nebel tasteten. So ging es Stunde um Stunde, bis wir endlich Augsburg erreichten. Setzte AG im Kaiserhof ab und schaffte es, nach nur knapp einer halben Minute weiterzufahren – auf nach Haunstetten.

Natürlich war ich ängstlich und beunruhigt. Es war schon mehr als zwei Monate her, dass wir uns zuletzt gesehen hatten – möglicherweise hatte sie sich für die Repatriierung entschieden, vielleicht waren sie umquartiert worden. Es war schon fast elf Uhr abends, als der Jeep vor der Heimbaustraße 13 zum Stehen kam. Alle Häuser lagen im Dunkeln, und ich konnte die Leute geradezu aufwachen hören, als ich mich vorantastete und mein Unbehagen überwand, um diese Zeit noch an fremde Türen zu klopfen. Jemand öffnete. Sie sagten, sie würden sie rufen. Nach ein paar Minuten kam ein zitterndes, schläfriges, überraschtes Mädchen, fassungslos, wiederholte staunend meinen Namen, immer wieder, und umarmte mich schließlich, setzte sich neben mich und verkündete flüsternd weiterhin ihre Verwunderung.

Wiedersehensfeier bei den Ossmanns – Frau Ossmann begrüßte mich fast überschwänglich. Wir saßen, tranken Champagner und lehnten höflich das angebotene Mitternachtsmahl ab. Sie machte sich eifrig daran, für uns zwei ein Zimmer für die Nacht herzurichten. Aina konnte nur sagen: «Drei Monate … mein Gott, drei lange, schreckliche, einsame Monate! … Wie ich dich vermisst habe! Ich konnte einfach nicht glauben, dass du zurück nach Amerika gegangen bist. Ich konnte nicht verstehen, dass ich gar nichts von dir hörte … O, mein Liebling, wie froh ich doch bin, dass du wieder da bist! Doch morgen, am nächsten Tag schon, werde ich wieder verzweifelt versuchen, mich daran zu erinnern, wie es war, dich zu sehen und dich zu hören, dich hier bei mir zu haben.» Ich konnte ihr nur entgegnen, dass es in Wahrheit nur zweieinhalb Monate gewesen seien ...

Wir tranken mehr, als gut gewesen wäre, und waren beide ziemlich beschwipst, als wir zu Bett gingen und keinen Schlaf fanden. Sie brach irgendwann vor Tagesanbruch auf (ihre gute alte Prüderie!). Wie früher hörte ich sie auch jetzt nicht gehen. Am Morgen wollte der Jeep nicht anspringen. Wir probierten es mit Heben und Schieben, und plötzlich lief der Motor. Noch einmal ein kurzer Besuch bei Aina. Sie hielt ihre Tränen zurück. Schließlich schaffte ich es, Vorräte für sie abzuladen: Lebensmittel, Kleidung, Toilettenartikel. Sie schlug die Hände vors Gesicht, war beschämt von meinen Gaben, ihrer stillschweigenden Entgegennahme. Ich küsste und küsste sie immer wieder, im vergeblichen Bemühen, endgültig Auf Wiedersehen zu sagen. Um zehn war ich wieder in der Stadt, las AG auf, fand mit etwas Glück beim Schneider eine bayerische Jacke für mich, und dann traten wir die Rückreise an.

Erneut zog Nebel auf, und wir konnten das letzte Schild kaum noch entziffern: «Sie verlassen jetzt Augsburg – Warum lassen Sie nicht auch alle Sorgen hinter sich? – PRO STATION»

4. DEZEMBER 1945 Frankfurt

Programmpunkte für den Abend: Mädchen einsammeln und zur alle fünf Tage fälligen VD-Untersuchung bringen.

An der «Annahmestelle» wartete eine attraktive, gut angezogene Dame, Gattin eines ehemaligen Wehrmachtsoffiziers (wer weiß, wo die jetzt alle sind). Hatte mit einem Negersoldaten geschlafen. Sie war auf dem Weg von Mainz nach Heidelberg gewesen, um ihre Tochter zu besuchen. Unterwegs hatte ein Mädchen ihr angeboten, sie über Nacht bei einigen amerikanischen Freunden unterzubringen. Sie nahm das Angebot an und wurde in die Negerkaserne in Offenbach gebracht. Dort erhielt sie Essen, ein warmes Zimmer und ein Bett (in dem man sie fand). Sie wurde gefragt, ob sie wisse, dass gesellschaftlicher Umgang mit Negern, von sexuellen Beziehungen ganz zu schweigen, normalerweise missbilligt werde. Sie erwiderte: «Ich verstehe nicht, was daran falsch ist. Es sind Amerikaner, genau wie Sie – oder etwa nicht? Ihre Demokratie sagt, alle Menschen sind gleich.»

Urteil: VD-Untersuchung, Geldstrafe wegen Missachtung der Sperrstunde und unerlaubten Betretens von amerikanischem Grundbesitz.

Offene Feindseligkeiten – Fabrik in der Nachbarschaft von Wachen der 29. Infanteriedivision gesichert, und das Schießen aus dem Hinterhalt scheint regelrecht Spaß zu machen, und zwar mit Gewehren, Pistolen, Schmeisser-Pistolen und sogar Maschinengewehren. Die Infanterie «hat die Nase voll davon», bald «wird's einen erwischen». Die Geschichte: Die Neger betrinken sich, fangen an zu schießen, spielen sich gewaltig auf. Ein MP erklärt sich das so: «Die wollen Eindruck schinden bei den weißen Mädchen, die mit ihnen zusammenleben.» Eines Nachts standen fünf vor dem Tor zum Vorratslager der Militärpolizei. Betrunken und wild und gewalttätig. «Kommt doch raus und schnappt uns, ihr Scheißkerle!» Aber kurz danach verschwanden sie wieder.

Eine Unterhaltung: «Weißt du was, Boss, wenn ich wieder in den Staaten bin, habe ich keine sechs Monate mehr, dann ist Schluss. Ich weiß es, ich weiß es. Ich werd einfach umgebracht.» Warum? «Bin eben verrückt nach den weißen Weibern, die ich hier hab. Die *Fräuleins* sind gut zu uns, wirklich wahr. Will bestimmt mehr davon, wenn ich wieder in den Staaten bin.» Sagt der MP: «Pass bloß auf, Junge! Mit solchem Mist kommst du zu Hause nicht weit. Sechs Minuten, länger überlebst du da nicht.»

Fragment: «Was für ein Job! Heute habe ich Deutsche aus vier Häuserblöcken ausquartiert. Sie müssen den DPs Platz machen, die jetzt ankommen. Scheiße, sie durften kein Stück mitnehmen, nur etwas persönliche Habe. Keine Möbel, keine Bilder, nichts. Ein paar haben versucht, doch etwas rauszuschmuggeln. Konnten wir nicht zulassen. Krauts, Krauts und noch mehr Krauts, alte Männer, Frauen, Kinder, alles.»

«Jesses, ihr seid ja wie die Gestapo! Gestapo spielen, macht euch das Spaß?»

«Jawoll, seht mich an, Leute, ich bin ein Gestapomann!» Gelächter.

«Na ja, das hätten sie sich vor sechs Jahren überlegen müssen. Das haben sie sich selbst zuzuschreiben. Wenn diese Mistkerle nicht gewesen wären, hätten wir nicht rüberkommen müssen. Scheiß auf die!»

DIENSTAG, 5. DEZEMBER 1945 Frankfurt

Wir haben ein amerikanisches Frankfurt mit unserem ruhigen Sperrgebiet und dem interessanten Blick auf Trümmer in der Ferne, jenseits des IG-Farben-Gebäudes, mit geregelter Hauptquartier-Routine und den schwachen Anregungen aus importierter kultureller Vielfalt (eine Zeitung, ein Film), mit der Langeweile eines beengten Lebens zwischen Arbeitsplatz,

Kantine und Quartier, mit unserer Gedankenlosigkeit in Europa oder unserer Hartherzigkeit.

Daneben gibt es das deutsche, weitgehend unbekannte Frankfurt, die berühmte Metropole, die sich zwischen ihren eigenen Ruinen verstecken möchte, deren Einwohner wie Schlafwandler wirken, nur dass sie nicht träumen, sondern wirklich unter Kälte und Hunger leiden, in kahlen Zimmern sorgenvoll zittern, sich kaum einmal in die überfüllten und ungemütlichen Kinos verirren, hilflose, ohne die Stützen ihrer Gesellschaft haltlose Menschen, die selten durch befremdliche, energische Worte in den Zeitungen getröstet werden.

Dann ist da noch ein Frankfurt, in dem sich die beiden Welten treffen, eine schmale Zone im Zwielicht unserer Zeit, eine neugeborene, aus dem Müll, der Gewalttätigkeit, dem Schmutz des Krieges hervorgegangene Stadt. Am Bahnhof trieb sich eine unbestimmbare Menschenmenge herum. Auf dem Vorplatz waren GIs und deutsche Mädchen, die sich gegenseitig ansprachen und unter den trüben Straßenlaternen stehen blieben, als wollten sie dem Geschäft einen Anstrich von Geselligkeit geben. In der Bahnhofshalle waren die großen Wartesäle mit Reisenden und Flüchtlingen überfüllt. Sie standen an den Wänden, ihr Gepäck neben sich, sie saßen zusammengedrängt in Gruppen, sangen oder kauten dunkle Brotkrumen, Familien lagen gemeinsam unter mehreren Schichten von Decken und verschliefen den Lärm und die Störungen. In den Kellern hatte das Rote Kreuz einen geheizten Schutzraum für Mütter und Kinder eingerichtet. Die alten Frauen waren erschöpft, die jungen zerbrechlich und krank, die Babys wimmerten und schrien die ganze Nacht. Alte und Junge schliefen zusammen in Kinderbetten, manche fanden eine Armeetrage oder legten sich auf die ordentlich gepolsterten Holzbänke, die reihenweise in der Weite des Bahnhofsuntergrunds standen.

Oben, abgelegen neben den Seiteneingängen, parkten ein paar Lastwagen der Army. Sie waren mit *Fräuleins* beladen. Ein Wagen hatte fünfzehn eingesammelt, einige Neger drängten sich über die Ladefläche, um den Eindruck einer normalen Truppenbewegung mit dichtbepackten Lastwagen zu vermitteln. (Bei einer Razzia kurz danach fanden sich vierundzwanzig Mädchen in der Kaserne, die in manchen Fällen seit Wochen dort ganz angenehm im üblichen GI-Luxus gelebt hatten.)

Nach einem Regentag war die Stadt nass und still. Wir schlenderten durch die Außenbezirke. Aber offenbar verlieh das ungemütliche Wetter ihnen ein gewisses Maß an Ruhe. Das Café, in dem ein deutscher Polizist zwei Polen erschossen hatte («totgeschossen, und das mit einer kleinen .25», erzählte mir der MP verwundert), hatte geschlossen. Gegenüber auf dem Platz war ein anderes kleines Café hell erleuchtet, warm und voller Menschen, die Bier tranken und in kleinen Runden beisammensaßen. Die wenigen Polen, die noch dort waren, verschwanden blitzartig, als eine blau gekleidete Streife vorbeikam und ihnen klarmachte, dass es in ihrem Camp ziemlich gekracht habe. Der Wirt sprach beflissen Englisch und war recht freundlich. Er bot uns Wein und Bier an und fragte, ob das Schild am Eingang in Ordnung sei: «Keine Unruhen in diesem Café, bitte! (Streitet draußen)». (Übrigens hatte es weniger Unruhen gegeben, seit die Lagerverwaltung den DPs jedes Mal die Zigarettenration kürzte, wenn sie nicht rechtzeitig zur Nachtruhe ins Camp zurückgekehrt waren.) Auch in den amerikanischen Clubs der Außenbezirke herrschte Ruhe. Soldaten saßen zu Hunderten und tauschten ihre endlosen Geschichten von Ersatztruppen, falschen Kommarechnungen, tyrannischen, korrupten Offiziersccliquen, Kraut-Schikanen und so weiter aus. Der Bierkeller unten war gesättigt mit dem Dunst, den sie mögen. Im Palmengarten Pingpong- und Billardtische und alte Nummern des «Time»-Magazins und des New Yorker. Keine Mädchen, nur ab und zu eine Angestellte aus der Zivilbevölkerung oder jemand vom Women's Army Corps.

Hier gibt es «Häuser mit Huren», aber kaum Bordelle, und die Unterscheidung ist historisch und wichtig, denn die Presse befasst sich offenbar lebhaft mit dem Thema Prostitution. Natürlich ist das «Zusammenziehen», wie die Truppen es nennen, gang und gäbe, aber das ist etwas ganz anderes als Prostitution, die kommerzialisierte Unzucht. Einen «Markt» für Frauen gibt es nicht, weil sie in Deutschland nach der traurigen Vereinsamung und Enttäuschung der schlimmen Jahre allesamt zu haben sind. Die umfassende Willigkeit der Kapitulation macht einen anderen Aspekt unseres Lebens hier deutlich, den die Presse ständig verzerrt. Nicht Widerstand gegen die Amerikaner, sondern billigende Hinnahme der Besatzung bestimmt das Bild der amerikanisch-deutschen Beziehungen. Die Deutschen haben die Amerikaner in ihre Betten eingeladen. Wenn das Moralgefühl der Mittelschicht dadurch verletzt wird – es hätte sich gehört, sie erst einmal in die Wohnung einzuladen –, dann sollte man wissen, dass es keine Wohnungen mehr gibt und dass das bürgerliche Bild vom schicklichen Gesellschaftsleben – die Gastgeberin mit ihren Gästen in einem gepflegten Wohnzimmer – brutal zerschmettert wurde.

Über Funk wurden wir zu einem Haus gerufen, in dem es Ärger gab, und auf dem Weg dorthin konnte ich mich mit den Abzweigungen kaum zurechtfinden. Es war irgendwo in der Nähe der Kaiserstraße, konnte auch Elbestraße sein, jedenfalls kamen wir an, und alles war still. Wir sahen uns um und konnten uns die Geschichte schließlich zusammenreimen, als wir wieder am Standort waren. Zwei junge Frauen hatten eine dritte «wegen Tripper» angezeigt. Diese lag lange, teure Wochen im Krankenhaus und zeigte nach der Entlassung wiederum die anderen beiden an. Die Abstriche werden wahrscheinlich eine Geschlechtskrankheit ergeben, und die Rache ist perfekt. Der nächste Funkspruch rief uns zu einem Vorfall mit größerer Gewalttätigkeit. Männer der Luftlandetruppen nahmen das Haus auseinander. Die Mädchen waren offenbar nicht bereit gewesen, alle Forderungen ihrer Kunden zu erfüllen. Die fühlten sich in ihrer speziellen Leidenschaft zurückgewiesen und gingen dazu über, die Betten kaputt zu schlagen, die Frauen zu prügeln und Kopfkissen aufzuschlitzen. Als unser MP-Jeep eintraf, war die Wohnung verwüstet. M.s Razzia in einem anderen Stadtteil fand geregeltere Verhältnisse vor. Man musste gegen die Tür treten und an den Schlössern und Riegeln rütteln, aber dann machte eine Blondine auf. Alle Anwesenden, nackt oder spärlich bekleidet, suchten eilends Deckung. Ein paar GIs wurden festgenommen. Ein Offizier war darunter (wenn er gewusst hätte, was ihn hier erwartete, wäre er nie gekommen). Die Mädchen wuselten herum und dachten sich eine Verteidigung aus. Sie lächelten und sagten – laut M., der kein Deutsch versteht: *«Du schlaffen mit mir? Isch gut fuckin'.»* Die Wohnung wurde durchsucht, unter den Betten, in den Schränken, in den oberen, ausgebombten Stockwerken, wo sich der Parfumgeruch mit den fauligen Ausdünstungen von draußen zu einem penetranten Gestank vermischte.

16. DEZEMBER 1945 Frankfurt

Kam am Freitagmorgen in aller Eile aus Heidelberg zurück, und nur ein paar Minuten danach waren wir schon wieder unterwegs. Es war kalt und trübe und die Straße nach Kassel über weite Strecken vereist. (Seit dem Unfall in der Schwäbischen

Alb gerate ich in Panik, sobald wir nur etwas ins Rutschen kommen.)

Braunschweig: wieder im Hotel Lorenz. Die Kantine war laut und voller britischer Soldaten und sehr warm. Das Hotel und die Kantine werden teils von Leuten aus der Stadt, teils von offiziellen Armeeangehörigen betrieben, sie sind alle Juden. Und den Davidstern sieht man überall – auf dem Schild steht «JHC»-Kantine, auch auf den Anstecknadeln, die Büroangestellte und Kellnerinnen tragen. Sehr verwunderlich für einen amerikanischen Soldaten, denn nirgendwo in der US-Militärgemeinschaft versorgt eine jüdische Institution die allgemeinen Truppen und arbeitet mit so großer Unabhängigkeit und so hohem Ansehen. (Werbung in eigener Sache spielt dabei keine geringe Rolle, aber vielleicht geht es genau darum.) Wir saßen an der kleinen Bar, und ich unterhielt mich mit ein paar jüdischen Frauen. Sie waren, soweit sie wussten, die Letzten aus der Braunschweiger jüdischen Gemeinde – von den einst über tausend Familien waren noch acht Personen übrig. Sie waren aus den Lagern in Polen zurückgekommen in eine Stadt, die nicht mehr wirklich existierte, in eine Heimat, die sie nie mehr die ihre würden nennen können. Die alte Dame sagte leise zu mir: «Ihr Burschen seid erstaunt und entsetzt über die Ruinen, all die Trümmer … Für uns ist das noch nicht genug!» Leise und traurig, mit abgewandten Augen sagte sie es, als ob sie sich tief im Innern ihrer Hartherzigkeit schäme. «Würden mehr Ruinen helfen?» Eine unversöhnliche Bitterkeit lag in ihrem ruhigen Ton, aus den Worten sprach ihre Seele, zu argumentieren gab es nichts. «Helfen würde es nicht», gab sie zu, «aber wie können wir anders empfinden? Sie haben Heim, Familien, Kinder ausgelöscht, unser ganzes Volk gebrochen und gefoltert und vernichtet …» Und noch mehr haben sie ausgelöscht, sagte ich mir, jedes Mitgefühl, Erbarmen und jede

Großzügigkeit, Menschlichkeit und Liebe. Aber haben denn alle den Mördern zugearbeitet? «O nein, nein! Hier wie überall gibt es *viele anständige Menschen*. Trotzdem gingen die Verbrechen weiter. Niemand half. Niemand schrie laut auf.» Sie schwiegen, um am Leben zu bleiben. Sie wollten leben, nicht sterben, sie wollten einfach weitermachen, von einem Tag zum anderen, und nicht gegen die schwarze Brutalität ankämpfen, sie waren schwach und durchschnittlich und menschlich. Um am Leben zu bleiben. Kein besonders würdiges oder eindrucksvolles Motiv, aber trotzdem: Wer würde so unbedacht sein, ausdrücklich Anklage gegen die große Masse zu erheben, die es versäumt hat, sich zum Heldentum aufzuschwingen? Vielleicht hätten sie sich um der Gerechtigkeit willen selbst zu Märtyrern machen sollen. Aber sie wollten leben. Vielleicht sollten wir Großmut, Verständnis und Liebe aufbringen. Doch wir sind voller Hass und Rachsucht – um damit Bitterkeit und Gram loszuwerden. Wieder eine schwache und menschliche Regung. So wird die Tragödie weitergetrieben. Wir alle schwingen den Messstab der Götter. Keiner von uns wächst auch nur eine Elle über sich hinaus. Der Sache der menschlichen Gerechtigkeit ist am besten mit dem probeweisen Handeln des gegenwärtigen Moments gedient, mit der schwankenden moralischen Entscheidung im Hier und Jetzt, aber unsere Gerechtigkeit zielt auf Vergeltung, und in Traurigkeit und Mitleid verlieren wir den Weg.

Berlin: Ich habe Brigitte wiedergesehen, und sie war so ängstlich und verstört wie sonst. Ihr Vater war verschwunden. Ich hatte ihn zuletzt im November gesehen. Während der abendlichen Festakte zum Jubiläum der Oktoberrevolution hatten wir zusammengesessen und miteinander gesprochen – Schüsse hallten, und er hatte mir meine Besorgnis ausreden wollen. Ein paar Tage danach musste er sich bei der Kommandantura am Alexanderplatz melden. Mit Sicherheit war er ein Parteigenosse gewesen; und ich glaube, ich kenne die Familiengeschichte. Er und Brigitte und die ganze Familie waren viele Jahre auf Tourneen gewesen, die jüdische Veranstalter organisierten, und hatten, so wie bei Theaterleuten üblich, engen Kontakt zu «Elementen», die in der Nazizeit als rufschädigend und ehrenrührig galten. Mit Ausbruch des Krieges verschärfte sich die Krise, und der alte Mann trat in die Partei ein. Aber seinen guten Ruf konnte er nicht wahren. Auf Tournee im von Deutschen besetzten Polen trafen sie alte Freunde wieder, waren freundlich und halfen ihnen, womit sie sich bei den Nazis erneut missliebig machten. Jetzt ist die neue Ära der totalen Entnazifizierung angebrochen. Vor drei Wochen folgte er der Vorladung, und seitdem hat man nichts mehr von ihm gehört. B. und ihre Mutter haben auf der Kommandantur am Alexanderplatz nachgefragt – sie ist berüchtigt, angeblich die schlimmste in der ganzen Zone –, bekamen aber keine Auskunft. Keine Nachricht, kein Versprechen, keine Hoffnung, nichts, nur Ausflüchte und vage Drohungen, falls sie in ihrer Verzweiflung weiter ein öffentliches Ärgernis darstellten.

Aber eine Zeitlang konnten wir die Sorge vergessen. B. war warm und hübsch und bezaubernd in ihrer klugen, energischen Art. Der Sekt war ihr nicht ganz recht, heiterte sie aber auf und belebte sie. Sie machte sich über mich lustig und spöttelte, war jedoch sanfter und zärtlicher als das Mädchen, das ich in Erinnerung hatte. Sie war einsamer, hoffnungsloser als je zuvor und brauchte dringend wenigstens kurze glückliche Augenblicke. Wie war das noch mit dem Mädchen, das sich wünschte, in einen traumgleichen Schlaf zu fallen und wie die Märchenprinzessin in einer Welt voller Farbe und Schönheit wieder aufzuwachen? In diesem schrecklichen zertrümmerten öden Land kann man seine Jugend doch nicht ausleben! Aber im anderen

Fall, hatte sie sich traurig gesagt, würde man die eigene Jugend verträumen und verschlafen, und in zehn Jahren wäre man alt, und alles wäre vorbei. Das war vor fast sechs Monaten gewesen, an einem schönen Sommerabend, als wir noch mit Phantasievorstellungen spielen konnten. Jetzt kamen wir immer wieder auf Elend und Verzweiflung zurück.

«Ich weiß, ich müsste arbeiten, aber wie und wo? Auf deutschen Bühnen zu tanzen, das ist unmöglich. Sie sind kalt und unwirtlich, es hat einfach keinen Sinn. Und jetzt, seit die Tage so kurz sind, wage ich nicht, im Dunkeln nach Hause zu gehen. In den amerikanischen Clubs tanzen, das – das ist eben nichts für mich. Neulich hatte ich fast ein Engagement. Sie würden mich mit dem Auto abholen. Die Bezahlung wäre gut. Sie würden es so deichseln, dass ich mir wegen der Rationen keine Sorgen machen muss. Die Sache hatte nur einen Haken: Ich würde natürlich nackt tanzen, sagte der Manager. Da hab ich beinahe laut geschrien: Was!! – Er sah keinen Grund für meinen Ärger. Schließlich hätten sie mir deshalb so ein gutes Angebot gemacht. Dann erklärte ich ihm, wie mir zumute war. Wenn sie eine Tänzerin haben wollten und ich meine eigene Musik spielen dürfte – mein Gott, sie wollen was ‹Alliiertes›, was Englisches oder amerikanischen Jazz, aber nicht meinen ‹alten Hut›, diesen Strauss oder so –, dann würde ich gern für sie tanzen. Wenn sie was anderes wollten, dann sollten sie lieber eine Spezialistin aus Amerika kommen lassen, die ihnen liefern kann, was sie möchten. Klar, einen Ausweg gibt es immer. Die Manager können dir in allem entgegenkommen. Du musst nur mit ihnen schlafen. Aber wenn's um Hurerei geht, dann kann ich mich auch gleich an die Straße stellen – eine Professionelle zu sein hat wenigstens etwas Würde. Aber diese Leute wollen nicht mich, sie wollen eine Tänzerin. Warum sind die fetten kleinen Mädchen mit den Babygesichtern, die Jahr um Jahr in den Theateragenturen am Schreibtisch saßen, jetzt Stars am amerikanischen Theaterhimmel? Warum? Sie haben nie die Beine bewegt, nie auch nur eine Stunde geübt, sind nicht mal in einer Revue getingelt. Aber das ist unsere Zeit, unsere nette gemütliche Weltgemeinschaft. Und deshalb bin ich mehr und mehr allein. Meine alten Freundinnen finde ich jetzt albern und vulgär – sie wollen immer nur ins Kino rennen und verrenken sich auf der Straße den Hals nach vorbeigehenden Männern. Alles, was du dir von deinem Leben erhofft hast, kannst du getrost im Schutt begraben. Und Hoffnungen auf Deutschland, auf Ideale? – Seien wir ehrlich. Es ist kalt. Ich sitze in meinem Zimmer und zittere und bebe und zähle die Tage im Dezember, dann im Januar und dann im Februar, bis der Winter endlich vorbei ist. Wenn ich frage, warum, sagst du mir, dass das Ruhrgebiet zerschlagen ist, gibst mir Statistiken und erklärst die Strategie für die Versorgung der Europäer, die wir Deutschen ausgeplündert hatten, um in all diesen Jahren wärmer und angenehmer zu leben – dabei weiß doch jeder, dass man auf dem

Schwarzmarkt beliebig viel Kohle kaufen kann. Wir haben den Terror und die Geheimpolizei und die Gestapomethoden so satt. Und immer noch erschreckt uns jedes Klopfen an der Tür. Aber weißt du, wenn die Leute, die in den Konzentrationslagern waren, jetzt draußen sind, kommen die anderen rein, die draußen waren. Manche waren Verbrecher, viele sind einfache, normale Menschen, die ewigen Opfer der Gesellschaft. Ganz gleich, wer an der Macht ist, diese Leute werden vor ihm in die Knie gehen. Das hier ist kein Wiederaufbau und ganz sicher keine Gerechtigkeit. Immer noch die alte falsche Göttin mit den verbundenen Augen und der manipulierten Waage.»

Wir redeten, bis wir es nicht mehr aushalten konnten. Sie lächelte mich mit einem merkwürdig duldsamen Ausdruck an, als ob sie es bereue, mir Kümmernisse aufzubürden, die nicht die meinen waren. Sie umarmte mich mit Anmut und Zärtlichkeit, schmiegte den Kopf an mich, und das Haar verhüllte ihr Gesicht.

Auf dem Weg zurück: Unter den Eichen lief ein GI ohne Mantel und ohne Mütze durch den strömenden Regen; er wedelte mit den Armen; ich hielt an und nahm ihn mit. «O, ich war betrunken», erklärte er. «Und ich muss eingeschlafen sein. Als ich vor einer Weile wieder aufgewacht bin, waren die Kerle und die Mädchen alle weg, und Mütze und Mantel auch und außerdem die halbe Flasche Kognak, die hat mir einer gestohlen, so ein Mistvieh! Aber was soll's. Im letzten Monat hab ich fast dreitausend Dollar verjubelt. Hat keinen Sinn, über die paar Mark zu jammern, die dieses Rattengift wert ist. Tja, die Schwarzmarktzeiten, das war was. Ich hab gar nicht besonders viel auf die hohe Kante gelegt. Hab mir von meinen Leuten zu Hause jede Woche ein paar Stangen Zigaretten schicken lassen, und bevor sie den Hahn zudrehten, hab ich fünf- oder sechstausend Dollar auf die Seite geschafft. Ein Freund von mir hat gut dreißigtausend Dollar auf die Bank gebracht – aber der hat auch in der Küche gearbeitet, Sie wissen schon, der hatte Zucker und Gewürze und einfach alles, was gut und teuer ist.»

Auf den Straßen: Alte und Junge wedeln mit Hundertmarkscheinen, wenn alliierte Fahrzeuge vorbeifahren, hoffen auf ein Geschäft mit Zigaretten oder Schokolade, Zucker oder Frühstücks-, Mittags-, Abendessensrationen, irgendwas Essbarem. In der Innenstadt: Ein Jeep parkt an einer Straßenecke oder in einer Nebenstraße, wildes Gerenne setzt ein – Leute aus dem ganzen Umkreis strömen zusammen, drängeln und schubsen, um irgendwas zu kaufen. Jetzt, da die amerikanischen Truppen sich keine Ware mehr aus Übersee schicken lassen konnten, sind die Preise wieder gestiegen. Zigaretten kosten hundertfünfzig Mark. Auf dem Alexanderplatz schwer bewaffnete Militärpolizei der Kommandantura. Einer, dem wir über den Weg liefen, schwang sich ein leichtes Maschinengewehr über die Schulter: Recht und Ordnung regierten.

Der Tiergarten entlang der Charlottenburger Chaussee nackt und kahl, nur Baumstümpfe. Das neue Ehrenmal der Roten Armee beflaggt mit Hunderten von bunten Fahnen und Bannern, mit Kränzen und Blumen geschmückt, zwei steinerne bewegungslose Wachen vor der gigantischen Skulptur eines Sowjethelden. Jetzt ist der Sieg wohl total. Im Osten, unmittelbar hinter dem Brandenburger Tor, schmückt ein riesiges Stalinbild die Allee Unter den Linden. Im Westen flattert die französische Trikolore auf der Siegessäule. Im Süden steht auf einem Podest zur Erinnerung an den Einmarsch der Russen der erste Panzer, der auf dem Berliner Ring eingerollt ist, mit einer silbernen Plakette: «Dem ewigen Ruhm».

Dieses Theater macht mich krank! Wie mich diese hohle Eitelkeit von Nationalgefühl und Prestigesucht anekelt. Die

endlosen ewigen Symbole korrumpierter Loyalitäten, dieser üble Kreislauf, in dem erst Steine zerschlagen, dann Denkmäler errichtet und dann Bilder und Ideen demoliert werden, widert mich an. Aber vielleicht sollte ich mich beherrschen und auf eine harmlose Bemerkung über das Pathos dieser Allee beschränken. Ich sehe mir das moderne Spektakel der Panzerkolonnen an, die über die Chaussee rollen (und die eindrucksvollen, von der angeschlagenen und verbogenen Quadriga des Brandenburger Tors aus aufgenommenen Fotos). In Sidney Whitmans Buch *Deutsche Erinnerungen* lese ich, wie die deutschen Truppen im Sommer 1871 in die Hauptstadt Preußens heimkehrten, «an jenem denkwürdigen Tage, an dem 45000 Mann unter Führung des Kaisers und seiner Paladine durch das berühmte Brandenburger Tor einzogen und Unter den Linden defilierten ... Die Dächer der Häuser am Pariser Platz waren schwarz von Menschen. Von der Silhouette der Viktoria mit dem Viergespann auf dem Brandenburger Tor war nicht viel mehr zu sehen als die Gestalt der den bronzenen Adlerstab emporhaltenden Lenkerin, so dicht war die Menge, die Zutritt zu dem luftigen Platz erhalten hatte. Riesige Tribünen und rot drapierte Plattformen waren innerhalb und außerhalb des Tores errichtet, eine Sitzreihe erhob sich über der anderen bis zu den Dächern der Häuser und außerhalb des Tores bis zur Höhe der Baumwipfel im Tiergarten hinauf. Kränze, Girlanden und Blumengehänge bedeckten die Häuserfronten, dicke Gewinde von grünen Zweigen schlangen sich von unten bis oben um die sechs Säulen des Tores. Wimpel und Banner, venezianische Masten mit den in halber Höhe angebrachten Wappenschildern von Städten und Provinzen und geschmückt mit Flaggen, Draperien und sonstigem Zierrat verwirrten das Auge durch ihre kaleidoskopische Vielfalt ... Ich kann mich nicht mehr erinnern, in welcher Reihenfolge der militärische Zug im einzelnen geordnet war, zu welcher Zeit er begann, wann er zu Ende war oder wie viele Regimentsmusikkorps uns ihre anfeuernden Weisen in die Ohren schmetterten ... Ein ungeheures Jubelgeschrei erhebt sich, als die Gestalten Moltkes, Bismarcks und Roons, nebeneinander reitend – Bismarck in der Mitte – in Sicht kommen, unmittelbar vor dem Kaiser, dem Kronprinzen und dem Prinzen Friedrich Karl, die links und rechts von dem Monarchen reiten.

Es war ein überwältigender Augenblick, als diese sechs Männer durch das Brandenburger Tor einritten und angesichts der stürmischen Begeisterung, die ihre Gegenwart hervorrief, die Zügel anzogen! Das war der gewaltigste Moment, die Apotheose des siegreichen Deutschland ...»

Wir hielten unsere Kameras an den russischen Wachen vorbei auf das Ehrenmal, und einer der jungen Kerle fing an zu kichern und lockerte damit seine froststarre Habtachtstellung. Wir fuhren durch die Allee, ließen die Siegessäule hinter uns und bogen Richtung Kurfürstendamm ab. Auf dem Weg nach

Potsdam spekulierten wir, a) wie lange das Ehrenmal wohl stehenbliebe – wir einigten uns auf acht Jahre, b) mit welchen Mitteln es zerstört würde – Atomkraft, war die fast einhellige Meinung, c) wie wertvoll Bilder sein würden, die das Vorher und Nachher dokumentierten. Aber irgendwo auf der Autobahn hinter Magdeburg verblasste dieser letzte Gedanke des Sammlers. Unser Schicksal war besiegelt. Unsere Namen waren mit Sicherheit auf Tausenden von Listen unübersehbar verzeichnet, und wir waren alle im Besatzungstruppenregister für die Todesstrafe vorgesehen. Damit sind wir erledigt. Schon beim Gedanken an den letzten Monat wurden wir nostalgisch – damals suchten wir uns noch Gefängniszellen aus. Wir dachten zehn Jahre voraus, sahen uns schon in den Zellen 5, 6 und 7, in Einzelhaft mit Suppe und Brot zweimal am Tag. Geplant hatten wir das nicht, aber die deutschen Generäle, die zurzeit in den Zellen in Oberursel sitzen, hatten auch nicht im Traum daran gedacht, dass sie sich nach einem Leben als Berufsoffiziere am Ende in den dunklen, schmutzigen, kalten, widerwärtigen Winkeln eines Gefängnisses wiederfinden würden und man sie als Abschaum der Welt bezeichnete. Nein, wir würden uns keiner Organisation anschließen, keinerlei Mitgliedskarte erwerben, uns in keine Liste eintragen, wir würden Landkarten des ganzen Planeten sammeln und auf allen Kontinenten Vorräte vergraben, wir würden uns Freunde in der internationalen Gemeinschaft der Schreibkräfte und Stenotypisten suchen (unser Leben hängt womöglich am Farbbandfaden eines Tippfehlers) und uns wild entschlossen mit der unmittelbar bevorstehenden Verwüstung und Verrohung der Erde abfinden. Am Grenzübergang Helmstedt verfluchten wir die Franzosen, die mit ihren Fahrzeugen alle Wege verstopften, warfen den russischen Wachen finstere Blicke zu, verfluchten die Briten, die sich höflich weigerten, uns Benzin zu geben, und murrten vor uns hin, bis wir endlich in Braunschweig waren, wo uns in der gepflegten jüdischen Kantine heißer Tee und Butterbrötchen vorübergehend aus der finsteren Stimmung holten.

Auf der Straße: zwei Kolonnen deutscher Soldaten mit schwarzen, krank aussehenden Gesichtern, schmutzigen und zerrissenen feldgrauen Uniformen, mühsam einen Fuß vor den anderen setzend. Zwei Zivilisten mit weißen Armbinden stützten einen Mann, der bei jedem Schritt in die Knie ging. Passanten blieben einen Moment auf der Straße stehen und betrachteten die Prozession. Der Weg zurück …

AUS DEM TAGEBUCH 1946

MAI/JUNI 1946

Russen graben in Thüringen in fast allen Städten und Dörfern Stromleitungskabel aus.

Verhandlungen mit Skandinavien wurden verschoben: Grund dafür die unsichere politische Lage (Paris). Fleisch und Fett werden in die russische Zone geliefert im Austausch gegen Chemieprodukte und Salz.

Die französische Demontagekommission: Offiziere plus Fabrikanten, die man hat sagen hören, sie würden zwar nicht alle Maschinen brauchen, sie aber trotzdem mitnehmen.

Einfluss der französischen KP auf das Luftfahrt- und das Produktionsministerium in Frankreich – die deutschen Kommunisten billigen die Demontage, weil sie den Einwohnern zeige, dass man nicht nur in der russischen Zone unter Demontagen zu leiden hat.

Demokratische Deutsche verzweifeln. Die Bewegung der Kahlköpfe in Speyer, initiiert von Otto Heß, Eigentümer einer von den Franzosen vollkommen demontierten Fabrik und ein bekannter Nazigegner, der zwei amerikanische Luftwaffenoffiziere gerettet und versteckt und außerdem verhindert hatte, dass die Gestapo französische Zwangsarbeiter evakuierte, und der den Vormarsch der Alliierten unterstützt hatte. Als im Jahr 1943 einige seiner Freunde in ein Konzentrationslager deportiert wurden und sich kahl scheren lassen mussten, machte sich Heß ebenfalls zum Kahlkopf und symbolisierte damit seine «Inhaftierung». Am 1. Juni 1946 ließ er sich noch einmal den Kopf kahl scheren und ermutigte seine Freunde, es ihm gleichzutun. Sein Kommentar: «Wir zeigen damit, dass wir wieder und ohne das Recht, uns zu verteidigen, in einem großen Konzentrationslager leben.»

JULI 1946

Die russischen Techniken der Einflussnahme: Sie überreden und wenden Druck an, um Politiker zu korrumpieren und gefügig zu machen, etwa im Fall Grotewohls, eines Mannes mit Prinzipien und hohen Maßstäben. Druck aller Arten, Appelle an sein Pflichtgefühl; im Januar mitten in der Nacht eine Konferenz mit Schukow in Karlshorst; er müsse in der Politik eine Rolle spielen, ein paar Ideen aufgeben, neues Blut, neue Orientierung seien vonnöten, mit der weitreichenden Unterstützung Moskaus; er, der zukünftige Reichskanzler, könne doch nicht mit reinem Gewissen eine derart wichtige Pflicht missachten, die Pflicht, Deutschland zu rehabilitieren? Amerika ist zurzeit mit dem Problem der Zukunft Deutschlands beschäftigt … Fraternisieren mit den Funktionären der russischen Militärregierung, gutes Essen, Rauchwaren und viel Alkohol.

AUGUST 1946 Frankfurt am Main

Die Erregung des ersten Besatzungsjahres ist vorbei. Der Schock beim Anblick der Ruinen, der Armut, der menschlichen Tragödie hat sich gelegt. Und Amerikaner lassen sich in Deutschland häuslich nieder, mit ihren Familien, Wochenenden auf dem Land, einem Auto in der Garage, Eisdielen (nicht selten inmitten der Trümmer) und einer mit Stacheldraht eingezäunten, lebendigen eigenen Community, von deren Mitgliedern man erwartet, dass sie «schon durch ihre Präsenz und ihr Verhalten die Prinzipien einer Demokratie darstellen und zur Umerziehung der Deutschen beitragen» – so die offiziellen Verlautbarungen. Also macht die Community munter weiter, und das aktuelle Großereignis ist das neue Einkaufszentrum der Army, das demnächst eröffnet wird: «Ein Supermarkt, der größer ist als viele in den USA!» Das Hauptquartier kündigt an, er werde «ein Einkaufsparadies, ein Modell für Modellstädte in den Staaten». Die Baukosten wären sehr hoch gewesen, über eine Viertelmillion Dollar, würden nun jedoch erheblich geringer ausfallen, da die Army deutsches Material und deutsche Arbeiter einsetzte; das wurde offiziell erklärt. Ingenieure fahndeten im verwüsteten Deutschland nach Rohmaterial; sie fanden Kohle für die Fabrik, die Betonschalsteine herstellen sollte; Heizungen wurden aus zerbombten Gebäuden geholt. (Sodawasserspender und Fleischvitrinen fanden sich jedoch nirgends, sie wurden aus den USA importiert.) Die neun Gebäude des Supermarktes werden demnächst von deutschen Kriegsgefangenen und Zivilisten fertiggestellt, eingerahmt von langen Rasenflächen und Blumenbeeten. Amerikaner werden dort alles kaufen können, von Haarnadeln bis Autoersatzteilen. Die Amerikaner, die als Eroberer, nicht als Befreier kamen und offenbar beschlossen haben, als Ausbeuter im Land zu bleiben. Ganz bestimmt lässt man sich keine Gelegenheit entgehen, den Deutschen den wahren Grund für unser Hiersein deutlich zu machen – offenkundig sind wir deshalb da, weil Amerikaner nirgendwo sonst in der Welt, auch im guten alten Amerika nicht, so billig und so luxuriös, mit so vielen Privilegien und so selbstgerecht leben könnten.

Die bodenlosen Täuschungsmanöver und die Heuchelei dieser Zeugen des Hitlerismus, das Ausmaß ihrer intellektuellen und moralischen Verdorbenheit kann ich kaum fassen. Dr. Werner Best (ehemals Reichsbevollmächtigter der Nazis für Dänemark) hatte heute die Stirn, zu behaupten, dass die Gestapo eine unpolitische Organisation gewesen sei und keine Verbindung zu Konzentrationslagern gehabt habe, mit einer Ausnahme: Sie habe sicherstellen müssen, dass die Gesundheit der Insassen nicht gefährdet werde. Von Eberstein (ein SS-General), behauptete, die SS sei eine Art Verkehrspolizei gewesen, nur junge charakterfeste, frische Männer hätten ihr angehört. SS-Obersturmbannführer Robert Brill stritt alle Gräueltaten ab, schob die Schuld auf die Wehrmacht. Man las ihm Äußerungen Himmlers vor: «Genau dasselbe hat bei 40 Grad Kälte in Polen stattgefunden, wo wir Tausende und Zehntausende und Hunderttausende wegtransportieren mußten, wo wir die Härte haben mußten … Tausende von führenden Polen zu erschießen.» Davon hatte Brill nichts erfahren. Er wurde darauf hingewiesen, dass Himmler dies in einer Rede vor Brills eigenem Regiment gesagt hatte. Brill brach zusammen und brüllte, Himmler sei an allem schuld, sein Selbstmord sei ein Verrat an den Kameraden, ein Akt schäbiger Desertion.

Nichts von SS-Gräueltaten gewusst zu haben, behauptete auch General Paul Hausser, ein widerliches Monster, dem ich in einem Kriegsgefangenenlager begegnet war; da hatte er gar nichts gewusst, allenfalls, dass es einen Krieg gegeben hatte. Er war unerschütterlich. Ihm wurde ein Brief vorgelesen (eine Beschwerde General Petzels): «Fast in allen größeren Orten fanden durch die erwähnten Organisationen öffentliche Erschießungen statt. Die Auswahl war dabei völlig verschieden und oft unverständlich, die Ausführung vielfach unwürdig ... Verhaftungen waren fast immer von Plünderungen begleitet. In mehreren Städten wurden Aktionen gegen Juden durchgeführt, die zu schwersten Übergriffen ausarteten. In Turck fuhren am 30.10.1939 drei SS-Kraftwagen unter Leitung eines höheren SS-Führers durch die Straßen, wobei die Leute auf der Straße mit Ochsenziemern und langen Peitschen wahllos über die Köpfe geschlagen wurden ... Schließlich wurden eine Anzahl Juden in die Synagoge getrieben, mußten dort singend durch die Bänke kriechen, wobei sie ständig von den SS-Leuten mit Peitschen geschlagen wurden.» Hausser sagte dazu nur, er glaube die Geschichten nicht. Was für eine üble Kreatur ein Mensch sein kann, wie gemein und abscheulich, was für ein Teufelswerk!

HEIDELBERG

Ein sehr merkwürdiges, gegen die Politik der Besatzer gerichtetes Dokument zirkuliert hier und in Marburg und mehreren anderen westdeutschen Städten. Angeblich ist es die Ansprache, die Kardinal Galen zu Beginn des Jahres in Rom gehalten hat. Galen, der inzwischen gestorben ist, war als freimütiger Kritiker und Nazigegner bekannt und hielt die Alliierten trotzdem für «Feinde», also stammen Teile des Textes wahrscheinlich aus dieser Ansprache, andere Teile sind jedoch gefälscht. Sie beginnt mit der bekannten Theorie, dass der Nazismus sich aus dem Rationalismus des achtzehnten und neunzehnten Jahrhunderts herleite (das behauptete auch Ernst Jünger in seinem nur unter der Hand verteilten Essay *«Der Friede»*), und geht dann zu einem Angriff auf die Gesinnung der Besatzer über: Wenn nur ein toter Deutscher ein guter Deutscher ist, dann werden die Deutschen oder die Russen eines Tages entdecken, dass nur tote Amerikaner gute Amerikaner sind – die Verstöße gegen Recht, Gesetz und Gerechtigkeit, die Beschlagnahme von Häusern. «Die Alliierten können deutsches Eigentum nehmen, deutsche Fabriken demontieren und zerstören, aber den glühenden Hass werden sie niemals löschen können, und wenn es wieder zum Krieg kommt, werden die Deutschen sich dafür rächen, dass sie von den Alliierten so übel behandelt wurden, und ihre Racheakte werden ohne Zweifel die jüngsten Gräueltaten noch übertreffen.» Dieses Thema, die Verletzung des deutschen *Rechtsempfindens*, wurde im kürzlich unterdrückten Hirtenbrief der katholischen Bischöfe ausführlich erörtert. In dem Pseudo-Galen-Dokument heißt es weiter: «Die Nürnberger Prozesse sind ein politisches Schauspiel, das nicht Humanität zum Ziel hat, sondern die politische Diffamierung der Deutschen, von denen manche weniger Schuld an den Verbrechen der Naziführer hatten als jene Politiker anderer Länder, die Hitlers Machtergreifung und Machterweiterung billigend duldeten ... Dieses zuerst von den Nationalsozialisten und jetzt von den Siegermächten gequälte Volk wird in der größten selbstzerstörerischen Schlacht, die die Welt je gesehen hat, mit sich selbst abrechnen und dabei Tausende oder Millionen anderer mit in den Abgrund reißen.» Ton und Taktik des Dokumentes erinnern daran, dass die Axmann-Gruppe nichts dagegen hatte, wenn subversive Nazigruppen sich als christliche Vereine und Kirchgänger verkleideten.

13. AUGUST 1946 Frankfurt

Notizen über die Juden:

Sie hatten nicht viel Zeit, sich mit mir zu unterhalten – «Gottes Werk» war zu tun. Die hohen Feiertage standen kurz bevor, und noch gab es keine Synagoge für die sieben- bis achttausend Juden (aller Nationalitäten, einschließlich US-Truppen), die an den Gottesdiensten teilnehmen wollten. Da war zwar eine ausgebrannte Synagoge, deren Mauerwerk noch stand, aber die Army hatte sich geweigert, die paar Säcke Zement und Kanister Farbe herauszugeben, die man für die Reparatur gebraucht hätte. «Das ist keine militärische Einrichtung», hatte der Colonel gesagt. Ginge es um die Bequemlichkeit und den Luxus von Armeeangehörigen, würde man genügend Baumaterial für gigantische Neubauten bereitstellen können – aus Gründen der militärischen Notwendigkeit.

Nein, diesen schlichten Akt der Militärgerechtigkeit zu erwarten, wäre etwas zu viel verlangt. Auf der Ebene der hohen Politik herrscht unbestreitbar im Geist und im Prinzip Großzügigkeit. Alle europäischen Juden werden im sicheren Hafen der amerikanischen Zone Deutschlands Aufnahme finden; man wird für sie sorgen. Aber genau an diesem Punkt, da eine verwaltungsmäßig geregelte Rechtschaffenheit die Gestalt einer moralischen Handlung (mit geistigen und sicherlich politischen Folgen) annimmt, scheitert sie. Die Gemeinde besteht nur aus ein paar hundert Juden, und weniger als hundert gehörten zur ursprünglichen Frankfurter Gemeinde. Sie wohnen ärmlich und elend in den Ruinen der Stadt. Sie leben als «Deutsche», das heißt, sie sind immer noch der am schlechtesten gestellte Teil der Gesellschaft. Ihre Lebensmittelzuteilungen werden gelegentlich mit Paketen aus Amerika und den offiziellen Extrakalorien aufgebessert, die die Army für sie organisieren soll. Damit können sie sich kaum am Leben halten. Diese Menschen verfügen weder über die physischen Reserven durchschnittlicher Deutscher (jüdische Gürtel sind jetzt schon seit einem Jahrzehnt eng geschnürt) noch können sie auf Geld und Verbindungen zurückgreifen. Ihr altes Eigentum bleibt in den Händen derer, die es sich nach 1939 angeeignet haben. Zwar hat die Militärregierung bändeweise neue Gesetze erlassen und veröffentlicht, aber kein einziges befasst sich mit der Rückgabe individuellen jüdischen Eigentums. Das *Wohnungsamt* zeigt nicht besonders viel Verständnis für die Notlage der Frankfurter Juden, und die Unterkünfte, die man ihnen zuweist – so viele haben die Lager, den Albtraum eines Lebens in Baracken, in der Hoffnung auf «ein Zimmer für sich allein» verlassen – sind ein jammervoller Anblick. Nun bleibt nur noch der Ausweg einer letzten Flucht – nach Palästina oder in die USA. Vorläufig müssen sie ohne Lebensmittel, ohne Möbel, ohne Gerechtigkeit auskommen.

So beginnt das letzte Kapitel der Juden in Europa. Mit einer Flucht und einem Exodus. Der Rabbi der *Frankfurter Gemeinde* – er hat Theresienstadt überlebt – ist im Juni nach Amerika ausgereist. Dass er sich einen Platz auf dem allerersten Schiff dorthin gesichert und seine Gemeinde ohne religiöse Führung zurückgelassen hat, war vielleicht ein Zeichen von Schwäche und wenig souverän. Aber gehen müssen sie alle. Immer mehr werden krank, und in den notdürftig eingerichteten deutschen Krankenhäusern kann man ihnen nicht wirklich helfen. Und mit dem Zustrom Zehntausender aus dem Osten verschärft sich das Problem bis zur Unlösbarkeit. Wie sollen sie alle aus dem Land herauskommen? Die US-Aufnahmequote für deutsche Juden ist hoch, und nur wenige leben noch und können sie in Anspruch nehmen. Die Quote für ungarische, rumänische und polnische Juden ist niedrig, und im Konsulat warten lange Schlangen verzweifelter Bittsteller.

Irgendwann werden alle fort sein; nur ein paar in Mischehen lebende Juden werden bleiben. Tausend Jahre europäischer Geschichte sind dann so gut wie vollständig ausgelöscht.

AUGUST 1946

Die russische Zone

Die Demontage traf den Maschinenbau und andere Zweige der Schwerindustrie; auch einige Textilfabriken in Sachsen wurden demontiert, aber die Russen haben erlaubt, dass sie in Betrieb bleiben, bis die Materialreserven aufgebraucht sind. Am wenigsten betroffen ist die Lebensmittelindustrie. Ein paar Zuckerfabriken und verarbeitende Betriebe wurden demontiert, aber die meisten produzieren, und ihre Erzeugnisse werden als Reparationsleistung kassiert. Ein Großteil der restlichen Industriezweige in der Zone muss achtzig bis fünfundachtzig Prozent der Produktion an Russland abliefern.

Übrig bleiben Ackerbau und Lebensmittelverarbeitung, Textil- und Leichtindustrie, Kohle, einige Ölraffinerien.

Geschätzte Produktionskapazität (laut der deutschen Zentralverwaltung): ungefähr vierzig Prozent des Volumens vom Jahr 1943! Zwanzig Prozent Verluste durch Kriegsschäden; vierzig Prozent durch Demontage.

Die Russen hoffen noch auf einen alliierten Produktionsplan für das Jahr 1949.

Volle Nutzung der Arbeitskraft, Umschulung von Facharbeitern. Zum russischen Plan gehört auch, einen Teil der Arbeitslosigkeit abzubauen, indem Facharbeiter in die Sowjetunion geschickt werden. Es gibt schon Berichte über Transporte!

Die russische Zone hat sechzehn Millionen Einwohner, siebenunddreißig Prozent Erwerbstätige; Mangel an Arbeitskräften, weil sehr viele Arbeiter für Demontagen abgezogen werden. In Sachsen sind es einhundertvierzigtausend.

Für 1949, nach dem Ende der Demontage, erwartet man eine maximale Kohleförderung, weiterhin Einschränkungen in der Papier- und Glasproduktion, der Lebensmittel-, Verbrauchsgüter- und Textilindustrie, ein Minimum an Maschinenbau und Schwerindustrie.

Um die Norm für 1949 zu erreichen, müsste sich die gegenwärtige Produktionsmenge verdoppeln.

Das von den Alliierten für 1949 zugelassene Produktionsvolumen ist nach heutigem Stand unerreichbar, es sei denn, die Produktivität wird erheblich gesteigert.

Sokolowski: Die Demontage wird mit Ausnahme von Rüstungsbetrieben am 1. Mai 1946 eingestellt.

Der Westen ist erleichtert, da keine massive Abwanderung aus der russischen Zone, also keine zusätzliche Belastung der Westzonen, zu befürchten ist, solange es keine Arbeitslosigkeit gibt; das Problem der politischen Emigration wird heruntergespielt. «Die Ernährungslage in der russischen Zone ist genauso gut, wenn nicht besser als im Westen» – deshalb keine Abwanderung.

Maßnahmen, die Kirchen zu kontrollieren. Die Pfarrer erhalten die Aufforderung, ihre Predigten der örtlichen Kommandantur zur Prüfung vorzulegen, Kardinal Preysing, der Bischof von Berlin, wehrt sich dagegen: weiter Predigten halten. Wenn das nicht ohne Zensur möglich ist, keine Predigten mehr. Bischof Dibelius …

15. AUGUST 1946 Frankfurt

Ein Morgen in der Information & Education School, einer Art Fortbildungsinstitut für die Propagandisten der Army:

Wochenprogramm für ausgewählte Offiziere und Mannschaftsdienstgrade, die zu speziellen Kursen nach Frankfurt-Höchst abgeordnet wurden. Sie sitzen hier im Klassenzimmer und werden später in ihren Divisionen oder Hauptquartieren selbst ähnliche Kurse abhalten. Pro Woche sind es rund hundert Teilnehmer, die hier ihre «Prüfung» ablegen; bislang waren es insgesamt einige zehntausend. Die Kurse sind kurz und vielfältig – eine Stunde über die Notwendigkeit von Orientierung, zwei Stunden über den Aufstieg der Nazis, mehrere Stunden über die Probleme der Besatzungszeit in Deutschland, über die angemessene Leitung von Diskussionsgruppen etc. Die Kurse, die ich heute Morgen besuchte, befassten sich mit der Sowjetunion. Der Dozent (vor einigen Monaten hatte ich Captain Baron gehört) war Commander Adler, dessen Zynismus, seit ich zum letzten Mal mit ihm sprach, anscheinend noch zugenommen hatte – ein Zynismus, den ich später durchaus verstehen konnte. «Die Jungs, die jetzt hierherkommen», sagte er, «haben wirklich kein Interesse an dem, was passiert. Sie interessieren sich für Filme, Vergnügen und Eiscreme und für rein amerikanische Angelegenheiten. Was sie zur Zeitgeschichte aufschnappen, sind die Propagandatexte in den ‹Stars and Stripes›, meistens antirussisch geprägt. Keine geistigen Interessen, keine politischen Interessen.» Doch das war nun, wie ich fand, überhaupt nicht der Fall! Zunächst zu den Unterrichtsstunden über die Sowjetunion:

Die Vorträge orientierten sich an einer neuen Handreichung. Die alte hatte Preziosen wie die folgende enthalten: «Es gibt zwei Arten von Diktaturen – solche, die das Volk unterdrücken, und solche, die im Interesse des Volkes und zu dessen Wohl agieren.» Die Sowjetunion war ein Beispiel für die zweite Art. Jetzt waren leichte Änderungen vorgenommen worden. Auch ein kritisches Buch tauchte jetzt unter den alten Standardwerken auf: David Dallins Opus über die Außenpolitik der Sowjetunion. Die anderen waren: Bernard Pares, Margaret Stewart, Joseph Davies, Edgar Snow, Henry Cassidy, Sumner Welles und ein paar weitere akademische Namen. Zu diesen fügte der Dozent noch die Namen von Walter Duranty und Max Lerner hinzu. Der größte Teil der zwei Stunden war einem allgemeinen historischen Sammelsurium gewidmet, mit vielen Einzelheiten aus der Zeit der Zaren und der Bolschewiken. «Die Erörterung des Kommunismus», heißt es in der Handreichung, «spielt nur eine Nebenrolle, sie sollte auf keinen Fall das Hauptthema überlagern. Die übermittelten Fakten sollen darin münden, frühere und gegenwärtige sowjetische Handlungen zu verstehen, ohne moralische Urteile.» Das kann man so nicht stehen lassen – als dürfte man jemals zulassen, dass die moralischen Anliegen der Freiheit und sozialen Gerechtigkeit wegzensiert werden! Unter den gegenwärtigen Umständen provoziert eine solche Haltung sogar noch mehr Widerspruch, weil die Propagandalüge, man müsse «die früheren und gegenwärtigen sowjetischen Handlungen verstehen», letztlich nur auf eines hinausläuft: alles zu entschuldigen. Und am Ende der Stunde formulierten die Studenten im Auditorium ihre Fragen sehr genau, als sie wissen wollten: «Wie entschuldigen Sie denn dieses und jenes?»

Höhepunkte der politischen Linie – wohlgemerkt in einer offiziellen Akademie der US-Army auf dem europäischen Kriegsschauplatz:

1. Die Sowjetunion stellt keinerlei Bedrohung für die amerikanische Sicherheit dar. – Diese Position kann wirklich nur von Propagandisten eingenommen werden, denen daran liegt, Verdächtigungen und Misstrauen zu schüren. Jede «objektive», «unparteiische» Untersuchung der «Fakten» würde diese hinterhältige Aussage sprengen und festhalten, wer zuerst den Eisernen Vorhang herunterließ. Sie würde sich für eine amerikanisch-sowjetische Zusammenarbeit und für den Weltfrieden einsetzen.

2. Die Politik der Sowjetunion ist allein ihrem nationalen Interesse gewidmet; seit dem Scheitern von Trotzkis weltrevolutionären Ideen im Jahre 1928 fehlt ihr jegliche internationale Perspektive.

3. Zu den wesentlichen Zielen und Idealen der Sowjetunion gehören die Weiterentwicklung der Lage der Frauen, ein aufgeklärtes rassisches und nationales Programm, das Wohlergehen des kleinen Mannes und die Ausweitung der Bildung etc. etc.

Diese Behauptungen wurden im Hinblick auf 1) die sowjetische Weltpolitik, 2) das sowjetische Nationalregime und 3) die sowjetische Ideologie aufgestellt.

Im Verlauf der Vorlesungen ergaben sich etliche Spezialprobleme. «Wie lässt sich die Spionage gegen Kanada rechtfertigen?», wollte ein GI wissen. Seine Bemerkungen verrieten einige Beunruhigung über die weltweite Spionage und die weltweiten Machenschaften der russischen Geheimpolizei. Die Antwort lautete, dass alle Länder Spionage betrieben und der amerikanische Inlandsgeheimdienst ebenso sehr eine Geheimpolizei sei wie der russische Apparat. «Warum sollten wir Stalin das Geheimnis der Atombombe verraten», fragte ein anderer Soldat, «wenn das Regierungssystem dort doch kein demokratisches ist? Natürlich sollte es mit freien Ländern wie

Großbritannien eine Zusammenarbeit geben – aber mit einer russischen Diktatur?» Es wurde erläutert, wenn die Vereinigten Staaten den Russen bezüglich der Atombombe die kalte Schulter zeigten, könnten diese mit Recht misstrauisch werden, und dann gebe es keine Garantie mehr für die friedliche Nutzung der Atomenergie, denn unsere Vergangenheit in Südamerika sei ja alles andere als sauber … «Aber wie können wir», hakte ein anderer Student nach, «den Russen wirklich vertrauen, wenn sie einen Geheimdienstapparat besitzen, der sogar in der Lage ist, jemanden wie Trotzki in Mexiko zu ermorden?» Die Antwort lautete, Freundschaft mit den Russen sei eine moralische Verpflichtung, wegen der immensen Verluste der Sowjetunion im Krieg, aber auch eine Schuld wegen Russlands freundschaftlicher Unterstützung der Sache der Union zur Zeit von Abraham Lincoln, als Großbritannien drauf und dran war, auf Seiten der Südstaaten zu intervenieren. «Und dann gibt es ja immer noch Diktaturen wie die von Tito», warf jemand anders ein, «die offenkundig von Moskau geschaffen wurden.» Die Erklärung: Amerikaner würden die Führer revolutionärer Völker immer irgendwie für «schlampige Banditen» halten – man erinnere sich nur daran, wie wir eine Armee nach Lateinamerika geschickt hätten, um den «Banditen» Pancho Villa zu jagen …

Wenn sich die Jungs im Hörsaal bislang noch nicht geschlagen geben wollten, dann sollten die nächsten Fragerunden sie endgültig zu Boden strecken. Wann immer der «Vortragende» um der Argumentation willen ein Zugeständnis machte und einen Einwand gegen Stalin akzeptierte, kam als nächster logischer Schritt – der Krieg. «Wollen Sie etwa Krieg führen gegen die Russen?», donnerte er los. «Überlegen Sie sich doch nur, wie groß dieses Land ist!» (An der Wand hing eine riesige Landkarte, die, nebenbei bemerkt, die Sowjetunion überproportional groß abbildete.) «Denken Sie doch an die immensen Ressourcen! Und an die Amerikaner, die in diesem Kampf fallen würden! Also, ein solcher Krieg wäre – der Ruin beider Länder, und in der Tat wäre er ein Verrat an den Vereinigten Staaten …» Die Klasse war schwer beeindruckt. Doch das höchst Befremdliche dieses politischen Spektakels blieb deswegen unbemerkt: Unter den offiziellen Auspizien der US-Army wurden Kriegsanstrengungen von Amerikanern im Falle einer Auseinandersetzung mit der Sowjetunion als Verrat bezeichnet!

Eins sollte ich auf jeden Fall noch klarstellen: Die vertretene Linie und der ganze Kurs sind nicht etwa reiner oder simpler Stalinismus. Zwar akzeptiert die Handreichung die Moskauer Prozesse als «Ausschaltung der Fünften Kolonne», aber es wird nicht behauptet, dass das Land keine Diktatur sei. Die meisten demokratischen Freiheiten fehlten dort. Es ist nicht einmal die Linie der reinen Mitläufer. Sie ist vielmehr das eigentümliche Resultat der prorussischen Propaganda mitten im Krieg, deren andauernde Nachwirkung. Solange es die Nazidiktatur betrifft, wird jede liberale Position für Freiheit und Gleichheit mit Nachdruck vertreten. Hinsichtlich der stalinistischen Diktatur wird jedoch alles «verstanden» und «entschuldigt». So wird jede gesunde kritische Einstellung unter den jungen amerikanischen Truppen bekämpft und enttäuscht. In den Augen des Dozenten brachten sie nur «wilde Vorurteile» mit – zum Beispiel Hass auf die Jugos (Titos Leute) wegen der Truppen in Julisch Venetien, wo Amerikaner getötet worden waren. «Was zum Teufel hatten wir da unten eigentlich zu suchen?», fragte herausfordernd der Dozent. Ich wagte den Einwurf, dafür gebe es doch eine offizielle amerikanische Erklärung, Byrnes habe sie abgegeben. «Wer Byrnes' Erklärungen heranzieht», sagte er, «kann auch gleich Rizinusöl trinken.» Dann hatte die US-Pipeline von Paris nach Frankfurt wohl irgendwo ein Leck.

6.–8. SEPTEMBER 1946

Reise in das sowjetisch besetzte Thüringen

Die «autorisierte Route für die Alliierten» führte nach links und dann nach rechts, aber wir fuhren auf der Autobahn nach Leipzig und Dresden weiter in südlicher Richtung, abgesichert durch ungefähr ein Dutzend Papiere mit russischen Anordnungen, Ausweise und die Begleitung mehrerer Offiziere der Roten Armee. Die sächsische Landschaft war grau und öde, aber als wir wegen einer gesprengten Brücke durch Halle, Dessau, Weißenfels fahren mussten, befanden wir uns plötzlich mitten im Wahlkampf. Über den Alleen flatterten Fahnen, an Mauern und Zäunen klebten Plakate. Die Liste 1 der SED war allgegenwärtig, gelegentlich von CDU- und LDP-Plakaten gestört. Auf Schornsteinen fanden sich gemalte Insignien, riesige Buchstaben in Leuchtschrift an hochgelegenen Villen, Standarten an Fahnenstangen. Als wir an den sowjetischen Kommandanturen mit ihren unvermeidlichen Porträts von Marschall Stalin vorbei durch die Städte rasten, schienen all die Farben zu einem einzigen alarmierenden Rot zusammenzufließen. Hier und da waren Truppen der Roten Armee, marschierten, lümmelten sich in Lastwagen, bewegten sich auf Motorrädern oder Pferden durch die Stadt. Erst spät kamen wir in Weimar an. Im Bayerischen Hof ein ausgedehntes Dinner mit reichlich Essen, Wein und vielen Leuten, dann zu Bett.

Am nächsten Morgen zum Bahnhof, um Zeitungen zu kaufen. Kurze Unterhaltung mit einem Zeitungsjungen, der mir erzählte, er kenne ein paar Amerikaner. Wen?, fragte ich. «Dana Schmidt», sagte er. «Dana Schmidt von der ‹New York Times›.» Wie seltsam, die amerikanischen Journalisten latschen alle auf dem gleichen ausgetretenen Weg! Ich lachte und kaufte die Zeitungen. Im *«Thüringer Volk»* (SED-Tageszeitung) stand, dass die sowjetische Militärregierung den Antrag der SED auf dreihundertfünfzigtausend Paar Schuhe für Thüringer Kinder genehmigt hatte! Die Leute auf den Straßen hier so schäbig, unattraktiv, nichtssagend wie überall in Deutschland. Ich wechselte ein paar Worte mit Passanten: Ganz schlecht gehe es nicht, aber die Unsicherheit mache ihnen Angst.

Konferenz im sowjetischen Hauptquartier: Riesige Lenin- und Stalinporträts, der General kommt herein, plump, untersetzt, glatzköpfig wie diese Generäle fast immer; ein Oberst bedient zwei cremeweiße Telefone gleichzeitig: Michael Varakin, ein kleiner, zwielichtiger Mann: «Ich weiß von keiner politischen, sozialen oder ökonomischen Gruppe, die daran gehindert worden wäre, eine Partei zu gründen, wenn das ihr Wille war.» So viel zur Sozialdemokratie. Eine Besichtigung Buchenwalds? «Solange man von einer militärischen Einrichtung kommt», antwortete er einschränkend. Außerdem sei es zurzeit nur ein «Offiziersclub», deshalb uninteressant. Und die Genehmigung müsse ohnehin aus Berlin kommen. Nein, Internierungslager gebe es in der Gegend nicht. Wo die inhaftierten Nazis und Kriegsverbrecher untergebracht seien? Er sei ein politischer Offizier, mit Verhaftungen habe er nichts zu tun, dafür sei eine andere Abteilung zuständig. Wie die Sowjetmacht sich neutral verhalten könne, also ohne die Arbeiterpartei den bürgerlichen Parteien vorzuziehen? Alle Parteien seien antifaschistisch und liberal und hätten deshalb die gleiche Behandlung durch die Militärregierung verdient. War es «neutral», die dreihundertfünfzigtausend Schuhe von der SED ankündigen zu lassen? «Alle Parteien stellen Anträge, und wenn möglich, genehmigen wir sie. Wir haben den CDU-Antrag auf Reparatur der Kirchen genehmigt.» War es «neutral», überwiegend einer Partei Propagandamaterial zur Verfügung zu stellen? «Das Material wurde entsprechend der Zahl der Parteimitglieder zugeteilt.» Ob er die Byrnes-Rede gelesen habe? Ja. Wie das? Er sei ein politischer Offizier und folglich in allen europäischen Fragen gut unterrichtet; das sei seine Aufgabe, sein Beruf. Wie er ihn ausübe, das sei seine Sache. Ein anderer Oberst kam herein, bullig und unausgeschlafen – Sergei Iwanowitsch Tjulpanow, leitender politischer Offizier für Deutschland, Berater Schukows und Sokolowskis, Vater der SED! Er übernahm sofort die Leitung der Konferenz; mit unglaublicher Geschicklichkeit parierte er Fragen und trieb die Korrespondenten in die Enge. Demokratie? Der Kampf gegen Faschismus und Reaktion. Warum keine SPD? US-Korrespondenten hätten bezeugt, dass es freie Wahlen waren und dass mehrere unabhängige politische Parteien antraten. Würden Sie also sagen, dass für eine Demokratie zwei oder mehr Parteien unabdingbar sind? Tjulpanow lächelte, als ich diese Frage stellte: «Ich weiß, worauf Sie hinauswollen», sagte er, «Ihre Frage zielt auf die Sowjetunion.» O nein, sagte ich, halb unaufrichtig, ich habe nur von Deutschland gesprochen. Ja, für die deutsche Demokratie seien unbedingt mehrere Parteien nötig, gestand er mir zu. Am Ende fragte er mich: «Sind wir uns nicht schon einmal irgendwo begegnet?» Ich wusste es nicht. In New York? Nein, sagte er lachend, und auch nicht in Moskau. Später fiel mir ein, dass wir uns in Berlin gesehen haben müssen, bei politischen Konferenzen. Offenbar vergisst er nie ein Gesicht.

Bei den Zeisswerken in Jena: Sie haben jetzt die Kapazität von 1939 zu hundert Prozent erreicht. Man versichert mir, dass

keine optischen Militärgeräte hergestellt werden, also keine Messsucher oder Zielfernrohre usw., sondern nur optische Instrumente für Friedenszeiten, Mikroskope, Brillengläser, Geräte für Labore und technische Ausrüstungen. Unmöglich, so schnell vom Frieden auf den Krieg umzuschalten wie von 1945 auf 1946. Ihnen wurden die wertvollen Konstruktionspläne genommen, zusammen mit allen Spezialgeräten. Allerdings sei deren Beitrag zur Rüstung insgesamt von geringer Bedeutung gewesen: Den Zweiten Weltkrieg hatte man damit nicht gewinnen können, welchen Nutzen für die Zukunft sollten sie haben? Die Zeisswerke waren zu fünfundzwanzig bis dreißig Prozent von Bomben zerstört worden, die Amerikaner hatten ungefähr achtzig leitende Wissenschaftler aus dem Betrieb abgezogen, technische Probleme. Unter russischer Verwaltung gab es keine Veränderungen in der Property Control, der Reparationspolitik, aber die Produktionskapazität wurde angekurbelt. Vor sechs Monaten betrug ihr Wert vier Millionen Mark, inzwischen sind es sieben bis acht Millionen. Neunzig Prozent davon gehen nach Russland als «Reparationen». Der Gegenwert von sechzig Millionen Reichsmark allein von Zeiss-Jena. Keine Demontagen. Am Ende der Sitzung sprach ich mit dem Werkleiter Dr. Hugo Schrade, plauderte erst ganz zwanglos und fasste dann vorsichtig nach, ob das alles wirklich wahr sei: keine politische Aktivität in der Fabrik, keine Rüstungsproduktion. Seien Sie ehrlich! Na ja, gab er flüsternd zu, die SED tut jetzt genau genommen nichts in der Fabrik, Druck und Terror gibt es wohl, und alles Mögliche andere geht hier auch vor, aber er wäre töricht, wenn er etwas sagte; er werde ständig überwacht.

In Weimar Gespräch mit den LDP-Vorsitzenden (Leon Moog und Alfons Gaertner), zwei schwachen, farblosen Figuren – Hobbing nennt sie *Weihnachtsmänner*. Die LDP hat dreißigtausend Mitglieder, das Wahlergebnis in Sachsen war eine erfreuliche Überraschung. Eine antisozialistische Partei, gegen marxistische und christliche Richtungen. Die Hitlerpartei sei auch «sozialistisch» gewesen, ihr Programm ein brauner Sozialismus. Ob der Marxismus denn mit Demokratie unvereinbar sei, fragte ich. Nein, säuselten sie, ohne den zuhörenden Major der Roten Armee (Babenko) direkt anzusprechen, nein, in der Sowjetunion hat der Marxismus bewiesen, dass er mit Demokratie verträglich ist. Ob sie Einwände gegen die gemeinsamen Ankündigungen von SED und Militäradministration hätten? Nein. Noch hätten sie keine eigenen Anträge eingereicht. Sie seien nur in fünfhundert von zweitausendvierhundert Gemeinden eine eingetragene Partei. Wessen Fehler?

Die Ortsgruppenleiter hätten sich zu spät eingetragen. Ob die SPD-Sozialisten bürgerliche Parteien wählten? O nein, alle SPD-Anhänger würden SED wählen! Eine abscheuliche Rückgratlosigkeit. Aber würde eine unabhängige SPD, wenn sie genug Wähler für sich gewinnen könnte, nicht die demokratische Grundlage der Wahlen verbreitern? Das sei deren Angelegenheit und gehe die LDP nichts an!

Draußen, in aller Öffentlichkeit, fragten wir Babenko, ob wir nicht ohne Begleitung eines Offiziers der Roten Armee mit den verschiedenen Parteiführern sprechen könnten. Babenko war allem Anschein nach entsetzt. «Warum, haben Sie irgendwelche Geheimnisse?» Nein, keine Geheimnisse, wir hätten nur den Eindruck, die Diskussion sei freier und leichter, wenn wir allein wären. Daraufhin sagte er sehr bestimmt: Nun, alle Korrespondenten sind Gäste der Roten Armee, somit tragen wir die Verantwortung für ihr Leben. Ist denn unser Leben hier so gefährdet?, fragten wir zurück. Darum gehe es nicht. Solange wir in offizieller Mission reisten, würden wir offizielle Begleiter haben. Falls wir nächsten Monat eine private Einladung erhielten, könnten wir gehen, wohin wir wollten, und reden, wie wir wollten.

Aber die sowjetischen Korrespondenten in der amerikanischen Zone können auch mit oder ohne amerikanische Begleiter tun, was sie wollen, und reden, mit wem sie wollen, sagten wir. Antwort: Darüber weiß ich nichts, das ist nicht meine Abteilung. Wir standen mitten auf dem Platz, vor dem Haus Johann Sebastian Bachs (es hatte Bombenschäden), ringsum rauschte der Verkehr, und Kinder lungerten herum in der Hoffnung auf Kaugummi oder Schokolade oder Zigaretten für den Papa. Lawrov, ein ganz sympathischer Mann mit leiser Stimme, im Zivilberuf wahrscheinlich NKWD-Kommissar, wunderte sich über unseren Protest. Die LDP-Vertreter hätten doch ganz offen gesprochen. Sie hätten ihre Opposition zum Marxismus offen ausgedrückt, oder nicht? Ja, sagte ich, aber wenn die LDP sowohl Marxismus wie Demokratie in der Sowjetunion zu finden glaubt, dann ist es Zeit, neue Interviews zu vereinbaren!

Weiterfahrt nach Erfurt. Auf der Straße seltsame Begegnung mit einem «Agenten»; er sah sich verstohlen um und ließ mich dann einen Blick auf die Ausweispapiere in der Innentasche seiner Jacke werfen, die ihn als CIC, Abteilung X, für die er Informationen sammelte, kenntlich machten. Aber als ich ihn fragte, schien er nicht viel Material zu haben (was ihn wahrscheinlich als echten CIC-Mann legitimiert). Nichts über Buchenwald, nichts über politische Verhaftungen, nichts über die Unzufriedenheit der SPD nach dem Zusammenschluss. War er nun ein amerikanischer oder ein russischer Agent? Warum sprach er mit mir? Er riskierte nur sein Leben!

Der CDU-Vorsitzende Walter Kröner, ein alter, aber lebendiger Mann. Die CDU habe eine dreimal wöchentlich erscheinende eigene Zeitung, Auflage zweiunddreißigtausend Exemplare. Dann sprach er Babenko auf drei illegale Flugblätter mit Angriffen auf LDP und CDU an. O, ja, sagte Babenko, das sei ihm bekannt, er habe die Flugblätter bereits an diesem Morgen beschlagnahmen lassen und eine Untersuchung eingeleitet. Beschlagnahmt vielleicht, aber trotzdem noch in Umlauf: Wir zeigten ihm die Exemplare, die wir gerade auf der Straße aufgesammelt hatten. Der Major war etwas verstimmt, aber sein Gesicht verriet nichts. «Und dann diese Briketts», fuhr Kröner fort, «Liste 1, SED, das ist unfaire Wahlwerbung.» Ja nun, meinte Babenko, er könne nicht alles kontrollieren. Was solle man machen, wenn die Arbeiter in der Brikettfabrik «SED» auf die Kohle pressten? Wahrscheinlich nichts, sagte Kröner, aber ich wünschte, wir hätten Wiener Schnitzel, die wir mit «CDU» bedrucken und verteilen könnten. Außerdem hat die SED Sonderrationen Zigaretten ausgeteilt. Niemand weiß, woher sie den Tabak hat. Kröner war ziemlich scharf und schlagfertig. Die Beziehungen zwischen CDU und Sowjetischer Militäradministration seien «tadellos, manchmal sogar freundlich», sagte er. Wiederholte Jakob Kaisers Vorwurf: «Wir kämpfen mit ungleichen Waffen.» Das wies der Major zurück; er beharrte darauf, dass ihnen zehn Tonnen Papier zugeteilt worden waren. K. ebenso beharrlich: Nur sieben Tonnen seien bei ihnen angekommen. Als wir Babenko fragten, was die anderen Parteien erhalten hätten, sagte er, er habe keine Ahnung, das sei nicht seine Abteilung, die Zahl für die CDU kenne er nur zufällig. (Wie viel die SED zur Verfügung hatte, erfuhren wir nie, weder von Babenko noch von der SED, die auswich.) K. hatte keinen Zweifel, dass seine Partei so wie die LDP eine Menge SPD-Stimmen bekommen werde und dazu noch viele SED-Stimmen, die zwar angeblich durch die Mitgliedschaft in der Partei festgelegt waren, aber da viele aus Opportunismus (um vorübergehende politische Vergünstigungen zu gewinnen) Parteimitglieder geworden waren, würden sie unabhängig davon wählen. Er gab uns recht: Mit der SPD wäre die Abstimmung repräsentativer und demokratischer gewesen. (Als er von den freundlichen Beziehungen zu den Sowjets redete, richtete er sich an Babenko, der sein Lächeln kaum merklich erwiderte und ihm riet, er solle die Korrespondenten ansprechen, denn sie, nicht er, stellten die Fragen.) Am Ende sagte der alte Mann: «Na, wie hat es Ihnen gefallen?», ziemlich zufrieden mit sich und der Vorstellung, die er geboten hatte.

Bei einem SED-Treffen in Langensalza. Als wir ankamen, hörten wir die Worte des Redners: «– und nicht wenige dieser Gesellschaften waren in der Hand von Juden, obwohl ich gegen sie als Juden nichts habe.» Auf den Spruchbändern stand: *«Mit dem Volk, durch das Volk, für das Volk» – «Begabte Arbeiter- und Bauernkinder auf die Universitäten!»* Wenig Abweichung von der offiziellen Linie: der Fortschritt der Volksbewegung – die unverhohlenen Versprechen sowjetischer Vergünstigungen: Die Kriegsgefangenen würden heimkehren, die Rationen erhöht – die Nutzlosigkeit theoretischer Diskussionen; die drängende Frage, wie wir unsere Lage, unseren Lebensstandard verbessern, das heißt, mehr Kohle, Lebensmittel, Schuhe beschaffen können. Im Osten hätten die Deutschen die größte politische Freiheit, und hier würden die entscheidenden Wahlen stattfinden. Molotow-Zitat, wie genau und ernsthaft die Demokratie beobachtet wird! Das leuchtende Bild vom Leben in einem russischen Gefangenenlager, das ein deutscher Kriegsheimkehrer zeichnete: fünf Gramm Tabak, Butter, Zucker, Kaffee, Schachpartien mit russischen Offizieren, beliebiger Komfort und Annehmlichkeiten. (Kein Wunder, dass SED-Anhänger in Halle Plakate mit der Aufschrift: «Anschluss an die Sowjetunion!» klebten.)

Straßenszenen: Überall drängen sich die Kinder um uns, lachen und spielen mit den «Amis», die endlich wiedergekommen sind. Weimar und der größte Teil Thüringens waren letztes Jahr von den US-Truppen besetzt worden. Die kleine Trudi erinnerte sich nicht mehr an die Amerikaner von damals, aber ihre Mutter hatte ein Foto von einem. Ellie, die ihren winzigen Babybruder Frank herumschleppte, dachte mit Freude an die «Schokoladentage» zurück, «aber der kleine Frank hat noch nie einen Ami gesehen, er ist zu spät auf die Welt gekommen». Ein schlesisches Bauernmädchen kam mit einem SED-Abzeichen von einem Gewerkschaftstreffen. Sie war sonnenverbrannt, robust, fast zahnlos und ziemlich zerlumpt. Ich fragte sie, was es mit diesem silbernen Abzeichen auf sich habe. Sie sagte, das sei kein Silber, sondern Blech. Ob das Abzeichen für eine Partei stehe? Ja, und die Partei ist auch Blech und Tinnef! Na ja, aber sie gehe doch morgen zur Wahl? Ja, werde sie wohl, aber sie sei zu dumm für das Ganze!

Alle haben Amerika im Kopf, wünschen sich nach New York, die Träume kleiner Jungen: eine transatlantische Reise. Noch eine Beobachtung: im Hotel-WC statt Toilettenpapier alte amerikanische Flugblätter, die französischen, belgischen und polnischen Zwangsarbeitern ankündigten, dass die Truppen sie befreien werden.

Die SED: Gespräch mit den stellvertretenden Parteivorsitzenden Werner Eggerath und Heinrich Hoffmann (Ex-SPD). Die Partei habe etwa zweihundertzwanzigtausend Mitglieder. Kommentare zur Wahl in Sachsen: Immer noch viel «Goebbelspropaganda». Unfaire Propaganda? Die Briketts seien ein Geschenk begeisterter Arbeiter gewesen! Und die illegalen SED-Flugblätter? Die stammten gar nicht von der SED, sondern seien reaktionäre Versuche, die SED in Verruf zu bringen! Man habe sie unter die Stapel der offiziellen Wahlbroschüren geschmuggelt und auf diesem Weg in regulären SED-Versammlungen verteilt. Die SED habe 1678 oder mehr Ortsgruppen. Ob sie für die Diktatur des Proletariats auf der Grundlage eines Einparteienstaates seien? Nein, in Deutschland müsse erst noch die bürgerliche Revolution nachgeholt werden. Wir haben die Aufgabe, eine bürgerliche parlamentarische Demokratie durchzusetzen, indem wir das Recht auf Privateigentum anerkennen! Wir sind aber gegen Monopole und Kartelle. Wir sind nicht grundsätzlich gegen das leninistische Dogma von der Diktatur des Proletariats, gegenwärtig ist es jedoch noch jenseits des politisch Möglichen; der Leninismus ist richtig, aber nicht anwendbar. Nein, wir rechnen nicht mit Verlusten sozialistischer Wählerstimmen; fünfundneunzig Prozent der Mitglieder haben für den Zusammenschluss gestimmt. Im Westen ist der Nazismus stark, wie Hugenbergs Freiheit beweist. Urteil über die westlichen Zeitungen: *«Tagesspiegel»* und *«Telegraf»* und dergleichen sorgen für Zersetzung und Verwirrung, sie sind verantwortungslos und sollten kontrolliert werden. Überhaupt ist im Westen die demokratische Freiheit zu groß, darauf sind sehr viele Leute noch nicht vorbereitet; sie müssen erst von kontrollierten Parteizeitungen geschult werden, von Zeitungen, in denen nicht nach Lust und Laune geschrieben und agitiert wird. Eine «New York Times» mag mehr Nachrichten publizieren, aber mehr Verantwortungsgefühl und mehr politische Erziehung findet man in der «Prawda». Beide SED-Führer waren sich einig, die Redakteure von *«Tagesspiegel»* und *«Telegraf»* seien «Friedensverbrecher» und müssten wegen Verbrechen gegen das Volk vor Gericht gestellt werden, da sie das Erwachen des politischen Bewusstseins verhinderten! Ganz generell halte der Westen die Entwicklung des Ostens auf. Vom Westen könne man nichts Vorteilhaftes übernehmen. Die SPD, würde sie im Osten zugelassen, würde die demokratische Grundlage schmälern, nicht erweitern. Schumacher könne hier jedenfalls keinen Boden gewinnen, da die Arbeiterklasse einig und stark hinter ihrer siegreichen Partei, der SED, stehe!

Zusammenfassend: Keine Partei, Tendenz, Bewegung oder Presse, die den demokratischen Fortschritt behindert, dürfe geduldet werden!

Am Wahltag: In den Wahllokalen verwunderliche SED-Flugblätter und Propagandatricks. Schließlich verliert Major Babenko die Geduld, greift sich den Stapel und wirft die Flugblätter draußen vor dem Lokal in die Luft. «Propaganda!», sagt er bitter und mit lautstarker Missbilligung. «Du hast noch nicht gewählt», lautet die offizielle Mahnung, «Stimmabgabe ist Pflicht», mit Name, Adresse und Wahllokal, und auf der anderen Seite des Blattes: Wähle Liste 1. Was die Leute sagen: «Die Ergebnisse werden interessant sein. Da wird sich mancher wundern!» Ganz allgemein die Tendenz, gegen die SED zu stimmen – Protest gegen den Druck, den sie ausübt. An einer Stelle: vom Wahllokal ins Kino nebenan, wo *«Die Fledermaus»* gezeigt wurde. «Das ist auch schönes Theater», sagte der alte Mann, «dazu noch mit Musik.» «Die SED hat das Sagen. Was sind die anderen Parteien, eine Opposition? Die sind nur das fünfte Rad am Wagen.»

Über Wittenberg zurück nach Berlin, falsche russische Wegbeschreibungen, typische schlechte Organisation.

Am Abend in der CDU-Zentrale in der Jägerstraße. Ergebnisse: Linder, DPD, telegrafiert an Radio Hamburg. Ernst Lemmer unterhält sich mit Hobbing (und mir). Sensationelle Verluste der traditionellen sozialistischen Bewegung – bürgerliche Zugewinne in den alten Hochburgen Erfurt und Gotha.

Endlich im Regen nach Hause (Limastraße 26).

OKTOBER 1946

Die politische Krise begann am Dienstagabend, als die vier Mächte von der deutschen sozialistischen Linken – die sich gerade zu einer fünften Macht entwickelte – benachrichtigt wurden, dass hier «eine Menschenrechtsverletzung und ein Verstoß gegen internationales Recht» vorliege. Dr. Kurt Schumacher, der Vorsitzende der SPD, die bei den Berliner Kommunalwahlen am Sonntag mehr als achtundvierzig Prozent der Stimmen gewonnen hatte, fragte auf einer Massenkundgebung der Partei: «Warum wurde Fritz Sauckel gehängt, wenn seine Methoden weiter angewendet werden dürfen?» Auf der SPD-Veranstaltung gab es eine starke Tendenz zum Generalstreik, und ich frage mich, ob sie den Streik tatsächlich nicht hätten durchsetzen können. Auf politischen Druck der Alliierten – der wütenden Russen, der in Verlegenheit gebrachten Angloamerikaner – hätte er abgebrochen werden müssen. Aber der anfängliche Erfolg des Aufrufs hätte eine Art Magna Charta der deutschen Arbeiterbewegung dargestellt. So wie es jetzt steht, haben die Alliierten sich ein Jahr nach Hitler und dem Dritten Reich in eine bemerkenswerte internationale Position gebracht – die Einzigen, die heute irgendeinen moralischen Anspruch anmelden können, sind ausgerechnet die Deutschen! «Wir legen unseren Protest der Welt vor», lautete die SPD-Resolution, «wir betrachten die neuen Zwangsmaßnahmen als einen Schlag gegen die Demokratie. Die Berliner Bevölkerung nimmt das umso schärfer wahr, da sie sich nur einen Tag zuvor für Freiheit, Menschenrechte und internationale Zusammenarbeit entschieden hat. Die Gewerkschaften müssen die Interessen der Arbeiter schützen … Wenn in Deutschland wieder Maßnahmen ergriffen werden, die in den Nürnberger Urteilen für die ganze Welt erkennbar geächtet wurden, wird die SPD nicht tatenlos zusehen. Wir in Berlin hoffen, dass die Werktätigen und Sozialisten der ganzen Welt uns im Kampf um Menschenrechte unterstützen.» Diese Nazigegner und demokratischen Sozialisten haben alles Recht, an das Gewissen der internationalen Gemeinschaft zu appellieren, und ihr Hilferuf darf nicht ungehört verhallen.

Mit Sicherheit ist die moralische Stellung der Alliierten trotz der jetzt aufwallenden hochsinnigen Entrüstung kompromittiert. Und als offenbar wurde, dass die Russen Leute aus Berlin abtransportierten, war – das weiß ich aus zuverlässiger Quelle – die erste Reaktion des Westens: «Na ja, das ist gar nicht so schlecht; so müssen wir deutlich weniger hungrige Mäuler stopfen!» Es dauerte nur einen Moment, bis man sich gefangen hatte und nachschieben konnte: «O, natürlich liegt auch ein humanitäres Problem vor.» Die Sowjets behaupten, damit sei keineswegs ein besonderes Problem verbunden. TASS wies prompt darauf hin, dass die anderen Alliierten ebenfalls im letzten Jahr Wissenschaftler und Techniker zu Hunderten aus Deutschland weggebracht hätten. Das stimmt. Die Amerikaner wie die Engländer und auch die Franzosen evakuierten Hunderte von Technikern und entführten sogar einige. Selbstverständlich gibt es gewisse Unterschiede. Die meisten, fast alle, gingen freiwillig mit in Freiheit unterzeichneten Arbeitsverträgen. Betroffen waren einzelne Spezialisten der gesamten technischen Elite Deutschlands. Aber die Russen deportieren nun Tausende gewaltsam und gezielt aus deutschen Industriegebieten und legen damit ganze Industriezweige lahm. Solche Unterschiede sind wesentlich, aber in der umfassenderen Beurteilung der Krise sind sie kein Maßstab für das (mit den Worten der «London Times») «Ermessen der Kluft zwischen Russland und dem Westen». Leider sind auch die Strategien des Westens zu sehr mit nationalistischen und imperialistischen Bestrebungen verunreinigt, sie bieten dem energiegeladenen russischen Imperialismus nur ziemlich schuldbewusst und einigermaßen heuchlerisch Paroli. Es ist nicht überraschend, dass die Repräsentanten des Westens so schrecklich zaudern, moralische oder humanitäre Normen anzuwenden. Solche Normen kommen ihnen ungelegen und bringen sie in eine peinliche Lage. Sie dienen allenfalls als letzte Reserve der Verteidigung.

Ein offizielles Schriftstück, das hier vor mir liegt, erklärt: «Politisch gesehen besteht die Gefahr, dass das Urteil gegen Mr. Saückel im Nürnberger Prozess zumindest seine moralische Berechtigung verlöre, wenn die Deportation deutscher Arbeitskräfte gestattet würde, weil sie wegen einer Lücke in der internationalen Gesetzgebung nicht direkt verboten ist. Es ist zu erwarten, dass die öffentliche Meinung in beiden angelsächsischen Ländern entschieden gegen Deportationen gerichtet sein wird.» Solange aus administrativen Beweggründen nur sporadischer und eingeschränkter Widerstand gegen den Stalinismus geübt wird und er nicht von Menschen kommt, die sich ihren sozialen und politischen Idealen so verpflichtet fühlen, dass sie demokratische Grundsätze und Grundrechte unter allen Umständen schützen wollen, solange wird Zentraleuropa in einer Pattsituation steckenbleiben, die allein Josef Stalin nützt. Vor zwei Wochen wurden Männer und Frauen zu Tausenden aus ihren Wohnungen geholt, von ihren Familien getrennt und auf spezielle Arbeitskommandos an der von den Russen kontrollierten Oder-Neiße-Linie verteilt. Die Menschen waren verängstigt und in Panik. Dieses Elend der Versklavung ist eine alte europäische Geschichte. – Und niemand kümmert sich darum, solange die Rechtmäßigkeit der Form nach gewahrt bleibt, wie in jenem Fall durch die sowjetische Verwaltung. Diese Deportation hat weder zu einer politischen Krise geführt noch moralische Entrüstung hervorgerufen.

Warum genau wurde Fritz Sauckel gehängt? Die im Londoner Statut formulierte gesetzliche Grundlage der Anklage und Verurteilung lautet:

KRIEGSVERBRECHEN: ... Misshandlung oder Verschleppung der aus einem besetzten Gebiet stammenden oder dort ansässigen Zivilbevölkerung zur Zwangsarbeit oder irgendeinem anderen Zweck ...

VERBRECHEN GEGEN DIE MENSCHLICHKEIT: Versklavung, Verschleppung und andere unmenschliche Akte gegen eine Zivilbevölkerung ...

Als ich im Nürnberger Gerichtssaal saß und die Verkündung der Urteilssprüche hörte, konnte ich nicht umhin, mich zu fragen, ob es wirklich eine weit hergeholte Vorstellung ist, dass auf einer anderen vollbesetzten Anklagebank wieder zweiundzwanzig, diesmal eher aus verschiedenen Nationen stammende denn verhängnisvoll verblendete Angeklagte sitzen könnten und sich anhören müssten, welche ungeheuren Verbrechen ihnen die Staatsanwälte und Richter einer neuen Bande von Eroberern vorwerfen? Streicher sagte vor seiner Hinrichtung, eines Tages würden die Russen uns alle aufhängen. Das ist genauso wahrscheinlich wie das Umgekehrte: dass eines Tages alle Russen gehenkt werden. Wie auch immer, die große Ironie der Geschichte wird wahrscheinlich darin bestehen, dass die Deutschen über die nächsten Hinrichtungen mitentscheiden werden, ganz gleich, wer das Aufknüpfen übernimmt. Heutzutage ist auf deutschen Massenveranstaltungen kein Ruf so beliebt wie: *«An den Galgen!»* Die Eroberer, die im Namen der Ideale von Freiheit und Kultur kamen, haben besonders gründliche Arbeit geleistet, indem sie in diesem verfallenden Land die Bereitschaft zum Lynchen bewahrt haben. Denn wo auch immer Fritz Sauckels Leib sein mag, sein Geist ist weiterhin am Werk.

DIENSTAG, 15. OKTOBER 1946 Berlin

Zur Premiere des ersten deutschen Nachkriegs- und Antinazifilms im (elegant restaurierten) Admiralspalast in der Friedrichstraße, in dem jetzt die Staatsoper untergebracht ist. Offenbar ist die gesamte bessere Gesellschaft Berlins hier versammelt. Ich sehe Monokel, Zylinder, Nerzmäntel; Chefredakteure und Kritiker aller Berliner Tageszeitungen, Geheimdienstleute aller vier Mächte. Die Einführung, die nichts Gutes ahnen lässt, gibt ein griesgrämiger Bürokrat aus dem Sowjetsektor; er erteilt dem Film das Imprimatur der Partei; nach zwölf Jahren Bevormundung durch die Nazis wurde das Kino immer noch nicht von dieser üblen Art der politischen Dienstleistung befreit. Aber *«Die Mörder sind unter uns»* war erstaunlich wenig linientreu oder didaktisch. Es ist eine tiefernste deutsche Geschichte vom Konflikt zwischen einem Kriegsveteranen und einem Kriegsverbrecher in den Ruinen Berlins. Als Bild vom Leben in der Trümmerstadt ist der Film interessant, und bedeutsam als ein erster Versuch von Deutschen, ein Massenmedium zur Konfrontation mit ihrer eigenen Vergangenheit zu nutzen. Aber leider wurde der Film mit primitivsten technischen Mitteln hergestellt (unzureichende Beleuchtung, Kameras und Produktionsmöglichkeiten), und die Darsteller und Drehbuchautoren waren kaum besser. Die Fotografie ist schwerfällig, angestrengt kunstvoll und übertrieben symbolträchtig, die Kameraführung langsam und ohne Abwechslung, und der Handlung fehlt es an Phantasie und Subtilität. Die intelligenten Berliner Kritiker sind nicht sehr freundlich mit dem Film umgegangen.

Zum Inhalt: Der Soldat, schwer belastet und verfolgt von seinen Erinnerungen an die Unmenschlichkeit der Front, droht in den Berliner Ruinen zu verkommen. Die Liebe eines hart arbeitenden schlichten deutschen Mädchens (das natürlich in einem Konzentrationslager gewesen war) heilt ihn allmählich von Trunksucht und Promiskuität. Die Wiederbegegnung mit dem Offizier (der im Krieg an einem Weihnachtsabend Männer, Frauen und Kinder hatte erschießen lassen) führt dazu, dass er aus seiner Depression auftaucht und wieder handlungsfähig wird. Er verfolgt den Offizier, der ein liebevoller Familienmensch geworden ist und in seiner ehemaligen Stahlhelmfabrik jetzt Kochtöpfe herstellt, sich also am *Aufbau* beteiligt. Der Soldat ist versucht, ihn zu erschießen, findet aber eine höhere Lösung. Er verzichtet auf Rache und überlässt den im Schatten kauernden Offizier sich selbst (der mit schriller Stimme seine Unschuld beteuert, während sich symbolische schwarze Gitter um ihn schließen).

Ich fürchte, der Film ist nicht besonders gut; allenfalls repräsentiert er die hier weit verbreitete sentimentale Kitschtradition des Antinazismus. Und was für ein Schock, als das Licht wieder anging und das Publikum hinausströmte in den Schutt der Friedrichstraße – verglichen mit der realen, unsentimentalen unauflöslichen Tragödie der Berliner Straßen schien der Film eine eskapistische Phantasiewelt vorzuspiegeln. Die russischen Generäle fuhren in ihren Limousinen davon. Wilhelm Pieck und Walter Ulbricht verließen ihre exklusive Loge und redeten wie immer begeistert vom Fortschritt der Arbeiterbewegung. Draußen warteten die Leute auf Ernst Wilhelm Borchert, den Darsteller des heldenhaften Nazigegners, aber er war nicht zu finden. Er schmachtete im Gefängnis, da er verschwiegen hatte, dass er Mitglied der NSDAP und womöglich auch der SA gewesen war. Ein amerikanischer Leutnant überreichte der schönen Hauptdarstellerin Blumen und geleitete sie zu seiner glänzenden OMGUS-Limousine.

ANMERKUNGEN DES HERAUSGEBERS

S. 12 «erkältet ...»

Das Zitat folgt der Übersetzung von Eberhard August Wilhelm von Zimmermann: Arthur Young, *Reisen durch Frankreich und einen Theil von Italien*, Berlin 1793.

S. 12 «König von Polen»

Hier irrt Lasky sich tatsächlich, Leopold von Lothringen war nicht König von Polen.

S. 14 «sage-femmes»

Irrtum Laskys; es sind keine Wahrsagerinnen, sondern Hebammen.

S. 14 «Pattons 3. Armee»

George S. Patton, Oberbefehlshaber der 3. US-Armee, später zugleich Militärgouverneur in Bayern.

S. 14 «der Front National»

Nationale Front, von der Kommunistischen Partei gegründete politische Organisation der französischen Résistance.

S. 14 «die CP»

Communist Party, Kommunistische Partei.

S. 15 «in der Historischen Abteilung»

Die Historische Abteilung (Historical Section) der 7. US-Armee unter General Patch war damit beauftragt, aus offiziellen Dokumenten und Berichten, individuellen Erlebnisberichten, Interviews und eigenen Nachforschungen eine detaillierte Beschreibung des Kampfgeschehens von der Landung in Südfrankreich bis zur Kapitulation der deutschen Wehrmacht am 8. Mai 1945 zu erarbeiten. Ihr vollständiger Bericht mit allen Quellen und Quellennachweisen, der «After Action Report», ist im jetzigen Department of Defense aufbewahrt; darunter befinden sich auch die Ausarbeitungen Laskys. Eine erzählende Fassung ist das dreibändige Werk *The Seventh United States Army. Report of Operations in France and Germany 1944–1945*. Es ist ein mit zahlreichen Kampf-, Gelände- und Porträtfotos sowie mit Karten ausgestattetes durchpaginiertes Prachtwerk, das im Mai 1946 bei Alois Gräf in Heidelberg erschienen ist. Gleich zu Beginn wird im unpaginierten Vorwort der Personalbestand der Historischen Abteilung aufgeführt. Die im Tagebuch Genannten sind der Chef Oberstleutnant William B. Goddard, die Majore Joseph H. Duncan und James D. T. Hamilton sowie als Mitglieder der Forschungsabteilung (Research) die Oberleutnante William A. Sutton und Melvin J. Lasky und die Sergeanten Robert L. Davis und Howard S. Dyer. Mit der Geschichte aller US-Truppen war Oberst William A. Ganoe betraut.

S. 20 «ETOUSA»

European Theater Of Operation United States Army, Hauptquartier der US-Army in Europa.

S. 27 «les boches»

Französischer Schimpfname für die Deutschen.

S. 31 «Deckname der Offensive»

Am 10. Mai 1940 hatte der deutsche Frankreichfeldzug begonnen; die hier beschriebene Offensive, von der Ardennenoffensive zu unterscheiden, hieß Unternehmen Nordwind.

S. 32 «stürmten G-2»

G-1, G-2, G-3, G-4, G-5 sind Bezeichnungen der Generalstabsabteilungen in höheren Stäben der US-Armee: G-2 Nachrichtendienst, G-3 militärische Operationen, G-4 Nachschub und Logistik, G-5 gegenseitige Beziehungen. In unteren Stäben heißt es S-1, S-2 etc.

S. 33 «ein Kollaborateur»

Der Schriftsteller André Gide zog sich nach der Niederlage Frankreichs zunächst nach Nordafrika zurück, schloss sich dann aber dem französischen Widerstand an. Er hatte aus seiner Neigung zur deutschen Kultur nie einen Hehl gemacht, und vielleicht führte das zu solchen Missverständnissen.

S. 33 «Losungswort blieb»

Eine Anspielung darauf, dass auf das Eingreifen General Pattons lange gewartet werden musste.

S. 34 «die Familie Oberlin»

Die Oberlins sind eine elsässische Familie, die in der deutschen Geistesgeschichte des 18. Jahrhunderts eine wichtige Rolle spielte und noch heute in Jebsheim ansässig ist.

S. 35 «K-Company»

Kompanien wurden durch Großbuchstaben anstatt durch Zahlen gekennzeichnet.

S. 36 «Maison-Rouge-Geschichte»

Nördlich von Colmar überquert eine Brücke die Ill, gleich daneben auf der Ostseite ist eine Straßenkreuzung; diese militärisch komplizierte Stelle heißt Maison Rouge – Rotes Haus. In der Nacht auf den 23. Januar 1945 erzwangen alliierte Truppen, Amerikaner und Franzosen, unter verlustreichen Kämpfen den Übergang über die Ill; der «Report of Operations» (Band II, S. 629 mit Kartenbeilage) beschreibt die deutschen Gegner als zum Teil durch monatelange Kämpfe und Niederlagen ermüdet und demoralisiert, Kampfgeist hätten die älteren erfahrenen Soldaten und die SS-Einheiten gehabt. Diese Schlacht hatte Lasky mit Hilfe Suttons darzustellen.

S. 38 «Wir sind frei»

Lasky verwechselt versehentlich die Situation nach der Annexion Elsass-Lothringens durch das Deutsche Reich 1871 mit der, die Young für das achtzehnte Jahrhundert beschrieb.

S. 39 «General Leclerc»

General Philippe Leclerc de Hautecloque, ein Draufgänger, dem auch darüber hinaus Verstöße gegen das Kriegsrecht vorgeworfen wurden.

S. 39 «O'Daniels klassische Kehrtwende»

Generalleutnant John W. O'Daniel, ein Haudegen mit dem Spitznamen «Iron Mike», trotz seines wirklichen Vornamens.

S. 40 «Patch handelte»

Generalleutnant Alexander M. Patch, Oberbefehlshaber der 7. US-Armee.

S. 46 «FFI-Elementen»

Forces françaises de l'intérieur, Zusammenschluss der französischen militärischen Widerstandsgruppen zur Zeit der deutschen Besatzung.

S. 56 «gottverdammten Frogs»

Englischer und amerikanischer Schimpfname für Franzosen.

S. 56 «dieses Guadalcanal»

Solomonen-Insel im Pazifik. Die für die Amerikaner siegreichen Schlachten bei dieser Insel (August 1942 – Januar 1943) bedeuteten die Wende im pazifischen Krieg gegen Japan. Unter dem damaligen Divisionskommandeur Patch nahm im Oktober 1942 nach dem Marinekorps auch die US-Army an der Offensive teil.

S. 59 «Die ‹Humanité›»

Tageszeitung der französischen Kommunistischen Partei.

S. 59 «22. Juni 1941»

Tag des deutschen Angriffs auf die Sowjetunion.

S. 60 «GPU»

Sowjetische Staatssicherheitspolizei, Tarnname «politische Verwaltung», Nachfolgerin u. a. der Tscheka, Vorgängerin u. a. des KGB.

S. 67 «wie es eigentlich gewesen»

Mit dieser Formulierung setzte sich der Historiker Leopold von Ranke gegen die voreilig philosophisch-deutende Geschichtsbetrachtung seiner Zeit ab und betonte, es komme vor allem darauf an, nüchtern die Sachverhalte festzustellen; sie steht im Vorwort zu Teil I seiner *Geschichte der germanischen und romanischen Völker von 1494 bis 1525*, Sämtliche Werke, Band 33/34, Leipzig 1885, S. 7. Lasky zitiert diese zum geflügelten Wort gewordene Maxime auf Englisch.

S. 70 «Wallenberg»

Hans Wallenberg war, anders als Lasky hier schreibt, schon 1933 emigriert (so richtig unten S. 271); er kehrte nach dem Krieg nach Deutschland zurück, war Chefredakteur der amerikanischen *Neuen Zeitung* und bekleidete dann eine leitende Stellung im Verlagshaus Axel Springer.

S. 77 «Tacitus»

Im Buch *Agricola* des römischen kaiserzeitlichen Autors Cornelius Tacitus sagt der britannische Stammeskönig Calgacus von den Römern, sie stellten eine Wüste her und nannten das Frieden: solitudinem faciunt pacem appellant (Kaptitel 30, Abschnitt 5).

S. 79 «abzubrechen oder beizufügen»

Die Zitate folgen der Übersetzung von Ludwig Braunfels: Miguel de Cervantes, *Der sinnreiche Junker Don Quijote von der Mancha*, München 1997.

S. 82 «Marshalls ‹Island Victory›»

S. L. A. Marshall schrieb in *Island Victory* über den Pazifikkrieg.

S. 84 «Formationen von ‹Liberators›»

So hießen die amerikanischen schweren Bomber B-24, die u. a. Bombenangriffe auf Deutschland flogen.

S. 85 «Ludendorff»

Gemeint ist die Ludendorff-Brücke.

S. 85 «Hans Fritzsches interessante»

Fritzsche war politischer Chefkommentator des deutschen Rundfunks («Es spricht Hans Fritzsche»), war im Nürnberger Hauptkriegsverbrecher-Prozess angeklagt und wurde freigesprochen.

S. 103 «Generalleutnant Dittmar»

Generalleutnant Kurt Dittmar kommentierte im deutschen Rundfunk militärische Fragen.

S. 106 «Long Tom»

Spitzname für die amerikanische 155-Millimeter-Kanone M2.

S. 108 «Reiter, schau kalt»

Das Zitat folgt der Übersetzung von Marcel Beyer: William Butler Yeats, *Die Gedichte*, herausgegeben von Norbert Hummelt, München 2005.

S. 113 «C-Ration»

Fertig zubereitete Essensration der US-Army.

S. 127 «mit dem kleinen Duck»

Das amerikanische Amphibienfahrzeug DUKW, das scherzhaft wie die Disney-Figur genannt wurde.

S. 130 «Sam Sloans Tod»

Samuel Sloan war Mitinhaber des New Yorker Verlags Duell, Sloan and Pearce.

S. 130 «Cap»

Charles A. Pearce war Mitinhaber des New Yorker Verlags Duell, Sloan and Pearce.

S. 132 «kein Wassergeräusch»

Das Zitat folgt der Übersetzung von Norbert Hummelt: T. S. Eliot, *The Waste Land. Das öde Land*, Berlin 2008.

S. 155 «Dr. Schilling»

Der Kreisleiter der NSDAP Dr. med. Karl Schilling hatte sich nicht das Leben genommen, sondern arbeitete als Arzt in Niedersachsen, er starb 1973. Jakob Sprenger war es, der im März 1945 Suizid beging.

S. 167 «daffodils»

William Wordsworth, Daffodils.

S. 169 «Pro Station»

Prophylaxe-Station zum Schutz vor Geschlechtskrankheiten.

S. 170 «Blumenson»

Martin Blumenson war Militärhistoriker und u. a. der Herausgeber der *Patton Papers*, 2 Bände, 1974.

S. 173 «Der Bürgermeister»

Dr. Carl Neinhaus wurde 1928 als Parteiloser zum Oberbürgermeister gewählt, blieb es nach Eintritt in die NSDAP von 1933 bis 1945 und war es von 1952 bis 1956 nach Eintritt in die CDU abermals.

S. 175 «Operation Dragoon»

Operation Dragoon war das Codewort für die Landung der Alliierten in Südfrankreich.

S. 188 «in CIC eingeliefert»

Civil Internment Camp, US-amerikanisches Internierungslager für politisch Verdächtige (identische Abkürzung für amerikanischen Nachrichtendienst).

S. 193 «d'Hooghe»

Näheres zu diesem Darmstädter Intellektuellen in der Broschüre *Robert d'Hooghe. Dokumente zu Leben und Werk*, Darmstadt 1993.

S. 200 «fällt der Schatten»

Lasky zitiert aus dem Gedächtnis T. S. Eliots Gedicht «The Hollow Men». Das hier verwendete Zitat folgt der Übersetzung von Christian Enzensberger: T. S. Eliot, *Werke in vier Bänden* – 4: *Gesammelte Gedichte 1909–1962*, Frankfurt a. M. 1988.

S. 206 «SHAEF-Befehl»

Supreme Headquarters, Allied Expeditionary Force, Hauptquartier der alliierten Streitkräfte in Nordwesteuropa unter dem Oberbefehl von Dwight D. Eisenhower.

S. 214 «Jeff Caffery»

Ein bekannter Diplomat.

S. 217 «General ‹Bor› (Komorowski)»

Tadeusz Bór-Komorowski, polnischer General, Kommandant der Heimatarmee beim Warschauer Aufstand, emigrierte nach dem Krieg nach England.

S. 217 «Zeide»

Jiddisch für Großvater.

S. 220 «Dr. Groscurth»

Der Berliner Arzt Georg Groscurth wurde im Dezember 1943 zum Tode verurteilt, das Urteil wurde im Mai 1944 vollstreckt.

S. 226 «deutet CIC an»

Counter Intelligence Corps, Nachrichtendienst der US-Army (zu unterscheiden von den ebenso als CIC abgekürzten Internierungslagern).

S. 228 «Scholl»

Lasky hört zuerst nur undeutlich von den Geschwistern Sophie und Hans Scholl, ist sich daher des Namens nicht sicher und schreibt «Schall (?)».

S. 230 «Fasanenjagd»

«Goldfasan» war der Spottname für goldbetresste NS-Funktionäre.

S. 242 «Helden der Anfangszeit»

Ernst Maurice, Robert Wagner, Hermann Kriebel und Dr. Friedrich Weber waren wegen der Teilnahme am Hitlerputsch vom 9. 11. 1923 («Marsch auf die Feldherrnhalle») verurteilt worden.

S. 249 «S' Ländle, meine Heimat»

«Du Ländle, meine teuere Heimat» ist heute die Landeshymne Vorarlbergs.

S. 256 «Heimwehr»

Die Heimwehr war eine paramilitärische Organisation im österreichischen Ständestaat; Lasky schrieb versehentlich Heimatwehr.

S. 275 «PX»

Post Exchange, spezielle Läden für amerikanische Armeeangehörige.

S. 277 «Dr. F. Schäffer»

Fritz Schäffer war später der erste Bundesfinanzminister, danach Bundesjustizminister.

S. 283 «Grubers Widerstandsgruppen»

Karl Gruber war später österreichischer Außenminister.

S. 288 «Lieber Meyer»

Meyer Schapiro war ein amerikanischer Kunsthistoriker jüdisch-litauischer Abstammung.

S. 291 «Ernst Robert Curtius»

Lasky irrt; Curtius war ohne Unterbrechung bis 1971 Professor für Romanistik in Bonn.

S. 293 «Dr. Roeck und Ohlenroth»

Dr. Donald Roeck war Arzt in Augsburg, Ludwig Ohlenroth ab 1945 «Beauftragter der städtischen Bauverwaltung der archäologischen Bauaufsicht».

S. 299 «Idee der Universität»

Die Idee der Universität, Berlin 1946 (Schriften der Universität Heidelberg, Heft 1); das Vorwort auf S. 5 ist datiert «Heidelberg, Mai 1945».

S. 302 «Marianne Weber»

Witwe Max Webers. Sie schrieb über Besuche dieser Art u. a.:

«Über meine Schwelle treten […] als unerwartete Neuerscheinungen die Angehörigen der Siegermächte: hochgebildete Amerikaner in schmuckloser Uniform. Die meisten haben nicht mit der Waffe gekämpft, sondern sind als ‹intellectual officers› für Kulturaufgaben bestimmt […]. Friedensboten: ‹Dürfen wir noch stören?› Ich sehe in zwei dunkle, jugendliche Gesichter, eines davon trägt jüdisches Gepräge, aber das unbeholfene Deutsch verrät, es sind keine Emigranten […]. ‹Max Webers Soziologie wird jetzt bei uns von mehreren Gelehrten übersetzt […]. Warum fügten sich alle? War es unmöglich, Hitler und seiner Knechte Herr zu werden? […] Wussten Sie wirklich nicht, was in den Konzentrationslagern vor sich ging? Die Amerikaner drüben sind außer sich über die neuen Enthüllungen […].›» (Marianne Weber, *Lebenserinnerungen*, Bremen 1948, S. 483 ff.).

S. 303 «Schapiro-Gerth-Kontroverse»

Zwischen dem deutschen 1938 emigrierten Soziologen Hans Heinrich Gerth und Meyer Schapiro fand in der neuen von Dwight Macdonald gegründeten Zeitschrift *Politics* eine Debatte über den Demokratiebegriff statt.

S. 308 «Floria, Liebes»

Melvin Laskys Schwester Floria Lasky (1923–2007) war eine berühmte Anwältin für Urheberrecht.

S. 312 «Buba»

Jiddisch für Großmutter.

S. 314 «Der alte Rektor der Universität Heidelberg»

Die Wiedereröffnung ist dokumentiert in K. H. Bauer (Hg.), *Vom neuen Geist der Universität. Dokumente, Reden und Vorträge 1945/46*, Berlin und Heidelberg 1947 (Schriften der Universität Heidelberg, Heft 2), S. 12–41.

Der Rektor unter dem NS-Regime war der Militärhistoriker Paul Schmitthenner gewesen; siehe *Vom neuen Geist*, S. 1 f.: «Beim Einmarsch der amerikanischen Truppen wurde die Universität, wie alle Schulen, durch die Proklamation Nr. 1 von General Eisenhower geschlossen. […] Bereits am 5. 4. fand unter Anerkennung der Besatzungsbehörde und unter Teilnahme von zwei Spezialagenten des CIC der 7. Amerikanischen Armee (den Herren Emmet und Gordon) die Gründung eines Ausschusses zum Wiederaufbau der Universität statt. […] Die Dienstgeschäfte eines stellvertretenden Rektors übernahm der emeritierte Professor für Anglistik, Geheimrat Professor Dr. Johannes

Hoops, der [...] von der Besatzungsbehörde sogleich anerkannt worden war.» Dem Ausschuss hatten u. a. Karl Jaspers, Gustav Radbruch und Alfred Weber angehört.

S. 315 «Einführung seines Amtsnachfolgers»

Zum neuen Rektor wurde der Chirurg Karl Heinrich Bauer gewählt.

S. 315 «seine Ausführungen»

Siehe Karl Jaspers, *Die Erneuerung der Universität*, in: *Vom neuen Geist der Universität*, 1947, S. 18–26.

S. 326 «ein paar hundert Mark»

Durch den Alliierten Kontrollrat, das damalige oberste Regierungsorgan für Deutschland, war im Interesse der Währungsstabilität für die Besatzungstruppen die Besatzungsmark eingeführt worden, die entweder gar nicht (Sowjetunion) oder nur begrenzt (USA) in heimische Währung umgetauscht werden konnte.

S. 338 «4241»

Das Jahr 4241 vor Christus wird gewöhnlich als Beginn des ägyptischen Kalenders gesehen.

S. 343 «Lieber Dwight»

Dwight Macdonald war ein amerikanischer Publizist, der bis 1943 die *Partisan Review* herausgab, dann *Politics* gründete, die aber nur bis 1949 erschien.

S. 362 «von russischen AWOLs»

Absent Without Official Leave, unerlaubtes Entfernen von der Truppe.

S. 363 «Brief an Hannah Arendt»

Hannah Arendt schrieb wie Lasky für die *Partisan Review*.

S. 364 «Plöck 66»

Hier wohnte das Ehepaar Jaspers.

S. 364 «in Heidelberg und Deutschland bleiben»

1948 nahm Karl Jaspers den Ruf nach Basel an.

S. 379 «Ich und Onkel Joe»

Mit dieser Bezeichnung wollte Roosevelt den Amerikanern Josef Stalin nahebringen.

S. 380 «Kurzbesuch in Oberursel»

Das Interrogation Center der amerikanischen Armee befragte hochrangige Nationalsozialisten und Offiziere; zum Teil mit rechtsstaatswidrigen Verhörmethoden.

S. 380 «Major Schramm»

Percy Ernst Schramm, später Professor für mittelalterliche Geschichte in Göttingen, war Verfasser des Kriegstagebuchs des Wehrmachtführungsstabes.

S. 387 «Göring»

Der Reichsmarschall Hermann Göring versuchte bei seiner Festnahme, sich vor den Amerikanern und deren Fotografen in Szene zu setzen, zuletzt erfolglos.

S. 388 «JCS 1067»

Die Direktive 1067 der Vereinigten Stabschefs (Joint Chiefs of Staff) sah in detaillierten Regelungen eine harte Besatzungspraxis vor.

S. 395 «VD-Untersuchung»

Venereal Disease, Geschlechtskrankheiten.

S. 402 «‹JHC›-Kantine»

Jewish Heritage Centers fördern durch umfangreiche Kulturprogramme jüdisches Leben; sie bestehen vornehmlich in Nordamerika, aber auch in anderen Teilen der Welt.

S. 403 «Brigitte»

Brigitte Newiger, spätere Ehefrau Laskys.

S. 409 «Sidney Whitmans Buch»

Das Zitat folgt der 1912 in Stuttgart und Berlin ohne Angabe des Übersetzers erschienenen Ausgabe.

S. 415 «unsichere politische Lage»

Wahrscheinlich ist die Pariser Außenministerkonferenz gemeint, die über ehemalige Kriegsgegner Beschlüsse fasste.

S. 416 «im Fall Grotewohls»

Wichtig wegen des Versuches, das Verhalten des SPD-Vorsitzenden Otto Grotewohl zu erklären, der zunächst eine Vereinigung mit der KPD abgelehnt hatte, dann umschwenkte und zu einem stalinistischen Kommunisten wurde; ab 1949 Ministerpräsident der DDR.

S. 418 «Dr. Werner Best»

Der Jurist Dr. Werner Best, frühes NSDAP-Mitglied und hoher SS-Führer, hatte im Reichssicherheitshauptamt die Einsatzgruppen und ihre Massenmorde organisiert, leitete zunächst die Verwaltung im besetzten Frankreich, dann die in Dänemark.

S. 419 «mit Peitschen geschlagen wurden»

Die Zitate folgen dem amtlichen Dokumentenband für den 195. Tag.

S. 420 «die Axmann-Gruppe»

Der ehemalige Reichsjugendführer Artur Axmann hatte im Dezember 1945 konspirative Kontakte zu ehemaligen NSDAP- und HJ-Funktionären geknüpft und wurde daraufhin verhaftet.

S. 431 «Dana Schmidt»

Dana Schmidt war jahrzehntelang (männlicher) Reporter der *New York Times* in Krisengebieten.

S. 431 «der General»

Generaloberst Iwan Wassiljewitsch Boldin, Chef der Sowjetischen Militäradministration in Thüringen.

S. 431 «Michael Varakin»

Von den in diesem Abschnitt genannten Namen findet sich keiner in den Publikationen über die Angehörigen der sowjetischen Geheimdienste in der Sowjetischen Besatzungszone; es ist davon auszugehen, dass es allesamt konspirative, d. h. falsche Namen waren.

S. 431 «Buchenwald»

Die Sowjetunion richtete in ihrer Zone mehrere Lager, Speziallager genannt, für mutmaßliche NS-Täter und politische Gegner ein, darunter die ehemaligen NS-KZs Sachsenhausen und Buchenwald; im Gegensatz zum Gulag blieben die Häftlinge ohne Beschäftigung. Buchenwald war das Speziallager Nr. 2, dessen Todesrate etwa fünfundzwanzig Prozent betrug. Bis zum Herbst 1989 durfte darüber nicht gesprochen werden.

S. 432 «Sergei Iwanowitsch Tjulpanow»

Oberst Tjulpanow war Leiter der «Informationsabteilung» genannten Abteilung der Sowjetischen Militäradministration in Deutschland (SMAD), die in Wirklichkeit für die Sowjetisierung der politischen Organisationen zuständig war; ihm gelang die Zwangsvereinigung von SPD und KPD zur SED sowie die Umwandlung der bürgerlichen Parteien in Satellitenparteien. Er war auf diesem Gebiet also sehr fähig, man merkt es Laskys Ton an.

S. 440 «Hugenbergs Freiheit»

Alfred Hugenberg, 1933 Vorsitzender der Deutschnationalen Volkspartei (DNVP), führte die Partei am 30. Januar in die Koalition mit der NSDAP und bewirkte so die Machtergreifung Hitlers; er selbst wurde bald darauf bedeutungslos. Nach 1945 wurde er von der britischen Besatzungsmacht verhaftet und kurzzeitig wieder freigelassen; er blieb im Internierungslager bis 1951.

S. 441 «Fritz Sauckel»

Sauckel war während des Kriegs der Organisator der Zwangsarbeit von Ausländern; er wurde im Nürnberger Hauptkriegsverbrecher-Prozess zum Tode durch den Strang verurteilt.

S. 443 «TASS»

Nachrichtenagentur der Sowjetunion.

S. 447 «OMGUS-Limousine»

Office of Military Government for Germany (U. S.), Amt der Militärregierung für Deutschland (US).

NACHWORT

I.

Melvin J. Lasky wurde am 15. Januar 1920 in New York geboren und starb am 19. Mai 2004 in Berlin; dort ist er auch begraben. Er war einer der bedeutendsten politischen Publizisten im Deutschland der Nachkriegszeit sowie in der englischsprachigen Welt: 1948 gründete er in West-Berlin die Zeitschrift *Der Monat*, ging 1958 nach London, wo er die Leitung der schon bestehenden Schwesterzeitschrift *Encounter* übernahm, und kehrte 1988 nach West-Berlin zurück. Im alsbald wieder vereinten Berlin blieb er bis zu seinem Lebensende, war weiterhin journalistisch und schriftstellerisch tätig.[1] Das nach seinem Tod im Nachlass gefundene Typoskript seines Tagebuchs der Jahre 1945 und 1946 zeichnet ein lebendiges, instruktives und oft sehr anrührendes Bild der letzten Kriegsmonate und der frühen Nachkriegszeit im besiegten Deutschland, im Elsass, in Lothringen und in Österreich. Deshalb stellt die Veröffentlichung des Tagebuchs in deutscher Übersetzung eine sachliche Notwendigkeit dar.

II.

Dennoch sei es mir erlaubt, einige persönliche Bemerkungen an den Anfang zu setzen. Als frühzeitiger Leser und Abonnent des *Monat* und dann des *Encounter* trat ich noch als Student in Beziehung zu diesen Zeitschriften und dann zu ihrem Herausgeber, zunächst schriftlich, nach seiner Rückkehr nach Berlin auch persönlich. Hier entwickelte sich eine enge Freundschaft, in die seine Frau, die Romanautorin Helga Hegewisch-Lasky, sofort mit einbezogen wurde. Es gab gemeinsame Unternehmungen, etwa die Vorstellung seines Buches *The Language of Journalism* im Literaturhaus in der Fasanenstraße, es gab unzählige Gespräche, in denen er mit Freude aus dem Nähkästchen plauderte und über die daher hier, da aus dem Nähkästchen, leider nicht berichtet werden kann.

Der Historiker Lasky freute sich sehr, dass er in Berlin in der Mommsenstraße wohnte, zumal er schon 1950 im *Monat* einen Artikel zu der Frage veröffentlicht hatte, warum Theodor Mommsen den vierten Band seiner *Römischen Geschichte* nie geschrieben habe, in dem die Kaisergeschichte hätte behandelt werden sollen.[2] Zu Laskys Amüsement trug bei, dass meine erste Publikation ein Leserbrief ausgerechnet im *Monat* war und außerdem auf einen Mommsen betreffenden Irrtum aufmerksam machte: Es hatte geheißen, das berühmte Wort, Aufgabe der Geschichtsschreibung sei es zu sagen, wie es eigentlich gewesen, stamme von Mommsen, während es doch von Leopold von Ranke war.[3] Auch daher habe ich Helga Hegewischs Anregung, Melvins Tagebuch in der vorliegenden Form herauszugeben, sofort dankbar aufgenommen. Nicht nur für seine Freunde wird es ein Gewinn und hoffentlich auch ein Genuss sein, seine Stimme noch einmal zu vernehmen, und zwar zu Fragen, die für ihn, für Berlin, für Deutschland und für Amerika lebenswichtig waren und immer noch sind.

III.

Melvin J. Lasky entstammte einer jüdischen Familie, die einige Jahre vor seiner Geburt aus Lodz eingewandert war.[4] Deren Tradition entsprechend war er schon von Jugend an mit der deutschen Geistesgeschichte vertraut; der elterliche Bücherschrank spielte in seiner intellektuellen Entwicklung neben der ausgedehnten Zeitungslektüre eine wesentliche Rolle. Eine weitere Prägung erhielt er durch die Schriften und Gedanken der europäischen radikalen Linken. Als Student am City College of New York fing er an, sich in Debattierzirkeln zu betätigen, wobei sich bald herausstellte, dass die wenn nicht intelligenteren, so doch geistig offeneren Studenten mit dem orthodoxen Kommunismus nichts anfangen konnten, und er nichts mit ihnen. Auch Lasky begann, eigene Wege zu gehen, und erhielt vorübergehend das Etikett Trotzkist, was aber nur ausdrückte, dass er selbständig dachte und sich nichts vormachen ließ; politisch war er eher, wie ein wohlwollend-kritischer Freund ironisch sagte, Menschewik.

Inzwischen verbesserte er seine Deutschkenntnisse und studierte dann Geschichte in Ann Arbor, kehrte nach dem Abschluss nach New York zurück und war dort unter anderem als Journalist für die linksintellektuelle Vierteljahresschrift *Partisan Review* und für die kleine sozialdemokratische Zeitschrift *The New Leader* tätig. 1943 wurde er zum Militär einberufen und kam als Leutnant in die Historische Abteilung der 7. US-Armee, um dort an der Geschichte von deren Kämpfen, mit der Landung in Südfrankreich beginnend, mitzuarbeiten.[5]

IV.

Im Verlauf der letzten Kriegs- und der ersten Nachkriegsmonate, die der Gegenstand des vorliegenden Buches sind, kam er nach Berlin. Dort blieb er. Er, der geborene und leidenschaftliche *newspaper man*, schrieb zunächst für verschiedene amerikanische Zeitschriften. Einer größeren Öffentlichkeit wurde er im Oktober 1947 bekannt, als er auf einem von deutschen Kommunisten und der sowjetischen Besatzungsmacht maßgeblich beeinflussten Schriftstellerkongress[6] eine aufsehenerregende Rede hielt. Ausführlich sprach er über die Unterdrückung der Freiheit des Wortes in der NS-Zeit und von ihrer Gefährdung im Westen, besonders in Amerika, aber zum Schluss auch, kürzer gefasst, von Behinderungen in der Sowjetunion. Dass das schon genügte, um zu einem Skandal zu werden, bestätigte Laskys Einschätzung der Lage der geistigen Freiheit im kommunistischen Machtbereich und beförderte ein Umdenken im Westen.[7]

Damals nämlich setzte die amerikanische Politik trotz erster Irritationen noch auf die Zusammenarbeit mit der Sowjetunion; dementsprechend sah Lasky sich im Widerspruch zur offiziellen Linie und warnte – aufgrund seiner Erkenntnisse und Erfahrungen, von denen im vorliegenden Tagebuch die Rede ist – vor Illusionen. Erst im März 1948 wurde den Westmächten klar, dass sie zwei Möglichkeiten hatten: dem sowjetischen Machtanspruch vor allem in Berlin entweder nachzugeben oder ihm entgegenzutreten. Sie entschlossen sich zum Widerstand mit der Folge, dass die Sowjetunion die Landwege zum Westteil Berlins kappte und die Stadt einer lebensgefährlichen Blockade unterwarf, die nur durch die Versorgung aus der Luft, die Luftbrücke, durchgestanden werden konnte und im Mai 1949 abgebrochen werden musste. In dieser Situation war es dann möglich, dass Melvin Lasky mit, fast möchte man sagen, reumütiger Unterstützung durch die amerikanische Militärregierung eine Zeitschrift nach seinen Vorstellungen gründen konnte. Zu diesen Vorstellungen gehörte die völlige Unabhängigkeit, und unter dieser auch in der Folgezeit ständig gewahrten Prämisse erschien im Oktober 1948, mitten in der Blockade, die erste Nummer der Zeitschrift *Der Monat*.

Der *Monat* brachte das Kunststück fertig, zwar in Gegnerschaft zum Kommunismus zu stehen, weiterhin aber dezidiert demokratisch zu sein und nicht nach rechts abzudriften. Das lag an den zum Teil sehr handgreiflichen Erfahrungen, die Herausgeber und Autoren in unterschiedlicher Weise mit der Wirklichkeit gemacht hatten, als Beteiligte und als Leidtragende, viele beides in ihrer Person vereinigend. Der *Monat* eröffnete der deutschen Leserschaft den Blick nicht nur auf das geistige und politische Leben der westlichen offenen Gesellschaft, er diskutierte vielmehr darüber hinaus auch die deutschen Verhältnisse der jüngsten Vergangenheit und der Gegenwart – in West und Ost, wohlgemerkt, denn bis zum Bau der Mauer hatte die Zeitschrift auch eine Leserschaft in der DDR, die natürlich nur eine heimliche sein konnte. Ich war Zeuge einer bewegenden Szene nach der Wiedervereinigung, als auf einer Tagung im ehemaligen ZK-Gebäude – heute Auswärtiges Amt – ein Teilnehmer aus Sachsen Melvin Lasky etwas aufgeregt und zögerlich ansprach: «Ach, Sie sind Herr Lasky? – Wissen Sie eigentlich, wie großartig der *Monat* damals für uns in der Ostzone war …?»

V.

Die Geisteshaltung eines offenen Gedankenaustausches ohne Machtmonopol, wie sie der *Monat* vertrat, sah sich angesichts der auch im Westen vordringenden geistigen Eroberungen des Kommunismus[8] in die Defensive gedrängt. Daher war es folgerichtig, dass unter der maßgeblichen Mitwirkung Laskys 1950 in West-Berlin der große Kongress für die Freiheit der Kultur stattfinden konnte, an dem außergewöhnlich viele und außergewöhnlich bedeutende Intellektuelle aus allen Teilen der Welt teilnahmen. Er hatte mehrere weitere Tagungen zur Folge, auf die Dauer zeigte sich aber die Unmöglichkeit, etwas nur unorganisiert Lebensfähiges wie Freiheit und Freiheit der Kultur organisieren zu wollen, sodass diese Bewegung allmählich einschlief. Sehr lebensfähig waren jedoch die Publikationsorgane, die am Anfang dieser Bewegung standen beziehungsweise aus ihr hervorgegangen waren, wie vor allem der *Monat* und seine britische Schwesterzeitschrift *Encounter*.[9] Nachdem 1958 der bisherige Chefredakteur des *Encounter* die Zeitschrift verlassen hatte, trat Melvin Lasky an seine Stelle, blieb aber weiterhin in der westdeutschen Publizistik präsent.

Als Lasky dann nach einem Jahr im dortigen Wissenschaftskolleg endgültig nach Berlin zurückkehrte, war der Kongress schon lange ausgelaufen, war der *Monat* eingestellt, und mit dem Jahr 1990 endete auch der *Encounter*. Fast war es symbolisch: Gleichzeitig fiel die DDR unter dem Ansturm der Friedlichen Revolution sang- und klanglos in sich zusammen, auch deshalb, weil Freiheitsdrang und Menschenrechte in ganz Ost- und Ostmitteleuropa eine ungeahnte Kraft bewiesen hatten. Laskys Ziel der geistigen und kulturellen Freiheit, das immer weit über bloßen Kampf gegen ungeistige Unterdrückung hinausgegangen war, war erreicht, und Lasky lebte wieder in Berlin – er war zurückgekehrt, wohlgemerkt, als die Mauer noch stand.

Seinen letzten größeren Auftritt hatte Melvin J. Lasky auf einer internationalen Tagung 1992 in Berlin, die er selbstironisch *A Last Encounter with the Cold War* nannte, den Namen seiner Zeitschrift jetzt wörtlich auch im Sinne von Zusammentreffen verwendend: ein letztes Zusammentreffen mit dem Kalten Krieg. Selbstironisch war die Bezeichnung auch deshalb, weil die geistige Bedeutung sowohl Laskys als auch seiner Zeitschriften nicht auf den Kalten Krieg verengt werden kann, er sie aber für diese letzte Gelegenheit selbst übernahm. Die Gäste hatte man zudem an symbolische und, wenn das über Tagungsorte gesagt werden kann, zum Teil ironische Orte geladen. Eröffnet wurde die Tagung im Reichstag, der noch nicht für den Bundestag umgebaut worden war, die Sitzungen der nächsten Tage fanden aber in einem Gebäude nahe der Straße Unter den Linden statt, das bis 1945 Preußisches Finanzministerium, danach aber jahrzehntelang das Haus der Gesellschaft für Deutsch-Sowjetische Freundschaft gewesen war, was man der Innenarchitektur auch deutlich ansah. Jetzt trafen sich darin sowohl Weggefährten Laskys aus der Zeit des *Monat* und des *Encounter* als auch andere und jüngere Intellektuelle und schließlich neu in die westliche Welt Eingetretene – in der einen oder anderen Weise – wie etwa Günter Schabowski oder Joachim Gauck.

VI.

Das Tagebuch des fünfundzwanzigjährigen Oberleutnants Lasky bietet zuweilen stichwortartige Notizen, zum überwiegenden Teil aber ausgefeilte Texte hoher stilistischer Qualität. Es sind zumeist Berichte über seine persönlichen Erlebnisse, die sich «hinter der Front», am Rande des allmählichen Vorstoßes der 7. US-Armee abspielten; eigentliche Kämpfe werden wenig und auch das nur unter dem Gesichtspunkt geschildert, wie der einfache Soldat die Geschehnisse erlebte. Zusammen mit den Kopien von Briefen, die Lasky in das Tagebuch aufgenommen hat, stellen sie nicht nur publikationswürdige Texte dar, sondern erwecken in der Tat den deutlichen Eindruck, dass sie mit dem Gedanken an spätere Veröffentlichung geschrieben seien. Das gilt in geringerem Maße für die gelegentlichen Selbstbetrachtungen, in denen ein junger Mann spricht, der sich inhaltlich und in der Form der Darstellung noch auf dem Wege zu sich selbst befindet.

Die Gegenstände, die Lasky für aufzeichnenswert hält, sind vielgestaltig, wie es dem breit gefächerten Interesse dieses aufnahmefähigen jungen Mannes entsprach, der ein literarisch gebildeter Kenner der deutschen Geschichte und Geistesgeschichte war, erfüllt von brennendem Interesse für Politik. Er denkt intensiv über Geschichtsschreibung nach, er beschreibt nicht nur das, was ihm von außen begegnet, sondern erforscht aktiv die deutsche Gegenwart und unmittelbare Vergangenheit, indem er sowohl Zufallsbekanntschaften als auch bedeutende Persönlichkeiten befragt. Deswegen enthält sein Tagebuch viele Wiedergaben von Gesprächen mit berühmten und vor allem unberühmten Menschen, die er ohne jede Siegerattitüde und mit großer Empathie geführt hatte. Dabei ist das hervorstechende, alles beherrschende Merkmal seiner Aufzeichnungen schon hier der unverstellte, offene Blick, mit dem er die Welt betrachtet. Er blickt nicht weg, er vertuscht nicht, er sieht genau hin und nimmt alles wahr.

VII.

Seine unmittelbare Umgebung, also das Verhalten seiner Kameraden und Vorgesetzten im Verlauf des Jahres 1945, schildert er in manchen zunächst unwichtig erscheinenden Einzelheiten, die jedoch charakteristisch zumindest für den Ton sind, in dem miteinander umgegangen wird. Man hört geradezu den US-amerikanischen Kommisston der Kriegszeit, liest aber auch von nachdenklichen Gesprächen. Sehr deutlich wird dabei das Fehlverhalten Einzelner, wenn zum Beispiel deutsche Kriegsgefangene erschossen werden, wenn im besiegten Deutschland geplündert und Beute gemacht wird. Das erzählt Lasky kommentarlos, allerdings so direkt, dass sich seine ohnehin selbstverständliche Verurteilung dieser Untaten von selbst ergibt. Auch sonst spart er nicht mit teils impliziter, teils deutlicher Kritik an amerikanischem Verhalten. Das sind etwa Tieffliegerangriffe auf Zivilisten noch in Frankreich, später ist es die demütigende Behandlung gefangener deutscher Generäle und auf höherer Ebene die amerikanische Besatzungspolitik, die zu jener Zeit noch von Vergeltung an Deutschland und Zusammenarbeit mit der Sowjetunion geprägt war.

Zunächst schien die kämpfende Truppe mit der Aufgabe überfordert zu sein, plötzlich als Militärregierung weite Teile eines eroberten Landes zu verwalten. Als einen ausgesprochenen Fehlgriff sah Lasky das später aufgehobene Verbot der Fraternisierung an, also das Verbot, in Beziehung zur deutschen Bevölkerung zu treten; Lasky hatte sich nie daran gehalten. Scharf kritisieren einige Gesprächspartner in Deutschland und Österreich das Verhalten der Franzosen und tadeln vor allem deren herrisches Auftreten, das vergleichsweise geringe Verdienste am Sieg kompensieren solle. An dem britischen Bundesgenossen amüsiert den Amerikaner

Lasky die gewollt exzentrische Selbstdarstellung mancher Offiziere.

VIII.

Das Verhalten der deutschen Bevölkerung wird mit einiger Überraschung wahrgenommen. Wie die alliierte Führung hatte anscheinend auch Lasky damit gerechnet, dass es in Übereinstimmung mit den letzten Zuckungen der hysterischen NS-Propaganda noch eine Art Partisanenkrieg geben werde. Stattdessen wurden die Amerikaner manchmal sogar freundlich, im Allgemeinen eher müde-resigniert empfangen. Dass besonders Kinder ohne Scheu waren, schildert Lasky häufig mit unüberhörbarer Sympathie – auch, und vielleicht gerade dann, wenn es mit der Bitte um Schokolade oder Kaugummi einherging. Dementsprechend versucht er, durch viele Gespräche Klarheit über das deutsche Verhalten in der NS-Zeit zu gewinnen, das plötzlich ganz anders gewesen zu sein scheint als gedacht. Er erfährt von Widerstandsaktionen in München kurz vor Kriegsende und von Sophie und Hans Scholl und deren Umkreis. Dass sich die Kenntnis davon erst allmählich verbreitet, sieht man daran, dass Lasky den Namen Scholl zunächst nicht richtig wiedergibt. Diese Tat des mutigen Widerstandes wird von ihm zutreffenderweise nicht verallgemeinert; Tenor aller wiedergegebenen Gespräche ist vielmehr lediglich die Beteuerung, die Deutschen seien nicht identisch mit dem Nazitum.

Schon im Elsass und in Lothringen war Lasky zu Gast bei deutsch sprechenden Familien, und später erst recht in Deutschland, trotz des Fraternisierungsverbotes. Auch die dortigen Gespräche sind durch den Grundton der Distanzierung von der NS-Herrschaft geprägt – sonst hätte Lasky diese Kontakte weder knüpfen können noch aufrechterhalten wollen –, berichten aber auch von Stützen der Diktatur und kaum von Widerstand. Eine besondere Rolle haben die einheimischen Mädchen und Frauen inne, die, wie es in den meisten besetzten Ländern geschieht, enge Beziehungen zu den Soldaten der Sieger eingehen – einschließlich Amerikanern schwarzer Hautfarbe, was anscheinend gerade auf amerikanischer Seite Befremden auslöste. Auch Lasky nahm manche Gelegenheit wahr, jedoch wurde aus seiner Freundin Brigitte Newiger alsbald die erste Frau Lasky.

IX.

Die Gräueltaten des NS-Regimes und die Bombardierung deutscher Städte gehören zu Laskys Hauptthemen; sie sind es ja für alle. Über das von anderen US-Truppen in den letzten Apriltagen befreite KZ Dachau mit seinen Außenlagern und über das, was er über die deutschen Massenverbrechen in Ost- und Ostmitteleuropa hört, berichtet er in scheinbar gefasstem Ton. In Wirklichkeit ist das Gesehene und Gehörte so grauenvoll, dass er sich auf eine Art nüchterne Protokollierung beschränken und es manchmal bei bloßen Stichworten belassen muss, statt aus dem Furchtbaren literarische Prosatexte zu formen. Wie seine Gefühle in Wirklichkeit auf derartige Taten reagierten, zeigt seine bebende Entrüstung über die zynische Art und Weise, wie führende NS-Verbrecher in den Nürnberger Prozessen jede Schuld, jede Beteiligung leugneten. Natürlich nahm Melvin Lasky besonderen Anteil an der augenblicklichen Lage der Juden in Deutschland und berichtet an vielen Stellen eingehend über sie. Voller Trauer meint er, die deutsche

Judenheit werde es wohl nicht mehr geben, glücklicherweise hatte er damit unrecht.

Das Ausmaß der Zerstörungen der deutschen Städte durch den Bombenkrieg war anscheinend überraschend für Lasky, Ruinenlandschaften und ausgelöschte Städte waren unübersehbar und nur noch mit elementarem Entsetzen wahrzunehmen. Das Problem war – und ist –, beide barbarischen Ereignisse in die richtige Beziehung zueinander zu setzen. Ausdrücklich äußert sich Lasky nicht dazu. Er zitiert mehrfach Stimmen, die das Leid der Deutschen im Verhältnis zu jenem, welches sie verursacht hatten, für weit geringer hielten und meinten, die Deutschen seien noch nicht genug bestraft.[10] Widerspruch formuliert er nicht ausdrücklich, wohl aber ergibt er sich aus seinem eigenen Verhalten insgesamt. Lasky ist in Deutschland und hat die Absicht zu bleiben, er hat Verbindung zu Deutschen, besucht das Ehepaar Jaspers und die Witwe Max Webers und ist beeindruckt von dem feierlichen Akt der Wiedereröffnung der Heidelberger Universität. Die deutsche Schuld ist in seinen Augen keine Kollektivschuld, sondern, mit Karl Jaspers, die existenzielle Schuld, die darin besteht, dass man angesichts des anderen zugefügten Unglücks überhaupt noch lebt.

Die Ursache für dieses Verhalten lag in Laskys Beziehung zur deutschen Geistesgeschichte und zur deutschen Kultur überhaupt. Nicht umsonst notierte er sich gelegentlich Stichworte zur jeweiligen lokalen Geschichte, und mit innerer Ergriffenheit besuchte er Bauwerke wie den Augsburger Dom oder gar das zerbombte Goethehaus in Frankfurt. Das entsprach seiner gesamten literarischen Bildung, die sich in den Namen und Zitaten von Dichtern wie William Butler Yeats, Lord Byron, Katherine Mansfield und T. S. Eliot zeigt: dessen *Waste Land* war für ihn ein Synonym für Deutschland, das wüste Land. Magisch war er angezogen von Buchhandlungen und Bibliotheken, in denen er sich tagelang aufhielt, sich festlas und aus deren Werken er zitierte; er konnte offensichtlich ohne Schwierigkeiten Fraktur lesen. Entsprechend aufgewühlt und ehrfürchtig ist er, als er die Bibliotheken in den Häusern Jaspers und Weber betritt, anscheinend der Inbegriff deutscher Gelehrtenbibliotheken. Die Auszüge, die er anfertigt, zeugen zwar auch vom Schauder über manchen NS-Chauvinismus, aber ebenso von seiner Vorstellung von der deutschen Kultur, wenn er etwa Ulrich von Huttens Satz über den freien deutschen Mann zitiert oder selbst leidenschaftlich ausruft, Deutschland möge wieder Kulturnation werden.

x.

Ein Absolvent des City College, wohl gar ein amerikanischer Menschewik *après la lettre*, hat natürlich sein Augenmerk auf das langsam wieder beginnende politische Leben in Deutschland und Österreich gerichtet, insbesondere auf die Rolle des Sozialismus und Kommunismus. Schon deshalb waren es die Gespräche mit polnischen ehemaligen Fremdarbeitern wert, aufgezeichnet zu werden, die mit einer gewissen Beklemmung an eine Rückführung in die Sowjetunion dachten, und so ist das Kopfschütteln zu verstehen, mit dem Lasky den offiziellen politischen Unterricht der US-Armee referiert, der noch ganz von der Ignoranz der Roosevelt-Ära gegenüber der sowjetischen Politik geprägt war. Das im Herbst 1946 seit einem Jahr sowjetisch regierte Thüringen war für Lasky das Musterbeispiel für eine schleichende, nur notdürftig getarnte Sowjetisierung; das galt für die Zwangsvereinigung von KPD und SPD, die erst ein halbes Jahr zurücklag, oder auch für die Ausreden, mit denen ihm verschwiegen werden sollte, dass Buchenwald nunmehr ein sowjetisches Speziallager mit einer enormen Todesrate war.

Vieles konzentrierte sich dann in Berlin, das muss hier nicht wiederholt werden. In der nunmehrigen Viersektorenstadt, die doch noch bis zu ihrem völligen Untergang im Häuserkampf Straße um Straße fanatisch gekämpft hatte, wie es die Propaganda wollte, war in der Bevölkerung nicht der Hauch eines Widerstandes zu spüren. Die Westmächte kamen zudem erst im Sommer 1945 im Tausch gegen Thüringen nach Berlin, sodass Lasky die Zeit der Massenvergewaltigungen nicht erleben musste. Jetzt zeigten sich die Rotarmisten häufig als eher harmlose Gesellen, die sich auf dem von Lasky ausführlich geschilderten Schwarzmarkt mit kindlicher Freude auf unbekannte zivilisatorische Instrumente stürzten, oder die, Lasky erzählt – und fotografiert – es mit ungläubigem Staunen, veritable Kuhherden die Linden heruntertrieben.

Die sowjetische Kulturpolitik manifestierte sich zunächst durch eindrucksvolle Filme, und selbst der unter sowjetischer Herrschaft gedrehte erste deutsche Nachkriegsfilm «Die Mörder sind unter uns» zeigte wenig, was auf kommunistische Propaganda hätte hindeuten können. Dass freilich politisch ein anderer Wind zu wehen begann, erwies sich an überlebensgroßen Stalinbildern in den Straßen oder, schon handfester, daran, dass deutsche Spezialisten in der «Aktion Ossawakim» über Nacht in die Sowjetunion deportiert wurden. Bauernschlau und gerade deshalb tölpelhaft war, dass diese Aktion punktgenau am Tag nach den Berliner Wahlen stattfand. Und Brigitte Newigers Vater wurde auf die sowjetische Kommandantur bestellt, kam nicht wieder und blieb spurlos verschwunden. Von einer Rückkehr hören wir im Tagebuch nichts mehr.

XI.

Nach Laskys Tod kam sein Nachlass an die Münchner Universität, wo er im eigens gegründeten *Lasky Center for Transatlantic Studies* gepflegt und ausgewertet wird und, was das Wichtigste ist, Wirkung für die Zukunft entfaltet.[11] Dort liegt auch das Tagebuch, das nun erstmals veröffentlicht wird. Es ist als Leseausgabe für deutschsprachige Leser gedacht, denn sie geht es ja besonders an. Dementsprechend wurde das Jahr 1945 nahezu vollständig aufgenommen, nur Wiederholendes und allzu Stichwortartiges wurde ausgelassen. Vom Jahr 1946 wurden politisch besonders bedeutsame Teile aufgenommen. An wenigen Stellen hat Lasky ältere Notizen oder solche über länger zurückliegende Ereignisse eingefügt, sodass dort die zeitliche Abfolge unterbrochen wird. Das Buch beschränkt sich zudem darauf, nur die wichtigsten Sachverhalte in Anmerkungen zu kommentieren und dasjenige unerklärt zu lassen, was ohnehin bekannt ist oder leicht nachgelesen werden kann. All das muss einer unbedingt notwendigen wissenschaftlichen Edition besonders in der Originalsprache vorbehalten bleiben.

Der Titel des Buches ist ein Ausdruck Laskys, und zusammen mit dem Titelbild symbolisiert er einen Augenblick des Stillhaltens im sonst gar nicht lautlosen Ablauf der Faktenfülle. Das Bild zeigt zwei Mädchen in einer Trümmerlandschaft. Männer sind nicht zu sehen, die Last der Geschehnisse hatten die Frauen zu bewältigen. Selbstvergessen spielt ein Kind, und Kinder sind es, die im Tagebuch auffallend häufig erwähnt werden. Es scheint, als lege Melvin Lasky in sie seine ganze Hoffnung.

XII.

Melvin Laskys Tagebuch ist ein authentisches, kostbares Zeitdokument für die deutsche, europäische und amerikanische Geschichte. Es zeigt darüber hinaus die geistige Formung eines einzelnen Mannes, der bald darauf eine zentrale Rolle im kulturellen Leben Deutschlands spielen sollte. Der linkssozialistische, antistalinistische amerikanische Student jüdischer Herkunft, der Kenner der deutschen und europäischen Geistesgeschichte, der alles wahrnehmende Tagebuchschreiber in US-Uniform hatte in Berlin seine Aufgabe gefunden. Sein Wunsch, Deutschland möge aus dem selbst verschuldeten Unheil, das so viel Leid brachte, wieder herausfinden, ist, soweit es menschenmöglich ist, in Erfüllung gegangen. Er konnte es noch erleben. Er hatte seinen Anteil daran.

1 Eine Auswahl: *Die ungarische Revolution*, Berlin 1958; *Utopie und Revolution*, Reinbek 1989 (zuerst englisch *Utopia and Revolution*, Chicago und London 1976); *On the Barricades, and Off*, New Brunswick und Oxford 1989; *Wortmeldung zu einer Revolution*, Frankfurt am Main und Berlin 1991 (gleichzeitig auf Englisch *Voices in a Revolution* als letzte Veröffentlichung des *Encounter*); *The Language of Journalism*, 2 Bde, New Brunswick und London 2000 und 2005.

2 Melvin J. Lasky, *Warum schrieb Mommsen nicht weiter?, Der Monat* Heft 19, April 1950, S. 62–67.

3 Wolfgang Schuller, *Eigentlich war es Ranke, Der Monat* Heft 110, November 1957, S. 94; zu diesem Satz siehe oben S. 67.

4 Ich folge für die frühe Entwicklung Laskys dem Aufsatz von Maren Roth: *«In einem Vorleben war ich Europäer» – Melvin J. Lasky als transatlantischer Mittler im kulturellen Kalten Krieg*, Jahrbuch für historische Kommunismusforschung 2014, S. 139–156, sowie dem von Helga Hegewisch zusammengestellten und herausgegebenen Sonderheft des *Encounter*, das im Januar 1980 anlässlich des 60. Geburtstags Laskys unter dem Titel *Melvin J. Lasky. Encounter with a 60th Birthday* erschien; es enthält in eindrucksvoller Weise keine blinden Lobsprüche, sondern aufrichtige, zum Teil sogar kritische Beiträge.

5 Das Ergebnis der Tätigkeit dieser Historical Section ist das dreibändige Prachtwerk *The Seventh United States Army. Report of Operations, France and Germany 1944–1945*, Heidelberg 1946; 1st Lt Melvin J. Lasky wird dort als Mitglied der Abteilung Research genannt.

6 Jener «Kongress der Autoren in Berlin, der nur ‹gesamtdeutsch› tat, denn es dominierten die Autoren und Kulturpolitiker um Becher und um die sowjetischen Offiziere» – Hans Mayer, *Der Turm von Babel. Erinnerung an eine Deutsche Demokratische Republik*, Frankfurt am Main 1991, S. 195. Die Vorträge sind dokumentiert in Ursula Reinhold, Dieter Schlenstedt und Horst Tanneberger (Hg.), *Erster Deutscher Schriftstellerkongress. 4.–8. Oktober 1947*, Berlin 1997 (Laskys Beitrag S. 295–300).

7 Dazu wird ein gesonderter Aufsatz von mir erscheinen.

8 Etwas später fand Raymond Aron dafür die Karl Marx abwandelnde einprägsame Formel vom «Opium für die Intellektuellen» (*L'opium des intellectuels*, zuerst 1955).

9 Die Frage der Finanzierung von *Monat, Kongress* und *Encounter*

lasse ich hier auf sich beruhen. Im Fall des *Monat* war es zuerst die Amerikanische Militärregierung, dann waren es verschiedene Stiftungen, was immer offengelegt wurde; später kam heraus, dass die CIA auf einem Umweg verdeckt daran beteiligt war. Es genüge hier auf die nie bestrittene Unabhängigkeit Laskys zu verweisen, der sich von niemandem je etwas sagen ließ.

10 Eine milde Variante dieser Haltung mögen die etwas spitzen Bemerkungen Atina Grossmanns über Victor Gollancz und seine Publikationen (etwa *Our Threatened Values,* 1946, und *In Darkest Germany*, 1947) sein, wenn sie ihn einen «eigenwilligen britisch-jüdischen Verleger, der so viel Mitleid mit der Not der Deutschen aufbrachte», nennt (*Juden, Deutsche, Alliierte*, Göttingen 2012, S. 106).

11 Siehe als erste Vorstellung Charlotte A. Lerg und Maren M. Roth (Hg.), *Cold War Politics. Melvin J. Lasky: New York – Berlin – London*, München 2010.

DANKSAGUNG

Dank gebührt als Erstes Helga Hegewisch-Lasky dafür, dass sie das Tagebuch ihres verstorbenen Mannes für die Publikation zur Verfügung gestellt hat; Marc Svetov danke ich sehr für die Durchsicht und Ordnung der aufgefundenen Papiere.

Alexander Fest und Gunnar Schmidt sei sehr für die Bereitwilligkeit gedankt, mit der sie das Buch in das Programm des Rowohlt · Berlin Verlags aufgenommen haben. Dem Lasky Center an der Universität München und seinem Leiter Christof Mauch bin ich für die Überlassung der Rechte dankbar, Maren Milena Roth ganz besonders für die zahlreichen Ratschläge und Hilfen, die sie mir hat zuteilwerden lassen.

Die Übersetzung wird Christa Krüger und Henning Thies verdankt, die den Text mit staunenswertem Sprachgefühl in beiden Sprachen und mit der nötigen Tiefenschärfe übertrugen und die zusätzlich manches zur sachlichen Erklärung beigetragen haben. Der Dank an Hanna Schuler sei schließlich besonders hervorgehoben. Sie hat den Text Wort für Wort begleitet und war bei jeder sachlichen und sprachlichen Frage eine kluge, tatkräftige und unermüdliche Helferin.

Meiner Universität und Ulrich Gotter, meinem Nachfolger auf dem althistorischen Lehrstuhl sowie seinen Mitarbeitern bin ich wieder besonders für die Unterstützung bei einer zeitgeschichtlichen Arbeit dankbar, die mit Alter Geschichte wenig zu tun hat. Beide wissen aber wie ich, dass Alte und Neue Geschichte mehr miteinander zu tun haben, als die fachliche Separierung ahnen lässt.

Konstanz, Sommer 2014 Wolfgang Schuller

NAMENREGISTER

Melvin Lasky nennt einige Namen unvollständig oder abgekürzt. Wo diese nicht rekonstruiert werden konnten, folgt das Register seinen Einträgen.

ABKÜRZUNGEN

AFN	American Forces Network
AWOL	Absent Without Official Leave
BBC	British Broadcasting Corporation
CDU	Christlich Demokratische Union
CIC	Civil Internment Camp
CIC	Counter Intelligence Corps
DDT	Dichlordiphenyltrichlorethan
DP	Displaced Persons
DPD	Demokratische Partei Deutschlands
ETOUSA	European Theater Of Operation United States Army
FAB	Freiheitsaktion Bayern
FFI	Forces françaises de l'intérieur
GPU	Gossudarstwennoje polititscheskoje uprawlenije
IBM	Industrial Business Machines
JHC	Jewish Heritage Center
KP	Kommunistische Partei
LDP	Liberal-Demokratische Partei
MP	Militärpolizist, Militärpolizei
NKWD	Narodny kommissariat wnutrennich del
NSDAP	Nationalsozialistische Deutsche Arbeiterpartei
OMGUS	Office of Military Government for Germany (U.S.)
SED	Sozialistische Einheitspartei Deutschlands
SHAEF	Supreme Headquarters, Allied Expeditionary Force
SPD	Sozialdemokratische Partei Deutschlands
TASS	Telegrafnoje agentstwo Sowjetskogo Sojusa
VD	Venereal Disease

BILDNACHWEIS

Die im Buch abgebildeten Fotografien stammen aus dem Nachlass von Melvin J. Lasky. Sie befinden sich wie das Manuskript des Tagebuchs beim Lasky Center for Transatlantic Studies in München, dem alle Rechte daran übertragen wurden. Soweit nichts anderes angegeben, sind Entstehungsort und -datum nicht genauer bekannt.

Seite 26 und 51: Lasky
Seite 61: Lasky in Frankfurt im November 1945
Seite 73: Unbekannte Frauen
Seite 95: Womöglich im März 1945
Seite 125: Aus dem Tagebuchmanuskript
Seite 147: Der Frankfurter Römer im April 1945
Seite 169: Frankfurt am Main
Seite 195: Lasky vor Münchener Stadtbibliothek Am Gasteig
Seite 216: Polnische Häftlinge im Lager Laufen am 11. Mai 1945
Seite 233: Lasky mit unbekanntem Mann vor der Feldherrnhalle in München
Seite 250: Kinder in Innsbruck im Juni 1945
Seite 259: Das Reichsparteitagsgelände in Nürnberg
Seite 269: Ruinen der Nürnberger Frauenkirche, Juni 1945
Seite 287: Französische Kolonialsoldaten in Innsbruck, Juli 1945
Seite 307: Womöglich Mooney, Heidelberg, April 1945
Seite 336: Lasky Am Großen Hirschgraben, Frankfurt am Main, August 1945
Seite 351: Bremen im Oktober 1945
Seite 368: Unter den Linden, Berlin, November 1945
Seite 389: Lasky in der Nähe von Hanau im Oktober 1945
Seite 405: Lasky vor dem Brandenburger Tor in Berlin im Dezember 1945

Seite 409: Das Sowjetische Ehrenmal im Tiergarten,
Berlin, Dezember 1945
Seite 433: Plakate in der SBZ

INHALT

MIX
Papier aus verantwortungsvollen Quellen
FSC® C083411

Das für dieses Buch verwendete FSC®-zertifizierte Papier *Schleipen Werkdruck* liefert Cordier, Deutschland.